COURS ANALYTIQUE

DE

CODE CIVIL.

PARIS. TYPOGRAPHIE E. PLON et Cie

RUE GARANCIÈRE, 8.

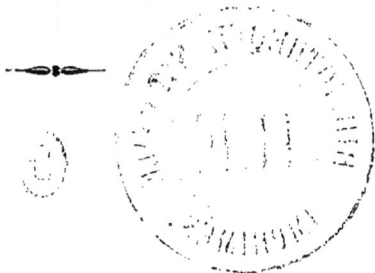

COURS ANALYTIQUE

DE

CODE CIVIL

PAR

A. M. DEMANTE,

AVOCAT A LA COUR D'APPEL, PROFESSEUR A LA FACULTÉ DE DROIT DE PARIS,
ANCIEN MEMBRE DES ASSEMBLÉES NATIONALES,

CONTINUÉ DEPUIS L'ARTICLE 980

PAR

E. COLMET DE SANTERRE,

AVOCAT,

PROFESSEUR DE CODE CIVIL A LA FACULTÉ DE DROIT DE PARIS.

TOME SEPTIÈME.

ART. 1582—1831.

PARIS,

E. PLON et Cie, IMPRIMEURS-ÉDITEURS,

RUE GARANCIÈRE, 10.

—

1873

SOMMAIRES.

LIVRE III.

TITRE VI.

DE LA VENTE.

CHAPITRE PREMIER.

DE LA NATURE ET DE LA FORME DE LA VENTE.

(1) Les paragraphes imprimés en gros caractères sont la reproduction du *Programme du cours de Droit civil* de M. Demante ; les paragraphes portant les n⁰ˢ *bis* sont l'œuvre de M. Colmet de Santerre.

CHAPITRE II.

QUI PEUT ACHETER OU VENDRE.

a.

CHAPITRE III.

DES CHOSES QUI PEUVENT ÊTRE VENDUES.

CHAPITRE IV.

DES OBLIGATIONS DU VENDEUR.

SECTION I.

DISPOSITIONS GÉNÉRALES.

SECTION II.

De la délivrance.

SECTION III.

De la garantie.

§ 1er.

De la garantie en cas d'éviction.

§ 2.

De la garantie des défauts de la chose vendue.

CHAPITRE V.

DES OBLIGATIONS DE L'ACHETEUR.

CHAPITRE VI.

DE LA NULLITÉ ET DE LA RÉSOLUTION DE LA VENTE.

SECTION I.

De la faculté de rachat.

SECTION II.

De la rescision de la vente pour cause de lésion.

CHAPITRE VII.

DE LA LICITATION.

CHAPITRE VIII.

DU TRANSPORT DES CRÉANCES ET AUTRES DROITS, *la loi ajoute* INCORPORELS.

TITRE VII.

DE L'ÉCHANGE.

TITRE VIII.

DU CONTRAT DE LOUAGE.

CHAPITRE PREMIER.

DISPOSITIONS GÉNÉRALES.

CHAPITRE II.

DU LOUAGE DES CHOSES.

SECTION I.

Des règles communes aux baux des maisons et des biens ruraux.

§ 1er.

Comment et par qui se fait le bail.

§ 2.

Obligations du bailleur.

§ 3.

Obligations du preneur.

§ 4.

Expiration et résiliation du bail.

SECTION II.

Des règles particulières aux baux à loyer.

§ 1er.

Obligations du preneur à loyer.

§ 2.

Expiration ou résiliation du bail à loyer.

SECTION III.

Des règles particulières aux baux à ferme.

§ 1er.

De la faculté de sous-louer les biens ruraux.

§ 2.

Obligation de délivrer la chose baillée à ferme.

§ 3.

Obligations particulières du preneur à ferme.

CHAPITRE III.

DU LOUAGE D'OUVRAGE ET D'INDUSTRIE.

SECTION Ire.

Du louage des domestiques et ouvriers.

SECTION II.

Des voituriers par terre et par eau.

SECTION III.

Des droits et marchés.

CHAPITRE IV.

DU BAIL A CHEPTEL.

SECTION Ire.

Dispositions générales.

SECTION II.

Du cheptel simple.

SECTION III.

Du cheptel à moitié.

SECTION IV.

Du cheptel donné par le propriétaire au fermier ou colon partiaire.

§ 1er.

Du cheptel donné au fermier.

§ 2.

Du cheptel donné au colon partiaire.

SECTION IV.

Du contrat improprement appelé cheptel.

FIN DES SOMMAIRES.

COURS

ANALYTIQUE

DE CODE CIVIL.

COURS

ANALYTIQUE

DE CODE CIVIL.

LIVRE III.

TITRE SIXIÈME.

DE LA VENTE.

1. La vente est de tous les contrats le plus universel et le plus usité. La loi en traite avec détail. Elle établit d'abord les conditions nécessaires à sa perfection, ce qui comprend sa nature et sa forme (chap. 1) ; les personnes entre qui elle peut avoir lieu (chap. 2); les choses qui peuvent en être l'objet (chap. 3). Elle règle ensuite ses effets, c'est-à-dire, les obligations qui en résultent de la part du vendeur (chap. 4), et de la part de l'acheteur (chap. 5).

Le chapitre 6 traite de sa nullité ou résolution.

Enfin, les chapitres 7 et 8 sont relatifs à certaines ventes d'une espèce particulière.

CHAPITRE I.

DE LA NATURE ET DE LA FORME DE LA VENTE.

2. La loi définit la vente *une convention par laquelle l'un s'oblige à livrer une chose, et l'autre à la payer.* C'est, comme

on voit, un contrat consensuel, synallagmatique et commutatif. V. art. 1582, al. 1.

2 *bis.* I. La définition de la vente contenue dans l'article 1582 demande des explications, car elle est incomplète : quand la loi dit que l'une des parties, le vendeur, s'oblige à *livrer* la chose, elle n'en dit pas assez, car l'obligation du vendeur n'apparaît pas alors différente de l'obligation d'un bailleur, qui promet aussi de livrer une chose; quand la loi parle de l'acheteur et le montre obligé à *payer la chose,* elle n'est pas assez explicite, car, en langage technique, payer c'est accomplir une obligation quelconque, tandis que le législateur a pris ici ce mot dans une acception usuelle et a voulu dire : transférer la propriété d'une somme d'argent. Il faut donc que nous donnions plus de précision à la définition de la vente.

L'ancien droit français et le droit romain présentaient le vendeur comme obligé à livrer la chose, mais on ajoutait : et à la lui faire avoir librement à titre de propriétaire (1). Ces mots sont nécessaires pour distinguer la livraison à laquelle est tenu un vendeur de celle qui est due par un bailleur.

Voici ce que Pothier comprenait dans la formule qui exprimait la nature de l'obligation du vendeur : 1° si le vendeur était propriétaire de la chose vendue, il devait en transférer la propriété à l'acheteur; 2° si le vendeur n'en était pas propriétaire, comme il n'avait pas contracté l'obligation précise de transférer la propriété, il n'était obligé qu'à défendre l'acheteur contre tous ceux qui auraient voulu lui faire délaisser la chose et l'empêcher de s'en porter pour propriétaire. Pothier citait la loi 30, § 1, D., *De action. empti : Hactenus tenetur ut rem emptori habere liceat, non etiam ut ejus faciat.*

Cette notion du contrat de vente, telle que Pothier nous la donne, pour être plus précise que celle qui se trouve dans l'article 1582, n'est peut-être pas encore satisfaisante. Elle s'éloigne du point de vue sous lequel les parties en France envisagent aujourd'hui le contrat de vente et sous lequel la loi elle-même l'a considéré dans un article très-important.

Si on consulte, en effet, l'intention probable des parties, dont

---

(1) V. Pothier, *Traité du contrat de vente*, n° 1.

il faut toujours tenir compte pour apprécier une convention, on peut dire que, presque toujours, l'acheteur prétend acquérir une créance de propriété et que le vendeur sait qu'il s'oblige à transférer une propriété. Le Code civil, nous le dirons plus tard, a pris ce fait en considération, car il déclare nulle la vente de la chose d'autrui, dont le droit romain et l'ancien droit reconnaissaient la validité. On ne comprendrait pas cette nullité de la vente de la chose d'autrui, si on ne l'appuyait sur cette idée que le vendeur a pris un engagement qu'il ne peut tenir, l'engagement de rendre l'acheteur propriétaire.

Il faut donc reconnaître qu'ordinairement, de sa nature, la vente implique obligation de la part du vendeur de transférer la propriété de la chose vendue, ce qui produit cette conséquence que l'acheteur pourra poursuivre le vendeur avant même d'être inquiété, lorsqu'on lui aura vendu une chose dont on ne l'aura pas rendu propriétaire.

Nous ferons remarquer que nous appuyons cette interprétation de la convention de vente sur l'intention probable des parties et sur l'article 1599, mais non pas sur les articles 711 et 1138. Ceux-ci disent, il est vrai, que la convention transfère la propriété, mais ils n'ont pas trait à la question que nous agitons, parce qu'ils supposent une convention par laquelle une personne s'oblige à transférer la propriété, et la question est justement de savoir si la vente est une de ces conventions.

2 *bis*. II. L'observation que nous venons de faire sur l'effet ordinaire de la vente dans le droit actuel doit-elle nous déterminer à corriger le texte de l'article 1582 et à dire que le vendeur s'oblige à transférer la propriété? Nous ne le pensons pas. C'est avec intention, selon nous, et non par inadvertance, que les rédacteurs du Code civil ont laissé à la définition un certain vague; ils ont voulu qu'elle fût plus compréhensive. Une définition, en effet, ne doit indiquer que les caractères essentiels de la chose définie. Or, il est peut-être *naturel* à la vente d'emporter obligation de transférer la propriété, mais cette obligation n'est pas de l'*essence* de la vente. L'article 1599 ne prohibe pas une convention par laquelle l'acheteur renoncerait à se prévaloir de la nullité de la vente qui aurait pour objet la chose d'autrui, et si cette convention n'est pas prohibée, comment pourrait-on lui retirer la qualification de

1.

vente, qui était autrefois son nom légal, et que la définition officielle du Code est assez large pour lui conserver encore aujourd'hui?

Nous raisonnons, on le comprend, sur une hypothèse où les parties se seraient expliquées et auraient manifesté la volonté de faire un contrat entraînant seulement les obligations que l'ancien droit imposait au vendeur. A défaut d'une convention formelle, la présomption doit être que le vendeur a consenti à transférer la propriété.

Il n'est pas sans intérêt de reconnaître au contrat qui nous occupe le caractère d'une vente, non pas qu'il y ait là une question de validité, les conventions sont libres et valables même quand elles ne rentrent pas dans un des types prévus par le législateur, mais il est certaines règles spéciales au contrat de vente qu'il faudrait appliquer à cette convention et qui lui seraient inapplicables si on refusait de la considérer comme une vente. Nous songeons aux règles sur le privilége du vendeur (art. 2102-4° et 2103-1°) et sur la rescision pour lésion (art. 1674).

3. La simple convention étant obligatoire, il est évident que si l'on fait un acte pour la constater, cet acte, qui n'est pas même absolument requis pour la preuve, pourra, à la volonté des parties, être authentique ou sous seing privé. V. art. 1582, al. 2. La loi semble ne s'être expliquée à cet égard que pour abroger l'usage de certains pays où la validité des ventes d'immeubles dépendait de la confection d'un acte authentique. Toutefois, en déclarant que la vente *peut être faite par acte authentique ou sous seing privé*, le législateur pourrait avoir eu un autre but, celui d'annoncer la faculté qu'ont les parties de faire une vente *par acte*, c'est-à-dire par écrit. Il est certain que, dans ce cas, la perfection de la vente dépend de celle de l'acte, et, par conséquent, de l'emploi de la forme particulière, soit authentique, soit privée, à laquelle la volonté des parties aurait, de fait, assujetti cet acte. (V. Just., *Inst.*, *pr.*, *De empt. vend.*)

3 *bis*. I. Le principe de la liberté des conventions entraîne certainement cette conséquence que les parties peuvent subordonner leur consentement et la perfection de la vente à la rédaction d'un

écrit, alors même qu'elles sont tombées d'accord sur toutes les clauses de la convention.

La vente en pareil cas n'est pas parfaite, le consentement n'est pas donné, les parties peuvent se dédire, en un mot rien n'est fait. Il n'y a pas même un contrat conditionnel, ceci est important à remarquer, car si la rédaction de l'écrit était considérée comme une condition suspensive de la vente, lorsqu'elle serait réalisée elle aurait un effet rétroactif, et les ayant-cause du vendeur dont les droits seraient postérieurs à la convention seraient écartés par l'acheteur, tandis que la convention n'étant qu'un projet dont les parties ont pu se dédire, les ayant-cause du vendeur seraient préférables à l'acheteur dont les droits n'auraient pris naissance que postérieurement aux leurs.

Nous nous plaçons, bien entendu, dans des hypothèses où, par la nature de l'objet vendu, il ne se mêlerait pas à la question de perfection de la vente une question de transcription, car la difficulté changerait alors de face, et la préférence attribuée aux ayant-cause dont les droits seraient nés entre la convention et la rédaction de l'écrit, aurait pour cause le défaut de transcription de la convention primitive.

L'intérêt de l'observation que nous avons faite reparaîtrait si on supposait la première convention constatée par un écrit sous seing privé, mais subordonnant la perfection de la vente à la rédaction d'un acte authentique. On pourrait alors transcrire la première convention, et il faudrait avoir recours à notre principe sur l'imperfection de la vente pour préférer à l'acheteur les ayant-cause dont les droits seraient nés depuis la transcription du premier acte.

3 *bis.* II. La convention spéciale qui subordonne la perfection de la vente à la rédaction d'un écrit peut être tacite; on pourra l'induire des circonstances. On doit, par exemple, le supposer facilement en matière de vente immobilière. Lorsqu'il s'agit, en effet, d'un immeuble, comme la possession ne vaut pas titre, la livraison même de la chose n'assure pas à l'acheteur la libre possession; il est exposé à une revendication de la part du vendeur lui-même ou des ayant-cause de celui-ci; le vendeur, de son côté, a besoin la plupart du temps d'un titre écrit pour faire valoir ses droits, surtout contre les ayant-cause de l'acheteur, lorsqu'il exerce son

privilége. Il est raisonnable de conclure de là que les parties n'ont pas donné mutuellement leur consentement réciproque avant la rédaction de l'écrit qui les arme l'une contre l'autre.

4. On n'a jamais douté que la vente, contrat consensuel de sa nature, ne fût, en général, parfaite par le consentement des parties sur la chose et sur le prix, et que ce consentement ne produisît immédiatement les obligations réciproques du vendeur et de l'acheteur. (V. Just., *Inst. pr.*, *De empt. vend.*) De là on concluait déjà, avec raison, que le vendeur devenant débiteur de corps certain, la chose vendue était aux risques de l'acheteur devenu créancier. (V. Just., *Inst.*, § 3, *eod.*) Le Code civil va plus loin : suivant le principe consacré par l'article 1138, il déclare la propriété acquise à l'acheteur. Et toutefois, comme il n'était pas encore décidé, lors de la rédaction de ce titre, si l'on ne maintiendrait pas le système de la loi du 11 brumaire an VII, qui exigeait la transcription pour transférer, à l'égard des tiers, la propriété des biens susceptibles d'hypothèques (v. ladite loi, art. 26), c'est seulement *à l'égard du vendeur* que la propriété est ici déclarée acquise par l'effet du consentement. V. art. 1583; v. à ce sujet art. 711, 1138, 1140, 2181, 2182; et Cod. pr., art. 834; v. aussi art. 1141 et loi du 23 mars 1855.

4 *bis*. I. L'article 1583 contient deux propositions : la vente est parfaite par le seul consentement; la propriété est transférée par le seul consentement.

La première décision n'est pas une nouveauté, c'était déjà la règle en droit romain; elle signifie que les obligations respectives des deux parties naissent de la convention; c'est la règle générale du droit français.

De la naissance de ces obligations respectives, il résulte en outre que l'acheteur, quand l'objet vendu est un corps certain, court les risques de la chose si elle périt par cas fortuit; c'est-à-dire qu'il doit le prix, quoiqu'il ne reçoive pas la chose. Le droit romain admettait également cette doctrine, et nous avons expliqué les idées du Code civil sur ce point au t. V, n° 58 *bis*. I-V.

4 *bis*. II. La deuxième proposition de l'article 1583 rappelle

l'innovation admise par le Code civil dans l'article 1138 : la promesse de transférer la propriété d'un corps certain transfère immédiatement la propriété de cet objet. Sur les articles 1138 et 1140, nous avons envisagé les effets de la translation de propriété par la seule force de la convention et la restriction que semble faire l'article 1583 quand il n'attribue qu'un effet relatif à cette translation de propriété : « *La propriété est acquise de droit à l'acheteur à l'égard du vendeur.* » Nous avons montré qu'il s'agissait de réserver la question de la publicité des translations de propriétés immobilières, réglée avant le Code par la loi de brumaire an VII, et aujourd'hui par la loi du 23 mars 1855. Nous avons au tome V examiné l'application de la règle et les restrictions qu'elle subit, ou qu'elle paraît subir, selon qu'on veut l'appliquer à un meuble ou à un immeuble; nous ne pouvons qu'y renvoyer le lecteur (1).

5. La mise aux risques de l'acheteur, et la translation de propriété par le seul effet du consentement sur la chose et sur le prix, ont lieu lorsque la vente est pure et simple, et qu'elle a pour objet un corps certain. Mais rien n'empêche de faire une vente sous condition, soit suspensive, soit résolutoire, ou de lui donner pour objet deux ou plusieurs choses alternatives. Il faut suivre alors les principes généraux sur les obligations conditionnelles ou alternatives. V. art. 1584, et à ce sujet, art. 1168-1184, 1189-1196.

6. Lorsqu'une vente est faite au poids, au compte ou à la mesure, la chose ou le prix, éléments essentiels de ce contrat, demeurant indéterminés jusqu'à ce que les marchandises soient pesées, comptées ou mesurées, la vente jusque-là est censée conditionnelle (v. Gaius, fr. 35 § 5. D. *contr. empt.*); les choses conséquemment restent aux risques du vendeur : sous ce rapport, la vente n'est point parfaite. Mais comme il y a, dès le principe, engagement du vendeur pour l'accomplissement de la condition qui doit réaliser la vente, il est clair que celui-ci peut être immédiatement actionné par l'acheteur, pour qu'il satisfasse à son engagement par la délivrance, ou qu'il paye, s'il y a lieu, des dommages et intérêts, en cas

(1) V. t. V, nos 56 *bis.* I-VI et 57, 57 *bis.* I-IV.

d'inexécution. V. art. 1585; et remarquez que le vendeur pourrait aussi, certainement, actionner l'acheteur, en offrant d'accomplir la condition qui doit réaliser la vente.

7. Que si la vente est faite en bloc, quoiqu'elle porte sur des choses qui se considèrent ordinairement au poids, au compte ou à la mesure, elle a vraiment pour objet un corps certain, et n'est suspendue par aucune condition; elle est donc immédiatement parfaite, sous tous les rapports. Voy. art. 1586.

7 *bis.* I. Le principe que la vente est parfaite par le seul consentement, et que par l'effet de ce consentement les obligations sont nées, la propriété et les risques transférés, souffre quelques modifications à l'égard de certaines ventes spéciales, et particulièrement de celles dont il est parlé aux articles 1585 et 1586. Ces articles s'occupent de la vente des quantités. Il y a par rapport à ces ventes différentes hypothèses qu'il faut examiner successivement.

La première est celle qui se rapproche le plus du cas où la vente a pour objet un corps certain; elle est prévue par l'article 1586 : des objets, le texte dit des marchandises, sont vendus en bloc, ce qui signifie qu'on a vendu toutes les marchandises enfermées dans un magasin, dans un tonneau déterminé, dans une caisse, sans fixer quelle est la quantité exacte de ces marchandises, et moyennant un prix déterminé indépendamment de la plus ou moins grande quantité de marchandises qui serait contenue dans le magasin, le tonneau ou la caisse. *Exemple :* Tout le fourrage contenu dans le grenier, moyennant 5,000 francs.

Dans cette hypothèse, on peut bien dire que la vente ne s'éloigne pas du type ordinaire de ce contrat; qu'elle ressemble exactement à la vente d'un cheval ou d'un tableau pour 2,000 francs; que c'est vraiment une vente de corps certain, car les marchandises sont devenues des corps certains par la volonté des parties, le vendeur n'ayant pas promis un certain nombre de bottes de foin, mais déterminément celles qui étaient contenues dans le magasin et auxquelles il ne pouvait pas en substituer d'autres. Cette vente produit donc les effets ordinaires de la vente; non-seulement les obligations des deux parties naissent de la convention, mais cette convention transfère immédiatement à l'acheteur et la propriété et les risques de la chose vendue.

7 *bis*. II. Deuxième hypothèse. On a vendu toutes les marchandises contenues dans le magasin moyennant un prix dont le montant n'est pas exprimé par un seul chiffre, mais sera déterminé d'après le poids, le nombre ou la mesure des choses vendues, à raison d'une somme fixée par la convention pour chaque unité en poids, en nombre ou en mesure.

Exemple : Tout le charbon de terre contenu dans la cave, moyennant 60 francs les 1,000 kilogrammes, tous les moutons de la bergerie à raison de 50 francs par tête de mouton, toutes les pièces de soierie du magasin à raison de 6 francs le mètre.

Cette hypothèse est régie par l'article 1585. On ne peut pas dire, en effet, que les choses soient vendues en bloc, bien qu'elles aient été toutes vendues, car leur poids, leur nombre ou leur mesure joue un rôle important dans la détermination des conséquences de la vente, et c'est justement cette circonstance que l'article met en saillie comme distinguant la vente dont il s'occupe de la vente en bloc.

Cette vente produit, du jour de la convention, une obligation du vendeur : il doit faire la délivrance à peine de dommages et intérêts; bien plus, elle doit être considérée comme ayant transféré la propriété à l'acheteur, car la chose vendue est certainement déterminée d'une façon individuelle; ce n'est pas du charbon, de la soie ou des moutons *in genere* qui ont été vendus, ce sont les objets spéciaux renfermés dans tel magasin et dont l'acheteur a pris connaissance. Sous ce rapport, le contrat dont nous parlons produit les mêmes effets que celui dont il est question à l'article 1586, parce qu'il n'y a pas entre ces deux conventions de différences par rapport à la chose vendue. Il est vrai que le Code ne s'explique pas sur la translation de propriété en pareille hypothèse. Il y a à cela deux raisons, la première, c'est que sa disposition a été écrite assez large pour embrasser une autre hypothèse que nous allons bientôt examiner, et dans laquelle la question de translation de propriété ne peut pas s'élever. La deuxième raison, c'est que l'article 1585 reproduit une solution donnée par Pothier (1), et que ce jurisconsulte ne pouvait pas poser la question

_____

(1) V. Pothier, n° 308, *in fine*.

qui nous occupe, puisque de son temps la propriété ne pouvait pas être transférée par la simple convention, que la tradition était nécessaire, et que la tradition suppose forcément, dans l'hypothèse, que la marchandise a été pesée, comptée ou mesurée.

La vente produirait donc un effet important; de même qu'elle crée l'obligation du vendeur, elle rend l'acheteur propriétaire, et celui-ci pourrait invoquer son droit contre tous ceux que ne protégerait pas la maxime : En fait de meubles la possession vaut titre (1), par exemple, contre les créanciers chirographaires du vendeur.

L'effet que ne produit pas la vente dont nous parlons, c'est de mettre la marchandise vendue aux risques de l'acheteur; telle est la décision de l'article 1585, qui se justifie par cette raison que le prix ne peut plus être fixé quand la marchandise a péri, puisqu'il dépendait d'une vérification de nombre, de poids ou de mesure désormais impossible. Si le prix ne peut être fixé, l'acheteur ne court pas les risques, puisque la conséquence ordinaire de la règle sur les risques est que l'acheteur doit le prix, bien qu'il ne reçoive pas la chose.

La décision de la loi et sa raison se comprennent parfaitement; il faut seulement montrer qu'elles ne contredisent pas ce que nous venons de décider quant à la propriété. Ordinairement, en effet, les risques sont sur la même tête que la propriété, et il peut paraître étrange que nous les séparions. Pour comprendre cela, il suffit de considérer la vente dont nous parlons comme faite sous une condition suspensive, subordonnée à l'opération du pesage, du compte ou du mesurage. Les risques alors retombent, en vertu des principes, sur le vendeur débiteur du corps certain promis, et cela n'empêche pas l'acheteur de devenir propriétaire sous cette condition, et par conséquent d'être traité comme propriétaire unique depuis le jour de la convention quand la condition est réalisée. (V. art. 1179 et 1182.)

7 *bis*. III. Troisième hypothèse. Vente d'une certaine quantité de marchandises à prendre dans une masse déterminée, moyennant tant par unité de poids, de nombre ou de mesure. — *Exemples :* 100 moutons à prendre dans la bergerie à raison de 50 fr.

_____

(1) V. t. V, n° 57 *bis.* IV.

par mouton, 10,000 kilogrammes de charbon de terre à prendre dans la cave à 60 fr. les 1,000 kilogrammes.

Cette hypothèse rentre certainement dans les termes de l'article 1585, car les marchandises ne sont pas envisagées comme un tout, une unité, un bloc, mais le poids, le compte, ou la mesure, a une grande importance quant à la détermination de la chose. Ce n'est plus la fixation du prix qui dépend de l'opération de pesage, de compte ou de mesure, puisque la quantité à prendre est certaine et le prix de l'unité de mesure fixé à l'avance; il est clair que 10 moutons à 50 francs coûteront 500 fr., et que 10,000 kilogrammes à 60 fr. les mille kilogrammes seront payés 600 fr.; mais c'est la détermination même de la chose qui dépend de l'opération de pesage, de compte ou de mesure.

Cette hypothèse est précisément celle que Pothier examinait en première ligne dans le n° 308, dont la solution est reproduite par l'article 1585. C'est en vue de ce cas que Pothier établit que la vente est imparfaite, parce que la chose vendue n'est pas individuellement déterminée, *nondum apparet quid venierit.* Néanmoins les engagements sont nés, l'acheteur peut exiger la livraison, et le vendeur peut demander le prix en offrant de livrer. La conséquence que Pothier tire de l'indétermination de la chose, c'est que les risques ne sont point pour l'acheteur; car, dit-il, les risques ne peuvent tomber que sur quelque chose de déterminé.

7 *bis.* IV. Telle est la solution du Code, à laquelle il nous semble toutefois qu'il faut apporter une certaine restriction. Que les risques soient pour le vendeur tant qu'il n'a péri qu'une partie des marchandises parmi lesquelles devaient être prises celles qu'il fallait livrer, c'est l'application à l'espèce des théories sur les dettes de quantité. Pourquoi le créancier ne perd-il pas sa créance quand le débiteur de quantité a perdu les choses qui lui appartenaient et qui faisaient partie du genre promis? C'est qu'il reste d'autres objets du genre promis, que le débiteur n'avait pas spécialement promis les choses qui lui appartenaient, et que son obligation peut encore être exécutée. Mais si le genre venait à périr tout entier, par exemple à être retiré du commerce, le débiteur serait libéré. Dans l'espèce qui nous occupe, la dette a pour objet une chose faisant partie d'un genre limité, non pas 10 moutons ou 10,000 kilogrammes de charbon *in genere,* mais 10 des moutons qui font

partie de telle bergerie, 10,000 des kilogrammes de charbon qui se trouvent dans telle cave. Le genre, ce n'est pas tous les moutons ou tout le charbon existant sur la terre, c'est une petite collection restreinte de moutons ou de charbon, ceux qui sont dans telle bergerie ou dans telle cave; c'est un genre limité. Or un genre limité peut périr, sa perte rend impossible l'exécution (1) de l'obligation, et le débiteur doit être libéré. Si donc tous les moutons de la bergerie ont péri, ou tout le charbon de la cave, les risques doivent peser sur l'acheteur comme dans l'hypothèse de la vente en bloc, et la solution donnée dans l'hypothèse précédente ne fait point obstacle à celle-ci, car cette solution, qui libérait l'acheteur, avait pour base l'indétermination du prix, l'impossibilité de le fixer après la perte de marchandises dont la quantité était inconnue, tandis qu'ici on sait très-bien quel était le prix des 10 animaux ou des 10,000 kilogrammes promis. La raison même que donne Pothier démontre bien qu'il n'entendait pas régir le cas où tout le magasin a péri, car il dit que le risque ne peut tomber que sur quelque chose de déterminé, et certainement l'objet du risque est déterminé quand il s'applique à tous les animaux ou à toutes les marchandises contenues dans une étable ou un magasin.

Si nous faisons une distinction dans le cas qui nous occupe quant à la question des risques, nous n'avons pas à en faire par rapport à la translation de propriété. Il est clair que la vente n'est pas translative de propriété, puisque les choses ne sont point spécialisées, et que, bien qu'elles soient à prendre dans un genre limité, elles sont encore trop incertaines pour qu'on puisse dire sur quels des objets de ce genre porte le droit exclusif de l'acheteur.

7 *bis.* V. Quatrième hypothèse. Vente, moyennant un prix fixe, d'une partie des marchandises contenues dans un magasin, cette partie n'étant pas déterminée par un certain nombre de mesures, mais par une fraction arithmétique du total des marchandises. *Exemple :* Vente, moyennant 10,000 francs, du quart des marchandises contenues dans tel magasin.

Cette hypothèse, qui n'est pas prévue par le Code, se place entre

---

(1) V. t. V, n° 256 *bis.* II.

celle que règle l'article 1585 et celle que règle l'article 1586. Le prix en effet n'est pas à fixer d'après la quantité de la marchandise, et par là on se rapproche de l'article 1586. Mais on s'en écarte parce que la chose vendue ne consiste pas dans tout le bloc d'objets que les parties ont en vue. Cette différence cependant ne nous paraît pas de nature à changer le caractère de la vente régie par l'article 1586 ; c'est toujours la même convention produisant les mêmes effets, mais les produisant pour une fraction au lieu de les produire pour le tout. C'est la même vente appliquée à une part indivise de la chose au lieu d'être appliquée à la totalité. Nous admettons bien la vente de la moitié indivise d'un immeuble ou d'un cheval ; pourquoi ne pas admettre la vente de la moitié indivise d'une masse de marchandises ? Cette masse perd son caractère de quantité quand elle est l'objet spécial d'une convention ; les choses ordinairement fongibles qui la constituent deviennent des corps certains. Or cette transformation conventionnelle de quantités en corps certains peut aussi bien s'opérer par une convention ayant pour objet la moitié indivise de la masse, que par une convention qui aurait trait à la masse tout entière.

Il faut donc appliquer ici, proportion gardée, tout ce que nous avons dit de la vente prévue par l'article 1586. La vente est parfaite, la propriété des marchandises est transférée pour la moitié indivise, et le risque est à la charge de l'acheteur également par moitié indivise de la masse de marchandises.

De ces solutions nous tirons ces conséquences : 1° l'acheteur pourrait revendiquer la moitié indivise de toute partie des marchandises vendues, pourvu qu'il se trouvât dans un cas où l'article 2279 ne ferait pas obstacle à son droit ; 2° la perte d'une partie des marchandises serait subie pour moitié par l'acheteur, car la chose vendue ayant été non pas telle ou telle partie matérielle du bloc de marchandises, mais la moitié abstraite de ce bloc, la perte d'une partie des objets contenus dans le magasin doit produire par rapport à l'acheteur le même effet, proportion gardée, que s'il avait acheté en bloc toutes les marchandises.

7 *bis*. VI. Cinquième hypothèse. — Vente d'une quantité *in genere* moyennant un prix unique ou un prix stipulé à tant la mesure. *Exemple :* 100 hectolitres de vin moyennant 7,500 francs le tout ou 75 francs l'hectolitre, ce qui revient au même.

Ici nous sommes en présence d'une convention dont nous avons parlé au titre des *Obligations*. Elle crée une obligation de quantité, la chose due n'est déterminée que quant à son espèce, par conséquent elle ne transfère pas la propriété, elle n'impose pas de risques au créancier, puisque la dette est une dette de genre et que les genres ne périssent pas. Elle n'a pas d'autre effet que de donner naissance à des obligations.

8. Il est des choses qu'on est dans l'usage de goûter avant d'en faire l'achat ; dans ce nombre, la loi indique particulièrement le vin et l'huile. A leur égard, la dégustation et l'agrément de l'acheteur étant la condition du marché, la convention antérieure sur la chose et sur le prix ne peut, à proprement parler, opérer vente. V. art. 1587. Il en résulte certainement que, jusqu'à la dégustation, la chose demeure aux risques du vendeur. Mais on ne peut en conclure que les parties, jusque-là, soient respectivement maîtresses de se dédire.

8 *bis*. I. La vente avec faculté de dégustation est une convention qui laisse une des deux parties obligée sous une condition potestative de sa part, et c'est dans ce sens que le texte dit : Il n'y a pas vente, car il n'est pas né de la convention deux obligations. Le vendeur est seul lié, car il a promis la livraison ; il doit mettre la chose à la disposition de l'acheteur afin que celui-ci examine si elle lui convient et s'il veut, en agréant cette chose, compléter le contrat de vente qui jusque-là n'avait produit qu'un engagement unilatéral.

Cette promesse unilatérale du vendeur n'a pas d'autre effet que d'engendrer une obligation ; elle ne peut pas mettre la chose aux risques de l'acheteur, puisque si elle périssait avant la dégustation, la condition qui rendrait celui-ci débiteur ne pourrait se réaliser.

8 *bis*. II. Quant à la translation de propriété, la solution n'est pas aussi simple, elle dépend d'une distinction. Il s'agit ordinairement, dans le cas que nous examinons, d'une vente de quantité, du vin, de l'huile et autres objets pareils, et la question de propriété ne peut être posée ; mais si l'objet vendu est spécialisé, si c'est tel tonneau de vin ou tous les tonneaux contenus dans un cellier et qui ont la même qualité parce qu'ils sont tous du même cru et de

la même année, la convention est une promesse conditionnelle de corps certains, elle doit donc transférer une propriété conditionnelle; peu importe qu'il n'y ait pas vente, il y a promesse de donner, et cela suffit pour que la propriété soit transférée par la convention. L'acheteur pourrait donc prétendre, par exemple, contre les créanciers du vendeur, qu'il a le droit de déguster la marchandise, et si cette marchandise lui convient, d'en exiger la remise comme propriétaire depuis le jour du contrat, à cause de l'effet rétroactif des conditions.

8 *bis*. III. La faculté de dégustation résulte d'une convention tacite fondée sur l'usage et sur la nature des choses vendues; elle peut donc avoir été abandonnée par la convention spéciale des parties; l'acheteur y aura renoncé expressément et même tacitement. On peut en effet induire des circonstances que l'acheteur a renoncé à ce droit. Si, par exemple, il se fait expédier des marchandises d'un pays éloigné, il a été probablement entendu entre les parties que le vendeur ne ferait pas les frais de transport en vue d'une vente dépendant complétement du caprice de l'acheteur.

8 *bis*. IV. Dans le cas où la faculté de déguster appartient à l'acheteur, il n'est pas nécessaire que la marchandise ait un vice pour qu'elle puisse être refusée. L'acheteur la refuse à son caprice; s'il en était autrement, il ne faudrait pas dire que la vente dépend d'une dégustation, mais d'une expertise. Si la déclaration que la marchandise déplaît peut être combattue par la preuve que cette marchandise est bonne, il naît un procès sur la qualité, procès qui sera jugé par des experts, et la décision sera soustraite à l'appréciation personnelle de l'acheteur; or l'article 1587 fait dépendre la vente de l'agrément de l'acheteur, ce qui signifie qu'il est personnellement juge, car on ne peut pas dire que la marchandise lui agrée quand elle lui est imposée d'après l'appréciation d'autrui.

8 *bis*. V. Nous ne ferons pas même de distinction sur ce point entre les ventes faites à des marchands et les ventes faites à des particuliers, bien qu'on ait dit qu'un marchand ne devait pas avoir voulu autre chose qu'une marchandise reconnue bonne, loyale et marchande. Il nous semble au contraire qu'en fait d'objets de consommation le marchand peut autant, et plus peut-être que le particulier, tenir à son appréciation personnelle. La répu-

tation et partant la clientèle d'une maison qui vend des objets de consommation dépendent bien souvent de la délicatesse du goût de celui qui dirige cette maison. C'est la finesse de ses appréciations personnelles qui donne un prix particulier aux marchandises qu'il débite, et il ne lui suffit pas d'avoir dans ses magasins une marchandise trouvée bonne au point de vue commercial général, s'il ne lui reconnaît pas personnellement la qualité exceptionnelle qu'il recherche et qu'affectionnent les personnes qui s'approvisionnent dans son magasin.

9. Pareillement, la vente à l'essai n'est pas réputée parfaite; car le Code, à la différence de l'ancien droit, la présume toujours faite sous condition suspensive. V. art. 1588.

9 *bis*. Le Code ne parle de la vente à l'essai que pour donner à son sujet une règle d'interprétation. C'est une vente faite avec cette clause que l'acheteur usera de la chose pendant un certain temps, et qu'il déclarera ensuite si la chose lui convient ou ne lui convient pas.

On peut interpréter cette convention en deux sens : la vente est suspendue jusqu'à ce que la chose ait plu à l'acheteur, ou au contraire la vente sera résolue si la chose déplaît. Vente sous condition suspensive, vente sous condition résolutoire. La convention peut s'être expliquée clairement dans un sens ou dans l'autre; mais quand elle est obscure le Code suppose que la vente a été faite sous condition suspensive : j'achète si la chose me plaît.

L'intérêt de la question se place sur la question des risques; dans le contrat sous condition suspensive, la perte est à la charge du débiteur, c'est-à-dire ici du vendeur (art. 1182). Si le contrat est sous condition résolutoire, la perte est pour celui qui était devenu créancier par le contrat, c'est-à-dire pour l'acheteur (1). Cette conséquence de l'interprétation donnée par l'article 1588 à la convention des parties explique l'interprétation elle-même ; car il est facile de comprendre que l'acheteur n'ait pas voulu courir les risques d'une chose qui ne lui plaira peut-être pas (2).

10. La vente étant parfaite par le consentement sur la chose et sur le prix, il n'importe, lorsque ce consentement

---

(1) V. t. V, n° 102 *bis*. IV.

(2) V. *contrà*, Pothier, n°s 264 et 266.

est réciproquement intervenu, que l'acte ait été par les parties qualifié *vente* ou *promesse de vente*. C'est en ce sens que la loi, rejetant l'ancienne distinction, déclare que la *promesse de vente vaut vente*. V. art. 1589.

10 *bis*. I. On peut concevoir de diverses manières la promesse de vente, et il est nécessaire de s'expliquer sur l'application de l'article 1589 à chacune de ces promesses.

La promesse peut être : une offre non acceptée; ou bien une promesse de vendre acceptée sans promesse d'acheter ; une promesse d'acheter acceptée sans promesse de vendre; enfin une promesse synallagmatique de vendre et d'acheter.

La promesse soit de vendre, soit d'acheter, non acceptée par celui à qui elle est faite, ne doit pas nous occuper ; elle n'engendre aucun droit, ne produit aucun effet; elle peut être rétractée, parce qu'une personne peut se lier par une convention, mais ne peut pas se lier par sa seule volonté. Telle est la théorie admise par tous sur les offres non acceptées qu'on appelle des *pollicitations*.

10 *bis*. II. Les promesses acceptées, c'est-à-dire faisant partie d'une convention, sont unilatérales ou synallagmatiques. Nous parlerons d'abord de ces dernières, que le législateur a eues certainement en vue quand il a traité des promesses de vente.

L'hypothèse prévue par la loi est celle où une personne promet à une autre de lui vendre un objet, celle-ci promettant en même temps de l'acheter tel prix. C'est bien évidemment l'espèce qui se présente à l'esprit du législateur, puisqu'il assimile cette convention à la vente, c'est-à-dire à un contrat synallagmatique; que d'un autre côté il suppose un consentement réciproque sur la chose et sur le prix, ce qui, en termes peu clairs, il est vrai, peut bien signifier un engagement réciproque. Enfin, dans l'article suivant, 1590, la loi qualifie promesse de vente une convention liant jusqu'à un certain point et également les deux parties, ce qui montre bien que dans sa pensée le type de la promesse de vente, comme celui de la vente, c'est une convention produisant des obligations réciproques.

La promesse synallagmatique de vendre et d'acheter vaut vente, voilà la formule de l'article 1589. Les conséquences de cette formule sont non-seulement que la promesse a fait naître deux obli-

gations, mais que, si l'objet de la convention est un corps
certain, les risques sont à la charge de celui qui a promis d'acheter, et la propriété lui est transférée. Il paraît difficile de ne pas
attribuer ces effets à la promesse de vente, puisqu'elle vaut vente
et que tels sont les effets de la vente. Le législateur a interprété
la volonté des parties, il n'a pas vu de différence entre ces deux
manières d'exprimer la pensée des contractants : je promets de
vendre, ou je vends ; je promets d'acheter, ou j'achète. Puisque la
promesse est obligatoire, comment comprendrait-on que la partie
promit de vendre ou d'acheter sans vouloir vendre ou acheter ?
En fait, la différence des expressions sera souvent l'œuvre non des
parties, mais d'un étranger que ces parties auront chargé de rédiger l'acte, et la loi n'a pas attaché d'importance à une sorte de
périphrase qui aura été acceptée par des contractants inexpéri-
mentés comme un terme de pratique usuelle.

Malgré la clarté et la simplicité de la règle contenue dans l'article 1589, on a cependant contesté que la propriété fût transférée
par la promesse synallagmatique de vendre et d'acheter un corps
certain. On a dit qu'il ne fallait pas donner à la formule du Code,
empruntée à l'ancien droit, plus de valeur qu'elle n'en avait autrefois. Or, autrefois, quand on disait : La promesse de vente vaut
vente, on entendait simplement établir que le vendeur était
obligé à donner et non à faire, que son obligation ne se résoudrait pas en dommages et intérêts, et qu'on pourrait exiger en
nature l'exécution de son obligation, mais il n'était pas question
de la translation de propriété.

Cette observation sur le sens de la règle dans le droit ancien ne
doit pas avoir d'influence sur sa signification dans le droit moderne. En effet, tout en reproduisant l'ancien droit, le Code obtient des effets différents, puisque les résultats de la vente ne
sont plus les mêmes aujourd'hui que dans l'ancien droit. Autrefois, vendre signifiait s'obliger à livrer, et tout ce que l'ancienne
formule disait, c'était que celui qui avait promis de vendre s'obligeait à livrer ; mais aujourd'hui l'obligation de livrer rend propriétaire (art. 1138). Donc, avec l'interprétation même que l'ancien
droit donnait à la règle, on arrive à ce résultat que, d'après le
Code civil, la promesse de vente confère la propriété. C'est du
reste ce qui a été dit au Tribunat en ces termes : « Elle a tous

les effets de la vente, à laquelle elle est parfaitement assimilée. »

10 *bis*. III. Nous venons de raisonner sur une promesse synal-lagmatique de vendre et d'acheter qui n'est subordonnée à aucun délai ; c'est à cause de l'absence de délai que nous considérons l'expression : Je promets de vendre, comme un pléonasme, une inu-tilité, et l'intention des parties comme pouvant également se tra-duire par les mots : Je vends. La question change de face quand un délai aura été indiqué par les parties qui auront dit: Je promets de vendre et je promets d'acheter dans deux ans.

Nous pouvons bien ne pas assimiler complétement cette hypo-thèse à la précédente ; l'article 1589 ne nous liera pas, car il est clair que cet article ne proscrit pas une convention contraire à sa disposition ; les volontés sont libres, et une volonté bien nette-ment exprimée de faire une promesse de vente ne valant pas vente, mais produisant seulement une obligation de réaliser plus tard un contrat de vente, c'est-à-dire une obligation de faire, de-vrait certainement recevoir ses effets.

Cette volonté apparaît très-clairement, à notre sens, dans la promesse mutuelle de vendre et d'acheter dans deux ans. Peut-on y voir une convention de vente avec concession d'un terme pour la livraison et d'un terme pour le paiement du prix ? C'est ainsi qu'il faut comprendre la double promesse pour lui don-ner la force d'une vente. Mais la comprendre ainsi c'est la déna-turer complétement ; ce n'est pas en traduire les expressions, c'est en substituer d'autres à celles que les parties ont employées. Les contractants ont suspendu, jusqu'à l'arrivée du terme, non pas l'exécution de leurs obligations, mais la perfection du contrat de vente lui-même. Elles ont promis de vendre et d'acheter dans deux ans, tandis qu'elles auraient dû, s'il s'agissait seulement de retarder l'exécution, promettre de livrer et de payer dans deux ans. Si la loi a pu traduire : Je promets de vendre, par : Je vends, quand aucun terme n'est indiqué, parce qu'alors la forme future employée par les parties ne paraît pas correspondre à une inten-tion sérieuse, ce n'est pas une raison pour donner le même sens à une phrase dans laquelle le sens futur est très-nettement accentué, puisque l'époque même à laquelle on entend prendre la situation respective d'un acheteur et d'un vendeur est indiquée dans l'avenir.

Il ne faudrait pas ici argumenter de l'article 1138, qui considère

2.

le créancier à terme comme devenu propriétaire avant le terme, parce que cet article suppose une obligation de donner déjà née et dont l'exécution seule est retardée, tandis que nous raisonnons sur une hypothèse, et ce que les parties ont voulu retarder, c'est la naissance même de l'obligation de donner.

Nous pensons donc que la promesse synallagmatique de vendre et d'acheter, lorsqu'elle est faite à terme, oblige seulement les deux parties, mais ne transfère pas la propriété et les risques tant que le terme n'est pas arrivé. Le vendeur a voulu se réserver le droit de disposer de la chose, sauf à devoir des dommages et intérêts, et l'acheteur n'a pas voulu, pendant le même temps, courir les risques de la chose achetée. Seulement, le terme arrivé, la promesse à terme devient une promesse pure et simple, et immédiatement au jour de cette échéance, l'article 1589 s'applique, comme il s'applique dès le jour de la convention aux promesses sans terme, c'est-à-dire que de plein droit la propriété passe à l'acheteur si elle est restée aux mains du vendeur, et que les risques, à partir de ce moment, sont à la charge de l'acheteur.

10 *bis*. IV. Il faut maintenant nous occuper des promesses unilatérales de vendre ou d'acheter, c'est-à-dire des conventions par lesquelles une personne promet à une autre de lui vendre une chose à tel prix quand celle-ci voudra déclarer qu'elle achète, ou promet d'acheter une chose moyennant tel prix quand l'autre partie voudra déclarer qu'elle vend.

On a mis en doute la validité de ces conventions, mais il ne faut pas hésiter à les considérer comme valables, car elles constituent des contrats unilatéraux, et la loi ne prohibe pas ce genre de contrat. Elles sont le produit de l'accord de deux volontés, et, sauf prohibition expresse, deux volontés peuvent s'accorder pour créer un seul engagement. Il ne faudrait pas s'arrêter devant cette observation que la convention dépend alors de la volonté d'une des parties, ce n'est pas une raison pour qu'elle soit nulle. La loi déclare nulles, non pas les conventions faites sous des conditions potestatives de la part de l'une des parties, mais les obligations contractées sous des conditions potestatives de la part de celui qui s'oblige (art. 1174). Or la promesse de vente dépend de la volonté du futur acheteur, la promesse d'acheter de la volonté du futur vendeur; le promettant, dans les deux cas, est donc lié, car son engagement dépend bien d'une condition potestative ; mais cette condition est potestative de la part de l'autre partié et non de la part de la partie qui s'oblige.

10 *bis*. V. Effets de la promesse unilatérale de vendre. Pierre promet de vendre sa maison à Paul, moyennant 50,000 francs, quand celui-ci voudra acheter.

Pothier, qui n'envisage que les promesses unilatérales, considère celle-ci comme produisant seulement une obligation de faire, sans obligation de livrer; mais il admet que le créancier peut, lorsqu'il déclare vouloir profiter de la promesse, obtenir autre chose que des dommages et intérêts; qu'il peut obtenir un jugement remplaçant le contrat que le promettant refuse de faire, parce qu'il s'agit d'une de ces obligations de faire dont l'exécution effective peut être obtenue de la justice sans qu'il soit besoin de violenter la personne ou la volonté du débiteur (1).

Nous croyons qu'il faut attribuer à la convention des effets plus complets ; elle nous paraît constituer le promettant débiteur de la chose et par conséquent donner au stipulant la propriété de cette chose; le tout, bien entendu, sous la condition que le stipulant acceptera le rôle et les obligations d'un acheteur. La promesse nous paraît être une promesse conditionnelle, et nous lui reconnaissons l'effet de transférer la propriété conditionnelle.

Il faut bien le remarquer, nous ne disons pas qu'il y a vente conditionnelle, car la convention ne crée qu'une obligation; le futur acheteur n'est pas débiteur même conditionnellement, on ne pourrait pas exercer contre lui les droits que l'article 1180 reconnaît à un créancier conditionnel. Il y a une promesse unilatérale conditionnelle, cette promesse a pour objet la chose vendue, donc le promettant est débiteur de cette chose sous condition.

Nous sommes certes autorisé à considérer la promesse comme promesse de donner et non de faire; puisque le Code considère la promesse synallagmatique de vendre comme une vente, c'est-à-dire comme produisant l'obligation de donner et non celle de faire, la promesse unilatérale doit être traduite de la même manière; elle doit produire le même effet, avec cette différence qu'elle est unilatérale au lieu d'être synallagmatique, qu'elle est une promesse de donner qui n'a pas son équivalent dans la promesse de payer le prix. Le

(1) V. Pothier, nos 478-479.

contrat de vente, désigné par un seul mot français, est celui que les Romains appelaient de deux mots, *emptio venditio;* dire promesse de vente vaut vente, c'est dire promesse de vente et d'achat vaut vente et achat ; ce qui nous autorise à conclure que la promesse de vente, même sans promesse d'achat, produit le même effet que la vente sans achat, c'est-à-dire impose au promettant les obligations qui pèsent sur un vendeur dans une vente complète, l'obligation de donner une chose et non celle de faire.

En présentant la convention que nous étudions comme une promesse de donner, et en ne l'appelant pas vente, nous écartons une objection qu'on a faite, pour démontrer que le promettant n'est pas débiteur conditionnel de la chose. On a reproché à notre opinion de confondre un élément nécessaire à l'existence de la vente avec une condition suspensive, puisque nous envisageons comme condition le fait que l'une des parties consentira à s'obliger en qualité d'acheteur, et que de son essence la vente ne peut exister sans des obligations réciproques. On voit comment nous évitons cette objection ; pour nous, le contrat n'est pas une vente conditionnelle, c'est un contrat unilatéral conditionnel, et il n'est pas de l'essence d'un contrat unilatéral que les deux parties soient obligées, loin de là ; on peut donc accepter comme condition valable de cette convention unilatérale l'engagement que contractera la partie non obligée dans le principe, et qui transformera le contrat en un contrat synallagmatique (1).

10 *bis.* VI. Les conséquences de notre doctrine se déduisent facilement : le promettant est débiteur conditionnel ; donc, si la chose est un corps certain, le stipulant est propriétaire sous condition suspensive, et les actes d'aliénation ou les constitutions de droits réels consentis par le promettant depuis la promesse ne pouvaient lui être opposés, sauf les règles sur la transcription. (Art. 1179.) Quant aux risques, ils sont, d'après l'article 1182, à la charge du débiteur, et il ne peut pas ici en être autrement, puisque la condition dépend de la volonté du créancier, qui ne consentirait pas à vivifier le contrat si la chose avait péri.

10 *bis.* VII. Effets de la promesse unilatérale d'acheter. Pierre a promis à Paul d'acheter, moyennant 50,000 francs, la maison de celui-ci quand il voudra la lui vendre.

(1) *Contrà,* MM. Aubry et Rau, t. III, p. 229, n° 9, édit. 1856.

Les effets de cette promesse apparaissent plus clairement que ceux de la promesse de vente. Celui qui a promis d'acheter est débiteur conditionnel du prix, la condition suspensive de son obligation est le consentement que l'autre partie donnera à la vente.

Voilà tout l'effet de cette promesse; elle n'a pas d'effet par rapport à la chose qui sera l'objet de la vente, si jamais la vente se parfait. Le futur vendeur n'est pas débiteur conditionnel de la chose, car il ne s'est engagé à rien; on ne peut donc pas considérer celui qui a promis d'acheter comme un propriétaire sous condition, et quand la vente sera devenue parfaite par l'adhésion du vendeur, elle n'aura pas, quant à la propriété de la chose, d'effet rétroactif.

10 *bis*. VIII. Au point de vue des risques, il ne faut appliquer ni l'article 1138, qui mettrait les risques à la charge de l'acheteur, ni l'article 1182, qui les impose au débiteur conditionnel. Mais, par la force des choses, la perte totale retomberait sur celui à qui a été faite la promesse d'achat, car il serait trop tard, après la perte, pour que le propriétaire de la chose déclarât consentir à une vente désormais sans objet.

S'il s'agissait non d'une perte totale, mais d'une détérioration, il nous paraît que, d'après la rigueur des principes, cette détérioration aurait eu lieu au préjudice de celui qui a promis d'acheter, car il existe une chose qui peut être l'objet du contrat de vente, et le futur acheteur a consenti à se mettre à la discrétion de l'autre partie pour acheter quand celle-ci voudrait. Il a du reste, et très-certainement, accepté les chances de baisse sur la valeur des biens en général, et de celui qui est l'objet de la convention en particulier. Pourquoi n'admettrait-on pas qu'il a accepté les chances de détérioration matérielle, et que le prix promis est calculé en conséquence de ces diverses chances? Pothier combat cette solution en disant que le propriétaire de la chose n'en était pas débiteur, ce qui nous paraît peu concluant, car si la perte retombe en général sur le créancier, c'est en vertu d'une interprétation de la convention des parties, et c'est par une interprétation de cette convention que nous imposons la perte à celui qui a promis d'acheter. Il faut d'ailleurs remarquer qu'on créerait de nombreuses causes de difficultés entre les parties, parce que probablement on n'accepterait comme détérioration, empêchant la réalisation de la vente, que les détériorations d'une certaine importance, et il naîtrait toujours des contestations entre les parties sur la gravité des détériorations que le propriétaire prétendrait être minimes, et que l'autre partie accuserait d'être considérables.

10 *bis*. IX. Nous n'avons parlé que des dégradations, il n'y a rien à dire des augmentations. Par la force des choses, elles ne profiteront pas souvent à celui qui a promis d'acheter, car le propriétaire, qui n'est pas lié, ne consentira pas à parfaire le contrat de vente lorsque la chose aura notablement augmenté de valeur.

10 *bis*. X. Nous avons toujours raisonné sur les promesses unilatérales de vendre ou d'acheter, sans nous expliquer sur un point important. La promesse est-elle faite pour un temps ou sans limitation de temps? Je promets de vous vendre quand vous voudrez acheter, ou je promets de vous vendre si dans un délai de deux ans vous déclarez vouloir acheter.

La convention la plus fréquente doit être celle qui limite à un certain temps le droit pour la partie qui n'est point obligée de déclarer qu'elle entend contracter une obligation, et convertir en vente synallagmatique la promesse unilatérale de vendre ou d'acheter qui lui avait été faite; car il arrivera rarement que la partie obligée néglige de stipuler qu'elle ne restera pas indéfiniment dans les liens de l'obligation au caprice de l'autre.

10 *bis*. XI. Si la convention ne fixe pas de délai, il est cependant difficile de laisser une des parties indéfiniment à la discrétion de l'autre. On peut dire que la convention a sous-entendu un délai raisonnable et suffisant, et que les tribunaux, interprétant cette convention, auraient le droit de fixer le délai dans lequel la partie non obligée serait astreinte à déclarer sa volonté (1).

Cette décision fournira un moyen d'éviter un des grands inconvénients de la doctrine que nous avons exposée sur les détériorations de la chose promise au cas de promesse d'acheter. Nous les avons mises à la charge de celui qui a promis d'acheter, d'où il résultera peut-être que le propriétaire s'inquiéterait peu de faire les réparations devenues nécessaires par des détériorations fortuites, et qu'il offrirait ensuite la chose à l'autre partie, quand

---

(1) V. Pothier, n°s 480 et 491.

cette chose aurait considérablement perdu de sa valeur par suite de détériorations successives non suivies de réparations.

Ce calcul ne devrait pas réussir; le contractant qui a promis d'acheter pourrait, en présence d'une réparation devenue néces- saire, saisir les tribunaux, qui imposeraient au propriétaire pour déclarer sa volonté un délai assez bref, afin que la détérioration ne fût pas aggravée faute de réparation, lorsque, le propriétaire se décidant à vendre, le promettant serait contraint comme ache- teur à prendre la chose détériorée.

10 *bis.* XII. La même pensée nuisible à celui qui a promis d'acheter peut naître dans l'esprit du propriétaire, quand la pro- messe est faite pour un certain temps, ce qui ne permet pas aux tribunaux d'intervenir. Mais voici comment le promettant serait protégé contre les combinaisons intéressées du propriétaire. Il est clair que ce promettant à qui nous imposons les risques des détériorations ne doit souffrir que des détériorations fortuites. Or, quand à la suite d'une dégradation accidentelle qui demande des réparations, le propriétaire n'a pas fait ces réparations, ce qui a augmenté le mal, et qu'il n'a pas non plus usé du droit qu'il avait de forcer le promettant à prendre la chose dans l'état où l'avait mise l'accident survenu, le promettant a le droit de soutenir que son cocontractant a commis une faute, et que de cette faute ré- sulte la dégradation plus considérable de l'objet; par conséquent, il obtiendra une indemnité pour tout le dommage résultant de ce défaut de réparations.

11. Mais lorsque la promesse de vendre a été faite avec des arrhes, chacune des parties est censée s'être réservé la faculté de s'en départir, en perdant les arrhes ou en restituant le double. V. art. 1590.

Il faut, du reste, bien se garder d'appliquer à toute vente faite avec arrhes ce que la loi dit de la promesse de vendre ainsi faite. La plupart du temps, en effet, comme l'atteste un usage constant, les arrhes sont données en signe de marché conclu, comme avance sur le prix à payer, ou comme une espèce de nantissement pour le paiement de ce prix : il est clair qu'alors ni l'une ni l'autre partie ne conserve la faculté de se dédire, qu'elles ont, au contraire, le droit de se contraindre mutuellement à l'exécution, si elle est possible, ou autrement au paiement de tous dommages et intérêts.

11 *bis*. I. On entend par *arrhes* un certain objet que l'une des parties remet à l'autre au moment de la convention, soit en signe que le marché est conclu, comme preuve de la perfection du contrat (*argumentum emptionis et venditionis contractæ*), soit comme *dédit*.

On peut en effet comprendre la convention d'arrhes sous deux aspects. La remise d'une chose par l'une des parties à l'autre peut signaler dans leur pensée la transformation des pourparlers préparant un contrat en un contrat définitif. A partir de cet instant précis où les arrhes ont été remises, les parties sont liées irrévocablement.

Ou bien les parties ont voulu réserver à chacune d'elles le droit de se rétracter, de retirer sa promesse, de se *dédire*, mais elles ont subordonné cette faculté à la nécessité de donner à l'autre une certaine indemnité, dont le chiffre est fixé par la valeur des arrhes remises. Celui des contractants qui se dédira doit perdre cette valeur; ce qui explique la formule dont se sert l'article 1590. Celui qui a donné les arrhes, les perd, les abandonne, s'il renonce au contrat; celui qui les a reçues, les rend au double, rend les arrhes, plus une valeur égale à celle qu'il a reçue, car s'il ne rendait que les arrhes reçues, il ne perdrait rien, il ne donnerait à celui qui les a fournies aucune indemnité, et la faculté de se dédire ne serait pas subordonnée à des conditions établissant l'égalité entre les deux parties.

11 *bis*. II. Il est clair que les contractants sont maîtres de faire la convention d'arrhes sous l'une ou sous l'autre de ces formes, et quand la volonté apparaîtra, il faudra sans difficulté voir dans la remise des arrhes, soit une preuve de la formation d'un contrat définitif, soit la stipulation d'un dédit rendant le contrat quelque peu fragile.

Mais la volonté ne sera pas toujours nettement accusée; alors l'article 1590 établit une présomption, il n'a pas d'autre force; il ne peut pas avoir voulu déroger à la règle de la liberté des conventions sur un point intéressant aussi peu l'ordre public et les bonnes mœurs. Il n'a fait qu'une interprétation de volonté. La présomption établie par le Code est que la convention d'arrhes est une convention de dédit.

11 *bis*. III. Cette présomption s'applique aussi bien au cas où la convention est qualifiée vente, qu'à celui où elle a reçu des parties le nom de promesse de vente. Il ne faut pas fonder une distinction entre les ventes et les promesses de vente, sur ce que le texte de l'article 1590 commence par ces mots : La promesse de vente. Nous ne devons pas oublier que l'article précédent dit : La promesse de vente vaut vente ; d'où nous pouvons conclure que la vente vaut promesse de vente, qu'aux yeux du législateur les deux expressions ont exactement la même valeur, et que ce n'est pas à cette différence d'expressions qu'il faut s'attacher pour savoir si les arrhes sont données à titre de dédit stipulé ou comme preuve de marché conclu.

11 *bis*. IV. La présomption contenue dans l'article 1590 peut être combattue par la preuve contraire, et le juge, qui doit avant tout interpréter la convention d'après l'intention des parties (art. 1156), pourra tenir compte de circonstances qui établiront cette intention dans un sens contraire à la présomption légale.

Pothier cite le cas où l'une des parties donne à l'autre une somme insignifiante par rapport à la valeur de la chose vendue, un sou marqué ou même un liard (1) : il est clair qu'on n'a pas voulu fixer à une somme semblable une indemnité au cas de dédit, donc la remise de la pièce de monnaie ne peut être autre chose qu'un fait matériel constatant que les paroles sont respectivement données, que des engagements sont nés.

11 *bis*. V. Il ne faut pas exagérer la portée de l'article 1590 ; la présomption qu'il établit a pour base une convention *d'arrhes*, elle suppose prouvé que les parties ont ainsi qualifié la remise que l'une d'elles a faite à l'autre. Or, il peut arriver fréquemment que l'une des parties ait donné à l'autre une somme d'argent au moment de la convention, sans que cette remise ait été faite expressément à titre d'arrhes, et il serait dangereux d'appliquer alors l'article 1590, qui permettrait à chacune des parties de se dédire moyennant un certain sacrifice pécuniaire.

La prestation faite peut être tout simplement un à-compte sur

(1) V. **Pothier**, n° 509.

le prix, et il n'y a pas présomption qu'elle soit autre chose quand le mot *arrhes* n'en a pas déterminé le caractère. Il y a plus, l'article 1590 étant inapplicable, on ne doit pas supposer qu'une convention a été faite qui ne lie pas définitivement les deux contractants; la présomption doit donc être que la prestation est un à-compte. Cependant les faits pourraient combattre cette présomption; par exemple, il est évident que si la somme a été fournie par le vendeur à l'acheteur, on ne peut pas voir dans cette prestation un paiement à compte, et qu'on doit interpréter la convention comme une convention d'arrhes, bien que l'expression technique n'ait pas été prononcée.

11 *bis*. VI. La convention d'arrhes, entendue comme l'interprète l'article 1590, rend incertaine la vente, et incertains les droits des parties. Il ne faut pas que cette incertitude soit indéfinie; il ne peut pas être entré dans l'esprit des contractants qu'à une époque quelconque les effets de la convention pourraient être anéantis au caprice de l'une des parties, et moyennant la perte des arrhes ou leur restitution au double. Il faut donc déterminer le moment où cessera pour chacune des parties le droit de se dédire.

D'après l'expression même qui sert à caractériser le droit qui naît de la convention d'arrhes, on voit que l'intention attribuée par la loi aux parties est de donner une certaine fragilité à un marché non encore exécuté, car il serait inexact de dire qu'une personne se dédit ou se départit de la convention quand elle a accompli les obligations résultant de cette convention. Elle annulerait alors le contrat, elle répéterait ce qu'elle aurait donné, mais elle ne se dédirait pas. Cette idée apparaît très-clairement dans Pothier, qui ne considère pas le marché comme conclu lors de la convention d'arrhes, et qui impose la perte des arrhes à celui qui refuse de conclure le marché.

C'est donc l'exécution qui détruira le droit de se dédire; d'abord, et bien certainement, l'exécution des obligations des deux parties, mais aussi l'exécution par l'une des parties de son obligation, soit de livrer la chose, soit de payer le prix. Car l'exécution n'est pas seulement le fait du débiteur, elle est le fait du créancier qui la reçoit. En acceptant cette exécution, le créancier consent à conclure le marché, comme disait Pothier, à renoncer au droit de faire considérer la convention comme non avenue. La livraison de la chose vendue, le paiement du prix, convertiront donc en une vente pure et simple la vente qui avait d'abord été subordonnée à la possibilité d'une rétractation de la part de l'une ou l'autre partie.

Nous parlons, bien entendu, d'une exécution volontairement acceptée par le créancier. Si des offres réelles avaient été faites, la question porterait sur la validité même des offres et se lierait au point que nous allons examiner sur le moment où l'une des parties pourrait priver l'autre de son droit de rétractation.

11 *bis*. VII. Faut-il, en effet, attendre une exécution volontairement acceptée, pour que chacune des parties acquière la sécurité, qu'elle puisse compter sur le contrat de vente ou d'achat qu'elle a fait? On ne peut certes pas admettre que l'une des parties ait le droit de prolonger l'incertitude sur l'existence du contrat aussi longtemps qu'elle voudra, en n'exécutant pas ses obligations et en ne souffrant pas l'exécution de l'obligation corrélative. On doit ici appliquer les principes sur le moment où doivent être exécutées les deux obligations du vendeur et de l'acheteur, et décider que chacune des parties peut contraindre l'autre à se décider d'une façon définitive sur le maintien ou l'anéantissement du contrat, au moment où elle a le droit de se libérer de l'obligation qu'elle a contractée.

Si donc on suppose que la vente est faite sans terme, comme alors chacun peut exiger immédiatement l'exécution de l'obligation de l'autre pourvu qu'il exécute la sienne propre, celui des deux contractants qui veut mettre fin à l'incertitude sur l'existence du contrat peut, en offrant d'exécuter son obligation, demander l'accomplissement de l'obligation corrélative et forcer l'autre à prendre parti sur la question des arrhes et du droit de se dédire.

11 *bis*. VIII. Un terme peut avoir été accordé soit à l'un des contractants, soit à tous les deux. Si on se place dans l'hypothèse où une seule des parties jouit du bénéfice du terme, nous dirons d'abord que celle-ci peut exiger de l'autre l'exécution de l'obligation et rendre nécessaire la manifestation de volonté de cette autre partie. Nous donnerons en outre le même droit à la partie qui a accordé le terme, car s'étant constituée débitrice immédiate,

elle doit avoir le droit de se libérer immédiatement, c'est-à-dire de faire accepter par l'autre l'exécution, et l'acceptation de l'exécution vaut renonciation au droit de se dédire. Le terme stipulé en faveur d'un contractant ne nous paraît pas avoir été convenu en vue de lui assurer à un temps plus long pour prendre parti sur les arrhes, mais de lui donner des facilités quant à l'exécution même de son obligation.

Songeons maintenant au cas où les deux obligations sont à terme. Aucun des deux contractants ne pourrait contraindre l'autre à prendre un parti, car il faudrait pour cela que l'un des contractants offrît l'exécution de son obligation, et prétendît avoir le droit de le faire en renonçant au terme établi en sa faveur; mais il nous semble que dans cette hypothèse le terme peut bien être considéré comme stipulé dans l'intérêt des deux parties; on peut avoir eu en vue non-seulement l'avantage que trouve chaque débiteur à payer plus tard, mais aussi l'intérêt qu'a le créancier à conserver plus longtemps son droit de dédit. Le créancier pourrait donc refuser l'exécution de l'obligation et retarder ainsi le moment où il lui faudra dire s'il veut ou non l'existence du contrat.

Quand les deux termes seront inégaux, nous appliquerons cette doctrine jusqu'à l'échéance du plus court, car pendant tout ce temps les deux obligations sont à terme. Après cela une seule des obligations sera retardée, l'autre sera échue, et nous retrouverons l'hypothèse déjà examinée dans laquelle une seule des obligations est à terme.

11 *bis*. IX. Il reste à étudier quelle est l'influence de la convention d'arrhes sur l'effet de la vente par rapport à la translation de la propriété et aux risques de la chose vendue.

Le contrat est une vente ou une promesse de vente valant vente, donc il doit transférer la propriété à l'acheteur quand l'objet vendu est un corps certain; seulement cette translation de propriété est, comme la vente elle-même, subordonnée à une condition, elle est faite sous condition résolutoire. L'acheteur est propriétaire sous la condition que ni l'une ni l'autre des parties ne se départira du contrat dans les termes de la convention d'arrhes.

L'intérêt de la question apparaîtra quand le vendeur aura consenti, au profit d'une troisième personne, une aliénation de l'objet

vendu. *Exemple :* Il a vendu l'immeuble précédemment vendu
avec convention d'arrhes, et le premier acheteur a eu soin de faire
transcrire son contrat avant la transcription de la deuxième vente ;
ou bien, ce qui arrive plus souvent, l'objet vendu est un meuble,
il a été revendu, mais non livré à un deuxième acheteur. Dans
ces hypothèses, il est intéressant de savoir si la propriété a été
transférée par le premier contrat. En principe elle a été transférée ;
la difficulté est seulement de savoir si le vendeur n'a pas manifesté l'intention de se dédire, ou s'il n'est pas encore en position
de manifester utilement cette intention.

Il est certain que s'il n'a été stipulé aucun délai pour l'exercice
du droit de se dédire, le vendeur qui a aliéné une deuxième fois
peut refuser l'offre qui lui est faite du prix en déclarant qu'il se
départit du contrat, et que s'il peut agir ainsi, le deuxième acheteur, son ayant-cause, doit être considéré comme cessionnaire du
droit de dédit qui lui assure la conservation de la chose.

Mais si un certain délai avait été déterminé pour user du droit
de se dédire, et que le délai fût expiré, la condition résolutoire
du droit du premier acheteur ne serait pas accomplie. On ne pourrait pas voir un dédit dans le changement de volonté manifesté
par l'aliénation au profit du deuxième acheteur de la chose vendue au premier avec convention d'arrhes. La condition résolutoire
n'est pas le simple changement de volonté, c'est un changement
se traduisant par la restitution au double des arrhes reçues, quand
celui qui se dédit a reçu les arrhes, et par conséquent ce changement doit se produire sous forme de déclaration d'abandon des
arrhes données, quand la rétractation est faite par celui qui les a
fournies. Il est difficile d'admettre qu'un acte auquel le contractant aura été étranger puisse être considéré comme l'exercice à
son égard du droit d'option entre le maintien ou la résolution
d'un contrat sur l'exécution duquel il compte, et pour l'exécution
duquel il a peut-être pris des mesures préjudiciables à sa fortune
s'il les a prises inutilement ; par exemple quand il a, par des
ventes ou des emprunts, cherché à se procurer de l'argent pour
payer le prix qu'il doit comme acheteur.

11 *bis*. X. La question des risques dépend du même principe ;
si le contrat est un contrat sous condition résolutoire, les risques
doivent être à la charge de l'acheteur, ainsi qu'il a été établi sur

l'article 1183 (1), mais il faut s'entendre sur l'étendue du risque. Nous supposons, bien entendu, que la chose périt, le droit de se dédire étant encore entier; par suite de l'existence de ce droit, le risque n'a pas pour conséquence d'infliger à l'acheteur l'obligation de payer tout le prix. Son droit de se dédire est intact sous la condition de perdre les arrhes. Nous ne lui imposons donc la charge des risques que dans cette proportion, il perdra les arrhes qu'il a données ou les restituera au double s'il les a reçues; tandis que si on le déchargeait des risques, il aurait droit à se faire rendre les arrhes par lui fournies, ou à restituer, au simple seulement, celles qu'il aurait reçues.

12. Une des conditions essentielles à la perfection de la vente, c'est la détermination du prix. Cette détermination doit être l'œuvre des parties elles-mêmes, si bien qu'on a douté, à Rome, si la convention qui remettrait le prix à l'arbitrage d'une tierce personne désignée pourrait constituer une véritable vente. Cependant l'affirmative a prévalu, en ce sens que cette convention constitue une vente conditionnelle, dont la condition est défaillie si le tiers ne veut ou ne peut faire l'estimation. Tels sont les anciens principes que notre Code a consacrés. V. art. 1591, 1592.

La loi, au surplus, semble supposer que le tiers à l'arbitrage duquel est laissé le prix est une personne déterminée. Toutefois on ne peut hésiter, chez nous, à considérer comme valable, et comme produisant en général les effets d'une vente, la convention portant simplement que le prix sera réglé par experts. (V. art. 1131, et à ce sujet, art. 1108 et 1129.) Il en faudrait dire autant de celle qui, pour régler le prix de certaines marchandises, s'en rapporterait au cours d'un jour déterminé.

12 *bis*. I. Le principe de la liberté des conventions nous conduira peut-être à valider la vente, dont le prix doit être fixé par des experts que le contrat ne désigne pas. Il faut reconnaître toutefois qu'il y a lieu d'hésiter sur cette solution, car la convention ne

---

(1) V. t. V, n° 102 *bis*. IV.

réunit pas tous les éléments essentiels de la vente, le prix n'est pas déterminé par un acte de la volonté des parties, il faudra faire intervenir quelquefois les tribunaux, non pas, comme toujours, pour interpréter la convention, mais pour la compléter. Enfin l'article 1006 C. proc. annule le compromis qui ne désigne pas nominativement les arbitres. Nous pensons, malgré ces objections, que le contrat est valable, car en admettant qu'il lui manque quelque condition pour être une vente, il est une convention sur des objets licites avec des causes licites, puisque la prohibition de l'article 1006 n'est pas édictée ici; par conséquent, ce contrat est tout au plus un contrat innomé, très-voisin de la vente, et il y a bien peu d'intérêt à discuter sur son caractère.

12 *bis*. II. La vente à dire d'experts non désignés par les parties n'est pas conditionnelle, à la différence de celle dont le prix doit être fixé par un expert spécialement indiqué dans le contrat. Dans ce dernier cas, il y a une éventualité : l'expert voudra-t-il accepter la mission, ne mourra-t-il pas avant de l'avoir remplie? Dans l'autre hypothèse, on trouve toujours des experts; donc l'existence du contrat ne dépend pas d'un événement futur et incertain.

12 *bis*. III. Quand on est convenu de fixer le prix d'après le cours des mercuriales, on pourrait être tenté de dire également que la vente est pure et simple; cependant, comme des événements politiques, ou des accidents, des inondations, des incendies peuvent faire obstacle à la tenue du marché au jour indiqué, il faut reconnaître que la vente dépend d'une éventualité, qu'elle est conditionnelle.

13. La loi n'a pas eu besoin de dire que le prix doit consister en argent; autrement il y aurait échange et non pas vente.

14. On tenait encore autrefois, et il paraît bien raisonnable de décider, qu'il n'y a pas de vente sans un prix sérieux (v. pourtant art. 1118, 1313, 1674, 1776). Du reste, le prix peut être sérieux, quoique notablement inférieur à la valeur réelle.

14 *bis*. I. Ce que la doctrine entend par un prix non sérieux, c'est une somme d'une modicité dérisoire par comparaison à la

valeur de la chose. Il s'agit de la vente d'un immeuble *nummo*
uno. Le prix vil est un prix sérieux ; aussi la lésion résultant de
la vente à vil prix n'entraîne pas la nullité des ventes de meubles,
et ne cause la rescision des ventes d'immeubles que si elle dépasse
les sept douzièmes du prix véritable. (Art. 1118, 1674.)

14 *bis*. II. Quand le prix n'est pas sérieux, la translation de
propriété ne se produit pas, quelle que soit d'ailleurs l'opinion
qu'on adopte sur la validité des donations déguisées sous la forme
d'un contrat à titre onéreux ; car si on admet que la donation
déguisée est valable, il faut au moins qu'elle soit déguisée en un
contrat valable. C'est faire un cercle vicieux que de valider
comme donation une vente apparente faite pour un prix non sérieux, car elle ne peut valoir comme donation que parce qu'elle
paraît être une vente ; mais quand on l'envisage comme vente,
elle ne peut valoir que parce qu'elle est une donation.

14 *bis*. III. Il appartient aux tribunaux de décider si le prix
est sérieux ou dérisoire, et la question ne présentera pas ordinairement de difficultés. Quelquefois cependant l'examen des faits
aura une certaine importance : si, par exemple, la vente est faite
moyennant une rente viagère dont le montant n'excède pas le
revenu du bien vendu. On peut dire alors qu'il n'y a pas de prix,
car l'acheteur n'a aucun sacrifice à faire *de suo* pour payer son
acquisition. Cependant il faudra apprécier les chances de durée
du bien, et la certitude du maintien des revenus à leur chiffre
actuel. En effet, l'acheteur contracte l'obligation de payer la rente,
quels que soient les événements postérieurs ; or, s'il achète une
chose périssable, comme une collection de livres loués à une personne qui exploite un cabinet de lecture, comme un ballon loué
à des entrepreneurs de fêtes publiques, s'il s'agit même d'un immeuble dont le revenu est très-variable, très-incertain, il est possible que la convention qui assure au vendeur un revenu fixe, inférieur au revenu ordinaire ou moyen de la chose, ne soit pas un
contrat de vente moyennant un prix dérisoire.

15. Le législateur termine l'énoncé des règles sur la nature
de la vente par la déclaration d'un principe puisé dans l'usage,
et fondé sur la volonté présumée des parties lorsqu'elles ne
s'expliquent pas : c'est celui qui met à la charge de l'ache-

teur les frais d'actes et autres accessoires de la vente. V. art.
1593 ; et remarquez que cette obligation de l'acheteur n'affranchit nullement le vendeur des effets de l'obligation solidaire contractée par toutes les parties envers le notaire chargé
par toutes de dresser l'acte (v. art. 2002).

CHAPITRE II.

QUI PEUT ACHETER OU VENDRE.

16. La faculté d'acheter ou vendre, comme en général
celle de contracter, est de droit commun ; elle appartient donc
à toute personne à laquelle la loi ne l'a pas formellement
interdite. V. art. 1594 et 1123.

17. Indépendamment des incapacités qui s'appliquent à la
vente comme à tout autre contrat (art. 1124), la loi en établit ici de particulières, dont il faut bien saisir les motifs et
l'étendue.

18. La crainte des avantages indirects, et aussi la difficulté
de concilier la protection due par le mari à la femme, avec
les intérêts opposés d'un vendeur et d'un acheteur, ont fait en
général prohiber la vente entre époux. Cette prohibition
s'étend même à la dation ou plutôt à la cession en paiement,
que l'on considère, sous certains rapports, comme une
vente (1). V. art. 1595, al. 1.

Cependant la loi excepte trois cas de cession en paiement.

18 *bis.* La dation en paiement est la prestation d'une chose au
lieu de la chose due (2). Cette prestation n'est possible qu'à la suite

---

(1) Il est évident que la cession en paiement, soit qu'elle consiste dans la dation
effective ou dans la promesse de donner, présente une analogie parfaite avec une
vente, ou si la dette n'est pas d'une somme d'argent, avec un échange. Toutefois
il existe une différence notable ; elle consiste en ce que la cession ayant pour
cause l'extinction d'une dette, la chose cédée pourrait toujours être répétée, si la
dette supposée n'existait pas. (Note de M. DEMANTE.)

(2) V. t. V, n° 182 *bis.* II.

d'un accord entre le créancier et le débiteur, et c'est cette convention que le Code considère ici comme une variété de la vente, puisqu'il présente comme exception à la règle qui défend les ventes entre époux l'autorisation de faire, dans certains cas, des dations en paiement.

Au fond, en effet, la dation en paiement est une opération qui, lorsqu'on l'analyse, contient en elle une vente. Le créancier consent à recevoir un immeuble au lieu de 50,000 francs. On peut décomposer ainsi l'opération : 1° celui qui est créancier de 50,000 francs achète moyennant 50,000 francs l'immeuble de son débiteur ; 2° l'ancien créancier étant devenu, par le fait de cet achat, débiteur de son débiteur, il s'opère entre les deux dettes une compensation.

Il ne faudrait pas abuser de notre observation. Elle tend à montrer par quels côtés la dation en paiement se rapproche de la vente, mais il faut bien retenir qu'elle a son unité ; que, quant à ses effets de droit, elle ne peut pas se décomposer en une vente et une compensation, et c'est pour cela que l'inexistence de la dette ne rendrait pas nulle la compensation seulement, mais la vente elle-même, c'est-à-dire l'opération tout entière, ainsi que l'explique la note de M. DEMANTE.

La nature de l'opération bien connue, on comprend pourquoi elle est, dans quelques cas, exceptée de la prohibition des ventes entre époux. Il s'agit de faciliter des libérations et d'empêcher que l'époux débiteur de son conjoint ne soit obligé de vendre son bien à un étranger pour avoir l'argent nécessaire à sa libération.

19. La première exception, commune aux deux époux, comprend les cessions que l'un peut faire à l'autre, après la séparation judiciaire, en paiement des droits auxquels cette séparation donne ouverture. V. art. 1595-1°.

19 *bis*. La dation en paiement est alors nécessaire, car l'époux créancier qui vient de plaider en séparation, soit de corps, soit de biens, n'a pas de ménagements à garder, et il pourrait procéder contre son conjoint par voie de saisie.

Dans l'hypothèse prévue, le droit de créance peut aussi bien appartenir à l'un qu'à l'autre des époux ; par conséquent la dation est valable, qu'elle soit faite par le mari à la femme ou par la femme au mari.

20. La deuxième exception, particulière à la cession que le mari fait à sa femme, s'applique, avant comme après la séparation, à tous les cas où cette cession a une cause légitime : c'est seulement par forme d'exemple que la loi indique le cas de remploi. V. art. 1595-2°.

20 *bis*. I. Le deuxième cas exceptionnel prévu par l'article 1595 est celui d'une dation en paiement faite par le mari à sa femme. Il n'y a pas séparation entre les époux, par conséquent on n'est pas dans l'hypothèse qui vient d'être traitée; mais la femme est créancière de son mari, et la dation en paiement a une cause légitime.

20 *bis*. II. Il ne suffit pas toutefois que la femme soit créancière de son mari, il faut que la dation ait une cause légitime, et bien plus, la loi n'a pas laissé aux tribunaux un pouvoir absolument arbitraire d'apprécier la légitimité de la cause, car elle a montré ce qui dans sa pensée devait constituer la légitimité de la cause en disant : Une cause légitime telle que..... Les tribunaux devraient donc rechercher dans les deux espèces présentées par l'article comme le type des causes légitimes, les caractères principaux auxquels ils devront s'attacher pour reconnaître la légitimité d'une cause de dation en paiement.

Or, dans les deux espèces présentées comme exemples, le mari est débiteur de sa femme; il a touché le prix d'un propre, ou encaissé des deniers propres. La dette est préexistante à la dation en paiement, elle n'est pas née en vue d'une translation de propriété projetée entre le mari et la femme et pour la légitimer. Il pourrait au contraire se présenter des cas où la dation faite par le mari à la femme ne serait pas la conséquence d'une dette préexistante ; par exemple, si la femme acceptait un immeuble du mari en s'engageant à payer les dettes de celui-ci. Il y aurait là une opération qui ne s'écarterait guère d'une vente proprement dite, et qui n'aurait pas de rapport avec les hypothèses prévues par le Code, puisque le mari n'était pas débiteur de la femme, que l'opération ne serait pas par conséquent un procédé de libération entre époux.

20 *bis*. III. Lorsque le mari est débiteur du prix d'un propre de la femme ou de deniers à elle appartenant, ce n'est pas lui seul qui est débiteur quand il y a communauté entre les époux, c'est aussi la communauté. On doit donc admettre que le bien cédé à la

femme pourrait être un bien de communauté. Le mari peut en disposer à titre onéreux, et il n'y a pas de raison pour qu'il lui soit interdit de le vendre à sa femme quand la vente est autorisée entre époux, puisqu'il pourrait le vendre à un étranger.

Il faut même aller plus loin : comme le mari peut aliéner les biens de communauté pour payer ses dettes personnelles, sauf à être débiteur de récompense, il pourrait même donner un de ces biens à sa femme en paiement d'une dette qui ne serait pas dette de communauté.

20 *bis*. IV. L'exception de l'article 1595-2° n'est applicable qu'aux dations en paiement faites par le mari à sa femme. La femme cependant peut être débitrice de son mari, mais la dation ne paraîtrait pas alors avoir une cause légitime. Il est rare, en effet, que la femme non séparée détienne des valeurs appartenant au mari, dans les deux cas que la loi a pris pour types; ce n'est pas dans l'ordre normal que la femme détienne le prix des biens du mari ou les deniers qui lui appartiennent personnellement, tandis que les deniers de la femme se trouvent entre les mains du mari par une conséquence naturelle de la subordination de la femme au mari, et quand les époux sont communs, par une application nécessaire des règles de la loi sur le quasi-usufruit du mari. Si donc il est rare que la femme soit détentrice de deniers propres au mari, on peut craindre que le fait qui l'aura constituée débitrice ne soit une préparation à la dation en paiement et n'ait été accompli pour la légitimer. Voilà pourquoi l'article 1595-2° ne permet pas les dations en paiement faites par la femme au mari.

21. La troisième exception comprend un seul cas où la femme non séparée peut céder des biens à son mari : c'est en paiement d'une somme promise en *dot;* la loi ajoute : *et lorsqu'il y a exclusion de communauté.* V. art. 1595-3°.

21 *bis*. I. La femme a promis à son mari une dot en argent, c'est la supposition de l'article. Le mari, s'il a stipulé une dot en argent, a voulu avoir une somme d'argent à sa disposition, peut-être pour les besoins de son commerce, de son industrie, ou pour acheter un office public. Il a donc une créance contre la femme, et pourrait saisir et vendre les biens de celle-ci; pour éviter cette extrémité, la loi autorise une dation en paiement entre les époux.

Quand on envisage ainsi l'espèce prévue par l'article 1595-3°, on comprend pourquoi le Code n'a pas restreint sa règle à tel ou tel régime matrimonial. Il n'a pas dit en effet que cette dation en paiement pourra être faite, pourvu que les époux soient mariés sous le régime exclusif de communauté ou sous tel autre. Il a seulement constaté un fait sans lequel la dation en paiement manquerait d'intérêt; il montre que l'hypothèse n'est possible qu'autant qu'il y a *exclusion de communauté*. Ce qui signifie : Autant que le bien donné en paiement était exclu de la communauté. Si, en effet, la femme n'a pas de biens propres, si tous ses biens sont en communauté, le mari n'a pas besoin de faire avec elle une convention de dation en paiement; quand il a besoin d'argent, il aliène lui-même les biens de la communauté, et en admettant que la femme lui ait promis quelque somme déterminée en sus des biens tombés de son chef en communauté, se soit obligée à un apport, ce ne pourrait pas être par l'aliénation d'un bien tombé en communauté que cette obligation fût exécutée.

21 *bis*. II. En entendant ainsi les derniers mots de l'article 1595-3°, en les traduisant par ceux-ci : Lorsque les biens donnés en paiement auraient été exclus de la communauté, nous donnons à l'article, dans son application, toute l'étendue qu'il est utile de lui reconnaître dans la pratique, et nous échappons à la nécessité d'accuser le législateur d'avoir très-inexactement caractérisé le régime matrimonial auquel il aurait voulu faire allusion. La loi, en effet, semble réserver au régime sans communauté une règle qui a toute raison d'être au moins sous le régime dotal, et qui, d'après son histoire, a été introduite dans le Code sur une observation du tribunal d'appel de Grenoble, signalant son utilité particulière en cas d'adoption de ce dernier régime (1).

21 *bis*. III. Quand on a reconnu la généralité du texte et de la règle qu'il contient, il est facile de montrer l'utilité de l'opération autorisée, sous quelque régime que les époux soient mariés.

1° *Régime dotal.* — La femme a promis une dot en argent qu'elle n'a pas payée. Elle a des biens paraphernaux. La dation

_____

(1) Delvincourt, t. III, p. 67, n° 9, édit. 1834, considère l'article comme applicable seulement au cas de régime dotal, ce qui suppose que le Code a mal qualifié le régime dont il veut parler.

en paiement d'un des paraphernaux aura ce double avantage de donner au mari un bien sur les revenus duquel il subviendra aux dépenses du mariage, et de le mettre à même de se procurer un capital en argent par l'aliénation de ce bien. L'immeuble, au reste, ne sera pas dotal, car ce sera un immeuble acquis des deniers dotaux (art. 1553).

Si la femme n'a pas de paraphernaux et qu'elle ait promis une dot en argent, elle pourra encore céder un de ses biens dotaux, pourvu que ce bien ne soit pas atteint par la règle de l'inaliénabilité. Cette cession n'aura pas pour conséquence de donner au mari une jouissance qu'il n'avait pas, mais de lui faire avoir une propriété au lieu d'un usufruit, c'est-à-dire le moyen de se procurer la somme d'argent sur laquelle il a compté.

21 bis. IV. 2° *Régime sans communauté.* — L'opération aura le même intérêt que dans le cas du régime dotal quand il n'y a pas de paraphernaux. Il ne s'agit pas pour le mari d'obtenir une jouissance, il jouit de tous les biens de sa femme; mais puisqu'il a stipulé qu'on lui donnerait, outre cette jouissance, la propriété d'une somme, il a intérêt à avoir une propriété représentant cette somme.

21 bis. V. 3° *Séparation de biens.* — Il peut arriver, même sous ce régime, que, par une convention particulière, la femme ait promis à son mari une dot en argent; c'est-à-dire le quasi-usufruit d'une somme d'argent pendant le mariage. Il est alors très-intéressant pour le mari qu'un des biens de sa femme, sur lequel il n'a aucun droit à raison du régime matrimonial, devienne sien, pour qu'il ait la jouissance qui lui a été promise et le moyen de se procurer, par une aliénation, la somme elle-même qu'il a stipulée.

21 bis. VI. 4° *Régime de communauté.* — La femme n'a pas seulement compris tacitement dans sa dot tout son mobilier présent et futur, elle a spécialement promis une somme d'argent. Les époux ont fait ce que la loi appelle la clause d'apport; cette clause a rendu la femme débitrice. Si elle avait des biens propres, le mari pourrait la poursuivre sur ces biens; pourquoi ne pourrait-on pas dans ce cas, comme sous les autres régimes, éviter les poursuites par une dation en paiement?

Ce n'est pas, nous l'avons dit, le texte qui s'oppose à l'emploi de ce procédé de libération, car le bien cédé, le propre, a été, par la convention expresse ou tacite des parties, mis hors de la communauté; il y a donc exclusion de communauté, et c'est tout ce qu'exige l'article. On ne peut pas non plus alléguer que, sous le régime de communauté, tous les biens de la femme étant dotaux, la dation en paiement manquerait d'intérêt. Elle est aussi utile que sous le régime sans communauté ou même sous le régime dotal quand la femme n'a pas de paraphernaux; elle sert à donner au mari un capital facile à convertir en argent, lorsqu'il a expressément stipulé une somme d'argent en vue des besoins spéciaux qu'il prévoyait au moment du contrat de mariage.

22. Au reste, les causes légitimes qui existent dans les trois cas exceptés suffisent bien pour valider en général la cession en paiement, mais non pour ôter aux héritiers respectifs le droit de la critiquer comme contenant un avantage indirect. V. art. 1595 *in fine*.

22 *bis*. I. Sur la sanction de la règle principale contenue dans l'article 1595, la loi est muette; elle statue seulement sur la sanction de la règle qui, tout en permettant certaines ventes, ne les autorise que si elles ont une cause légitime et pourvu qu'elles ne soient pas faites en fraude de la loi.

Il faut examiner séparément ces deux points.

Supposons d'abord une vente entre époux faite en dehors des cas d'exception. Les principes, à défaut de texte spécial, conduisent à la solution. Les époux sont incapables, d'après l'intitulé même de la section et le lien qui existe entre l'article 1594 et l'article 1595; ils font par conséquent partie des personnes désignées dans l'article 1124 et auxquelles la loi a interdit certains contrats. Les contrats faits par des incapables sont annulables; ils peuvent être attaqués pendant dix ans, à partir de la cessation de l'incapacité, par les incapables ou leurs ayant-cause. Telle est la condition de la vente consentie par l'un des époux à l'autre.

On a essayé de valider la vente entre époux en s'appuyant sur la jurisprudence qui refuse d'annuler les donations déguisées. Mais il faut remarquer que les parties n'ont peut-être pas voulu faire une donation; secondement que les donations déguisées sont nulles au moins entre époux (art. 1099); et enfin que si la donation était ici déguisée, elle aurait revêtu les apparences d'une vente nulle et ne pourrait valoir ni comme vente ni comme donation.

22 *bis*. II. Arrivons aux ventes permises. Elles ne sont autorisées qu'à la condition de ne pas contenir d'avantage indirect, c'est-à-dire de n'être pas, même pour partie, une libéralité faite par l'un des époux à l'autre.

La loi réserve, au cas d'avantage indirect, le droit des héritiers. Elle ne caractérise pas ce droit des héritiers, mais, par la généralité même de ses expressions, elle fait une sorte de renvoi aux principes sur les donations déguisées faites entre époux.

Ces donations sont nulles d'après l'article 1099. Elles ne sont pas seulement réductibles(1); par conséquent tout l'avantage résultant de la vente mélangée de donation peut être répété par l'époux donateur ou par les héritiers réservataires ou non réservataires.

Nous n'annulons pas l'opération tout entière, parce que nous raisonnons sur une dation en paiement régulièrement faite dans un des trois cas prévus par l'article 1595, et que par conséquent les époux n'étaient pas frappés d'incapacité; l'opération est donc valable en tant qu'elle est une vente, elle ne donne prise à la critique qu'en tant qu'elle est une libéralité, et c'est pour cette partie seulement que nous la déclarons soumise à l'article 1099.

22 *bis*. III. Il faut remarquer que nous appliquons la partie de l'article 1099 qui règle le sort des donations déguisées, et non celle qui concerne ce que cet article appelle les donations indirectes, bien que notre article 1595 suppose un avantage indirect. C'est que l'article 1595 appelle avantage indirect ce que l'article 1099 qualifiait donation déguisée quand il faisait une opposition entre ces deux expressions. Il ne s'agit pas ici de ces libéralités qui peuvent être faites sans qu'un bien du donateur soit devenu bien du donataire, mais d'un avantage qui passe immédiatement du donateur au donataire, et qui se cache sous une apparence mensongère; la libéralité est cachée dans une vente, elle n'est pas indirecte, médiate, elle est déguisée; voilà pourquoi il faut appliquer la deuxième partie de l'article 1099 et non pas la première (2).

_____

(1) V. t. IV, n° 279 *bis*. II, III.
(2) V. t. IV, n° 279 *bis*. I.

23. L'opposition d'intérêts qui existe entre le vendeur et l'acheteur ne permet pas aux personnes que la loi ou la confiance des parties ont chargées d'agir pour le vendeur, d'acheter elles-mêmes ses biens. De là la prohibition portée contre les tuteurs, les mandataires chargés de vendre, les administrateurs des communes et établissements publics, et les officiers publics par le ministère desquels se font les ventes des biens nationaux. La prohibition s'applique même aux adjudications publiques, elle a lieu à peine de nullité, et ne peut être éludée par une interposition de personnes. V. art. 1596 ; v. aussi art. 450 et 711, 964, 988 C. p.

23 *bis*. I. Il n'existe pas en pareille matière de dispositions établissant des présomptions légales d'interposition de personnes ; l'article 911, notamment, n'est pas applicable dans son texte, et d'après les principes sur les présomptions, on ne saurait en faire une règle légale (1). Les tribunaux sont juges des circonstances de fait.

23 *bis*. II. Les achats faits en contravention à l'article 1596 sont nuls pour incapacité de l'acheteur, mais il faut appliquer ici avec discernement les règles sur les conséquences de l'incapacité. La nullité est relative comme toute nullité fondée sur une incapacité ; seulement ce n'est pas l'incapable qui peut s'en prévaloir, c'est l'autre personne, le propriétaire, dont les intérêts sont protégés par la loi contre son mandataire conventionnel ou légal ; celui-là seul peut invoquer la nullité établie dans son intérêt.

24. La crainte des abus d'autorité ou de confiance, et la dignité même de certaines professions, qu'il ne convient pas d'exposer au soupçon, ont dû faire interdire à tous ceux qui exercent quelques fonctions de justice, ou quelque ministère près les tribunaux, de se rendre cessionnaires de droits litigieux, de la compétence du tribunal dans le ressort duquel ils exercent. Cette règle, déjà portée par les anciennes ordonnances, qui, dans ce cas, privaient le cédant et le cessionnaire *de leurs biens et actions,* a été de nouveau proclamée par

(1) V. t. V, n° 327 *bis*. I.

notre législateur, *à peine de nullité et des dépens, dommages et intérêts.* V. l'art. 1597, qui énumère au long les divers magistrats et officiers auxquels s'applique la prohibition.

24 *bis.* I. L'article 1597 interdit la cession des procès, droits ou actions litigieux. Cette phrase de la loi évite en pareille matière la question qui s'élève sur les articles 1699 et 1700 à propos des droits litigieux qui ne sont pas encore l'objet d'un procès commencé; en distinguant ici les procès et les droits litigieux, le législateur montre que pour l'application de l'article 1597 il n'est pas nécessaire qu'il existe un procès sur un droit, que le droit sera réputé litigieux pourvu qu'il soit l'objet de contestations sérieuses entre les parties.

Il est bon que la loi n'ait pas restreint sa règle au cas de procès commencé, car les magistrats ou officiers dont elle s'occupe ont autant d'occasions d'abuser de leur influence et de la confiance des parties pendant le temps antérieur que dans le temps postérieur au procès commencé; c'est avant d'entamer l'affaire qu'on viendra souvent les consulter et qu'ils pourront commettre les abus d'influence dont la loi s'est inquiétée.

24 *bis.* II. Nous devons signaler une autre différence entre la règle de l'article 1597 et celle de l'article 1699. Dans le cas prévu par ce dernier article, le Code admet trois exceptions à la règle par laquelle il atteint la cession des droits litigieux (art. 1701). Ces trois exceptions ne peuvent pas être introduites dans la matière qui nous occupe; la loi n'en a pas parlé, et les exceptions ne se suppléent pas. De plus, si on les examine de près, on voit que, dans les trois cas exceptionnels, l'abus des influences serait toujours à craindre : le magistrat copropriétaire du droit cédé, ou créancier du cédant, ou possesseur de l'immeuble sujet au droit litigieux, ne pourrait-il pas par ses conseils, en présentant le droit comme mal établi, en inspirant des craintes sur l'issue du procès, se faire céder à bas prix le droit litigieux ?

24 *bis.* III. Il reste, sur l'article 1597, un point très-important à traiter : Quelle est la conséquence de la prohibition légale ? Qu'adviendra-t-il d'une cession faite contrairement à cette prohibition ?

La cession est nulle aux termes de l'article, mais la loi n'a pas déclaré quelles personnes pourraient invoquer cette nullité. Elle

nous fournit cependant une indication sur ce point. Elle présente
sa règle comme la consécration d'une incapacité. L'objet même
de la section est l'énumération des incapacités, et l'article 1597
s'exprime ainsi : Ne peuvent se rendre adjudicataires..... On doit
conclure de là que la nullité est relative, car tel est le caractère
des nullités fondées sur l'incapacité. Elles peuvent être invoquées
par les personnes dans l'intérêt desquelles l'incapacité est établie.
Il s'agit donc uniquement de rechercher dans quel intérêt est
écrit l'article 1597. Il est écrit certainement dans l'intérêt du cédant, qui a peut-être fait la cession sous l'influence du cessionnaire, soit qu'il ait redouté la puissance du magistrat, soit qu'il
ait été abusé par les conseils intéressés de l'avocat ou de l'officier
public. Le cédé est aussi protégé par la loi, car la cession le met
en face d'un adversaire plus redoutable que l'ancien, et c'était
surtout de l'intérêt du cédé que s'inquiétaient les anciennes ordonnances, où la loi a puisé l'idée de l'article 1597.

Mais faut-il aller plus loin ? Doit-on voir dans l'article 1597
une disposition d'ordre public, et par conséquent dans la nullité
une nullité radicale, opposable même par le cessionnaire ou par
le ministère public ? On exagérerait, il nous semble, la règle de
la loi en voyant une atteinte à l'ordre public dans la violation
d'un simple devoir professionnel, et le résultat qu'on obtiendrait
ainsi serait étrange, puisqu'on donnerait au cessionnaire qui a
commis une faute un droit fondé sur cette faute, et qu'il pourrait,
quand par hasard la spéculation serait mauvaise pour lui, se
soustraire, en invoquant la nullité, à l'exécution de la convention.

24 *bis.* IV. La nullité de la cession, lorsqu'elle est demandée
et obtenue, n'anéantit pas le droit du cédé, la loi n'ayant pas
voulu, par une sorte de confiscation, enrichir le cédé. Les choses
sont donc remises au même état que si la cession n'avait pas eu
lieu; le cédant redevient créancier et le cédé débiteur du cédant,
quand le droit était une créance, ou le cédant reprend le droit
réel qui lui appartenait et à l'exercice duquel le cédé était exposé.
Nous apercevons alors que le cédé pourrait n'avoir pas intérêt à
demander la nullité de la cession, car il lui importe peut-être fort
peu d'avoir pour adversaire le cédant ou le cessionnaire. Loin de
là, il serait utile pour lui que la cession fût tenue pour bonne,
car il aurait le droit d'exercer le retrait litigieux et d'éteindre,

moyennant un prix relativement minime, la prétention qui existait contre lui. Il peut certes exercer le retrait tant que la nullité de la cession n'a pas été demandée par le cédant, mais nous ne pensons pas que l'exercice de ce retrait dépouille le cédant du droit dè faire annuler la cession et par conséquent le retrait qui en est la conséquence.

Si on compare en effet les droits du cédant et ceux du cédé au point de vue de l'action en nullité, on trouve qu'il existe entre eux une certaine hiérarchie; que l'article 1597 a d'abord et principalement eu en vue la protection du cédant. L'acte de celui-ci ne paraît pas résulter d'une volonté entièrement libre; l'acte est nul, par rapport à lui, à cause d'une sorte de vice de consentement. Par rapport au cédé, le but de l'article est de le soustraire aux poursuites d'un adversaire puissant. Tout ce que peut donc demander le cédé il l'obtient, quand, par la nullité de la cession, il retrouve le cédant pour adversaire. De cette comparaison entre les deux causes de nullité, il résulte pour nous qu'elles ne sont pas égales en valeur; qu'on ne peut pas admettre que la volonté d'une des parties, exprimant la première ses intentions, prive l'autre de son droit. C'est ce qui arriverait si le cédé, en exerçant son droit, rendait impossible de la part du cédant une demande en nullité fondée sur l'article 1597. N'est-il pas plus raisonnable, puisque l'article 1597 doit surtout protéger le cédant, de lui laisser le dernier mot sur le sort de la cession, de l'autoriser, tant que la prescription n'est pas acquise, à demander la nullité, puisque de cette demande résultera le redressement du tort dont le cédé pouvait se plaindre, c'est-à-dire le rétablissement du droit dans sa position primitive entre les mêmes parties.

Nous ajoutons que, d'après une doctrine qui sera exposée plus tard sur le retrait litigieux, le cédé qui exerce le retrait serait comme subrogé au cessionnaire dans l'opération que celui-ci a faite avec le cédant (1), et que par conséquent ce cédé subrogé devrait être exposé à l'action en nullité qui menaçait le cessionnaire subrogeant.

24 bis. V. La nullité de la cession obtenue, soit par le cédant, soit par le cédé, on ne voit pas d'abord comment une de ces parties pourrait éprouver quelque dommage par suite de la cession,

---

(1) V. le travail de notre collègue, M. Albert Desjardins, sur le retrait litigieux, n° 100, brochure 1871.

et par conséquent pourquoi la loi réserve contre le cessionnaire l'action en dommages et intérêts. Ce n'est pas toutefois une réserve de style ; si quant au fond du droit le dommage n'est pas possible, on conçoit cependant que l'acte illicite du cessionnaire ait nui à l'une ou à l'autre des parties. *Exemple :* Le cédant obligé de demander la nullité de la cession, et de se faire rendre les titres qu'il a remis au cessionnaire, subit une perte de temps préjudiciable dans ses poursuites à diriger contre le cédé. *Autre exemple :* Le cédé qui a exercé le retrait litigieux et qui, d'après notre doctrine, est exposé à voir revivre le droit qu'il croyait éteint par ce retrait, subit un tort considérable ; il a fait des sacrifices pour se procurer l'argent nécessaire à l'exercice du retrait, et ce retrait n'ayant plus d'effet, ses sacrifices sont inutiles. C'est là un dommage qui demande réparation.

25. Aux diverses causes d'incapacité ici énumérées, nous ajoutons la prohibition d'aliéner le fonds dotal, qui, selon nous, constitue contre les époux une incapacité personnelle de vendre (v. art. 1554, 1560).

V. au surplus, C. pr., art. 692, 713 ; C. comm., art. 446, al. 3 ; C. pén., art. 175, 176.

CHAPITRE III.

DES CHOSES QUI PEUVENT ÊTRE VENDUES.

26. En général, toute chose qui peut être l'objet d'un contrat, peut l'être d'un contrat de vente. On peut donc vendre tout ce qui est dans le commerce (v. art. 1126, 1127, 1128). Mais, indépendamment des choses non susceptibles d'une propriété privée, et qui sont absolument hors du commerce (v. art. 538, 540), il en est dont l'aliénation est prohibée par des lois particulières. V. art. 1598 ; et à ce sujet, C. pénal, art. 318, 475-6°, 477.

26 *bis.* I. L'article 1598 n'est pas autre chose que l'application au contrat de vente d'une règle générale du titre des obligations

(art. 1128), que nous avons expliquée au tome V, n° 42 *bis*.

Les conventions dont l'objet n'est pas dans le commerce sont atteintes d'une nullité radicale, car l'obligation qui devait être produite par la convention ne peut pas subsister faute d'objet. Il en résulte que l'obligation de l'acheteur est elle-même frappée de nullité, parce qu'elle ne peut pas prendre naissance si celle de l'acheteur qui lui sert de cause ne naît pas. On pourrait réserver à l'acheteur un droit à des dommages et intérêts, quand il aurait eu juste sujet d'ignorer que la chose vendue n'était pas dans le commerce, et quand le vendeur aurait essayé de profiter de son ignorance pour faire avec lui un contrat qui ne pouvait avoir aucun effet.

26 *bis.* II. Les fonctions publiques ne sont pas dans le commerce; le droit de les conférer appartient à l'autorité supérieure, qui doit se déterminer par des considérations d'intérêt général. On peut dire, par conséquent, que toute convention qui tendrait à disposer de fonctions publiques, et qui pourrait gêner en quoi que ce soit la liberté de l'autorité supérieure, serait nulle comme contraire à l'ordre public.

Il faut placer dans cette catégorie la convention par laquelle le fonctionnaire stipule un certain prix pour donner sa démission. C'est là une convention illicite, c'est une vente déguisée de la fonction; elle peut avoir une influence fâcheuse sur l'autorité supérieure chargée de nommer un nouveau titulaire, et, en tout cas, elle donne à un fonctionnaire utile, disposé du reste à continuer l'exercice de ses fonctions, un intérêt pécuniaire à abandonner une charge à laquelle il est propre, et où il rendrait peut-être encore longtemps des services à la chose publique. .

26 *bis.* III. Certains officiers publics ont reçu, de la loi de finances du 28 avril 1816, le droit de présenter au gouvernement un successeur. *Exemples :* les notaires, avoués, huissiers, agents de change, etc. L'office, qui est comme une sorte de fonction publique, n'est pas, à proprement parler, vendu par le titulaire, il n'est pas à sa disposition; le gouvernement seul peut conférer le droit d'exercer ces fonctions. Mais comme le gouvernement ne peut, sauf le cas de destitution ou de création d'un nouvel office, nommer le titulaire nouveau sans la présentation de l'ancien, l'officier a dans ses biens ce droit de présentation, et quand il fait

l'acte, assez ordinairement qualifié vente d'office, il fait une véritable vente, car son acte ne se borne pas à présenter un candidat au gouvernement; il transmet aussi à ce candidat, sous la condition qu'il sera agréé par le gouvernement, le droit de présentation qu'il avait lui-même. Le contrat se trouve donc soumis aux règles du contrat de vente, non pas en tant que vente de l'office ou de la fonction, mais comme vente du droit de présentation.

26 *bis*. IV. Ces contrats sont ordinairement, par une convention tacite, soumis à une condition : ils ne sont valables que si le titulaire est agréé par le gouvernement. On pourrait cependant, par une convention spéciale, convenir que le vendeur conservera ses droits, c'est-à-dire pourra exiger des dommages et intérêts, si l'acheteur n'obtient pas du gouvernement la nomination qui lui est nécessaire pour entrer en possession de la fonction.

26 *bis*. V. La convention dont nous parlons est, avons-nous dit, une vente du droit de présentation; elle oblige en outre le titulaire à user de son propre droit de présentation au profit de l'acheteur. De ce côté, la convention engendre une obligation de faire, et on la considère généralement comme ne pouvant se résoudre qu'en dommages et intérêts au cas d'inexécution, en sorte que l'acheteur n'aurait pas de droit acquis sur l'office objet de la convention, tant que la présentation n'aurait pas été régulièrement faite au gouvernement. Nous pensons que cette doctrine ne peut être admise, qu'elle méconnaît les principes sur l'effet des obligations de faire, et qu'elle tient plus de compte d'une question de pur formalisme que de la volonté même des parties contractantes.

Dire que l'obligation ne peut se résoudre qu'en dommages et intérêts, parce que c'est une obligation de faire, c'est dénaturer la règle de l'article 1142. Nous l'avons établi sur cet article, quand l'exécution effective de l'obligation de faire peut être obtenue sans une contrainte exercée sur la personne du débiteur, cette exécution peut être ordonnée par les tribunaux, et il n'y a pas lieu de recourir aux dommages et intérêts (1). La question est donc uniquement de savoir si l'exécution forcée de la convention qui nous occupe est possible sans atteinte à la liberté individuelle du promettant. Or, rien n'est plus simple ; il suffira que les tribunaux

---

1 V. t. V, n° 60 *bis*. I, II, III.

déclarent que l'acte de vente vaut présentation au gouvernement, pour qu'un successeur soit donné au titulaire sans que celui-ci ait été contraint par des actes de violence sur sa personne à faire personnellement ce qu'il ne voulait pas faire.

On objectera, il est vrai, que le titulaire d'un office ne peut perdre son titre que par une démission ou une destitution, et que, dans l'hypothèse, il n'y a pas lieu à destitution, tandis qu'il n'y a pas démission. C'est dans ce raisonnement que nous verrions apparaître un esprit de formalisme exagéré. Déclarer que l'acte qui contient la promesse de présenter une personne comme titulaire futur de l'office n'équivaut pas à la présentation même de cette personne, à l'abdication de la fonction, sous la condition que le gouvernement acceptera le sujet proposé, c'est, ce nous semble, se préoccuper de la forme même des actes plus que de la pensée intime des parties. Il faudrait, pour que l'acheteur fût saisi de son droit, qu'un acte de démission et de présentation fût rédigé et signé, c'est-à-dire qu'on exigerait un acte distinct de l'acte de vente, ou au moins une phrase particulière dans cet acte. Ne reviendrait-on pas par cette doctrine à un système analogue à celui qui autrefois exigeait que la vente fût suivie d'une tradition pour transférer la propriété? Et peut-on croire que le stipulant dans une pareille convention a attaché une telle importance à la rédaction de ce second écrit, qu'il a accepté une position qui le met encore à la discrétion du promettant jusqu'à l'exécution de la promesse? Le promettant lui-même peut-il prétendre qu'il a entendu se réserver le droit de détruire, en partie du moins, et à sa volonté, les conséquences de sa promesse? Il nous semble que, dans la réalité des faits et des intentions, promettre de présenter, c'est présenter, comme promettre de vendre, c'est vendre, avec cette différence toutefois que la présentation régulière est nécessairement assujettie à certaines formes, exigées par les convenances et les règlements, dans les rapports de l'ancien et du nouveau titulaire avec l'autorité supérieure ; mais ces nécessités réglementaires et de convenance doivent être sans influence, dans les rapports des contractants, sur les effets de leur convention , qui entre eux doit être régie par les principes généraux du droit.

27. Remarquons, au surplus, que la vente des choses hors du commerce est, de plein droit, nulle (v. art. 1108 et 1128).

Il est clair que dans aucun cas le vendeur ne peut prétendre à s'en faire payer le prix : mais il est naturel que l'acheteur, trompé par le fait du vendeur, puisse obtenir des dommages et intérêts : c'est en ce sens que les lois romaines reconnaissent valable l'achat de ces choses, lorsque l'acheteur a ignoré leur condition, soit que le vendeur l'ait connu ou non (v. Just., *Inst.*, § 5, *De empt. vend.* Fr., Pomp. et Paul, *fr.* 4, 5, 6 ; Paul, *fr.* 34, § 2 ; Modest., *fr.* 62, § 1 ; Lic. Ruf., *fr.* 70, D., *De contr. empt.*).

28. Les biens de particuliers sont dans le commerce ; et quoique le droit d'en disposer n'appartienne qu'à leur propriétaire, rien n'empêche qu'ils ne soient l'objet des conventions des autres, auxquels il est toujours permis d'en espérer l'acquisition. Ainsi la vente, quelles que soient d'ailleurs la nature et l'étendue des engagements qu'elle produit, peut, sans difficulté, s'appliquer à la chose d'autrui. Bien plus, comme le vendeur, dans les anciens principes, s'obligeait seulement à faire avoir à l'acheteur la possession à titre de propriétaire, il accomplissait cette obligation par la délivrance même de la chose d'autrui ; et l'acheteur ne pouvait, par cela seul qu'on ne l'avait pas rendu propriétaire, ni refuser absolument le paiement du prix, ni surtout répéter le prix payé, ou conclure à des dommages et intérêts (v. pourtant Alf., *fr.* 30, § 1, D., *De act. empt*). Quoi qu'il en soit, notre législateur, supposant, avec raison selon nous, que l'acheteur n'a entendu s'engager qu'à l'effet de devenir propriétaire, déclare nulle la vente de la chose d'autrui. D'où il résulte clairement, à notre avis, qu'une pareille vente n'oblige point l'acheteur, et que celui-ci peut conséquemment refuser le paiement de son prix, et même le répéter (v. pourtant art. 1653, 1701). En outre, comme il est possible que cette vente l'ait induit dans une erreur préjudiciable, elle peut, dans ce cas, donner lieu en sa faveur à des dommages et intérêts. V. art. 1599.

28 *bis.* I. Il est nécessaire, avant de caractériser la nullité de la vente qui a pour objet la chose d'autrui, de dégager les cas qui

sont en dehors de l'article, c'est-à-dire les conventions qui peuvent être valables, bien qu'elles n'aient pas pour objet la chose du promettant.

Il est d'abord bien certain que le contrat par lequel une personne promet une certaine quantité de choses *in genere,* moyennant qu'on lui promet une somme d'argent, est valable. Le Code reconnaît certainement la validité d'une obligation de quantité (art. 1129), et il serait déraisonnable de l'annuler parce qu'elle aurait pour corrélatif une obligation de somme d'argent. Non-seulement cette convention est valable, mais elle est une vente dans le langage habituel et dans le langage de·la loi (art. 1585.) On rendrait impossible un nombre considérable de conventions essentiellement utiles si on annulait les contrats à titre onéreux, ayant pour objet des quantités, et il faut cependant remarquer que le débiteur de la quantité n'a pas promis sa propre chose, car il peut n'être pas propriétaire des choses dues au moment du contrat; il peut aussi, s'il est propriétaire d'objets faisant partie du genre promis, donner d'autres objets de même genre. Quant à refuser à cette convention le nom de vente, ce serait se mettre en opposition sans utilité avec un usage constant.

28 *bis.* II. Il est une autre convention qui est peut-être en dehors de l'article 1599, ou qui doit être exceptée de cette règle d'après la volonté souveraine des parties. C'est le contrat, dont nous avons déjà parlé, par lequel une personne promet, moyennant un certain prix, de livrer une certaine chose et d'en garantir la libre possession, sous cette réserve expresse qu'elle ne s'engage pas à donner la propriété (1). Si on conteste à ce contrat le nom de vente, il n'est pas atteint par l'article 1599; si on le considère comme une vente, il est soustrait à la règle de cet article par la volonté des parties. L'article 1599 ne prohibe pas toute convention contraire à la règle qu'il édicte; par conséquent cette convention est valable, car elle ne porte aucune atteinte à l'ordre social ou à la morale, attendu qu'elle réserve, nous le dirons bientôt, les droits du véritable propriétaire, qu'elle n'est pas, par conséquent, une tentative de spoliation.

28 *bis.* III. Il s'agit donc exclusivement du cas où une partie

(1) V. *supra,* n° 2 *bis.* II.

a déclaré vendre un corps certain, et où cette chose appartient à autrui.

La validité de ce contrat ne faisait pas de doute dans le droit romain et dans le droit français ancien (1). Mais cette validité n'avait pas d'autre conséquence que d'emporter obligation du vendeur et obligation de l'acheteur. On faisait immédiatement remarquer, et il était presque inutile de le dire, que la validité du contrat n'impliquait pas la translation de propriété. L'acheteur n'était pas devenu propriétaire alors même qu'on eût fait la tradition, car le vendeur ne pouvait pas donner les droits qu'il n'avait pas. C'était là un point certain qui n'avait aucun rapport avec la théorie de la vente, mais qui dépendait de la théorie des droits réels.

Cette vente, valable autrefois, est aujourd'hui déclarée nulle, et il paraît, dans la discussion qui a eu lieu au Conseil d'État à la séance du 30 frimaire an XII, que les rédacteurs du Code étaient préoccupés, comme sur l'article 1021, d'éviter les difficultés relatives à la preuve de la science ou de l'ignorance du vendeur sur le point de savoir s'il était vraiment propriétaire. C'était là une précaution inutile, car le droit romain validait la vente de la chose d'autrui sans s'inquiéter de cette distinction de fait, qui n'avait d'influence que sur la détermination du moment où l'acheteur pouvait agir contre le vendeur (2). Dans l'exposé des motifs présenté par Portalis, on voit la règle rattachée, par une étrange confusion, à cet axiome, qu'on ne peut pas disposer d'une propriété qui appartient à un tiers. Le tribun Grenier signale la vente de la chose d'autrui comme un moyen offert aux fils de disposer de la succession future de leurs pères. Enfin, le tribun Faure semble ne voir dans la règle qu'une question de mots, car il s'exprime ainsi : « C'est au propriétaire même à vendre la chose si bon lui « semble, mais pour celui qui ne l'est pas, la seule obligation dont « l'exécution dépend de lui consistant dans les dommages et in-« térêts, c'est par une pure subtilité qu'on l'appelle vendeur. » La conclusion logique serait que le contrat, sauf à ne pas s'appeler vente, serait un contrat innomé valable, et l'article 1599 deviendrait alors une disposition presque inutile.

(1) V. Pothier. n° 7.
(2) V. fr. 28, De contrah. empt. D.; M. ORTOLAN, Instituts, t. II, n°s 1477-1479.

28 bis. IV. La pensée des rédacteurs du Code n'apparaît donc pas très-clairement, si ce n'est sur un point au-dessus de toute contestation : la propriété ne peut pas être transférée par le vendeur qui n'est pas propriétaire.

Il faut donc construire, seulement avec le texte si bref de l'article 1599, la théorie de la vente de la chose d'autrui.

Ce qui est très-clair, nous l'avons déjà constaté, c'est que, dans le droit français actuel, le vendeur est réputé s'engager à transférer la propriété, et que l'acheteur créancier de la propriété peut demander des dommages et intérêts aussitôt qu'il prouve qu'on ne lui a pas fourni le droit de propriété qu'on lui avait promis. L'exercice de son droit n'est pas retardé jusqu'au jour d'une revendication intentée par le véritable propriétaire, il peut être immédiat, tandis que le droit romain le retardait, au moins quand le vendeur n'avait pas vendu sciemment la chose d'autrui (1).

28 bis. V. En dehors de ces deux points, il reste encore bien des obscurités, parce que le caractère de la nullité n'est pas nettement indiqué, et c'est ce caractère qu'il faut rechercher, car toutes les conséquences de l'article en dépendent.

S'il s'agissait d'une véritable nullité, il faudrait apparemment l'appuyer sur le caractère illicite de la convention, traiter le contrat comme celui qui aurait pour objet un fait défendu par la loi ou une chose hors de commerce. On prêterait alors au législateur une idée bien exagérée de la vente de la chose d'autrui, puisqu'il l'assimilerait à la promesse de commettre un crime ou à la vente d'une chose du domaine public. En outre, si le contrat était nul à cause du caractère illicite de l'objet vendu, il faudrait que ce contrat fût radicalement nul *erga omnes*, et cela ne se concilierait pas avec les dispositions qui attribuent à ce contrat des effets très-importants, par exemple les articles qui autorisent l'acheteur à agir en garantie pour cause d'éviction, et ceux qui considèrent cette vente comme un titre facilitant la prescription et autorisant l'acquisition des fruits par un possesseur de bonne foi (art. 1626, 2265, 550).

Dira-t-on qu'il s'agit d'une nullité relative, d'une rescision fondée sur l'incapacité? Il s'agirait de l'incapacité du vendeur. L'article alors serait mal placé et devrait être dans la section précé-

---

(1) V. Const. 3, *De evict.* Cod., *fr.* 30, § 1, D., *De act. empt.*

dente, et de plus le mot incapacité serait détourné de son sens, car il ne peut régulièrement s'appliquer qu'à la situation d'une personne que la loi empêche de disposer de sa chose, sinon nous serions tous des incapables, car nous ne pouvons aliéner qu'une bien faible partie des choses qui existent.

La rescision est-elle fondée sur une erreur de l'acheteur, sur l'imperfection présumée de son consentement? On pourrait traduire ainsi l'article 1599, et on arriverait à une théorie très-satisfaisante sur un grand nombre de points; on expliquerait notamment comment la convention expresse des parties suffirait à rendre valable la vente de la chose d'autrui, il n'y aurait pas eu alors erreur de l'acheteur, et la rescision n'aurait pas sa raison d'être. On refuserait l'action en nullité au vendeur, parce que ce ne peut être dans son intérêt qu'une rescision serait admise pour l'erreur dont nous parlons. Mais cette théorie pécherait par la base parce qu'elle sortirait des règles posées par l'article 1110 sur l'erreur touchant l'objet de la convention. Quelle que soit en effet la difficulté d'expliquer ce qu'on entend par erreur sur la substance, il est impossible de la voir dans une croyance erronée sur le droit du vendeur. Enfin, quand on veut être logique et qu'on prend pour point de départ l'idée d'une rescision, on est conduit à maintenir à l'acheteur son droit de faire annuler l'acte même quand le vendeur a acquis depuis la vente le droit de propriété, et que par conséquent l'acheteur n'a pas de raison légitime pour faire rescinder le contrat (1). En effet, pour apprécier si une obligation est rescindable, il faut examiner les conditions de sa formation lors de sa naissance, et les événements postérieurs, surtout ceux qui se produiraient par la volonté de la partie qui n'a pas l'action en rescision, doivent être sans influence sur la validité de la convention. La logique conduit à ce résultat, quoique de savants jurisconsultes aient refusé de s'y soumettre (2). Mais dans cette nécessité d'admettre pour être logique des solutions peu justifiables en raison, ou d'abandonner la logique pour soutenir une solution juste, nous voyons la condamnation du système.

28 *bis*. VI. Il faut donc expliquer l'article 1599 sans le rattacher à la théorie des nullités radicales ou des rescisions.

(1) V. MM. Aubry et Rau, t. III, p. 247, n° 41.
(2) V. M. Duvergier, *Traité de la vente*, t. I, n°s 219 et 221.

On comprend très-facilement sa disposition si on consent à le lire comme s'il disait : La vente est *résoluble,* au lieu de dire : Elle est *nulle.* Il établirait un cas de résolution plutôt qu'un cas de nullité. Certes l'expression est détournée de son sens propre, mais on peut l'interpréter ainsi sans dénaturer véritablement la portée de l'article. Qu'est-ce en effet que résoudre un contrat ? C'est l'anéantir, le rendre sans effet, sans force, le rendre nul. Voilà peut-être par quelle gradation d'idées le législateur a pu employer une expression dans le sens large que lui donnait la langue vulgaire, plutôt que dans son sens technique, dire : La vente est nulle, pour dire : Elle est résoluble.

En traduisant ainsi l'article 1599, il est facile de voir à quelle règle générale de droit il doit être rattaché : il dérive de l'article 1184. Il est l'application de ce principe que, dans les contrats synallagmatiques, chaque partie peut demander la résolution du contrat quand l'autre partie n'exécute pas ses engagements. Puisque le vendeur, dans les idées du droit français, s'est obligé à transférer la propriété de la chose vendue, l'acheteur peut faire anéantir la vente lorsque cette propriété n'est pas transférée, et c'est ce qui arrive lorsque la chose vendue était chose d'autrui.

28 *bis.* VII. Avec ce principe, nous allons résoudre plus facilement les difficultés qui peuvent naître relativement à la vente de la chose d'autrui :

1° Quelles personnes peuvent demander cette résolution que l'on appelle une nullité ?

L'acheteur, certainement, puisque c'est dans son intérêt que l'article 1184 sous-entend la condition résolutoire.

28 *bis.* VIII. Quant au vendeur, il n'exécute pas ses obligations et ne peut pas se faire de cette inexécution un titre pour obtenir la résolution du contrat.

C'est la théorie de l'article 1184, et cette décision ne saurait faire doute quand on explique l'article 1599 par l'article 1184. Ceux qui considèrent la vente comme entachée d'une véritable nullité peuvent poser en question le droit du vendeur. Quelques-uns soutiennent qu'il peut refuser de faire la délivrance, les uns en subordonnant cette décision à sa bonne foi, les autres en la déclarant indépendante de la bonne ou de la mauvaise foi de ce vendeur.

On comprend en effet l'intérêt du vendeur; alors même qu'il serait obligé à donner des dommages et intérêts pour cause d'inexécution de la convention, il doit préférer garder la chose pour ne pas courir plus tard la chance, au moment de l'éviction que subit l'acheteur, de payer à celui-ci des dommages et intérêts plus considérables à raison de la plus-value survenue, ou des travaux que l'acheteur aurait faits sur la chose (art. 1633-1635.)

28 *bis*. IX. L'intérêt du vendeur est évident, mais son droit est moins clairement établi. En admettant même que la vente soit vraiment entachée de nullité, comment comprendre que cette nullité puisse être invoquée par le vendeur? Il s'appuierait sur sa faute, peut-être sur sa mauvaise foi, pour refuser d'exécuter, en tant qu'il le pourrait, une convention faite par lui. Nous le considérons comme étant en faute s'il a vendu la chose d'autrui de bonne foi, car il devait, plus encore que l'acheteur, connaître l'étendue de ses droits sur la chose qu'il vendait; il est de mauvaise foi quand il a vendu sciemment la chose d'autrui. Certes l'exécution de son obligation le place dans une situation dangereuse au point de vue des dommages et intérêts futurs, mais c'est la conséquence de son imprudence ou de sa mauvaise foi, et il n'est pas rare que l'imprudence même expose une personne à des responsabilités très-lourdes. Il serait contraire aux principes de la matière des conventions que le vendeur, pour assurer sa situation dans l'avenir, pût refuser à l'acheteur les avantages immédiats de son contrat. Le vendeur avait la possession, au moins c'est l'hypothèse ordinaire; cette possession a des avantages : comment pourrait-il conserver les avantages de la possession, les refuser à l'acheteur, parce qu'il ne lui donnerait pas ce qu'il lui a promis outre cette possession, c'est-à-dire la propriété? Refuser d'exécuter en partie une convention parce qu'on ne peut l'exécuter en entier, c'est élever une prétention qui ordinairement ne serait pas admise.

Il résulterait de cette prétention du vendeur qu'il garderait la chose, arriverait peut-être à la prescrire, tandis qu'il priverait l'acheteur de la possibilité d'arriver lui-même à la propriété par la prescription.

28 *bis*. X. Il y a dans la théorie que nous réfutons quelque chose de si peu en harmonie avec les principes, qu'elle a conduit des auteurs éminents à une distinction qui nous paraît étrange et

tout à fait discordante avec le système général sur les nullités. On a dit que si la délivrance avait été faite, le vendeur ne pouvait pas demander la nullité de la vente et la restitution de la chose. Il n'aurait droit à la nullité que par voie d'exception. La délivrance opérée, le vendeur serait repoussé comme garant de l'éviction et secondement parce qu'il n'est pas propriétaire et ne peut par conséquent revendiquer (1).

Comment comprendre cependant que le vendeur, si la vente est nulle à son égard, perde son droit à la nullité parce qu'il l'a exécutée, à moins qu'on ne voie dans l'exécution une ratification? Mais il faudrait que la délivrance eût été faite en connaissance de cause. Comment refuser au vendeur le droit de reprendre la chose, parce qu'il n'est pas propriétaire, puisqu'il pourrait toujours, en faisant annuler le contrat, reprendre la chose comme payée indûment? Reste donc l'argument tiré de ce que le vendeur est garant. Mais en réalité comment tenir compte de l'obligation de garantie pour détruire l'action en nullité et méconnaître cette obligation, quand la nullité est opposée par voie d'exception, pour refuser la délivrance? N'est-il donc pas vrai que le défendeur qui oppose la nullité demande la nullité; que s'il refuse de livrer lorsqu'il doit des dommages et intérêts en cas d'éviction, il fait lui-même subir l'éviction à son acheteur? *Reus in excipiendo fit actor*. Et n'est-il pas clair qu'il faut accorder ou refuser dans tous les cas au vendeur le droit de se prévaloir de l'article 1599 ?

28 *bis*. XI. Il faut enfin remarquer que la bonne foi même du vendeur qui se croyait propriétaire ne saurait le dégager du lien du contrat. Il a contracté une obligation qu'il croyait pouvoir remplir, ce n'est pas une raison pour qu'il ne soit pas lié; sa bonne foi aura seulement une influence sur le chiffre des dommages et intérêts (art. 1150-1151). Il est dans la situation du débiteur qui a promis d'accomplir un certain travail auquel il est inhabile et qui a cru qu'il parviendrait à le mener à bonne fin ; sa bonne foi ne peut le délier, le soustraire à l'obligation d'indemniser l'autre partie qui a dû compter sur l'exécution et qui ne s'est pas pourvue ailleurs. Telle est la situation respective du vendeur de bonne foi de la chose d'autrui et de l'acheteur qui a traité avec lui.

(1) V. MM. Aubry et Rau, t. III, p. 246, texte, et n° 40, édit. 1856.

28 *bis.* XII. Le véritable propriétaire de la chose vendue n'a pas à se prévaloir de l'article 1599. Ce n'est pas sur la nullité, quelle qu'elle soit, résultant de cet article, qu'il peut et qu'il doit s'appuyer. Il revendique sa chose, et l'acte de translation de propriété qui a été tenté lui est indifférent; c'est d'ailleurs *res inter alios acta.* Le Code civil n'a rien ajouté aux droits du propriétaire; celui-ci a toujours eu le droit de revendiquer sa chose, même dans les législations qui admettaient la validité de la vente de la chose d'autrui.

28 *bis.* XIII. 2° Dans quels cas l'acheteur peut-il attaquer la vente de la chose d'autrui?

Le principe que nous avons attribué à la règle doit nous servir à déterminer les conditions de son application.

La première conséquence à tirer de ce qu'il s'agit de l'inexécution d'une obligation, c'est que l'acheteur peut agir aussitôt qu'il constate l'inexécution, c'est-à-dire immédiatement après la vente, puisque la translation de propriété devait être opérée instantanément par la convention.

Mais il faut que l'acheteur démontre qu'il y a eu vraiment inexécution, que la propriété ne lui a pas été transmise. S'il avait simplement des craintes, même de justes craintes, s'il était par exemple actionné en revendication par un tiers, il pourrait prendre des précautions, surseoir au paiement du prix, au moins jusqu'à ce qu'une caution lui eût été donnée; il ne pourrait pas faire résoudre la vente tant que le droit du revendiquant serait incertain (art. 1653).

28 *bis.* XIV. Il faut du reste qu'il y ait véritablement inexécution de l'obligation de celui qui a promis la chose. Il est donc nécessaire que la convention ait été la convention ordinaire de vente, qu'elle ait lié un vendeur promettant et un acheteur stipulant la propriété. C'est, nous l'avons dit, l'interprétation légale et usuelle du mot vente. Mais quand les parties auront déclaré qu'elles n'entendent pas, l'une s'obliger à transformer la propriété, et l'autre stipuler cette acquisition, il n'y a plus lieu d'attaquer le promettant pour inexécution de ses obligations tant qu'il livre la chose et que l'autre partie n'est ni troublée ni évincée. Nous avons déjà établi que cette convention était une vente, que dans tous les cas c'était un contrat innomé, et qu'il était impossible

de la déclarer nulle sans porter atteinte à la règle de la liberté des conventions.

Nous ne revenons pas sur ce point, mais nous constatons que le droit qui résulte de l'article 1599 en faveur de l'acheteur, c'est-à-dire le droit d'agir avant le trouble, ne lui appartient pas en cette hypothèse. Cette vente se place en dehors de l'article, parce que la convention des parties a dérogé à la règle et que la loi n'a pas défendu cette dérogation.

28 *bis.* XV. Il est une autre convention qui se rapproche de celle par laquelle la chose d'autrui est vendue sans que la propriété en soit promise. C'est la convention par laquelle une personne se porte fort qu'une autre vendra. Celui qui se porte fort promet que le propriétaire donnera ultérieurement son consentement à la vente. C'est une convention dont le Code reconnaît la validité d'une manière générale, parce que le promettant s'engage seulement à faire; il doit déterminer le tiers à consentir, et il n'y a pas de raison pour que cette convention soit prohibée en matière de vente. On arrive par cette convention à peu près à la vente de la chose d'autrui produisant une obligation, mais ne transférant pas la propriété. Ce qui, nous pouvons le dire incidemment, démontre qu'il est impossible de traiter comme un contrat défendu par la loi et nul malgré la volonté des parties, la promesse de livrer et de garantir la chose d'autrui sans en transférer la propriété.

Dans le cas où une personne s'est portée fort pour le propriétaire, cette personne ne peut pas être attaquée immédiatement après le contrat et uniquement parce que ce contrat n'a pas rendu le stipulant propriétaire. Le promettant ne peut être poursuivi en dommages et intérêts que si le propriétaire refuse de donner son consentement au contrat de vente, et on a nécessairement stipulé, expressément ou tacitement, un délai pour obtenir de lui ce consentement.

28 *bis.* XVI. La résolution d'un contrat synallagmatique, au cas d'inexécution d'une des obligations, crée en faveur de la partie qui obtient cette résolution le droit à des dommages et intérêts (art. 1184). L'article 1599 reconnaît ce droit à l'acheteur pour le cas où il a ignoré qu'il achetait la chose d'autrui; il le lui refuse donc dans le cas contraire. L'acheteur savait en effet que la vente

ne pouvait pas le rendre propriétaire, il ne peut pas se plaindre d'une situation qu'il a acceptée. La loi le considère comme ayant tacitement fait la clause de non-garantie, et l'effet de cette clause est de soustraire le vendeur à l'obligation de dommages et intérêts. Le vendeur toutefois devrait restituer le prix s'il l'avait touché, parce que ce prix lui aurait été payé sans cause, mais ce prix ne serait restitué qu'après l'éviction, car jusqu'à cet événement le vendeur aurait rempli celle de ses obligations sur laquelle seule l'acheteur avait pu compter (v. art. 1629).

Nous avons toutefois réservé le droit à des dommages et intérêts pour le cas où le vendeur se serait porté fort pour le propriétaire, parce qu'on n'aurait pas alors fait le contrat de vente pur ; le vendeur aurait pris spécialement un engagement de faire, il aurait promis la ratification du propriétaire, il aurait donné par cette promesse à l'acheteur le droit d'attendre cette ratification, faute de quoi le droit aux dommages et intérêts est la conséquence naturelle de la convention (art. 1120). Les deux hypothèses diffèrent, car lorsque le promettant se contente de vendre, l'acheteur qui sait qu'on lui promet la chose d'autrui ne peut pas considérer comme probable l'exécution de l'obligation, c'est-à-dire la translation immédiate de la propriété, tandis qu'il peut raisonnablement croire que celui qui lui promet spécialement de lui procurer l'engagement du propriétaire a sur celui-ci assez d'influence pour le déterminer.

28 *bis*. XVII. Le contrat n'est pas résolu de plein droit faute d'exécution ; par conséquent il importe peu au point de vue de l'existence de la vente que la chose ne soit pas devenue la propriété de l'acheteur au moment de la convention, pourvu qu'il l'ait acquise du chef du vendeur depuis cette convention, et tant que la résolution n'est pas prononcée par les tribunaux, qui pourraient même accorder un délai pour l'exécution (art. 1184).

Ces solutions ont de l'intérêt quand le vendeur est devenu propriétaire de la chose postérieurement à la vente, ou quand il a obtenu le consentement du véritable propriétaire à l'aliénation qu'il a tenté de faire. Dans les deux cas, la propriété a passé de plein droit à l'acheteur, et il est trop tard pour que celui-ci fasse prononcer la résolution du contrat.

Il pourrait seulement obtenir des dommages et intérêts, si du

retard apporté à l'exécution était résulté pour lui quelque préjudice, par exemple s'il était né entre la vente et la translation de
propriété quelque droit réel du chef du propriétaire, droit que
l'acheteur serait forcé de respecter.

La doctrine que nous admettons pour les cas où le vendeur a
acquis la propriété postérieurement à la vente est essentiellement
pratique et équitable, car on pourrait sérieusement critiquer une
solution qui permettrait à l'acheteur d'attaquer la vente alors
qu'elle ne lui cause plus préjudice. C'est par conséquent un des
mérites de la théorie qui rattache l'article 1599 à l'article 1184, de
conduire naturellement à ce résultat, tandis qu'il faut faire des
efforts de raisonnement pour y arriver quand on voit dans l'article
un cas de véritable nullité, et encore n'est-ce peut-être pas sans
offenser quelque peu la logique qu'on valide après coup un acte
qu'on a considéré comme nul dans son principe.

28 *bis*. XVIII. Si l'action qui sanctionne l'article 1599 était
une véritable action en nullité ou rescision, elle se prescrirait par
dix ans (art. 1304), mais si elle est une action en résolution, elle
échappe à cette courte prescription et doit durer trente ans (1).
Et il est bon qu'il en soit ainsi, car l'acheteur est exposé à une
éviction pendant un temps qui peut dépasser dix ans, même quand
il était de bonne foi lors de la vente, parce que le vrai propriétaire
pourrait être domicilié hors du ressort de Cour d'appel dans lequel est situé l'immeuble, ou parce que ce vrai propriétaire est mineur ou interdit. Il peut être alors intéressant de conserver l'action en résolution. Elle ne ferait pas double emploi avec l'action
en garantie pour cause d'éviction qui dure trente ans à partir de
l'éviction, car si l'acheteur n'avait que cette dernière action, il
serait obligé d'attendre l'éviction pour l'intenter, tandis que l'action en résolution lui permet de fixer sa position par rapport au
bien acheté dès qu'il trouve son intérêt à abandonner un bien
dont la propriété ne lui appartient pas.

28 *bis*. XIX. Avant que l'action en résolution soit prescrite, il
peut survenir des événements qui donnent la propriété à l'acheteur, et il faut voir s'il conserve encore le droit de faire résoudre
la vente.

_____

(1) V. t. V, n° 105 *bis*. IV.

Nous ne parlons ni des cas où la propriété lui advient du chef du vendeur, nous nous sommes expliqué sur ce point, ni des cas où elle lui advient à un autre titre, s'il achète d'un tiers, s'il la recueille dans une succession. Ces faits sont étrangers à la vente, et le vendeur n'en a pas moins manqué à ses obligations.

Mais l'acquisition peut se rattacher à la vente, et c'est alors qu'il faut se fixer sur ses conséquences. Nous songeons aux cas de prescription. L'acheteur de la chose d'autrui acquiert par prescription la propriété de la chose vendue.

Ce fait se produira très-souvent en matière de meubles, à cause de l'article 2279; l'acheteur de bonne foi deviendra propriétaire par la tradition. Il pourra néanmoins attaquer la vente en vertu de l'article 1599. Nous l'avons dit à propos du paiement, bien que le créancier soit devenu propriétaire quand on lui a livré la chose d'autrui et qu'il l'a reçue de bonne foi, il peut refuser de tenir le paiement pour valable parce qu'il a dû compter qu'on lui livrerait une chose qu'il pût conserver sans scrupule de conscience, et que le débiteur ne peut le contraindre ainsi à invoquer la plus courte et la plus dure des prescriptions (1). Ce que nous avons dit du créancier en général, nous le disons du vendeur, en nous appuyant sur les mêmes motifs.

En matière immobilière il peut arriver également que l'acheteur devienne propriétaire par prescription, s'il a complété en quelques années une prescription commencée par son vendeur ou les auteurs de celui-ci. La question alors paraît plus douteuse, car la prescription n'est pas instantanée; nous avons cependant pensé que même en ce cas le paiement n'était pas valablement fait, et nous devons dire par conséquent que le vendeur n'a pas rempli ses obligations (2), en réservant toujours le cas, où les parties auraient entendu que le vendeur ne promettait pas de donner la propriété, mais seulement de livrer et de garantir.

29. La loi applique à la vente le principe général qui défend toute stipulation sur une succession non ouverte, même avec le consentement du *de cujus*. V. art. 1600; v. aussi art. 1130 et 791.

(1) V. t. V, n° 177 *bis*. XII.

(2) V. t. V, n° 177 *bis*. XIII.

29 *bis.* Voyez t. V, n° 45 *bis.*

30. Hors ce cas, une chose qui n'existe pas encore peut faire l'objet d'une vente, comme de tout autre contrat (v. art. 1130). Mais il en est autrement d'une chose qui n'existe plus. Ainsi la vente d'une chose périe au moment du contrat serait évidemment nulle. Que si la perte n'était que partielle, notre Code, sans distinguer si la partie qui reste est plus ou moins considérable, laisse à l'acheteur, qui peut-être n'eût pas acheté s'il eût su que la chose n'était plus entière, le choix de maintenir le marché en déduisant le prix, ou de le résilier. V. art. 1601; v. pourtant Paul, *fr.* 57; et Papin., D., *fr.* 58, *De contr. empt.*

30 *bis.* I. Quand la chose vendue n'existe pas au moment de la vente, le contrat ne peut pas se former, parce que l'obligation du vendeur manque d'objet et que celle de l'acheteur manque de cause. Il n'y a pas à intenter une action en nullité dans le délai de dix ans; et l'acheteur, s'il a payé le prix, peut le répéter, comme payé indûment, pendant trente ans à partir du paiement.

L'article ne distingue pas si les parties ou l'une d'elles avaient connaissance de la perte de la chose vendue au moment du contrat. La vente, en effet, n'en manque pas moins d'un des éléments essentiels à son existence. Mais on peut trouver dans la connaissance de la perte le germe d'une action en dommages et intérêts fondée sur l'article 1382, quand c'est le vendeur qui connaissait cette perte et qui ne l'a pas fait connaître à l'acheteur. Celui-ci souffre par la faute de l'autre partie, parce qu'il se serait pourvu ailleurs s'il avait su que le contrat qu'il faisait ne pouvait pas lui procurer la chose dont il avait besoin.

Il arrivera bien plus rarement que l'acheteur ait acheté sciemment une chose qui aurait déjà péri; si l'hypothèse se présentait, on ne pourrait pas lui refuser l'action en répétition du prix payé, car il l'aurait payé indûment, et il serait difficile de supposer chez lui l'intention de faire donation au vendeur. Celui-ci, du reste, n'ayant pas pu accepter une donation qu'il ignorait, les éléments de la donation manquent complétement.

30 *bis.* II. La seconde partie de l'article traite du cas de perte partielle antérieure à la vente, et donne à l'acheteur une option.

Il peut ou renoncer à la vente ou la faire exécuter pour la partie conservée, en faisant fixer le prix par une *ventilation*.

On appelle ventilation, non pas une simple estimation de la valeur réelle que peut avoir une partie d'une chose, mais une estimation qui doit prendre pour base un prix préalablement fixé pour la totalité de la chose, et qui assigne à la partie un prix proportionnel à ce prix conventionnellement fixé pour la totalité.

Il est clair que cette option n'appartient à l'acheteur qu'en présence d'une détérioration d'une certaine importance ; une dégradation trop minime ne pourrait engendrer ce droit.

30 *bis*. III. Dans le cas de perte totale, nous avons présenté la décision de l'article comme indépendante de la connaissance ou de l'ignorance des parties par rapport à l'accident qui aurait détruit la chose. Il faut examiner ces questions pour le cas de perte partielle.

Il est d'abord constant que si les deux parties connaissent l'accident qui a détérioré la chose, leur convention a pour objet cette chose dans l'état où elle est, et, par conséquent, il n'est pas possible de faire subir aucune atteinte au contrat.

Si, au contraire, le vendeur seul a connu l'événement, l'article doit être appliqué, puisqu'il a pour but de protéger l'acheteur ; ce n'est pas la connaissance qu'a eue le vendeur qui peut priver l'acheteur de son droit.

Si l'acheteur seul connaît la détérioration survenue, on ne voit pas de quoi il pourrait se plaindre et pourquoi il demanderait une diminution du prix ; il l'aurait facilement obtenue en avertissant le vendeur lors de la convention, ou s'il ne l'a pas averti, c'est qu'il voulait se réserver un moyen d'anéantir le contrat à son caprice et par suite la certitude d'une diminution de prix qu'il n'était peut-être pas sûr d'obtenir d'une convention librement débattue avec le vendeur.

CHAPITRE IV.

DES OBLIGATIONS DU VENDEUR.

SECTION I.

Dispositions générales.

31. Les conditions de la vente étant ordinairement dictées par le vendeur, il est *tenu*, dit la loi, d'expliquer clairement ce à quoi il s'oblige (à plus forte raison ce à quoi il entend obliger l'acheteur; v. art. 1162). De là cette règle, que tout pacte obscur ou ambigu s'interprète contre lui. V. art. 1602; v. au surplus art. 1156-1164, dont notre article, sauf en un seul point (art. 1162), ne peut avoir pour objet d'exclure l'application.

32. Le vendeur, qu'il soit ou non tenu à transférer la propriété, l'est toujours, par la nature du contrat, à faire avoir à l'acheteur la libre possession à titre de propriétaire. De là deux obligations principales : celle de délivrer, et celle de garantir. V. art. 1603.

SECTION II.

De la délivrance.

33. La délivrance ou tradition est l'acte par lequel une personne fait passer au pouvoir d'autrui une chose qu'elle avait elle-même en son pouvoir. Du reste, ce pouvoir qui passe de l'un à l'autre est susceptible de plus ou moins d'étendue; et l'on sent, d'après cela, que les caractères et les effets de la tradition doivent varier suivant le but que l'on se propose dans les opérations dont elle est la base ou la suite.

La délivrance due par le vendeur doit consister dans la remise pleine et entière de la chose au pouvoir de l'acheteur, de manière que le vendeur ne se réserve aucun moyen d'exercer ou de faire valoir pour son propre compte le droit qu'il a conféré à l'acheteur, et que celui-ci acquière la possession à titre de propriétaire. C'est ce que la loi exprime en définissant ici la délivrance, le transport de la chose *en la puissance et possession* de l'acheteur (1). V. art. 1604.

34. Pour opérer ce transport, il n'est évidemment pas nécessaire de remettre la chose de la main à la main. Il suffit que le vendeur fasse passer à l'acheteur tous les moyens qu'il avait de la tenir sous sa garde et de s'en assurer la jouissance ; tel serait l'effet de la remise des clefs et de celle des titres.

La délivrance peut même s'opérer sans un fait matériel.

Ainsi, lorsque la chose n'est point susceptible d'une détention corporelle, ou qu'elle ne l'est pas d'une détention de tous les moments, pourvu que l'un s'abstienne des actes de propriété et que l'autre les fasse en temps et lieu sans contradiction, la possession passe de l'un à l'autre à partir du jour où les deux volontés de transmettre et d'acquérir ont simultanément existé.

En outre, la possession, qui s'abdique par la seule intention, et qui, bien qu'elle ne s'acquière point sans le fait et l'intention réunis, peut certainement s'acquérir par le fait

---

(1) La délivrance ou tradition n'étant plus nécessaire pour la translation de la propriété (art. 711, 1138, 1583), la matière a perdu aujourd'hui une partie de son intérêt. Cependant il importe toujours de déterminer les actes qui constituent la délivrance, soit pour savoir précisément quand le vendeur est quitte de sa première obligation, soit pour fixer l'époque à laquelle commencent pour l'acheteur les avantages attachés à la possession (v. à ce sujet art. 1141, 2229 ; C. pr., art. 23). C'est sous le premier point de vue que la matière a dû surtout être envisagée dans ce titre, quoique à cet égard, peut-être, il règne ici quelque confusion. Bornons-nous à une double observation : 1° l'obligation de délivrer peut n'être pas entièrement remplie, quoique l'acheteur soit déjà constitué en possession de la chose, de manière à pouvoir s'attribuer les avantages attachés par la loi à cette possession ; 2° mais d'un autre côté, l'obligation du vendeur est accomplie par cela seul que ne se réservant rien, il a fait tout ce qui était possible pour mettre l'acheteur en possession, quand même, en l'absence de quelqu'un des caractères requis, l'acheteur ne pourrait pas s'attribuer les avantages de la possession légale. (Note de M. DEMANTE.)

d'autrui, la possession, dis-je, pourra commencer pour l'acheteur, quoique le vendeur continue à détenir, par cela seul que celui-ci commencera à posséder au nom du nouveau propriétaire.

Enfin, il est un cas où non-seulement la délivrance n'a rien de matériel, mais où, pour parler plus exactement, il n'y a même lieu à aucune délivrance, c'est lorsque l'acheteur détenait la chose avant la vente. L'intention seule lui manquait pour que cette détention constituât une possession à titre de propriétaire : or, le contrat seul emportant cette intention, il n'y a besoin d'aucun acte postérieur pour constituer l'acheteur en possession, et pour tenir conséquemment le vendeur quitte de l'obligation de délivrer. Tels sont les principes généraux d'après lesquels la loi détermine, suivant la diverse nature des biens, les différents modes d'opérer la délivrance (art. 1605, 1606, 1607).

35. Ainsi, à l'égard des immeubles, la loi indique deux modes de délivrance : la remise des clefs, s'il s'agit de bâtiments, ajoutons, ou enclos quelconques, et la remise des titres de propriété. V. art. 1605. Et remarquez qu'une seule de ces deux remises, lorsqu'elles sont toutes deux possibles, suffit peut-être pour constituer, sous certains rapports, l'acheteur en possession, mais qu'elle ne paraît pas suffisante pour remplir l'obligation du vendeur.

35 *bis.* La remise des titres et des clefs, ou bien la remise des clefs sans les titres ou des titres sans les clefs, ne suffit pas à la libération du vendeur, car l'objet principal de cette obligation est la possession effective de la chose, et si le vendeur ne mettait pas l'acheteur en possession réelle, s'il gardait la chose vendue, alors même qu'il reconnaîtrait la tenir pour l'acheteur, celui-ci n'aurait pas atteint le but principal qu'il se proposait en achetant. Un but cependant aurait été atteint, et voilà pourquoi M. DEMANTE dit que sous certains rapports l'acheteur serait en possession; c'est que la remise des clefs et des titres manifesterait que le vendeur détient désormais pour l'acheteur, et cela ne serait pas indifférent

quant aux questions de prescription et d'action possessoire ; de ce jour aurait commencé la possession propre de l'acheteur.

36. A l'égard des effets mobiliers, la délivrance s'opère de trois manières : par la tradition réelle, c'est-à-dire, par la remise de la main à la main ; par la remise des clefs sous lesquelles les objets sont enfermés ; enfin par le seul consentement. Ce dernier mode est appliqué ici à deux cas : celui où le transport actuel est impossible, et celui où la chose est déjà au pouvoir de l'acheteur. V. art. 1606. Ces deux cas, au surplus, ne paraissent pas devoir être confondus ; car, dans le premier, le consentement qui opère la délivrance nous paraît, en principe, être un acte de la volonté, distinct de celui qui opère la vente ; dans le second, au contraire, c'est, comme on l'a déjà dit, le consentement donné à la vente qui constitue l'acheteur en possession, sans qu'il soit besoin d'autre délivrance.

36 *bis*. I. La tradition réelle ne s'opère pas seulement par la remise de la main à la main, il y a des objets qui sont livrés réellement par cela seul que le vendeur les met à la disposition de l'acheteur pour qu'il les enlève. *Exemple :* Des pierres ou , des charpentes déposées dans un chantier public seront livrées réellement lorsque le vendeur aura déclaré à l'acheteur qu'il ne s'oppose pas à leur enlèvement.

La délivrance s'opère par le seul consentement dans deux hypothèses : 1° quand l'acheteur détenait déjà la chose avant la vente. Il était locataire ou dépositaire, la délivrance n'a pas grand intérêt, puisqu'il acquiert la propriété par la simple convention et qu'aucune difficulté ne peut être élevée sur la possession matérielle qu'il avait déjà ;

2° Quand la chose ne peut être enlevée au moment de la vente, comme des colonnes de marbre, et que la possession en est seulement prise *oculis et affectu* (1). Cette hypothèse n'est pas celle que nous avons d'abord examinée. Ces colonnes, ces pierres, ces choses difficiles à transporter, ne sont pas dans un dépôt public, dans un lieu accessible à tous, elles sont chez le vendeur. Ici,

_____

(1) V. *D. fr.*, 1, § 1, *De adq. vel amittend. possess.*

par conséquent, le vendeur n'a pas rempli toute son obligation quand il a donné son consentement à une prise de possession abstraite ; il faudra certainement que plus tard il ne s'oppose pas à la prise de possession effective.

36 *bis*. II. Dans les différents cas où le vendeur conserve la chose, bien qu'il ait accompli certains des faits qui, d'après nos articles, sont des actes de délivrance, il reste débiteur de la chose qu'il détient, et c'est le cas de lui appliquer l'article 1137, qui oblige le débiteur d'un corps certain à apporter à la conservation de la chose tous les soins d'un bon père de famille.

37. A l'égard des *biens* incorporels (c'est-à-dire des *droits*, qui sont toujours essentiellement tels), ils ne sont pas susceptibles d'une possession, ni par conséquent d'une tradition proprement dite. La loi indique deux manières d'en opérer la délivrance : la remise des titres, et l'usage que l'acquéreur en fait du consentement du vendeur. V. art. 1607. Le premier de ces modes s'applique évidemment à la cession d'un droit antérieurement constitué, *puta*, au transport de créance (v. art. 1689 ; v. au surplus art. 1690) ; le second est relatif à l'établissement d'un droit nouveau, tel qu'un usufruit, une servitude, dont la constitution à prix d'argent est aussi une véritable vente.

. 38. Remarquons ici qu'en indiquant, pour chaque nature de biens en particulier, les modes de délivrance les plus usités, la loi n'a pu entendre limiter exclusivement l'emploi de ces modes à l'espèce de biens pour laquelle chacun est indiqué. Tous, en effet, n'étant que l'application des principes généraux que nous avons posés sur la transmission de possession, il est évident qu'on peut en faire usage toutes les fois que ces principes ne s'y opposent pas. C'est ainsi, par exemple, que l'on pourrait certainement appliquer aux immeubles, surtout s'il n'y avait ni clefs ni titres à remettre, la délivrance par le seul consentement.

39. Les frais de délivrance et ceux d'enlèvement, le lieu et le temps de la délivrance, comme aussi la peine qu'encourrait la partie qui manquerait, sous ces divers rapports, à son

obligation, peuvent être l'objet de stipulations particulières. A défaut de stipulation, on se règle par les principes généraux des obligations, principes, au surplus, dont la loi elle-même fait ici à plusieurs cas l'application spéciale (art. 1608-1613).

39 *bis*. Les frais de délivrance seraient, par exemple, les frais de pesage et de mesurage, tandis que les frais d'enlèvement sont les frais nécessités par le transport de l'objet vendu dans la localité où l'acheteur veut le placer.

40. Ainsi le vendeur, étant obligé à délivrer, doit faire les frais de la délivrance; mais une fois la chose remise au pouvoir de l'acheteur, si celui-ci veut, ou s'il doit la porter ailleurs, l'enlèvement est à ses frais. V. art. 1608, et à ce sujet, art. 1248.

41. La chose n'ayant pas besoin d'être déplacée pour être mise au pouvoir de l'acheteur, la délivrance doit, en général, se faire au lieu où la chose se trouve au temps de la vente. V. art. 1609, et à ce sujet, art. 1247.

42. La loi n'a pas besoin de dire qu'à défaut de convention sur le temps de la délivrance, elle peut être exigée aussitôt qu'elle est possible.

43. Dans tout contrat synallagmatique, si l'une des parties ne satisfait pas à son engagement, il y a lieu à la résolution facultative prononcée par l'article 1184. La loi consacre ici spécialement ce principe, pour le cas où le vendeur manque à faire la délivrance *dans le temps convenu* : l'acheteur a donc le choix entre la résolution ou sa mise en possession, si, bien entendu, cette mise en possession est possible, et que dès lors le retard ne vienne *que du fait du vendeur*. V. art. 1610.

Quelque parti, au reste, que prenne l'acquéreur, si le retard lui fait éprouver un préjudice, il est juste qu'il obtienne des dommages et intérêts. V. art. 1611, et à ce sujet, art. 1147.

43 *bis*. L'article 1611 contient une application de l'article 1184; par conséquent, il faut le soumettre dans son application aux règles de détail posées dans cet article. Ainsi nous devons dire

que la résolution n'aura pas lieu de plein droit, qu'elle suppose une mise en demeure du vendeur, et que le juge aura le droit, même après cette mise en demeure, d'accorder un délai pour l'exécution.

44. L'acheteur ne peut, évidemment, contraindre le vendeur à exécuter son engagement, s'il ne remplit pas lui-même le sien. Il ne peut donc, en général, demander la délivrance, sans offrir le prix. Cette règle, qui reçoit naturellement exception au cas de terme stipulé pour le paiement, reprend sa force dans ce cas même, si le mauvais état des affaires de l'acheteur expose l'autre partie au danger imminent de perdre le prix : ce que la loi applique au cas de faillite ou de déconfiture. Toutefois, l'offre d'une caution, faisant cesser ce danger, suffit pour conserver à l'acheteur le bénéfice du terme. V. art. 1612, 1613; et à ce sujet, art. 1186, 1188.

Remarquons, au reste, que le délai accordé à l'acheteur pour la purge des hypothèques, lors même qu'il aurait été expressément stipulé, ne doit pas, par sa nature, priver le vendeur du droit de différer la délivrance jusqu'au paiement.

44 *bis*. I. Nous venons d'examiner avec les articles 1610 et 1611 le cas où la convention fixerait un terme pour la livraison de l'objet vendu. La loi suppose ensuite qu'il n'est pas intervenu de convention sur ce point.

Ici une distinction est nécessaire : ou les parties ont négligé de fixer un terme pour le paiement du prix, ou la convention accorde un terme à l'acheteur. S'il n'y a pas de terme pour le paiement du prix, la chose doit être délivrée par le vendeur quand l'acheteur le paie. S'il y a un terme pour le paiement du prix, la délivrance doit être faite immédiatement après la convention.

Cette distinction, qui ressort du texte de l'article 1612, se justifie parfaitement. Quand l'acheteur n'a pas de terme pour payer le prix, on doit interpréter le contrat de vente en ce sens que les deux parties ont entendu faire un échange des deux prestations que chacune d'elles devait accomplir, les deux traditions devant être faites simultanément. Aucune des deux parties n'a consenti à se trouver jamais dépouillée de la détention de la chose qu'elle

doit livrer et nantie seulement d'une créance contre son cocontractant. Chacune d'elles a donc le droit de refuser l'exécution de
sa promesse, si en même temps qu'elle exécute son obligation
elle n'obtient pas l'exécution de l'obligation dont elle est créancière.

Au contraire, lorsque le vendeur accorde un terme à l'acheteur
et ne stipule pas un terme pour lui-même, il consent à avoir confiance dans cet acheteur, et quant à sa propre obligation, elle
doit être exécutée immédiatement, puisque aucun terme n'a été
stipulé.

44 *bis*. II. Dans cette dernière hypothèse, l'obligation de délivrer peut être retardée par une autre application des principes.
D'après l'article 1188, le débiteur perd le bénéfice du terme lorsqu'il fait faillite, et nous avons montré qu'il fallait étendre cette
règle au cas de déconfiture (1). Lors donc que l'acheteur tombe
en faillite ou en déconfiture, le droit au terme étant perdu, on
rentre dans le cas prévu par l'article 1612, et la livraison immédiate de la chose vendue ne peut être exigée.

Nous devons généraliser l'application de l'article 1188 et
admettre la solution que donne l'article 1613, au cas où l'acheteur
aurait diminué les sûretés données par le contrat au vendeur.

Il faut, au reste, remarquer une faveur spéciale accordée à l'a-
cheteur dans les hypothèses que nous examinons. Il peut, en vertu
de l'article 1613, obtenir la livraison immédiate s'il donne caution
pour le paiement du prix.

44 *bis*. III. Il est assez ordinaire, lors de la vente d'immeubles,
d'accorder par le contrat à l'acheteur le droit de retarder le paiement du prix jusqu'à ce qu'il ait pu remplir les formalités nécessaires pour purger l'immeuble des hypothèques qui le grèvent. Il
ne faut pas considérer cette convention comme étant la véritable
concession d'un terme à l'acheteur, concession qui entraînerait
la nécessité d'une délivrance immédiate de la chose vendue. Cette
nécessité ne peut résulter que d'une convention par laquelle le
vendeur suit la foi de l'acheteur, ce qui arrive quand il lui accorde
un délai que les convenances seules de cet acheteur rendent nécessaire. Dans l'hypothèse, telle n'est pas la cause de la conces-

(1) V. t. V, n° 111 *bis*. I.

sion, le droit de ne pas payer existerait indépendamment de la clause, par cela seul que l'acheteur a juste sujet de craindre d'être troublé par des hypothèques. La convention, loin d'être à l'avantage de l'acheteur, d'être une marque de confiance en lui, est plutôt une sorte de mise en demeure pour lui ; on lui impose la nécessité de procéder à la purge dans le délai indiqué. On ne peut dès lors voir dans cette convention une renonciation du vendeur au droit de ne se dessaisir de la possession de la chose qu'après le paiement du prix.

45. Quoique la délivrance se trouve souvent retardée, soit par un terme résultant de la convention, soit à défaut de paiement du prix, c'est toujours à partir de la vente que le vendeur est débiteur de la chose. Il doit donc la délivrer dans l'état où elle était alors, c'est-à-dire non détériorée par son fait ou sa négligence. V. art. 1614, al. 1 ; et à ce sujet, art. 1136, 1137 ; nonobstant art. 1245.

45 *bis*. La délivrance doit avoir pour objet la chose même qui a été vendue. Mais il peut être survenu quelques changements dans l'état de cette chose, et il a fallu déterminer quelle partie supporterait les conséquences de ces changements.

Sur ce point l'article 1614 pourrait égarer, car s'il fallait absolument livrer la chose dans l'état où elle se trouve au moment de la vente, le vendeur supporterait les risques des détériorations survenues depuis cette époque par cas fortuit. Or cette décision contredirait l'article 1138 et l'article 1245, qui contiennent une règle générale très-positive, confirmée en matière de vente par l'article 1624. Il faut donc comprendre que l'article 1614 n'a pas eu en vue les détériorations fortuites, mais celles provenant du vendeur, et que son principal but a été de déclarer que le vendeur ne peut pas depuis la vente changer l'état de la chose vendue.

46. Pareillement, c'est du jour de la vente que les fruits sont dus à l'acheteur. V. art. 1614, al. 2. Cette règle ne recevrait exception qu'autant qu'une autre époque aurait été fixée par la convention pour l'entrée en jouissance (v. à ce sujet, art. 604).

46 *bis*. I. L'acheteur a droit aux fruits sans être tenu à rem-

bourser au vendeur les frais de labour et de semences, car il est probable que la valeur totale des fruits a dû entrer en compte dans la fixation du prix de vente. Mais si ces frais de labour et de semences ont été faits par un tiers, ce tiers, qui, d'après l'article 548, a une action contre le propriétaire en général, l'aurait aussi bien contre l'acheteur, nouveau propriétaire, que contre l'ancien. L'acheteur aurait alors le droit de se faire rembourser par son vendeur ce qu'il aurait payé pour frais de labour et de semences, car il a dû compter que prenant la chose dans l'état où elle se trouvait, il bénéficierait des travaux faits avant son acquisition.

46 *bis*. II. Il peut arriver que des tiers aient des droits sur les fruits eux-mêmes.

Il s'agira par exemple d'un acheteur de récoltes sur pied ; celui-ci ne peut pas opposer ses droits à l'acheteur de l'immeuble, car l'acheteur de la récolte n'en acquiert pas la propriété avant que la récolte soit faite, et l'acheteur de l'immeuble acquiert au contraire la propriété des fruits en même temps que celle de la terre.

Les fermiers qui ne se trouveraient pas dans les conditions de l'article 1743, qui ne pourraient pas par conséquent opposer leur bail à l'acheteur, mais qui seraient en possession, auront droit à la récolte courante, car bien que l'article 1743 permette de les expulser, il ne signifie pas qu'on ait le droit de les chasser comme des usurpateurs, il veut dire seulement que le bail ne doit pas être *entretenu,* exécuté ; le preneur en possession doit conserver cette possession pendant le temps nécessaire pour se pourvoir ailleurs d'après la nature du bien et l'usage des lieux.

47. Les conventions devant s'exécuter de bonne foi, la vente de la chose emporte obligation de délivrer ses accessoires et tout ce qui est destiné à son usage perpétuel. V. art. 1615, et à ce sujet, art. 524.

48. Nul doute, en principe, que le vendeur ne soit tenu de délivrer la contenance promise. Il ne peut, en général, ni se dispenser de la délivrer, même en consentant une réduction sur le prix, ni être forcé à en fournir une supérieure, quand on lui offrirait une augmentation de prix. Si pourtant il existe

une différence, en plus ou en moins, entre la contenance déclarée et la contenance réelle du bien vendu, cette différence pourra quelquefois être négligée à raison du peu d'importance ; comme aussi elle pourra, suivant les cas, donner lieu, soit à augmentation ou diminution du prix, soit à résiliation du marché (art. 1617-1623). V. art. 1616.

49. A cet égard, la loi fait une distinction qui domine toute la matière : il faut examiner d'abord si la vente est faite *à tant la mesure* (art. 1617, 1618), ou si elle est faite pour un seul prix (art. 1619, 1620, 1623).

50. Au premier cas, toute la contenance promise doit être délivrée, si cette délivrance est possible, et si l'acheteur l'exige. Ainsi lorsque la contenance ne se trouverait pas dans les limites indiquées, la loi, faisant prévaloir l'énonciation de la mesure sur celle des limites, semble obliger le vendeur, s'il est propriétaire au delà, à fournir le complément hors de la limite.

Du reste, lorsqu'il n'est pas possible de délivrer la mesure promise, il n'y a aucune difficulté ici, quelque fort ou faible que soit le *déficit,* à régler le prix total sur le nombre effectif de mesures délivrées, conséquemment à établir par là une réduction sur le prix qui avait été d'abord calculé par erreur. V. art. 1617.

50 *bis.* La première hypothèse examinée par la loi est celle d'une vente à raison de tant la mesure d'un immeuble déterminé, dont la contenance et le prix total sont indiqués au contrat. *Exemple :* Mon domaine sis sur le territoire de telle commune, d'une contenance de 100 hectares, moyennant 50,000 francs, soit 500 francs l'hectare.

Il faut toutes ces conditions réunies pour qu'on soit placé dans l'hypothèse de l'article. Ainsi il est nécessaire qu'il s'agisse d'un immeuble déterminé; autrement, si on avait promis 100 hectares à prendre dans telle propriété, il ne pourrait exister d'erreur sur la contenance de la chose vendue, puisqu'on aurait vendu une quantité et non pas un corps certain. Il est également nécessaire de supposer dans le contrat l'indication de la contenance et du

prix total. Faute d'indication de contenance, on ne pourrait alléguer une erreur sur le nombre des mesures, et faute d'indication
du prix total, il ne pourrait s'élever aucune difficulté sur le prix,
stipulé simplement d'après le nombre des mesures vendues et
livrées.

Dans le cas prévu, s'il y a déficit, le prix doit être diminué;
en effet, il a été fait autant de promesses de prix qu'il a été promis de mesures de terre. Pour chaque hectare non livré, la promesse correspondante est sans cause.

Le seul droit de l'acheteur est d'obtenir une diminution du
prix, quand il est impossible de compléter le nombre de mesures
promises. Il ne faudrait lui reconnaître un droit à demander la
résolution du contrat qu'autant que, faute d'avoir la contenance
indiquée, l'immeuble deviendrait impropre à l'usage auquel on
le destinait. On appliquerait alors une distinction que la loi a
faite elle-même au cas d'éviction partielle (art. 1636).

51. Au même cas, s'il y a, au contraire, excédant de contenance dans les limites indiquées, il ne paraît pas que la loi
laisse à l'acheteur le droit de réduire le marché au nombre de
mesures indiquées par le contrat. Mais comme il ne doit ni
profiter de l'excédant sans le payer, ni se trouver, par suite
de son erreur, forcé à un sacrifice pécuniaire peut-être
au-dessus de ses forces, on lui laisse le choix de fournir le
supplément de prix ou de se désister du contrat. Toutefois ce
choix ne lui est offert que quand l'excédant est de quelque
importance, c'est-à-dire d'un vingtième au-dessus de la contenance déclarée. V. art. 1618.

51 *bis*. Quelque minime que soit l'excédant, l'acheteur doit
payer un supplément de prix, sinon l'obligation du vendeur serait
sans cause pour les mesures excédant la quantité promise. Puisqu'on a fixé le prix à tant la mesure, il y a autant de promesses
que de mesures, la promesse d'une mesure par le vendeur a pour
cause la promesse d'un prix afférent, donc l'obligation du vendeur est sans cause pour les mesures qui ne correspondent pas à
un prix.

Le texte ne contrarie pas cette décision, car il n'a envisagé que
les conditions du choix qu'il voulait laisser à l'acheteur en un

certain cas. Il s'agit d'arriver à la résolution de la vente, et il faut
alors que la différence soit importante. Mais on n'a pas réglé le
cas où, la différence étant minime, il n'y a pas à s'occuper de la
faculté de résolution. Ce n'est pas une raison pour ne pas appliquer à cette espèce les principes généraux posés par l'article précédent. Nous traiterons donc dans un esprit de juste compensation
le cas d'excédant comme le cas de déficit.

52. Si, au contraire, la vente est faite pour un seul prix,
soit qu'elle ait pour objet un ou plusieurs fonds distincts, et
de quelque manière que soit conçue d'ailleurs l'énonciation
de la contenance, l'excédant ou le *déficit* n'entraîne pas de
plein droit augmentation ou diminution de prix. Cependant,
si cet excédant ou ce *déficit* forment une différence considérable, il ne serait pas juste de laisser sans réparation une
erreur qui a dû influer sur la fixation faite par les parties. Il y
aura donc lieu alors à modifier cette fixation ; mais il faut pour
cela que la différence soit d'un vingtième.

Ce vingtième, au reste, ne se calcule pas sur le nombre
effectif de mesures comparé au nombre déclaré, mais sur la
valeur à laquelle se trouve portée ou réduite, par suite de
l'excédant ou du *déficit*, la totalité de l'objet ou des objets
vendus, valeur qu'il faut comparer à celle qu'aurait cette
totalité sans l'excédant ou le *déficit*. Il est d'ailleurs bien entendu
que la loi ne dispose qu'à défaut de stipulation particulière.
V. art. 1619.

52 *bis*. I. La deuxième hypothèse suppose la vente d'un ou de
plusieurs immeubles déterminés avec indication de contenance,
mais pour un prix unique et non à raison de tant la mesure.
Exemple : Tel domaine contenant 100 hectares, moyennant un
prix de 50,000 francs, ou bien 100 hectares de terre composant
tel domaine, moyennant le prix de 50,000 francs.

Dans le premier de ces deux exemples, la désignation de l'immeuble précède l'indication de la contenance ; dans le deuxième,
la contenance est indiquée d'abord, la désignation du domaine ne
vient qu'ensuite. L'ordre de ces expressions est indifférent, et le
Code n'a insisté sur ce point que pour abandonner une doctrine

ancienne qui assimilait à l'hypothèse de l'article 1617 celle où la
contenance était indiquée avant la désignation de l'immeuble.

52 *bis*. II. Dans le cas de l'article 1619, le vingtième ne se calcule pas d'après l'étendue géométrique des terrains, mais d'après
la valeur des terres non livrées par rapport au prix total de la
propriété ou des propriétés vendues.

Il est possible en effet que le fonds vendu se compose de parties
distinctes ayant des valeurs inégales, et s'il est constant que le
déficit ou l'excédant de mesures se produit par rapport à telle
partie de la propriété, il faut tenir compte de la valeur relative
de cette espèce de terre.

Exemple : La propriété vendue se compose de 40 hectares de
terres labourables et de 10 hectares de vignes. Si le déficit ou
l'excédant se produit dans la partie des vignes, il peut arriver
qu'une différence qui ne représentera pas un vingtième en étendue géométrique dépasse le vingtième en valeur, c'est-à-dire représente plus d'un vingtième de la valeur totale de l'immeuble
vendu.

53. La loi réserve naturellement ici à l'acquéreur, comme
dans le cas précédent, la faculté de rompre le marché pour ne
point payer un excédant de prix. Que s'il n'use point de cette
faculté, il est juste qu'il paie, avec le supplément du prix, les
intérêts de ce supplément, si toutefois *il a gardé l'immeuble*.
V. art. 1620 ; et à ce sujet, art. 1652.

53 *bis*. Quand la différence est d'un vingtième en plus, on retrouve l'hypothèse prévue par l'article 1618, auquel il suffit de
renvoyer.

Nous faisons seulement remarquer que la loi n'a songé à l'obligation de payer les intérêts du supplément de prix, que pour le
cas où l'acheteur opte pour le maintien du contrat et garde l'immeuble. Il n'y a aucune raison pour ne pas donner la même décision dans le cas prévu par l'article 1618, car les intérêts du prix
sont la représentation de la jouissance, et les principes seuls conduiraient à imposer à l'acheteur un paiement d'intérêts supplémentaires quand il est tenu à payer un supplément du prix lui-
même.

54. Le désistement de l'acheteur ayant pour principe l'er-

reur dans laquelle il a été induit par le fait du vendeur, l'équité exige que celui-ci le remette au même état que s'il n'avait pas contracté ; il lui rend donc non-seulement le prix, mais les frais de contrat. V. art. 1621.

54 *bis*. Le vendeur doit tenir l'acheteur indemne. Voilà pourquoi il lui restitue le prix et les frais, mais il ne saurait être condamné à restituer les intérêts du prix parce qu'ils se compensent avec la jouissance de la chose qui a appartenu à l'acheteur tant que le contrat n'a pas été annulé.

Mais ne faudrait-il pas dans cette hypothèse, c'est-à-dire quand le contrat est résolu, que l'acheteur payât les intérêts du supplément de prix qu'il devrait payer à raison d'un excédant de mesure ? Cette décision pourrait paraître raisonnable puisque l'acheteur a eu, pendant que le contrat a été exécuté, la jouissance d'un immeuble plus considérable que celui dont il avait payé le prix. Cependant le Code paraît n'avoir pas admis cette idée dans l'article 1620, où il n'impose le paiement d'intérêts supplémentaires qu'à l'acheteur qui consent à fournir le supplément du prix. On a sans doute pensé que la vente étant résolue, il n'y avait pas lieu d'appliquer l'article 1652, qui oblige l'acheteur à payer les intérêts du prix quand la chose produit des fruits, et on a traité l'acheteur comme un possesseur de bonne foi, ce qui le dispense de donner une indemnité pour la jouissance qu'il a eue et qui était hors de proportion avec le prix qu'il avait payé.

55. Les erreurs dans la contenance, qui donnent lieu à augmentation ou diminution de prix et à résiliation du contrat, pouvant, d'une part, être très-fréquentes, et, de l'autre, devant être promptement aperçues, le législateur, pour ne point prolonger l'incertitude des propriétés, a borné toutes réclamations à ce sujet au délai d'un an. V. art. 1622.

55 *bis*. La prescription établie par l'article 1622 est infiniment plus courte que les prescriptions ordinaires. Aussi les parties pourraient-elles tenter d'en augmenter la durée en substituant une convention expresse sur la garantie de contenance à la convention tacite résultant de nos articles. On dirait alors : L'obligation n'est pas celle dont s'occupe l'article 1622, c'est une obligation conventionnelle. Néanmoins, il ne résulterait pas de ce fait une dé-

rogation à l'article, d'abord parce que bien souvent les parties n'auront pas eu l'intention de modifier les conséquences légales du contrat, elles ont répété surabondamment les dispositions de la loi ; secondement, et ceci est plus grave, si la convention tendait à substituer une prescription trentenaire à la prescription légale d'un an, elle serait, de la part du futur débiteur, une renonciation à la prescription non acquise, car cette partie, avant que le délai d'un an fût expiré, consentirait à ce que son expiration ne produisît pas la libération. Cette convention est nulle en vertu de l'article 2220.

56. La loi, en terminant cette matière, prévoit le cas où deux fonds sont vendus par un seul et même contrat et pour un seul et même prix. Si l'on n'a exprimé pour les deux fonds qu'une seule mesure, ce cas est compris dans la généralité des termes de l'article 1619 ; mais lors même qu'on aurait désigné la mesure de chacun en particulier, la circonstance qu'ils sont vendus par un seul et même contrat et pour un seul et même prix a dû faire admettre la compensation entre l'excédant de l'un et le *déficit* de l'autre. Cela posé, on applique les règles ci-dessus. V. art. 1623.

56 *bis*. Quand les deux fonds ne sont pas de la même qualité, il faut faire le calcul comme nous l'avons fait plus haut à propos d'un fonds comprenant diverses natures de biens, et s'inquiéter de la valeur des parties manquantes plutôt que de leur mesure.

57. Une dernière observation relative à l'obligation de délivrer, c'est qu'elle constitue le vendeur débiteur de corps certain ; il faut donc appliquer aux risques de la chose vendue les règles générales sur les risques de la chose due. V. art. 1624.

SECTION III.
De la garantie.

58. Garantir, c'est assurer sous sa responsabilité l'exécution d'une promesse. L'obligation de garantir consiste à préserver du préjudice, si cela est possible, ou autrement à en dédommager.

Le vendeur doit assurer à l'acheteur la paisible possession de la chose, ce qui comprend la franchise des droits réels, qui amènerait trouble ou éviction. Il doit de plus l'indemniser du tort que lui causeraient certains défauts cachés, connus sous le nom de vices *rédhibitoires*, parce qu'ils pourraient, suivant les cas, donner lieu à la résiliation du marché. C'est ce qu'on exprime en disant que la garantie du vendeur a deux objets, la paisible possession et les défauts cachés. V. art. 1625.

58 *bis*. C'est par une incorrection de langage que l'article 1625 présente la garantie comme ayant deux objets : 1° la possession paisible de la chose ; 2° les défauts cachés. Il aurait fallu dire pour ce deuxième objet de la garantie qu'il consiste dans l'absence de défauts. Garantir la libre possession, c'est assurer que l'acheteur aura cette possession, et garantir les défauts, c'est assurer que ces défauts n'existeront pas.

Tout se ramène à cette idée que le vendeur doit assurer à l'acheteur la possession, qu'elle n'est pas assurée si elle n'est point utile, et qu'elle n'est point utile si elle est troublée ou si la chose est vicieuse.

§ 1er.

De la garantie en cas d'éviction.

59. Le sujet de ce paragraphe est la garantie de la paisible possession, garantie qui reçoit principalement son application au cas d'éviction, mais qui s'applique également au cas de charges réelles prétendues sur la chose qui fait l'objet de la vente.

60. Il n'y a proprement éviction que quand il y a défaite judiciaire. Ainsi l'éviction, dans son sens strict, est la privation de la possession, prononcée par le juge. C'est à ce sens strict que l'on s'attachait à Rome, quand il s'agissait de la *stipulation du double*, qu'on était dans l'usage de joindre à la vente, pour le cas d'éviction (v. Pomp., *D. fr.* 16, § 1, *De evict.*).

Mais l'*éviction*, considérée comme le cas général qui donne lieu à l'action en garantie, se prend dans un sens plus large, et l'on désigne sous ce nom toute perte que souffre l'acheteur, soit de la totalité, soit d'une partie seulement de la chose vendue, par suite du droit d'un tiers.

L'acheteur est censé souffrir cette perte lorsqu'il ne conserve la chose qu'en donnant de l'argent, ou lorsqu'il ne la conserve qu'à tout autre titre que celui d'acheteur.

Il paraît que dans l'usage on donne le nom d'*éviction*, et à la sentence qui prononce contre l'acheteur, et à la demande même qui est dirigée contre lui (1) : ce qu'il y a de sûr, c'est que dans notre droit, l'acheteur, sans attendre la dépossession effective, peut agir en garantie, dès qu'il est attaqué à fin d'éviction, et conclure dès lors à ce que, faute par le vendeur de pouvoir le défendre, celui-ci soit condamné à l'indemniser dans les termes du droit.

Il est, au surplus, bien entendu que l'éviction ne donne lieu à la garantie qu'autant qu'elle provient d'un droit dont le principe est antérieur à la vente, ou qui procède du fait du vendeur.

61. Quant à la garantie des charges réelles, elle n'a lieu qu'autant que ces charges, subsistantes avant la vente, n'ont pas été déclarées dans le contrat.

61 *bis*. I. L'éviction est surtout le délaissement de la chose ordonné en justice en vertu d'un droit de propriété ou d'hypothèque exercé par un tiers.

Il faut en outre assimiler à l'éviction des cas qui ne rentrent pas absolument dans la définition, mais où la position de l'acheteur est la même que dans les cas d'éviction proprement dite.

Ainsi l'acheteur, pour éviter un procès, a volontairement abandonné la chose revendiquée par un tiers, il a cédé avant la lutte; par conséquent, il n'y a pas eu à proprement parler éviction; mais s'il est démontré que le revendiquant était réellement propriétaire, le vendeur est tenu de la garantie.

L'acheteur succombe dans une action en revendication qu'il intente contre un tiers possesseur du bien vendu. On ne peut pas

---

(1) V. Pothier, *Contrat de vente*, n° 82.

dire qu'il soit obligé de délaisser le bien puisqu'il ne le possédait pas, mais il est certain qu'il est privé par une décision judiciaire de l'avantage que devait lui procurer l'achat qu'il avait fait.

L'acheteur devient héritier du vrai propriétaire, il conserve par conséquent la chose sans craindre d'être troublé à l'avenir. Mais ce n'est pas la vente qui lui fait cette situation. Elle résulte uniquement de ce qu'il a acquis les droits de celui qui pouvait l'évincer.

Enfin, l'immeuble est hypothéqué, et l'acheteur, sous le coup de l'action hypothécaire, menacé par le créancier qui le somme de délaisser s'il ne paie pas la dette hypothécaire, préfère payer cette dette. Il n'est pas dépouillé de la possession ni de la propriété, mais il fait forcément un sacrifice pécuniaire pour conserver la chose; c'est en réalité une éviction partielle qu'il subit.

61 *bis*. II. La garantie est due non-seulement à l'acheteur lui-même, mais à l'ayant cause de l'acheteur, qui peut agir directement contre le vendeur. Nous ne parlons pas des ayant cause à titre universel, il ne peut y avoir des difficultés par rapport à eux, mais des ayant cause à titre particulier, par exemple du deuxième ou troisième acheteur; il aura l'action en garantie contre le vendeur de son vendeur. En effet, celui qui vend une chose transmet par la convention même à l'acheteur tous les droits qu'il avait à l'occasion de la chose ; dès lors le sous-acheteur acquiert par une cession les droits du premier acheteur contre le vendeur primitif; et comme il s'agit là des effets d'une cession de droit, il n'y a pas à s'inquiéter de ce qu'un ayant cause à titre particulier ne succède pas en principe aux créances de son auteur.

Il faut du reste qu'il en soit ainsi, car si on n'admettait pas cette cession tacite de l'action en garantie, le sous-acheteur évincé ne pourrait agir contre le vendeur de son vendeur qu'en vertu de l'article 1166, et il serait réduit à partager avec les autres créanciers de son vendeur l'indemnité reçue pour l'éviction par lui subie. Ce résultat serait d'une injustice flagrante, puisque les créanciers de ce vendeur qui ne peuvent pas avoir plus de droits que lui profiteraient des conséquences d'une éviction dont il est lui-même responsable. Il faut de plus bien faire attention, nous le dirons bientôt, que le principal objet de la garantie n'est pas l'indemnité pécuniaire, mais la défense même du possesseur par le garant.

Or cette défense, cette protection que le possesseur peut toujours exiger quand elle est possible, n'est pas une valeur qui puisse être distribuée au marc le franc entre des créanciers; donc, par la nature même de son objet principal, la créance de garantie ne peut pas entrer dans le gage des créanciers quand celui qui l'a eue un instant a aliéné le bien à propos duquel il avait cette créance. Elle n'a sa raison d'être qu'en faveur de celui qui possède le bien, elle a donc dû passer au second acheteur de la chose avec la chose elle-même.

61 *bis*. III. L'obligation de garantie se décompose en trois obligations: 1° s'abstenir de tout acte qui tendrait à évincer l'acheteur; 2° protéger l'acheteur contre les tentatives d'éviction, le défendre dans les procès qui peuvent lui être intentés, *prendre son fait et cause;* 3° si on n'a pas réussi à protéger l'acheteur, l'indemniser de la perte qu'il a faite.

61 *bis*. IV. La première de ces obligations engendre l'*exception de garantie :* non pas ce que le Code de procédure nomme ainsi, un moyen dilatoire qui a pour objet d'obtenir le temps nécessaire pour appeler en cause un garant, mais l'exception civile de garantie.

Le mot exception est alors employé dans le sens que lui donne souvent le Code civil, il signifie moyen de défense. L'exception de garantie est une défense tirée de ce que le demandeur qui prétend sur l'immeuble un droit réel est obligé à garantir le défenseur de toute éviction : obligé à le protéger contre les troubles, il ne peut pas le troubler; obligé à l'indemniser des évictions, il doit avant tout ne pas l'évincer. C'est ce qu'on exprime ordinairement par cet adage classique : *Quem de evictione tenet actio eumdem agentem repellit exceptio.*

On comprend l'utilité de ce moyen de défense quand le vendeur ou son héritier a acquis postérieurement à la vente un droit réel, comme une hypothèque ou une servitude, sur le bien vendu, et qu'il prétend exercer ce droit; l'acheteur le repousse en alléguant que la garantie lui serait due par le demandeur si l'éviction avait lieu.

Nous avons supposé, pour construire l'espèce, que le vendeur avait acquis un droit réel sur le bien vendu, et non pas qu'ayant vendu la chose d'autrui il en était devenu propriétaire depuis l'époque de la vente. En effet, il n'y aurait pas besoin en pareil cas de l'exception de garantie pour repousser la revendication intentée par le vendeur. Celui-ci n'aurait pas la revendication; la propriété aussitôt acquise par lui aurait passé de plein droit sur la tête de son acheteur; puisque le contrat devait transférer la propriété et qu'il avait seulement été empêché de produire cet effet par une impossibilité juridique, l'impossibilité cessant, la propriété a dû être transférée. C'est donc en niant la propriété du revendiquant et en se prétendant lui-même propriétaire, que l'acheteur se défendrait victorieusement sans avoir besoin de l'exception de garantie.

61 *bis.* V. La deuxième des obligations comprises dans celle de garantie est l'obligation de protéger et de défendre l'acheteur contre les attaques tendant à éviction. De cette obligation découle la troisième, celle d'indemniser quand le vendeur n'a pas pu ou n'a pas voulu défendre utilement son acheteur; il est, comme tout débiteur d'une obligation de faire, tenu à des dommages et intérêts, et on ne peut pas lui demander autre chose parce qu'il est impossible de le contraindre à un fait qui demande une action personnelle de sa part, le fait de prendre un certain rôle devant la justice.

61 *bis.* VI. De ces deux obligations, la principale, celle de défendre l'acheteur, est indivisible, car le fait que doit accomplir le débiteur n'est pas susceptible de division, soit matérielle, soit intellectuelle (art. 1217). Le possesseur ne peut pas être défendu pour partie, et comme la défense se traduit dans le fait par le garant de prendre le fait et cause du garanti, on peut dire que le garant ne peut prendre pour partie le fait et cause du garanti. C'était la doctrine de Pothier (1), et il ne faut pas soulever contre elle cette objection que l'obligation de délivrer la chose est divisible puisque le bien est au moins divisible intellectuellement. En effet, l'obligation de délivrer et celle de garantir sont complétement distinctes: l'une a pour objet une chose et l'autre un fait, et c'est ce fait qui n'est pas susceptible d'exécution partielle.

Cette obligation indivisible se traduira, il est vrai, bien souvent en une obligation divisible, parce qu'elle se transformera, faute

(1) V. Pothier, n° 104.

d'exécution, en une obligation de somme d'argent, l'acheteur aura droit à des dommages et intérêts. Il n'y a rien dans ce nouveau caractère de l'obligation qui contredise ce que nous venons d'établir quant à son indivisibilité originaire. C'est un principe que l'obligation indivisible de sa nature devient divisible quand elle se transforme en obligation de dommages et intérêts (1).

Il importe de déterminer ainsi la nature de l'obligation de garantie, car il est intéressant de savoir, quand le vendeur a laissé plusieurs héritiers, si chacun d'eux peut être poursuivi pour le tout ou seulement pour sa part. Il résulte du caractère d'indivisibilité de cette obligation, que tant qu'il s'agit de demander à être défendu par les héritiers du vendeur, chacun d'eux peut être poursuivi pour le tout et doit prendre le fait et cause de l'acheteur pour le tout. Mais quand l'obligation n'est pas exécutée, comme il ne peut être obtenu que des dommages et intérêts, chaque héritier n'est condamné que pour sa part.

61 *bis*. VII. Il paraîtrait alors qu'il n'était pas utile de constater le caractère indivisible de l'obligation. Ce serait une erreur. Dans une hypothèse déjà indiquée, l'obligation peut être exécutée réellement sans contrainte personnelle sur le débiteur, et par conséquent ne se transforme pas nécessairement en obligation à des dommages et intérêts. Nous parlons de l'hypothèse où le droit à la garantie est invoqué comme moyen de défense. Alors l'exécution de l'obligation consiste dans le non-exercice du droit d'évincer; la justice peut donc, sans violer la règle *nemo potest cogi ad factum,* ordonner l'exécution effective de l'obligation en ne sanctionnant pas la prétention de celui qui veut évincer. Dans ce cas, l'obligation garde son caractère d'indivisibilité, puisqu'elle ne se transforme pas en une dette d'argent.

Si donc nous supposons que l'action tendant à éviction est intentée par un des héritiers du vendeur, il faut admettre qu'il sera repoussé pour le tout parce qu'il est pour le tout débiteur de la garantie. Il ne peut pas prétendre évincer l'acheteur pour une fraction correspondante à celle pour laquelle il n'est pas héritier du vendeur; cette prétention ne serait admissible que si l'obligation principale de garantie était divisible.

62. Dans ces limites, le vendeu est obligé à la garantie de

(1) V. t. V, n° 155 *bis.*

l'éviction et des charges réelles, par la nature même du contrat, et sans qu'il soit besoin de stipulation, mais sauf pour les parties la faculté d'étendre, modifier ou exclure cette garantie. V. art. 1626 et 1627.

63. La clause de non-garantie ne saurait dispenser le vendeur de répondre de son fait personnel; il ne peut, à la faveur d'aucune stipulation, se réserver la faculté de troubler lui-même impunément son acquéreur dans la paisible possession qu'il lui a promise. V. art. 1628; et remarquez que le vendeur devant répondre de son dol, nonobstant toute stipulation contraire, la clause de non-garantie ne dispenserait pas des dommages et intérêts celui qui aurait vendu sciemment la chose d'autrui à un acheteur de bonne foi (v. au surplus art. 2059).

63 bis. I. Il est nécessaire de comprendre ce que la loi entend par le *fait personnel* du vendeur pour s'expliquer comment la garantie de ce fait est due malgré la stipulation de non-garantie, et aussi pourquoi toute convention contraire à l'existence de cette obligation est nulle.

On entend par éviction provenant d'un fait personnel, celle qui résulterait d'un droit exercé soit par le vendeur soit par un ayant cause à titre particulier du vendeur. Il peut en effet arriver qu'un ayant cause du vendeur ait des droits supérieurs à ceux de l'acheteur. C'est peut-être un acquéreur dont les droits sont antérieurs à la vente. *Exemples:* L'acheteur d'un meuble qui n'est pas en possession et qui, en vertu de l'article 1141, est préférable à un deuxième acheteur qui n'a pas non plus reçu la possession, ou bien un acheteur d'immeuble qui a fait transcrire son titre et qui l'oppose à un acheteur postérieur. Dans les deux cas, le deuxième acheteur subit une éviction par le fait même du vendeur qui n'aurait pas dû lui vendre une chose qu'il avait précédemment vendue à un autre.

L'ayant cause du vendeur qui fait subir à l'acheteur une éviction a peut-être aussi acquis ses droits postérieurement à la vente. *Exemples :* L'acheteur le plus ancien en date est évincé par un acheteur postérieur qui a fait transcrire avant lui son titre, s'il s'agit d'un immeuble, ou qui a reçu de bonne foi et avant lui la possession, s'il s'agit d'un meuble.

Dans toutes ces hypothèses, l'éviction résulte bien d'un fait personnel au vendeur ; ce fait, c'est la double vente qu'il a consentie du même objet à deux personnes différentes.

63 *bis*. II. L'éviction pourrait être également tentée par le vendeur lui-même, mais le cas nous paraît plus rare, et de plus, l'éviction ne pourrait pas être consommée; voilà pourquoi nous avons d'abord montré les évictions subies du chef d'un ayant cause du vendeur.

Pour que celui-ci tente d'évincer son propre acheteur, il faut supposer qu'il agit en vertu d'un droit né depuis la vente. Ce n'est pas en effet en vertu du droit de propriété antérieur à la vente qu'il pourrait agir, puisqu'il a transféré ce droit à l'acheteur; ce n'est pas non plus en vertu d'un autre droit réel également antérieur à la vente, puisque, s'il était propriétaire, il ne pouvait avoir aucun droit autre que le droit de propriété. Il faut donc songer à un vendeur qui, depuis la vente consommée, aurait acquis des droits sur la chose ; et même dans cette supposition nous ne voyons pas que, la plupart du temps, il y ait nécessité de recourir à la règle sur la garantie pour protéger l'acheteur.

Si le vendeur a acquis postérieurement à la vente le droit de propriété qu'il n'avait pas, nous n'admettons pas qu'il puisse prétendre intenter contre son acheteur une action en revendication et que la question de garantie puisse se poser. Car dans les principes du droit moderne, la propriété se transférant de plein droit dès qu'un propriétaire est débiteur d'un corps certain, la propriété qui n'avait pas été transmise par la vente parce que le vendeur n'était pas propriétaire, est transmise *ipso jure* quand elle advient à ce vendeur. Elle ne reste pas un instant sur sa tête, et l'acheteur, devenu propriétaire, n'a pas à craindre une éviction du chef de son vendeur, qui a cessé d'être propriétaire en même temps qu'il l'est devenu.

Pour trouver une occasion de faire fonctionner l'obligation de garantie, il faudrait que le vendeur eût acquis depuis la vente des droits d'hypothèque, de servitude ou d'usufruit sur la chose par lui vendue. Sa propriété était grevée quand il l'a transmise, et il devient, par exemple, héritier ou acheteur de celui au profit de qui elle était grevée. S'il tente alors d'exercer ces droits contre l'acheteur, celui-ci ne peut peut-être pas prétendre qu'ils sont

éteints de plein droit et réunis à sa propriété, mais il a le droit
de demander à son vendeur la garantie, parce que l'éviction, si
elle avait lieu, aurait son point de départ dans un fait personnel
au vendeur. Cette éviction d'ailleurs ne sera pas consommée, car
l'acheteur usera de l'exception de garantie, et le vendeur garant
de l'éviction ne parviendra pas à évincer le garanti.

63 *bis.* III. On le voit, quels que soient les faits qui amènent
l'éviction, quand ils sont personnels au vendeur, ils ont leur point
de départ dans un dol de ce vendeur ; soit qu'il ait vendu une
chose déjà vendue, soit qu'il ait sur cette chose vendue constitué
des droits, soit qu'il prétende profiter de quelques droits acquis
par lui postérieurement à la vente pour faire obstacle aux effets
du contrat qui le lie, on peut toujours lui reprocher un acte de
mauvaise foi. Cette considération explique à la fois pourquoi
l'obligation de garantie existe en pareil cas, malgré la clause de
non-garantie, et pourquoi la convention elle-même ne pourrait
supprimer le droit à cette garantie, parce que cette convention
ne serait pas autre chose qu'une stipulation du droit de commettre impunément un dol.

63 *bis.* IV. Si nous expliquons les dispositions de la loi sur la
garantie du fait personnel par des raisons tirées de ce que l'éviction en pareil cas provient d'un dol du vendeur, il faut, pour ne
pas exagérer la règle légale, prendre dans un sens absolument
strict le mot fait personnel. Nous refusons par conséquent d'appliquer l'article 1628, quand l'acte de vente sur lequel s'appuie
le droit à la garantie, et l'acte antérieur ou postérieur qui crée le
droit de celui qui évince l'acheteur, n'émanent pas de la même personne physique, mais d'un auteur et de son héritier. Bien qu'ordinairement l'auteur et l'héritier soient juridiquement confondus,
nous ne pouvons admettre cette confusion quand il s'agit d'une
appréciation morale comme celle qui tend à donner à un acte le
caractère du dol. Nous dirons du dol ce qu'on a dit du vol : *Sine
affectu fraudandi non committitur.* Si donc un héritier a vendu ce
que le défunt avait déjà vendu, et si le premier acheteur évince le
second, ou si le second évince le premier, les deux événements
sont possibles (1), on ne peut pas dire avec certitude que l'évic-

(1) V. *suprà,* n° 63 *bis.*

tion provienne du fait personnel du vendeur. Au moins faudrait-il démontrer que l'héritier avait connaissance de l'acte de son auteur, quand il a lui-même disposé de la chose dont celui-ci avait disposé avant lui.

64. L'équité ne permet pas non plus que le vendeur retienne le prix lorsque l'éviction de l'acquéreur a rendu sans cause le paiement fait par celui-ci. Ainsi, l'effet de la clause de non-garantie ne va pas en général jusqu'à dispenser de la restitution du prix. Il en est autrement si l'acheteur, connaissant le danger, ou achetant à ses risques et périls, n'a réellement entendu acquérir que la prétention incertaine du vendeur. V. art. 1629.

64 *bis*. I. Nous trouvons dans l'article 1629 un principe soumis à deux restrictions. Le principe est que le vendeur doit restituer le prix de la vente au cas d'éviction, malgré la stipulation de non-garantie. C'est là une interprétation de la convention; comme le prix resterait sans cause entre les mains du vendeur, on ne suppose pas que les parties aient entendu consacrer ce résultat. La clause doit signifier uniquement que le vendeur ne paiera pas d'indemnité pour le tort causé par l'éviction, en tant que cette indemnité dépasserait les sommes reçues à titre de prix.

64 *bis*. II. Dans deux cas seulement le vendeur garderait le prix, bien que l'acheteur eût été évincé. Il faut citer d'abord le cas où l'acheteur a déclaré acheter à ses risques et périls. Il a fait une convention aléatoire, il a acheté une chance, et le paiement se trouve alors avoir eu une cause.

Si nous prenions l'article à la lettre, la déclaration d'achat aux risques et périls de l'acheteur ne serait pas suffisante pour produire ce résultat, il faudrait qu'elle fût accompagnée de la clause de non-garantie. Telle ne nous paraît être cependant la règle de la loi. Certes l'expression qui met les risques et périls à la charge de l'acheteur est assez énergique pour montrer l'intention d'acheter une chance, et il ne faut pas oublier qu'il s'agit ici avant tout d'une interprétation d'intention. De plus, la clause d'achat aux risques et périls n'aurait aucun effet quand elle serait insérée seule dans l'acte; quels seraient les risques et périls auxquels l'acheteur aurait entendu s'assujetir s'il ne s'agissait pas du risque de perdre le prix au cas d'éviction? Enfin le texte de l'article 1629 ne commande pas impérieusement cette interprétation, car il dit seulement que la clause de non-garantie sans celle de risques et périls ne prive pas l'acheteur du droit à la restitution du prix, mais il ne règle pas l'effet de la clause de risques et périls non accompagnée de celle de non-garantie. Nous sommes donc maître d'interpréter la convention dans le sens qui nous paraît être celui que les parties lui ont donné.

64 *bis*. III. L'autre exception admise par l'article 1629 se rattache à la même idée : l'acheteur a acheté une chance ; seulement le caractère aléatoire du contrat, au lieu de lui avoir été expressément attribué, résulte d'une convention tacite prouvée par la réunion des deux circonstances suivantes : clause de non-garantie, connaissance par l'acheteur du danger de l'éviction. Il est difficile d'admettre, quand l'acheteur a accepté la clause de non-garantie et qu'il connaissait le danger d'éviction, qu'il n'a pas entendu faire une opération aléatoire. Sa volonté ne serait pas aussi claire s'il avait connu le danger mais n'avait pas fait de convention sur la garantie, car on peut interpréter sa volonté en ce sens qu'il a acheté craignant l'éviction, mais sachant qu'en vertu des principes du droit, le prix par lui payé ne serait pas perdu.

La connaissance du danger aurait néanmoins par elle-même et sans clause sur la garantie un effet important, elle détruirait le droit à des dommages et intérêts, parce qu'elle fait présumer une clause tacite de non-garantie (1), mais il resterait à l'acheteur le droit de répéter le prix payé sans cause (art. 1599).

65. Il s'agit maintenant de déterminer l'étendue de l'action en garantie, soit en cas d'éviction totale (art. 1630-1635), soit en cas d'éviction partielle (art. 1636, 1637), soit enfin en cas d'apparition de charges réelles (art. 1638).

66. Pour bien saisir l'étendue de l'action en garantie accordée à l'acheteur évincé, il faut d'abord reconnaître que cette action repose sur le principe général qui, dans tout contrat synallagmatique, autorise la partie envers laquelle l'engagement n'a pas été exécuté, à demander la résolution avec dommages et intérêts (v. art. 1184). Ainsi, l'acheteur, si son vendeur ne le fait pas maintenir dans la paisible possession qui lui avait

---

(1) V. *suprà*, n° 28 *bis*. XVI.

été promise, peut demander à être remis au même état que s'il n'avait pas acheté ; par conséquent, à recouvrer tout ce qui lui manque par suite de cette vente dont il ne profite plus. En outre, l'acheteur ayant dû compter sur les avantages que lui assurait la vente, il peut réclamer indemnité, non-seulement pour la perte qu'il éprouve, mais pour le gain qu'il manque de faire par l'effet de l'inexécution de la promesse. Cela posé, l'action en garantie a quatre objets principaux :

1° La restitution du prix, que le vendeur ne peut retenir sans cause ;

2° Celle des fruits que l'acheteur restitue au propriétaire, si toutefois il y a lieu à cette restitution (v. art. 549) ;

3° Les dépens, tant ceux faits sur la demande en garantie (C. pr., art. 130) que ceux auxquels l'acheteur est lui-même condamné envers le propriétaire qui l'évince ;

4° Enfin, les dommages et intérêts, et les frais et loyaux coûts du contrat. V. art. 1630.

66 *bis*. I. Il faut faire une distinction par rapport aux frais faits par le demandeur originaire et auxquels l'acheteur évincé peut avoir été condamné. Si le vendeur n'a pas été appelé en cause, il peut refuser de payer les frais autres que ceux de l'exploit introductif d'instance ; il peut en effet prouver qu'il aurait eu intérêt à acquiescer à la demande pour éviter des frais inutiles, et le tribunal pourrait prendre en considération l'imprudence de l'acheteur qui a défendu seul à la demande, pour laisser les frais à sa charge ; tout cela est affaire d'appréciation.

66 *bis*. II. Les dommages et intérêts seront alloués conformément aux principes généraux de la matière des contrats. Ils consistent dans l'indemnité du tort que cause à la partie l'inexécution de l'obligation. D'après les articles 1147 et 1149, cette indemnité doit comprendre le préjudice éprouvé et le bénéfice manqué, et d'après l'article 1150 l'évaluation de cette indemnité doit être faite différemment suivant que le débiteur, c'est-à-dire le vendeur, a été de bonne ou de mauvaise foi. Ces idées sont du reste développées dans les articles suivants.

67. Le vendeur ne pouvant retenir le prix sans cause, ce

prix doit être restitué en entier, dans le cas même où, par suite de la détérioration du bien, l'éviction ne ferait éprouver à l'acheteur qu'une perte moindre. Bien plus, il n'importe que la détérioration provienne de sa négligence, ajoutons, ou de son fait. En effet, cette négligence ou ce fait ne pouvant, dans aucun cas, constituer l'acheteur en faute à l'égard de son vendeur, qui l'avait autorisé à considérer comme sienne la chose vendue, il n'en peut certainement résulter, au profit du vendeur, aucune déduction sur les restitutions dont il est tenu. Et ce, quand même lui vendeur aurait été, comme responsable du fait de son acheteur, condamné envers le propriétaire à l'indemniser de ces détériorations. V. art. 1631.

67 *bis*. Ce n'est pas par une application du principe sur les dommages et intérêts que l'article 1631 donne à l'acheteur droit à la restitution du prix à tout événement. En effet, si le bien n'a pas au moment de l'éviction une valeur égale au prix de la vente, l'acheteur serait suffisamment indemnisé sans qu'on lui restituât tout le prix, mais il y a ici un autre principe en jeu, et le prix est restitué comme payé sans cause, puisqu'il avait été promis en vue d'avoir une chose qui ne reste pas dans les mains de celui qui l'a payé.

68. Si pourtant l'acheteur avait tiré profit des dégradations, il est de toute justice que ce profit qu'il retire de la chose vendue se compense jusqu'à due concurrence avec le prix qu'il doit recouvrer. V. art. 1632.

68 *bis*. L'article 1632 prévient une conséquence inique qu'on pourrait tirer de l'article 1631 en exagérant la portée de la décision. L'immeuble n'a plus la même valeur que lors de la vente, mais cette diminution de valeur provient de dégradations dont l'acheteur a profité, il a par exemple démoli l'édifice et vendu les matériaux. S'il élevait la prétention de recouvrer le prix entier, il ferait un véritable bénéfice, il ne serait pas seulement indemnisé. Cette solution suppose que le possesseur évincé n'a pas été obligé de rendre au propriétaire revendiquant les bénéfices qu'il a faits à l'occasion des détériorations qu'il a fait subir à la chose. Car s'il a restitué ces valeurs, le bien est exactement comme serait

un bien détérioré par le fait de l'acheteur sans aucun avantage pour celui-ci, et pour ce bien, l'article précédent décide que la restitution intégrale du prix est due.

69. Quoique la détérioration de la chose n'empêche pas l'acheteur de recouvrer le prix entier, il n'en faut pas conclure qu'au cas inverse d'amélioration il ne puisse, en sus de la restitution du prix, se faire tenir compte par le vendeur, de l'excédant de valeur dont il est privé par l'éviction. Si d'un côté il peut exiger que le garant le remette au même état qu'avant la vente, de l'autre, le garant est obligé à l'indemniser de tout le tort que lui a fait éprouver l'inexécution de sa promesse. V. art. 1633 et 1630-4°.

69 *bis*. I. Nous avons expliqué, au tome V, que l'article 1633 était applicable dans ses termes alors même que l'objet vendu aurait considérablement augmenté de valeur depuis la vente (1).

69 *bis*. II. Dans l'hypothèse où l'immeuble ayant augmenté de valeur, l'acheteur reçoit une indemnité supérieure au prix d'achat, on ne doit pas lui permettre de cumuler avec cette indemnité le montant de tous les frais et loyaux coûts de contrat. Si ces dépenses accessoires lui sont ordinairement restituées, c'est qu'il les paierait sans cause, puisqu'il est privé de la chose et recouvre seulement le prix qu'il a payé. Mais quand il garde un certain bénéfice en sus de ce prix, le contrat lui procure un avantage. Il faudrait donc établir une proportion, imputer la totalité des frais sur la totalité de la valeur de l'immeuble au moment de l'éviction, et mettre ces frais à la charge du vendeur pour la part afférente au prix d'achat qui revient à l'acheteur et par rapport auquel le contrat n'a pas produit d'effet, mais laisser l'acheteur supporter une part des frais proportionnelle à l'indemnité qu'il reçoit en sus du prix, car pour cette somme le contrat a produit un effet sérieux. *Exemple :* L'immeuble a été vendu 100,000 francs, ce qui a entraîné 10,000 francs de frais. Lors de l'éviction l'immeuble vaut 120,000 francs; les 10,000 francs de frais doivent être répartis proportionnellement entre le vendeur et l'acheteur. Le contrat étant sans résultat pour les cinq sixièmes, c'est-à-dire

(1) V. t. V, n° 66 *bis*. III, IV.

100,000 francs que l'acheteur a payés et qui lui reviennent, les frais doivent rester à la charge du vendeur pour cinq sixièmes; mais pour le dernier sixième, l'acheteur profite du contrat puisqu'il reçoit 20,000 francs outre les 100,000 qu'il a payés, donc il doit supporter cette part des frais.

70. Le même principe amène pour tout vendeur l'obligation de rembourser ou faire rembourser à l'acquéreur toutes les réparations ou améliorations utiles. V. art. 1634. Mais, suivant la règle de l'article 1150, qui, au cas de dol, charge le débiteur des dommages et intérêts même imprévus, la loi oblige le vendeur de mauvaise foi à rembourser toutes les dépenses, même voluptuaires. V. art. 1635.

70 *bis*. I. L'obligation d'indemniser l'acheteur entraîne pour le vendeur celle de lui rembourser certaines dépenses qu'il a faites à l'occasion de la chose. En première ligne se placent les *dépenses nécessaires*, que la loi désigne sous le nom de réparations. Elles ont conservé la chose, si elles n'ont pas augmenté sa valeur, elles ont empêché cette valeur de diminuer, et l'acheteur qui ne garde pas la chose ne doit pas supporter le fardeau de ces réparations.

A côté de ces dépenses se placent celles qu'on appelle *dépenses utiles*, qui améliorent la chose, mais qu'on aurait pu ne pas faire. Elles doivent être restituées à l'acheteur, mais il faut bien remarquer que ces dépenses ne sont utiles que dans les limites de la plus-value donnée à la chose, et que si elles ont dépassé cette plus-value, elles ne peuvent plus être comprises dans les dispositions d'un article qui parle seulement des dépenses utiles. La différence entre la dépense et la plus-value était déjà perdue avant l'éviction, et le préjudice que ces travaux causent à l'acheteur ne doit pas être considéré comme un dommage résultant de l'éviction.

70 *bis*. II. La plus-value pourrait excéder la dépense faite, et l'article 1634 ne prévoit pas dans ses termes cette hypothèse. Mais il n'était pas besoin de cet article, l'espèce est comprise dans la règle générale de l'article 1633. L'acheteur a droit à une indemnité égale à la valeur de la chose, dans l'estimation de cette valeur entrera certainement l'estimation de la plus-value résultant de travaux. Il est impossible que cette plus-value ne donne

pas un droit à l'indemnité, puisque ce droit résulterait d'une plus-value survenue indépendamment même du fait de l'acheteur.

70 *bis*. III. Le vendeur n'est pas toujours seul débiteur de l'acheteur à propos des travaux faits par celui-ci; le revendiquant qui évince cet acheteur peut être obligé de payer certains travaux; c'est ce que suppose l'article 1634, qui présente alors le vendeur comme n'étant qu'un débiteur subsidiaire, *tenu de faire rembourser à l'acquéreur.* Les rapports du revendiquant et du possesseur sont régis par l'article 555, mais il faut remarquer que le vendeur est tenu dans des cas où l'article 555 n'impose pas au propriétaire l'obligation de payer. *Exemples :* Si les travaux ont donné une plus-value supérieure à la dépense, ou si les constructions ayant été faites de mauvaise foi, le propriétaire a contraint le possesseur qu'il évinçait à les détruire sans lui donner aucune indemnité. Dans ces cas, l'acheteur évincé se ferait indemniser ou ferait compléter son indemnité par son vendeur.

71. L'obligation de garantie s'applique à l'éviction partielle; mais ses effets sont différents, suivant l'importance de la partie dont l'acheteur souffre éviction. Peut-être que sans cette partie, il n'aurait pas acheté; il est juste alors qu'il puisse, en demandant la résiliation, se faire remettre au même état que s'il n'avait pas contracté. V. art. 1636.

71 *bis*. I. *Éviction partielle.* — La loi suppose d'abord une éviction partielle, qui équivaut à une éviction totale, parce qu'elle porte sur une partie tellement importante que, sans cette partie, l'acheteur n'aurait pas acheté la chose.

On applique alors l'article 1184; l'acheteur peut demander la résiliation du contrat puisque le vendeur ne remplit pas envers lui ses obligations. Il est clair toutefois que cette résiliation ne dépend pas de la volonté seule de l'acheteur; il faut que les tribunaux reconnaissent que l'obligation du vendeur est inexécutée, c'est-à-dire constatent l'importance considérable de la partie objet de l'éviction. Cette observation est la conséquence de ce que l'article 1636 dérive de l'article 1184, et il ne faut pas se préoccuper de ce que dans une hypothèse qui présente avec celle-ci quelque analogie, la loi a donné une décision différente (art. 1601). Dans le cas de cet article, le droit de faire résoudre la vente à propos d'une perte partielle de l'objet vendu, dépend du libre choix de l'acheteur. Mais si les faits ressemblent un peu à ceux que suppose l'article 1636, les principes qui sont en jeu sont bien différents. Il ne s'agit pas dans l'article 1601 d'une inexécution de l'obligation, il s'agit d'un événement arrivé avant le contrat et qui, portant atteinte à l'intégrité de la chose vendue, peut être considéré comme entachant le consentement. Voilà pourquoi on s'en est référé à la pure volonté de l'acheteur; de plus, l'appréciation judiciaire de l'importance de la perte eût été difficile, puisqu'il fallait déterminer la valeur de la partie détruite, que les tribunaux n'avaient pu ni vérifier ni faire vérifier avant la destruction, tandis qu'au cas d'éviction partielle les tribunaux ont à leur disposition l'objet matériel, dont la valeur est l'objet de la contestation entre le vendeur et l'acheteur.

71 *bis*. II. Quand l'acheteur évincé d'une partie obtient la résiliation, il a droit non-seulement à la restitution du prix, mais à des dommages et intérêts, car il est alors dans la même situation que s'il avait été évincé de la totalité, et les règles précédemment exposées lui sont applicables.

72. Au cas contraire, la vente subsistant toujours, le droit de l'acheteur se borne à être indemnisé de l'inexécution de la promesse. Il ne peut donc se faire rendre une portion du prix de vente, mais seulement obtenir des dommages et intérêts proportionnés à la perte qu'il éprouve. V. art. 1637.

72 *bis*. I. L'acheteur évincé d'une partie n'a pas fait résoudre la vente : soit que la partie ne fût pas assez importante, soit qu'il ait préféré conserver la portion dont il n'avait pas été évincé. C'est la véritable hypothèse d'éviction partielle.

L'article consacre en pareil cas le principe d'une action en dommages et intérêts et refuse à l'acheteur tout autre droit, particulièrement le droit à la restitution d'une part du prix.

On peut s'étonner qu'il en soit ainsi, non pas quand la chose vendue a augmenté de valeur et vaut au moment de l'éviction plus qu'au moment de la vente; la décision est alors conforme à l'article 1633. L'éviction d'une partie est régie comme l'éviction de la totalité, l'acheteur est indemnisé de la perte qu'il subit, et ce qu'il perd, c'est la valeur de ce qui lui est enlevé par l'éviction.

Mais quand la chose a diminué de valeur, la règle de la loi paraît peu conciliable avec l'article 1631. Car l'éviction totale donnant droit au moins à la restitution du prix, il semblerait que l'éviction d'une partie devrait donner droit au moins à la restitution d'une part proportionnelle du prix. Comment le droit de l'acheteur au cas d'éviction partielle n'est-il pas proportionnel au droit qu'il a quand l'éviction est totale?

La décision de la loi est cependant facile à expliquer. Dans la réalité, il y a au fond de l'action en garantie deux actions : la répétition du prix payé sans cause, et l'action en indemnité. C'est par la première de ces deux actions que l'acheteur se fait rendre le prix, alors même qu'il souffre lors de l'éviction un préjudice inférieur à ce prix. Mais quand l'éviction est partielle, l'acheteur conserve quelque chose de l'objet vendu et ne peut par conséquent prétendre qu'il a payé son prix sans cause; il ne lui reste donc que l'action en dommages et intérêts, et celle-ci ne doit pas donner de résultats supérieurs à la perte éprouvée.

72 *bis.* II. Nous ne distinguons pas et le texte n'a pas distingué entre les diverses hypothèses possibles d'éviction partielle. Nous appliquons la règle de l'article 1637 aussi bien lorsque la partie dont l'acheteur est évincé est une partie de la propriété indivise que lorsqu'elle est une partie matériellement distincte des autres parties de la chose.

On peut en effet être évincé du tiers ou du quart de l'objet vendu, par une personne qui se prétend propriétaire de cette fraction indivise du bien. On peut au contraire être évincé d'une portion spécialement et matériellement distincte de la chose vendue, comme d'un jardin, lorsque le fonds vendu se composait d'une maison et d'un jardin, ou comme d'un bois, quand il a été vendu un domaine composé de prés, de vignes et de bois. Dans le premier cas, le langage classique dit qu'il y a éviction partielle *pro indiviso ;* dans le deuxième cas, éviction partielle *pro diviso* ou *pro regionibus.*

Les auteurs qui font cette distinction dans le droit actuel et qui la trouvent dans Pothier cherchent à échapper, au moins dans une des hypothèses, à l'article 1637; ils admettent la restitution d'une partie du prix dans le cas d'éviction d'une part indivise, parce qu'il leur paraît logique, surtout dans ce cas, de régler la situation en vertu d'une règle de proportion arithmétique; l'acheteur étant évincé d'un quart, son droit doit être le quart du droit qu'il aurait s'il était évincé en totalité; le droit de l'acheteur évincé du quart est au droit de l'acheteur évincé de la totalité comme 1 est à 4. Mais le texte réprouve cette distinction, et on ne peut pas l'accuser de n'avoir pas vu l'une des espèces, car Pothier les présentait toutes les deux, et en première ligne celle de l'éviction pour une part indivise. Pothier, de plus, assimilait les deux espèces (1). Dans le cas même d'éviction d'une part distincte, il admettait la restitution proportionnelle d'une fraction du prix de vente, fraction à déterminer par une ventilation. Le Code a suivi l'exemple de Pothier en ne soumettant pas les deux hypothèses à des principes différents, mais il a adopté un autre principe que celui de Pothier : il a cru que jamais il ne pouvait être question d'une restitution du prix quand l'acheteur garde une fraction de la chose, car le vendeur n'a pas le prix *sine causa;* une fois cette idée admise, le Code n'a pas cru qu'on dût distinguer entre les deux espèces d'éviction partielle, car le prix n'est pas plus sans cause dans les mains du vendeur quand il a transféré la propriété d'une moitié ou d'un quart indivis du bien vendu, que quand il a transféré la propriété de cinq ou de trois hectares sur dix qu'il avait vendus. On peut contester le principe, qui prend pour point de départ de l'action la théorie de la *condictio sine causa,* qui admet que l'exécution partielle de l'obligation peut être une cause suffisante d'acquisition du prix ; mais ces deux points admis, il est logique de ne pas distinguer entre les diverses formes sous lesquelles peut se présenter l'inexécution partielle.

72 *bis.* III. Il faut rapprocher du cas d'éviction partielle l'hypothèse où la chose vendue était périssable; l'éviction qui survient après un certain temps de jouissance n'en laisse pas moins à l'acheteur une partie des avantages que la vente devait lui procurer. Dans ce cas, la restitution du prix ne saurait être demandée, car le vendeur ne l'a pas sans cause, et tout se réduirait à une question d'indemnité.

On a dit toutefois que, quand on donne cette solution, il faut la réserver pour le cas où l'éviction provient de l'exercice d'une

(1) V. Pothier, nos 139-143.

action hypothécaire, mais qu'on ne peut l'étendre au cas d'éviction résultant de l'exercice d'une action en revendication. Alors la vente était nulle comme vente de chose d'autrui, et l'acheteur demandant cette nullité peut faire considérer le prix comme payé sans cause. Nous ne ferons pas cette distinction à cause de la manière dont nous interprétons l'article 1599; nous n'y voyons pas la consécration d'une véritable nullité, mais l'application de la règle de l'article 1184. Or, s'il s'agit d'une action en résolution faute d'exécution de l'obligation du vendeur, on doit dire que cette résolution, qui n'a pas lieu de plein droit, ne peut pas être demandée quand l'éviction arrive à une époque où déjà l'acheteur a retiré les principaux avantages du contrat, puisqu'il a joui pendant un certain temps, assez long peut-être, d'une chose qui par sa nature périssable ne pouvait plus lui promettre qu'une jouissance de courte durée.

73. Nous avons dit que la garantie de la paisible possession comprend celle des charges réelles non déclarées. L'apparition de charges de cette espèce peut, sous certains rapports, être assimilée à une éviction partielle, et donner lieu, comme elle, à la résiliation du contrat; il est clair,·au reste, que l'apparence de la charge dispense le vendeur d'en faire la déclaration, et que dès lors il n'y a pas lieu à garantie pour les servitudes apparentes. V. art. 1638.

73 *bis*. I. L'existence d'une servitude qui se manifeste après la vente constitue un cas d'éviction partielle; il faut même un peu généraliser l'article et l'appliquer au cas où se découvre une charge réelle quelconque; l'article 1626 employait en effet cette expression plus large.

Le Code applique au cas de charges réelles existant sur le fonds la règle relative à l'éviction partielle. L'acheteur peut faire résoudre le contrat dans le cas prévu par l'article 1636, ou il peut obtenir une indemnité. Ce n'est pas une part proportionnelle du prix qui lui est restituée, puisque nous voyons toujours l'éviction partielle donner droit seulement à des dommages et intérêts. Quand l'existence de la charge est connue de l'acheteur, il est dans la position de tout acheteur qui connaît le danger d'éviction; il ne peut demander des dommages et intérêts, et par suite le ven-

deur ne lui doit rien, puisqu'il ne peut être question d'une restitution du prix.

Le texte suppose que l'acheteur a connaissance de la charge,
soit parce qu'elle est apparente, soit parce qu'on la lui a déclarée.
Il faut généraliser davantage et refuser l'action à celui qui a connu
d'une façon quelconque l'existence des charges réelles. L'article 1638 n'est en effet que l'application de la règle générale qui
prive de l'indemnité celui qui a connu le danger de l'éviction.

73 *bis*. II. Depuis la loi du 23 mars 1855, un certain nombre de
servitudes non apparentes seront révélées à l'acheteur par la transcription, mais l'article conserve toujours des cas d'application; il
s'agira d'abord des servitudes constituées en dehors des cas où la
loi de 1855 exige la transcription, par exemple, par testament; il
s'agira ensuite des servitudes créées même par convention avant
la vente de l'immeuble, et qui ne se seraient manifestées que
par une transcription postérieure à cette vente, mais antérieure à
la transcription que l'acheteur aurait dû faire lui-même de son
titre d'acquisition.

74. Tout ce qui précède sur la garantie n'est, à proprement
parler, que l'application faite au vendeur du principe général
qui soumet le débiteur aux dommages et intérêts, lorsqu'il ne
remplit pas son engagement. Les développements de ce principe se trouvent au titre *Des obligations* (v. art. 1146-1155).
C'est là qu'il faut chercher la solution des questions indécises.
V. art. 1639.

75. A cet égard, bornons-nous à observer que, les dommages et intérêts n'étant jamais considérés que comme l'équivalent forcé du fait ou de la chose objet de la promesse, le
créancier a toujours le droit d'exiger l'accomplissement réel,
lorsqu'il est possible : tel est le fondement de l'exception dite
de garantie, par laquelle l'acheteur peut repousser l'action
dirigée contre lui par une personne qui réunit en elle la double
qualité de vendeur et de créancier ou propriétaire. C'est ce
qu'on exprime ordinairement par cette maxime : *Quem de
evictione tenet actio, eumdem agentem repellit exceptio*.

75 *bis*. V. *suprà*, n° 61 *bis* IV et VII.

76. Rappelons, en terminant, que les troubles et évictions ne donnent lieu à garantie qu'autant qu'ils procèdent du droit d'un tiers; le vendeur n'est donc point garant de toute perte que l'acheteur éprouverait, soit par sa propre faute, soit par un cas fortuit ou accident de force majeure. Conséquemment, il ne l'est pas des condamnations irrévocablement portées contre l'acheteur, lorsque n'ayant pas été appelé pour prendre son fait et cause (v. C. pr., art. 175-182), il prouve qu'il existait des moyens suffisants pour éviter ces condamnations. V. art. 1640.

76 *bis*. I. Quand le vendeur démontre qu'il existait des moyens suffisants pour faire rejeter la demande tendant à éviction, il n'est pas tenu de la garantie, alors même que l'acheteur aurait fait valoir ces moyens et aurait néanmoins subi l'éviction; il peut arriver en effet que le moyen suggéré par le vendeur comme une défense victorieuse ait été examiné par le tribunal et réfuté dans les considérants du jugement. Le vendeur conserve néanmoins le droit de présenter le moyen comme suffisant et d'en soumettre l'appréciation aux juges de l'action en garantie. Il n'a pas été partie au premier procès, le premier jugement est pour lui *res inter alios acta* (art. 1351).

Ici apparaît la très-grande utilité de l'exception dilatoire de garantie (art. 175 et suiv. P. C.). L'acheteur est exposé à se trouver entre deux jugements, entre deux jurisprudences qui lui seraient toutes deux défavorables. Évincé par le premier jugement, parce que ce moyen est jugé insuffisant, et privé du recours en garantie parce que le deuxième jugement déclarerait ce même moyen suffisant; il a donc le plus grand intérêt à ne pas plaider seul contre le tiers qui veut l'évincer, et l'exception dilatoire de garantie lui donne le temps d'appeler en cause son garant pour que le jugement qui l'évincera peut-être soit commun entre eux deux.

76 *bis*. II. Dans toutes les explications que nous avons données sur l'obligation de garantie, nous avons supposé qu'il s'agissait de déterminer les conséquences d'une vente proprement dite, d'un contrat. Il est maintenant nécessaire de nous fixer sur les conséquences, au point de vue de la garantie, d'une vente qui ne serait pas volontaire, d'une vente sur saisie.

Lorsque l'adjudicataire sur saisie est évincé, a-t-il une action, et contre qui peut-il l'avoir? Il a en face de lui trois classes de personnes: 1° le créancier poursuivant la vente; 2° le saisi; 3° les créanciers non poursuivants qui ont été colloqués sur le montant du prix.

76 *bis.* III. Contre le créancier poursuivant, nous ne croyons pas que l'adjudicataire ait une action fondée sur l'éviction qu'il a subie, car ce poursuivant n'est pas un vendeur, il n'a pas contracté l'obligation de faire avoir la libre possession de la chose, il a usé du droit de faire mettre en vente les biens de son débiteur, il les a offerts au public *tels quels,* c'est-à-dire comme biens faisant partie du patrimoine apparent du débiteur; rien n'indique qu'il ait pris l'engagement de procurer à l'adjudicataire autre chose que les droits appartenant au débiteur saisi. Nous réservons bien entendu le cas où le poursuivant aurait agi en fraude, sachant que le bien n'appartenait pas au saisi, ou serait en faute de ne pas avoir eu connaissance de ce fait; il devrait alors des dommages et intérêts.

76 *bis.* IV. La question nous paraît plus délicate quant au débiteur saisi, car on peut l'assimiler à un vendeur, l'opération étant une vente forcée au lieu d'être une vente volontaire et l'ordre de la justice ayant remplacé le consentement du vendeur. Le Code civil emploie le mot vente dans un grand nombre des articles du titre de l'expropriation forcée, et il considère dans l'article 1597 l'adjudicataire comme un acheteur; d'où on peut conclure que les règles générales du titre de la vente sont applicables, sauf décision contraire, aux ventes sur saisie. On trouve au reste, et ceci confirmerait cette conclusion, des dispositions dérogeant aux règles générales dans les articles 1649 et 1684.

Il y a, selon nous, du vrai dans cette doctrine, mais tout n'y est pas vrai; il faut faire des distinctions suivant les hypothèses.

76 *bis.* V. La première distinction nécessaire porte sur l'objet de l'action intentée par l'acheteur évincé. S'il redemande seulement le prix par lui payé, son droit est incontestable, car le saisi ne pourrait pas raisonnablement argüer de sa situation passive dans la vente pour s'enrichir aux dépens de l'adjudicataire, et il s'enrichirait, car le prix payé l'a libéré envers ses créanciers. L'adjudicataire aurait donc contre le saisi la *condictio sin causa* pour

répéter les sommes par lui payées au bénéfice du saisi entre les mains des créanciers de celui-ci, qui ne sont en réalité que ses mandataires.

76 *bis.* VI. Si nous examinons maintenant la question par rapport à l'action en dommages et intérêts, une autre distinction deviendra nécessaire, qui aura pour point de départ le rôle que le saisi aura joué dans les procédures.

Ainsi, quand, sur la demande du saisi, la vente aura été convertie en vente judiciaire volontaire, aux termes des articles 743 et suiv. du Code de procédure civile, il deviendra impossible de prétendre que le saisi n'est pas un vendeur et qu'il a eu dans l'opération un rôle purement passif.

Mais en dehors de ce cas, il pourrait être rigoureux et injuste d'admettre d'une façon générale que le saisi est un vendeur, tenu des dommages et intérêts envers l'acheteur évincé, car lorsqu'il n'aura pas coopéré à la vente, nous ne pouvons pas trouver la base d'une action en dommages et intérêts contre lui. On abuse en effet des formules quand on dit que l'intervention de la justice supplée au consentement du vendeur, et que le contrat de vente se trouve ainsi formé avec toutes ses conséquences. La justice peut bien constater l'existence d'une obligation, elle peut exproprier un débiteur en autorisant la mise aux enchères de son bien; mais elle sort des limites de ses attributions si elle prétend imposer à une personne une obligation de faire, de garantir, lorsque cette obligation n'a pas son germe dans quelque acte préalable de cette personne. Les tribunaux ne peuvent pas contracter pour les justiciables.

Pour trouver des cas dans lesquels le saisi sera tenu de l'action en garantie et débiteur de dommages et intérêts, il faut donc qu'on puisse rattacher à un fait émané de lui ou à une négligence qui lui serait imputable l'obligation qu'on lui imposerait. Nous trouvons cette idée indiquée par un auteur qui refuse l'action en garantie contre le saisi toutes les fois qu'il est resté complétement étranger à la rédaction du cahier des charges (1). Nous pensons qu'il faut étendre un peu plus le cercle des cas où le saisi est garant. En effet, le saisi a reçu, aux termes de l'article 691 P. C.,

---

(1) M. Colmet-Daâge, *Leçons de procédure civile*, t. II, n° 966, édit. 1868.

sommation de prendre communication du cahier des charges et de fournir ses dires et observations. S'il est resté passif, s'il n'a pas dans un dire protesté contre la vente en déclarant soit que la propriété ne lui appartient pas, soit qu'elle est grevée de quelque servitude occulte, il s'est rendu coupable d'une négligence préjudiciable à l'adjudicataire, et on peut sans injustice le traiter comme un vendeur, car son silence est une adhésion à la mise en vente.

S'il en était autrement, le saisi prendrait toujours par prudence le rôle purement passif, il éviterait ainsi l'obligation de garantie; mais les créanciers auraient leur gage considérablement diminué, car aucune sécurité ne serait donnée aux adjudicataires, et les ventes se feraient à bas prix.

Nous assimilons donc au saisi qui n'a pas été étranger à la rédaction du cahier des charges, celui qui, sur la sommation, n'a pas fait un dire établissant la cause d'éviction. Mais quand ce dire a été fait, le saisi nous paraît avoir dégagé sa responsabilité, et quand même la vente aurait lieu, ce qui pourrait arriver très-régulièrement si la cause possible d'éviction est l'existence d'une charge réelle, le saisi ne serait pas tenu à des dommages et intérêts.

76 *bis.* VII. On voit que bien souvent le saisi, sera garant puisque son obligation aura pour cause la sommation qui doit nécessairement lui être faite. Cependant nous n'arrivons pas au même résultat que si nous avions dit dès le principe : La vente sur saisie a toutes les conséquences d'une vente volontaire. Quand le saisi sera un incapable, un mineur émancipé ou non, un interdit, nous n'admettrons pas que le défaut de déclaration dans le cahier des charges l'oblige comme un vendeur à la garantie envers l'adjudicataire. Le mineur, l'interdit ne peuvent pas plus s'obliger en adhérant tacitement à une vente qu'en vendant expressément; le mineur émancipé n'a pas plus de pouvoir, car il ne s'agit pas d'un acte de pure administration ; quant aux représentants de ces incapables, ils n'ont pas non plus le droit absolu de les obliger, et notamment ils ne peuvent pas vendre des immeubles sans autorisation du conseil de famille et homologation du tribunal. Donc leur silence, leur abstention ne peut pas mettre les incapables dans la situation de vendeurs. Il résulte de ces observations que

si le saisi est un mineur ou un interdit, l'obligation de garantie n'existera pas. L'adjudicataire, au reste, n'y sera pas trompé ; connaissant la qualité du saisi, il devra savoir que son droit en cas d'éviction est moindre que si le saisi était capable.

76 *bis*. VIII. Il reste à parler des créanciers qui ont été colloqués sur le prix payé par l'adjudicataire. Il ne peut être question de les assimiler à des vendeurs et de les obliger à la garantie proprement dite, mais il s'agit de savoir s'ils peuvent conserver les deniers reçus, si ces deniers n'ont pas été payés *sine causa*, et par conséquent s'ils ne peuvent pas être répétés. Nous ferons ici une remarque, c'est que la question s'élargit, car elle peut se présenter aussi bien à propos d'une vente amiable qu'à propos d'une vente sur saisie; les situations sont les mêmes, soit qu'un vendeur ait vendu par contrat la chose d'autrui et que le prix ait été distribué entre ses créanciers, soit que la distribution ait suivi une saisie.

Il est certain dans ces diverses hypothèses que l'acheteur a payé *sans cause* et qu'il a droit à une répétition; mais ce qui n'est pas aussi certain, c'est la détermination des personnes contre qui existe ce droit de répétition, et il ne suffit pas de dire que l'adjudicataire a payé indûment pour lui assurer un recours contre les créanciers, parce qu'il ne les payait pas comme étant leur débiteur.

Supposons d'abord une vente amiable et un paiement fait entre les mains du vendeur qui emploie les deniers à payer ses créanciers; il est certain que ceux-ci ne seraient pas tenus de restituer; la répétition ne pourrait être intentée que contre le vendeur.

Supposons ensuite que le prix est payé entre les mains d'un mandataire du vendeur, c'est encore contre le vendeur seul que pourrait être dirigée l'action en répétition.

Est-ce que dans les hypothèses que nous examinons on ne doit pas raisonner de la même manière et dire : Les créanciers sont payés directement, mais c'est comme si les fonds avaient passé par les mains du vendeur, ou comme si le vendeur leur avait donné mandat de toucher ?

Nous voyons cependant une grande différence entre la position des créanciers qui reçoivent à la suite d'un ordre ou d'une contribution, et celle des créanciers qui reçoivent par l'intermédiaire du vendeur ou la position des personnes quelconques qui reçoivent en vertu d'un mandat.

D'abord, quand le paiement a été fait au vendeur lui-même, il est clair que l'acheteur qui n'a eu aucun rapport avec les créanciers n'a pas le droit de rechercher ce que sont devenus les deniers par lui payés, pour exercer, sous prétexte de *condictio sine causa*, une sorte de droit de suite.

Nos hypothèses se rapprocheraient davantage des cas de mandat. Mais, selon nous, il n'y a là qu'une analogie incomplète. Les créanciers qui sont payés dans un ordre ou une contribution ne sont pas des mandataires, ils sont des cessionnaires. Ils ne sont pas mandataires, car il ne dépendait pas du vendeur de les empêcher de toucher en notifiant une révocation du mandat avant le paiement. Ces créanciers sont mis légalement à la place du vendeur, ils sont substitués dans ses droits, ils sont de véritables cessionnaires; dès lors le paiement qui leur est fait a les mêmes caractères que celui qui serait fait au cédant; ils ne peuvent avoir plus de droit que celui-ci et se trouvent exposés à l'action en répétition, quand par le vice de la créance le vendeur y aurait été exposé.

76 *bis.* IX. On pourrait éprouver une certaine difficulté à appliquer ce raisonnement quand les fonds ont été déposés à la Caisse des consignations, parce qu'on chercherait à rapprocher cette hypothèse de celle où le vendeur paie lui-même ses créanciers avec l'argent directement reçu par lui. On dirait : Les créanciers sont cessionnaires d'un droit contre la Caisse des consignations et non pas contre l'acheteur, et la Caisse des consignations ne peut être exposée à un recours de celui-ci ; elle n'a pas reçu sans cause. Il faut cependant donner notre solution même dans cette hypothèse ; le dépôt à la Caisse est une mesure de précaution qui ne change rien à la situation des parties; tous droits sont réservés; le vendeur ne peut être traité comme ayant reçu directement, car il ne pourrait retirer les fonds; la Caisse est un dépositaire qui détient dans l'intérêt de tous, et quand elle paie les créanciers, elle les paie dans l'intérêt de l'acheteur déposant, comme celui-ci aurait pu les payer lui-même. Les droits de cet acheteur doivent donc être restés ce qu'ils auraient été s'il avait gardé les fonds jusqu'au paiement.

§ II.

De la garantie des défauts de la chose vendue.

77. Il ne suffit pas que le vendeur garantisse à l'acheteur la possession de la chose dont il reçoit le prix ; il faut qu'il la lui fasse avoir utilement. Il lui doit donc, en général, garantie des défauts qui en empêchent ou diminuent l'usage.

78. Mais pour cela il faut que l'acheteur ait ignoré ces défauts, et qu'ils soient de telle importance que leur connaissance eût dû l'empêcher d'acquérir, ou du moins d'acquérir au même prix. V. art. 1641 ; v. à ce sujet, L. 20 mai 1838, art. 1.

78 *bis*. I. Les vices dont le vendeur doit la garantie sont qualifiés *vices rédhibitoires,* parce que leur existence autorise l'acheteur à faire résoudre la vente en rendant la chose. *Redhibere est facere ut rursus habeat venditor quod habucrit.* (D., *fr.* 21, *De ædil. edict.*)

78 *bis*. II. Le Code s'est contenté d'indiquer les caractères que doivent avoir les vices rédhibitoires, il n'a pas tenté d'en faire une énumération impossible. Ces vices doivent être graves et cachés.

Ces vices peuvent exister quelle que soit la chose vendue. Les immeubles eux-mêmes pourraient en être affectés, car la disposition de la loi est générale. *Exemple :* Une maison a des charpentes pourries, un pâturage contient des herbes vénéneuses, un fonds est infecté d'odeurs pestilentielles intermittentes (1).

79. L'ignorance même de l'acheteur ne lui donnerait pas droit à garantie, si, les défauts étant apparents, il a pu s'en convaincre lui-même. V. art. 1642, et à ce sujet art. 1638.

Il est évident, toutefois, que l'apparence du défaut ou la connaissance personnelle que l'acheteur en aurait eue n'exclurait pas, en général, la garantie expressément stipulée. (V. Ulp., *fr.* 4, § 5, D., *De dol. mal. et met. except.*)

(1) V. Cod. 4, *De ædil. edict.*, D., *fr.* 49, *eod. tit.*

80. Quant au vendeur, il doit connaître la chose qu'il vend, et il n'est pas moins garant quoiqu'il ait ignoré les vices, sauf, *dans ce cas*, l'effet de la clause de non-garantie. V. art. 1643.

80 *bis*. Le texte réserve le cas où le vendeur stipule la non-garantie, sachant bien qu'il existe quelque vice rédhibitoire. Cet acheteur commet un dol en introduisant dans le contrat une clause dont l'acheteur ne soupçonne pas l'importance, et jamais une convention n'a la puissance de décharger une personne des conséquences du dol qu'elle commet.

81. La garantie des défauts cachés consiste dans l'indemnité que le vendeur doit à l'acheteur. A cet effet, nous ferons observer que deux moyens sont ouverts à l'acheteur : l'action dite *rédhibitoire*, et l'autre dite *quanto minoris*. Comme il est possible que sans son erreur il n'eût pas acheté, il peut rendre la chose et se faire restituer le prix ; c'est ce qu'on appelle *rédhibition*, et l'on nomme en conséquence *rédhibitoires* les vices qui peuvent y donner lieu.

D'un autre côté, il est possible qu'il eût toujours acheté, mais pour un moindre prix : le vendeur ne peut alors se refuser à lui laisser la chose en subissant une diminution de prix, qui sera réglée par experts.

Au reste, il est bien à remarquer que sans distinguer les deux cas, la loi laisse à l'acheteur le choix entre les deux actions ; ce qui semble le constituer seul juge de la question de savoir si la connaissance du vice l'aurait empêché d'acheter, ou l'aurait seulement empêché de payer aussi cher (v. pourtant art. 1638). V. art. 1644 ; v. au contraire L. du 20 mai 1838, art. 2.

82. La restitution de tout ou partie du prix ne constitue pas seule l'indemnité due par le garant. S'il a vendu de mauvaise foi, c'est-à-dire, s'il connaissait les vices, il doit tous les dommages et intérêts, par conséquent même les imprévus. V. art. 1645.

83. Mais s'il a vendu de bonne foi, il ne doit que les dommages et intérêts prévus, c'est-à-dire, le dommage souffert

propter rem ipsam non habitam; ce qui se borne à la restitution du prix et des frais devenus frustratoires. V. art. 1646.

83 *bis.* L'article 1646 ne paraît pas en harmonie parfaite avec la règle générale sur les dommages et intérêts dus par le débiteur de bonne foi qui n'exécute pas son obligation. Il n'est pas seulement obligé à restituer ce qu'il a reçu et les frais, il doit en outre des dommages et intérêts. L'unique différence entre ce débiteur et celui qui est de mauvaise foi, consiste en ce que celui-ci doit la réparation du dommage imprévu, tandis que celui-là ne doit que la réparation de dommage prévu ou qu'on a pu prévoir. Or l'acheteur qui a reçu une chose vicieuse peut éprouver un préjudice prévu supérieur au prix de la chose. Si, par exemple, il a manqué l'occasion de se procurer l'objet dont il avait besoin et s'il est devenu difficile de retrouver le pareil au même prix, il souffre certainement ce que M. DEMANTE appelle le dommage *propter rem ipsam non habitam;* c'est bien le dommage prévu, et néanmoins l'article 1646 ne lui donne pas droit à une indemnité de ce préjudice. La loi n'a pas voulu apparemment appliquer ici toutes les règles sur l'inexécution des obligations; elle traite le débiteur moins rigoureusement parce qu'elle voit dans l'action rédhibitoire quelque chose qui se rapproche d'une rescision pour erreur, et que par conséquent il suffit, quand le débiteur est de bonne foi, de remettre les parties dans la même situation que si le contrat n'avait pas eu lieu.

84. Quoique la perte de la chose vicieuse, arrivée depuis la vente, en rende la *rédhibition* impossible, on sent bien, cependant, que si cette perte elle-même est une suite du vice dont elle était affectée, elle ne peut empêcher l'acheteur d'obtenir les dédommagements qui lui sont dus. Mais si la chose périt par cas fortuit, le vice alors n'ayant fait à celui-ci aucun tort, le Code laisse la perte à son compte. V. art 1647, L. 20 mai 1838, art. 7 (v. au contraire, Paul, *fr.* 47, § 1, D., *De œdilit. edict.*). A plus forte raison, l'acheteur doit-il supporter la perte, si elle arrive par son fait ou par sa faute. (V. Paul, *fr.* 47, *pr.;* Pomp., *fr.* 48; v. pourtant Ulp., *fr.* 31, § 11, D., *De œdilit. edict.*)

84 *bis*. I. Lorsque la chose a péri par cas fortuit, l'acheteur ne peut exercer l'action rédhibitoire, parce qu'il ne souffre pas du vice de la chose et qu'il l'eût perdue alors même qu'elle eût été excellente. Cette solution, qui a l'avantage d'éviter des difficultés sur l'appréciation des vices d'une chose qui n'existe plus, n'était pas celle que donnaient les jurisconsultes romains; le droit à la rédhibition était considéré par eux comme acquis dès le principe et ne pouvant pas être perdu par une circonstance postérieure. Le Code civil voit, au contraire, une résolution faute d'accomplissement des obligations, résolution qui n'a pas lieu de plein droit et qui n'a lieu qu'à la suite d'une demande formée dans les délais légaux. Il résulte de cette manière de voir que la perte est à la charge de l'acheteur qui est propriétaire sans condition résolutoire (1).

Nous supposons que la perte est arrivée avant que' la demande en résolution ait été intentée ; autrement la condition résolutoire s'est réalisée et l'acheteur a acquis le droit de répéter son prix ; il serait d'ailleurs injuste qu'il souffrît des lenteurs de la justice.

84 *bis*. II. Il n'y a pas à s'occuper du cas où la chose aura subi des détériorations, parce que l'acheteur, s'il exerce l'action rédhibitoire, fera remettre les choses au même état que si le contrat n'avait pas eu lieu, et par conséquent le vendeur reprendra la chose détériorée.

84 *bis*. III. La formule très-large de l'article 1647, qui met la perte totale au compte de l'acheteur, implique que celui-ci n'a pas plus en pareil cas l'action *quanto minoris* que l'action rédhibitoire. S'il pouvait en effet demander une diminution de son prix d'acquisition en raison du vice de la chose, il ne subirait pas toute la perte, et pour qu'il eût ce droit, il faudrait que le texte eût fait quelque distinction. Ce n'est pas sans raison, au reste, que le Code a négligé de distinguer entre les deux actions; les motifs qui ont fait refuser l'action rédhibitoire existent avec la même force contre l'action en diminution du prix. L'acheteur ne souffre pas du vice de la chose puisqu'elle a péri, et de plus il serait bien difficile, quand la chose est détruite, de constater le vice prétendu et la diminution de valeur dont ce vice pouvait être la cause.

(1) V. t. V, n° 102 *bis*. IV.

85. La sûreté du commerce exigeait qu'on renfermât dans un bref délai l'exercice des actions *rédhibitoire* et *quanto minoris*. Ce délai varie suivant la nature des vices, ajoutons, suivant la nature de la chose vendue, enfin, et dans tous les cas, suivant l'usage des lieux. L'usage qui doit servir de règle est celui du lieu où la vente a été faite. V. art. 1648; mais v. L. 20 mai 1838, art. 3-5.

86. Au surplus, la garantie des défauts cachés n'est pas de l'essence, mais seulement de la nature de la vente; on peut donc, en général, stipuler la non-garantie, pourvu qu'on le fasse de bonne foi (v. art. 1643); la loi elle-même exclut cette garantie dans les ventes faites par autorité de justice. V. art. 1649.

86 *bis*. Il s'agit dans l'article 1649 des ventes sur saisies, les seules qui soient vraiment faites par autorité de justice; quelques autres ventes sont judiciaires quant aux formes, mais volontaires dans leur principe, comme les ventes des biens des mineurs, des successions vacantes ou bénéficiaires. Ces ventes ne sont pas celles auxquelles a pensé l'article. Les ventes sur saisies sont les seules qui, par des raisons spéciales, doivent être soustraites à la règle sur la garantie des vices rédhibitoires. Ces raisons sont que le saisi est étranger à la vente, que le saisissant ne connaissait pas la chose, et qu'enfin le prix étant payé aux créanciers, il faudrait, au cas de résolution, faire annuler des distributions de deniers déjà faites aux créanciers, ce qui présenterait des difficultés et des inconvénients.

87. Les objets dont la vente donne, le plus fréquemment peut-être, lieu à la garantie des défauts cachés, ceux par conséquent que le législateur doit avoir eus principalement en vue quand il a établi les règles de cette garantie, sont les animaux domestiques. Mais à cet égard, l'expérience a fait sentir l'insuffisance des dispositions du Code et le besoin de règles plus précises; on a reconnu, avec raison, combien, dans une matière qui intéresse à un si haut degré le commerce et l'agriculture, il était dangereux de s'abandonner, autant que l'avait

fait la loi, à l'appréciation des juges et à l'autorité d'usages aussi multipliés que divergents.

Tels sont les motifs généraux qui ont dicté la loi du 20 mai 1838. Cette loi spéciale, pour les ventes et échanges d'animaux domestiques, tout en consacrant le principe posé dans l'article 1641, en modifie et change en plusieurs points l'application.

87 *bis.* La loi de 1838 est intitulée : *Loi concernant les vices rédhibitoires dans les ventes et échanges d'animaux domestiques;* mais le texte de son article 1ᵉʳ est loin d'être aussi général. D'après le sens littéral et grammatical de ce texte, la loi ne s'occupe que des animaux ci-dessous dénommés. Par conséquent les dispositions du Code civil restent applicables aux ventes et échanges d'animaux domestiques appartenant à des espèces autres que l'espèce bovine, ovine ou chevaline. On a cependant contesté cette conséquence et affirmé que la loi était limitative, quant à la détermination des espèces d'animaux dont la vente peut donner ieu à la garantie des vices cachés. On a cité une phrase de l'exposé des motifs de la loi, où il est dit que l'article 1ᵉʳ détermine quels sont les animaux dont la vente peut entraîner garantie. On a enfin montré qu'après de longues discussions la Chambre des députés avait rayé de l'énumération de la loi l'espèce porcine, ce qui prouverait qu'elle n'entendait pas qu'il pût être demandé la garantie en dehors des ventes d'animaux appartenant aux espèces bovine, ovine et chevaline.

Il nous semble que ces diverses objections tendent à faire prévaloir quelques circonstances accidentelles sur une disposition claire et formelle du législateur. On ne doit pas oublier que le chapitre du Code civil sur les vices rédhibitoires reste la législation générale, applicable tant qu'il n'y est pas expressément dérogé. La loi de 1838 est exceptionnelle, et il faut se tenir strictement aux termes dans lesquels elle établit des exceptions. Si l'article 1ᵉʳ avait dit : Il ne sera admis d'action rédhibitoire que dans les ventes d'animaux appartenant aux espèces ci-dessous dénommées, cet article serait certainement limitatif quant aux espèces; mais il s'est exprimé tout autrement, il limite les vices dans les ventes des animaux ci-dessous dénommés, il soustrait donc ces ventes aux règles du Code civil, mais il ne dit rien sur les ventes d'autres animaux. En présence d'un texte aussi clair, qu'importe le vague de l'intitulé de la loi? Le dispositif ne doit-il pas l'emporter sur le titre ? Qu'importe même une phrase d'un exposé des motifs? Quand il y a divergence entre l'exposé des motifs et le texte même, c'est-à-dire la formule obligatoire de la loi, peut-on préférer le commentaire émané d'un ministre au commandement du législateur? Enfin, la discussion longue et un peu confuse qui s'est engagée sur l'espèce porcine ne prouve pas qu'on ne voyait plus la possibilité d'agir par action rédhibitoire en dehors de la loi nouvelle, mais seulement que, pour une quatrième classe d'animaux domestiques, on avait eu la pensée de sortir du Code civil, comme on le faisait pour les espèces bovine, ovine et chevaline. C'est uniquement l'application de la loi nouvelle à une quatrième classe d'animaux qui a été repoussée, par des raisons tirées de la nature du prétendu vice rédhibitoire qu'on proposait de consacrer, mais il n'y a pas dans ce fait la preuve qu'on a voulu déclarer inapplicable aux animaux domestiques en général la théorie du Code civil sur les vices rédhibitoires (1).

88. Nous notons ici les changements, ainsi que les nouvelles règles d'application que contient la loi de 1838.

1° Les caractères constitutifs des vices rédhibitoires dans les ventes et échanges régis par la loi de 1838, ne sont plus abandonnés à l'arbitrage des juges; et leur détermination, devenue indépendante de l'usage des diverses localités, est faite par la loi elle-même limitativement, et distinctement suivant les diverses espèces d'animaux qu'elle dénomme. V. art. 1.

89. 2° Le choix accordé à l'acheteur par l'article 1644, entre l'action rédhibitoire et l'action dite *quanto minoris*, n'a plus lieu dans les ventes régies par la loi nouvelle, qui refuse formellement l'action en réduction du prix. V. art. 2. Cet important changement est principalement fondé sur la difficulté d'apprécier équitablement l'animal vicieux, et sur le préjudice que causerait souvent au vendeur, dont l'ignorance ici est présumable, l'exercice de l'action *quanto minoris*.

(1) V. cependant C. C., rej. 17 avril 1855, Devill., 1855, , 600.

90. 3° Le Code prescrit seulement d'intenter l'action dans un bref délai, pour la fixation duquel il s'en réfère à la nature du vice et à l'usage du lieu de la vente (art. 1648); mais notre loi fixe elle-même le délai dans lequel l'action doit être intentée (art. 3 et 4), et celui dans lequel l'acheteur doit provoquer la constatation du vice (art. 5); ce qu'il peut faire avant comme après l'action intentée.

91. Le délai pour intenter l'action est, dans deux cas seulement, de trente jours; dans tous les autres, il est de neuf jours. Il court depuis et non compris le jour *fixé* pour la livraison. V. art. 3.

91 *bis*. La loi prend pour point de départ du délai non pas le jour de la livraison, mais le jour fixé pour cette livraison ; en effet, si l'acheteur a tardé à prendre livraison, il est possible que l'animal ait contracté la maladie depuis le jour de la vente, et le vendeur ne doit pas en être responsable.

Le jour où la livraison doit être faite, c'est le jour même de la vente quand il n'y a pas eu de terme indiqué, car dès le jour de la vente l'acheteur avait le droit de demander la délivrance, et il est en faute de ne pas avoir usé de ce droit.

Le vendeur toutefois ne peut pas par sa faute priver l'acheteur de la possibilité d'examiner l'animal acheté, en temps utile pour découvrir le vice et le faire constater. Si donc au temps fixé pour la livraison le vendeur n'a pas livré, et si on a constaté sa demeure, le délai ne court pas, il ne peut pas dépendre de lui d'annihiler le droit de l'acheteur.

92. Le délai, du reste, s'augmente à raison de la distance entre le domicile, où doit être donnée l'assignation, et le lieu où se trouve l'animal; l'augmentation est d'un jour par cinq myriamètres. V. art. 4, et C. pr., art. 1033. L. du 9 mai 1862.

Quant au délai pour provoquer la constatation du vice, il est invariablement de trente ou de neuf jours; ce qui est sans inconvénient, car la compétence sur ce point est attribuée au juge de paix du lieu où se trouve l'animal.

Le juge doit immédiatement ordonner une expertise, et

il est laissé à sa sagesse de nommer trois experts ou de n'en nommer qu'un (v. au contraire C. pr., art. 303). On comprend, au reste, que le but ne serait pas atteint si les experts ne procédaient dans le plus bref délai. V. art. 5 (1).

93. 4° La loi contient, en outre, quelques règles relatives à la preuve des faits qui donnent lieu à garantie.

Ainsi en consacrant la règle de l'article 1647, qui, au cas de perte de la chose vicieuse, ne soumet le vendeur à la garantie qu'autant que la chose a péri par suite de sa mauvaise qualité, elle charge l'acheteur de prouver non-seulement que l'animal péri, *pendant la durée des délais,* était atteint d'une des maladies spécifiées, mais que la perte provient d'une de ces maladies. V. art. 7.

93 *bis.* Si l'animal périt après les délais, mais l'action ayant été intentée dans les délais, la résolution devra être prononcée quand même la perte ne proviendrait pas du vice, car l'acheteur ne doit pas souffrir des lenteurs de la justice, et sa situation doit être la même que si le jugement de résolution était prononcé le jour même de la demande. Ce sont là des conséquences de principes généraux sur lesquels la loi de 1838 n'avait pas à s'expliquer.

Nous devons cependant faire observer que, dans cette hypothèse, il faudrait pour que la perte par cas fortuit fût à la charge du vendeur, démontrer l'existence du vice rédhibitoire au moment où l'action a été intentée.

94. Ainsi encore, le vice dont la chose est atteinte ne devant donner lieu à rédhibition qu'autant que ce vice était déjà contracté lors de la vente, la loi, pour certaines maladies contagieuses, dispense le vendeur de prouver que le vice a été contracté chez l'acheteur, par cela seul qu'il prouve que l'animal, depuis la livraison, a été mis en contact avec des animaux atteints de ces maladies. V. art. 8.

(1) Il importe aussi, pour entraver le moins possible les opérations commerciales, que les contestations en cette matière soient promptement expédiées. De là la règle qui dispense la demande du préliminaire de conciliation, et qui prescrit d'instruire et de juger comme en matière sommaire. V. art. 6. (Note de M. DEMANTE.)

CHAPITRE V.

DES OBLIGATIONS DE L'ACHETEUR.

95. La principale obligation de l'acheteur est de payer le prix ; le jour et le lieu du paiement peuvent être réglés par le contrat de vente. V. art. 1650.

95 *bis*. A côté de l'obligation de payer le prix, il faut citer celle de payer les intérêts dans les cas prévus par l'article 1652, l'obligation de retirer la chose, c'est-à-dire d'en prendre possession et de l'enlever, et enfin l'obligation de payer les frais faits pour la conservation de la chose postérieurement à l'époque de la vente, par conséquent depuis que l'acheteur n'est plus propriétaire et se trouve devenu détenteur de la chose d'autrui. L'existence possible de ces diverses obligations secondaires est reconnue par l'article, qui caractérise l'obligation de payer le prix en la qualifiant d'obligation principale.

96. A défaut de stipulation, le vendeur n'étant tenu de la délivrance qu'autant que l'acheteur paie le prix (art. 1612), il est évident que le paiement doit s'en faire au temps et au lieu de la délivrance. V. art. 1651 ; v. pourtant art. 1247.

96 *bis*. D'après les règles générales du titre des obligations, l'acheteur, débiteur d'une somme d'argent, devrait payer à son domicile (art. 1247) ; mais l'article 1651 déroge à cette règle à cause de la corrélation qui existe entre l'obligation du vendeur et celle de l'acheteur. Les deux obligations devant s'exécuter en même temps, il fallait bien que l'une des deux fût exécutée en dehors des conditions de l'article 1247, et il est naturel que l'acheteur débiteur d'une somme d'argent essentiellement transportable, perde le bénéfice que lui attribuait l'article 1247 et exécute son obligation dans le lieu où peut s'exécuter celle du vendeur.

Lorsque la corrélation entre l'exécution des deux obligations n'existe pas, il ne faut plus appliquer l'article, et on rentre dans le droit commun. C'est ce qui arrive quand l'acheteur jouit du bénéfice d'un terme. Mais si un terme n'avait pas été accordé par le contrat et que cependant le vendeur eût livré sans exiger le paiement, il ne faudrait pas voir dans le fait de cette livraison l'abandon du droit que l'article 1651 accorde au vendeur; celui-ci pourrait donc exiger le paiement du prix au lieu où a dû être faite la délivrance, lieu tacitement indiqué par le contrat de vente pour le paiement du prix.

97. La dette du prix, comme toute dette d'argent, peut porter intérêt en vertu d'une convention expresse; mais indépendamment même de toute convention, la nature du contrat de vente, essentiellement commutatif, soumet de plein droit l'acheteur au paiement des intérêts, lorsque la chose produit des fruits ou autres revenus, dont il profite. Il est clair que les intérêts alors sont compensatoires; aussi ne sont-ils dus qu'autant que la chose est livrée, c'est-à-dire seulement, selon nous, qu'ils ne le seraient pas, si l'entrée en jouissance, qui date en général du jour du contrat (v. art. 1614), était retardée par une clause particulière. Enfin, il est tout simple que la demeure produise ici son effet ordinaire; seulement, il est à remarquer qu'une simple sommation suffit pour constituer l'acheteur en demeure (nonobstant art. 1153). V. art. 1652.

97 *bis*. I. Quand l'intérêt est dû en vertu d'une convention, il ne peut dépasser le taux maximum fixé par la loi du 3 septembre 1807. Car l'article 1er de cette loi limite d'une manière générale l'intérêt conventionnel. Il est vrai que l'article 3 suppose un prêt, mais le principe de la loi est dans l'article 1er, et l'article 3, réglant un point de détail, cite seulement le contrat qui est le plus ordinairement accompagné d'une stipulation d'intérêts; il ne peut avoir la force de restreindre la règle contenue dans l'article 1er. On a dit cependant que la stipulation d'intérêts considérables pouvait être en rapport avec la jouissance acquise par l'acheteur, et que dès lors le législateur n'avait pas de raison pour prohiber une telle convention. Nous ne nous attachons pas à cette objection parce qu'elle ne tient pas compte de la raison principale de la loi du 3 septembre 1807. Le législateur a voulu, nous n'examinons pas s'il a bien fait, protéger le débiteur contre des promesses dont il ne mesurerait pas bien l'étendue; il n'a pas regardé au taux des intérêts parce qu'il croyait payer bientôt le capital, ou

parce que ces paiements se fractionnent et représentent à chaque terme une somme relativement minime. Cette protection, si le législateur a raison de l'accorder à un débiteur quelconque, est aussi bien due à un acheteur qu'à un emprunteur.

97 *bis*. II. Quand la loi fait courir les intérêts de plein droit parce que la chose produit des fruits, elle entend certes parler de choses susceptibles de donner des fruits, de choses frugifères; la circonstance qu'une chose, de nature à produire des fruits, n'en produirait pas, ne peut pas changer les droits du vendeur, car il a mis l'acheteur à même de jouir de la chose, et si celui-ci ne perçoit pas de fruits, ou c'est par sa faute, parce qu'il n'a pas soigné la chose ou a été trop exigeant pour le prix de location de cette chose, ou bien c'est par un cas fortuit dont il doit subir les conséquences, puisque le risque est à sa charge depuis qu'il est acheteur.

97 *bis*. III. Ce n'est pas précisément au fait de la livraison matérielle qu'il faut s'attacher pour imposer à l'acheteur l'obligation de payer les intérêts. Depuis le jour de la vente, les fruits lui appartiennent (art. 1614); la livraison est donc sous ce rapport indifférente. Mais le législateur, en subordonnant sa règle à la livraison, a voulu réserver les cas où, par une convention expresse, on aurait dérogé à l'article 1614 et laissé au vendeur la jouissance intermédiaire.

97 *bis*. IV. En admettant que la simple sommation ferait courir les intérêts par dérogation à l'article 1153, la loi a corrigé à peu près ce qu'avait de critiquable la distinction qu'elle a faite entre les choses frugifères et les choses non frugifères. Il est clair en effet que l'usage d'une chose non frugifère équivaut pour l'acheteur à la perception des fruits d'une chose frugifère. L'acheteur d'un tableau qui possède ce tableau retire du contrat toute la jouissance sur laquelle il a compté, comme l'acheteur d'une ferme en retire la jouissance quand il perçoit les fruits de la ferme. Il eût donc été logique de ne pas faire de différence et de faire courir en tout cas, de plein droit, les intérêts du prix quand la chose est livrée. C'est le sentiment de cette similitude des situations qui a produit, comme palliatif à l'inconséquence de la loi, une dérogation à la règle qui veut la demande en justice pour mettre en demeure un débiteur de somme d'argent.

98. Les obligations du vendeur et de l'acheteur étant réciproquement cause l'une de l'autre, il est évident que le vendeur ne peut pas plus, en général, exiger le paiement sans offrir la chose, qu'on ne peut exiger de lui la chose sans offrir le prix (v. art. 1612); la loi n'a pas eu besoin de le dire.

En outre, de même que le vendeur n'est point obligé de délivrer la chose, s'il est en danger de perdre le prix (v. art. 1613), de même l'acheteur n'est pas obligé de payer le prix, s'il est en danger de perdre la chose. Il peut donc, quoique la délivrance soit faite, refuser de payer s'il est menacé d'éviction. Le Code n'exige même pas qu'il y ait déjà trouble; il suffit que l'acheteur ait *juste sujet* (1) de le craindre. Mais, dans tous les cas, la suspension du paiement cesse avec le danger, si le vendeur donne caution; bien plus, il n'y a nullement lieu à cette suspension, s'il y a stipulation contraire. V. art. 1653.

98 *bis*. Le droit accordé à l'acheteur de suspendre le paiement du prix est purement conservatoire; on l'a admis parce qu'il ne porte pas un grand préjudice au vendeur. Mais si celui-ci avait touché le prix, le ~~vendeur~~ ne pourrait pas répéter. D'abord, dans l'hypothèse de l'article 1653, il n'est pas encore démontré que le prix était indû, puisque l'acheteur a seulement sujet de craindre d'être troublé, et secondement le vendeur serait mis par une répétition dans une situation très-difficile si déjà l'argent avait été employé par lui.

99. Suivant le principe posé en l'article 1184, pour tout contrat synallagmatique, le défaut de paiement du prix peut,

(1) La loi suppose que l'acheteur a juste sujet d'être troublé par une action soit hypothécaire, soit *en revendication*. Comme la revendication ne peut être fondée qu'autant qu'il y a eu vente de la chose d'autrui, on a voulu en conclure que l'article 1653 devait s'appliquer au cas où l'acheteur prétendrait purement et simplement qu'on lui a vendu la chose d'autrui, et l'on a opposé à l'art. 1599, qui déclare nulle la vente de la chose d'autrui, la disposition de notre article qui oblige l'acheteur à payer si le vendeur lui donne caution. L'article 1599 est formel au contraire, et il faut s'y tenir. Pour repousser l'objection, il suffit de reconnaître qu'on peut avoir juste sujet de craindre une revendication sans pour cela avoir la certitude, et surtout sans avoir la preuve, de la propriété d'autrui. (Note de M. DEMANTE.)

comme le défaut de délivrance, donner lieu à résolution de
la vente. V. art. 1654. Du reste, la loi applique diversement
ce principe aux meubles et aux immeubles.

99 *bis*. I. L'exécution de l'obligation de payer le prix est garantie par un privilége (art. 2102, 4°, et 2103, 1°); elle est de plus
sanctionnée par le droit qui appartient au vendeur en vertu des
principes généraux, de demander la résolution de la vente quand
l'autre partie n'exécute pas ses obligations.

Il est important de rattacher la décision de l'article 1654 à la
règle générale de l'article 1184. On évite ainsi la tentation de faire
des distinctions selon la nature de l'objet vendu. Le droit à la
résolution existe aussi bien en cas de vente mobilière qu'en cas
de vente immobilière. La généralité des termes de l'article 1654
et sa connexité avec l'article 1184, bien plus général encore, établissent nettement qu'il n'y a pas à distinguer.

Des objections ont été cependant soulevées quant à la résolution de la vente d'objets mobiliers. Elles s'appuient sur ce que les
articles 1655 et 1656, qui semblent développer l'article 1654, supposent uniquement des ventes d'immeubles, et elles voient dans
l'article 2102, 4°, la preuve que l'article 1654 n'est pas général,
puisqu'on aurait organisé plus tard une sorte de résolution particulière en vue du cas où la vente a pour objet des meubles.

Cette dernière objection ne peut être examinée à fond au titre
de la vente, puisqu'elle s'appuie sur une disposition qui ne sera
étudiée que plus tard. Il est cependant facile de voir que la revendication dont il est parlé à l'article 2102, 4°, n'est pas nécessairement une application restreinte du principe de la résolution,
et que son existence n'implique pas la suppression du droit de
résolution dans toutes les hypothèses qui ne se trouvent pas pla-
cées dans les conditions bien étroites exigées par cet article. Tout
l'argument consiste à dire qu'une revendication suppose que le
vendeur est redevenu propriétaire, et dès lors qu'il fait résoudre la vente; que dès lors les conditions de la résolution en matière de meubles, sont celles auxquelles l'article 2102
subordonne le droit de revendication. Cet argument est loin
d'être irrésistible, car l'article 2102, dans une autre de ses parties,
use du mot revendication dans un sens spécial; il ne l'emploie
pas pour désigner une action fondée sur le droit de propriété

(2102, 1°), il accorde la revendication au bailleur sur les meubles du locataire. Le bailleur n'a pas la prétention d'être propriétaire de ces meubles, et il n'intente pas une action en résolution qui puisse lui donner cette propriété. Ne résulte-t-il pas de ce rapprochement entre ces deux parties du même article 2102, que, dans le 4e, le mot revendication peut avoir été employé pour caractériser autre chose qu'une action fondée sur le droit de propriété? Beaucoup de personnes pensent qu'il s'agit d'une revendication du droit de rétention fondé sur l'article 1612, et s'il en est ainsi, quelle est la valeur de l'article pour démontrer que l'article 1654 n'accorde pas au vendeur de meubles le droit de résolution d'une façon aussi large que l'article 1184?

Restent donc les articles 1655 et 1656; il est vrai qu'ils ne traitent que de la vente d'immeubles, mais ce n'est pas une raison pour y voir une restriction du principe si largement posé par l'article 1654. Ces articles donnent des règles particulières à la vente d'immeubles. En effet, la distinction que suppose l'article 1655 n'est guère possible qu'à propos des immeubles. Il s'agit d'apprécier si le vendeur est en danger de perdre et la chose et le prix. Cette distinction est possible en matière immobilière parce que le droit de suite garantit le vendeur contre le danger des aliénations; mais en fait de meubles, le danger existe toujours, puisque le vendeur ne pourrait pas poursuivre ordinairement entre les mains des tiers la chose aliénée par l'acheteur.

Quant à l'article 1656, il établit une disposition contraire à la convention des parties; il a par conséquent un caractère exceptionnel, et il ne prouve pas que les législateurs aient repoussé l'idée d'une résolution de la vente de meuble, mais simplement qu'ils n'ont pas voulu, en fait de vente mobilière, laisser sans effet la convention de résolution sans sommation. Il fallait attribuer plus d'importance à la volonté des parties sur ce point, parce que le vendeur peut être plus inquiet, quand il n'est pas payé, de perdre et la chose et le prix.

99 *bis*. II. En ce qui concerne les immeubles, l'existence du droit de résolution n'est pas douteuse, mais sa conservation est assujettie à des conditions; non pas dans les rapports du vendeur et de l'acheteur, celui-ci doit connaître ses obligations et savoir à quoi il s'expose s'il ne les remplit pas; mais, par rapport à cer-

tains tiers, des conditions de publicité sont nécessaires à la conservation du droit de résolution.

Le droit de résolution menaçant des tiers, puisque l'anéantissement des droits du vendeur anéantira tous les droits nés de son chef, il est intéressant pour ces tiers et par conséquent pour le crédit public, que l'existence de ce droit ne soit pas occulte. Le Code civil cependant n'avait pas exigé qu'elle fût annoncée au public. Tandis que le privilége du vendeur d'immeubles devait être publié (art. 2108), le droit de résolution, non moins dangereux pour le public, n'était pas annoncé.

Les inconvénients de la clandestinité ont, depuis le Code civil, frappé le législateur, et la lacune a été comblée.

On a d'abord songé aux adjudicataires sur saisie, exposés après un achat aux enchères publiques à être évincés par suite de la résolution des droits du propriétaire saisi. La loi du 2 juin 1841, modificative du Code de procédure, impose au vendeur l'obligation de notifier sa demande de résolution au greffe du tribunal avant l'adjudication.

Depuis, la loi du 23 mars 1855 sur la transcription a soumis le droit de résolution aux mêmes conditions de publicité que le privilége du vendeur. Ce droit ne peut être exercé après l'extinction du privilége. Les tiers qui ont acquis des droits sur l'immeuble du chef de l'acquéreur et qui se sont conformés aux lois pour les conserver, n'ont point à redouter le droit de résolution quand le privilége ne leur est pas opposable (loi de 1855, art. 7).

100. A l'égard des immeubles, on suit la règle ordinaire (v. art. 1184); seulement la loi entre ici dans quelques détails au sujet du délai que les juges peuvent, en général, accorder au défendeur suivant les circonstances (art. 1184, al. dernier.)

L'acheteur ne peut en obtenir si le vendeur est en danger de perdre la chose et le prix, *puta* s'il y a lieu de craindre des dégradations de la part d'un acheteur insolvable.

Hors ce cas, les juges jouissent de la faculté ordinaire et peuvent accorder un délai plus ou moins long.

Du reste, ils n'en peuvent accorder qu'un seul; toutefois, si l'acheteur le laisse expirer sans payer, la vente n'est pas résolue de plein droit ; mais la résolution doit être prononcée. V. art. 1655.

100 *bis.* Quand les juges ont accordé un délai, la condition résolutoire, au lieu d'être régie par les règles sur les conditions résolutoires tacites, est soumise aux règles sur les conditions résolutoires expresses, c'est-à-dire que les juges ne peuvent plus apprécier les circonstances qui ont amené l'inexécution, ils doivent prononcer la résolution. Telle est la signification du texte, qui dit impérativement : Ce délai passé sans que l'acquéreur ait payé, la résolution de la vente *sera* prononcée.

101. Il arrive souvent que la résolution de la vente d'immeubles est expressément stipulée à défaut de paiement du prix au terme convenu ; cette convention s'appelle *pacte commissoire.* Dans ce cas, quoiqu'il ait été dit que la résolution aurait lieu de plein droit, la simple expiration du terme ne la fait point encourir, tant que l'acheteur n'est pas mis en demeure par une sommation ; mais l'effet incontestable de la clause est que l'acheteur ne peut obtenir de délai. V. art. 1656.

101 *bis.* I. L'article 1656 se place dans l'hypothèse d'une convention expresse, créant en faveur du vendeur le droit à la résolution pour cause de non-paiement du prix.

Cette convention n'est, la plupart du temps, que la répétition inutile de la loi, elle ne change rien aux droits des parties ; la loi n'en parle pas. Mais quelquefois elle se complique de cette mention, que la résolution aura lieu de plein droit ; la clause alors pourrait avoir pour but de ressusciter l'ancienne règle *dies interpellat pro homine.* D'où il résulterait que le vendeur n'aurait pas besoin de prévenir l'acheteur et que celui-ci perdrait le bénéfice du contrat par le seul fait de l'échéance de terme. L'oubli, la négligence, l'inertie du débiteur, peut-être même une confiance inspirée par la fausse complaisance du créancier, pourraient causer à l'acheteur un tort considérable. Pour éviter ces conséquences fâcheuses, le Code n'admet pas que la stipulation d'une résolution de plein droit dispensera le vendeur de l'obligation de mettre l'acheteur en demeure par une sommation ; mais comme la convention des parties doit avoir eu un certain sens, la loi lui donne cet effet de priver le débiteur en retard du droit d'obtenir des juges un délai pour le paiement.

101 *bis.* II. Ces décisions peuvent être présentées comme en harmonie avec les règles générales du Code. En effet, les parties sont convenues que de plein droit la résolution résulterait du non-paiement. Le non-paiement n'est officiellement constaté que par une mise en demeure, et les parties ne se sont pas occupées de ce point de fait. La loi interprète donc la convention dans le sens qui s'éloigne le moins des principes en n'y voyant pas une dérogation aux règles sur la demeure, mais en admettant que cette demeure entraîne nécessairement la résolution et que les tribunaux ne pourront accorder aucun délai au débiteur.

101 *bis.* III. Il faut s'entendre toutefois; puisque l'acheteur doit être sommé de payer, il est nécessaire qu'on lui laisse un délai suffisant, fût-ce d'un jour ou de trois jours pour obtempérer à la sommation. Il serait déraisonnable que l'acte qui lui enjoint de payer le privât immédiatement du droit d'exécuter le fait qu'on lui enjoint d'accomplir. La sommation implique un très-bref délai accordé pour l'exécution, et ce n'est qu'après ce délai que l'acheteur sera dépouillé du droit de payer.

101 *bis.* IV. Nous voyons dans l'article 1656 une interprétation de volonté fondée sur les règles générales de la matière; pour être conséquent, nous devons appliquer ces règles sans restriction. Il y a une convention que notre article ne prévoit pas : les parties n'auront pas seulement dit que la vente serait résolue de plein droit, mais elles auront ajouté, *et sans sommation.* Elles ont alors fait une convention autorisée par l'article 1139, et, dans le silence de l'article 1156, il n'y a pas de raison pour que cette convention ait moins d'effet en matière de vente que dans les autres contrats. Toute la signification de notre article, c'est que les mots *de plein droit* ne signifient pas *sans sommation;* mais quand ce dernier point est précisé par la convention formelle des parties, il faut respecter cette convention.

101 *bis.* V. L'action en résolution dure trente ans; c'est la durée ordinaire des actions à moins d'une disposition particulière de la loi, et on ne trouve pas cette disposition dans l'article 1304, qui parle des actions en rescision. La résolution, qui a pour point de départ un fait postérieur à la formation d'un contrat, et la resci-

sion, qui suppose un vice dans le contrat à sa naissance, diffèrent essentiellement entre elles.

101 *bis*. VI. Nous savons que la résolution faute de paiement de prix intéresse les tiers qui ont traité avec l'acheteur, qu'ils subissent l'application de la règle *resoluto jure dantis resolvitur jus accipientis.* Par rapport à eux, le vendeur a une action en revendication fondée sur ce qu'il a fait ou qu'il fait résoudre le contrat qui l'avait dépouillé de la propriété. Cette action en revendication pourra quelquefois être perdue avant l'expiration du délai de trente ans. Il n'y a pas en effet de prescription extinctive de l'action en revendication; cette action se perd avec le droit de propriété, et le droit de propriété est perdu par celui à qui il appartenait quand un autre l'a acquis, notamment par la prescription. Or, sans parler des cas où la propriété est acquise par une possession sans durée (art. 2279), il peut arriver que la propriété d'un immeuble soit prescrite pour dix ou vingt ans (art. 2263). Le droit du vendeur contre les tiers acquéreurs serait perdu dans les cas où une pareille prescription aurait pu s'accomplir. Mais l'hypothèse ne se présentera pas souvent, car cette prescription suppose la bonne foi, et comme le droit du vendeur aura dû être annoncé en vertu de l'article 7 de la loi de 1855, la bonne foi ne peut pas se présumer. Elle peut exister toutefois si le vendeur avait produit des quittances fausses attestant le paiement du prix; dans ce cas l'acheteur pourrait avoir prescrit, mais il faudrait qu'il prouvât le fait exceptionnel qui serait le fondement de sa bonne foi.

102. A l'égard des denrées et effets mobiliers, la loi, prenant en considération l'intérêt qu'a le vendeur à ne point rester trop longtemps dans l'incertitude, et à débarrasser ses magasins, l'autorise de plein droit et sans sommation à considérer la vente comme résolue, par cela seul que le retirement n'a pas eu lieu au terme convenu. V. art. 1657.

102 *bis*. Le dernier article de la section traite de la vente des meubles (denrées et effets mobiliers); il n'a pas rapport particulièrement à l'obligation de payer le prix. Nous avons montré comment cette obligation est sanctionnée aussi bien pour les meubles que pour les immeubles par l'article 1654. Il s'agit de l'obligation

accessoire de retirer l'objet vendu, c'est-à-dire d'en prendre livrai·
son, de l'enlever.

L'exécution de cette obligation a un intérêt pour le vendeur
indépendamment du paiement ou du non-paiement du prix. Aussi
l'article donne-t-il une règle qui s'applique aussi bien quand le
prix a été payé que quand il ne l'a pas été.

Le vendeur a voulu se débarrasser d'un objet qui le gêne ; s'il
est commerçant, il ne lui suffit pas de toucher le prix, il faut que
son magasin soit libre pour qu'il y remette d'autres marchandises,
car le commerce ne peut donner de résultats que par le renouvellement incessant des marchandises. Lors donc que l'acheteur
serait payé, il peut éprouver un préjudice sérieux si l'acheteur
n'enlève pas l'objet acheté. Voilà pourquoi la vente est résolue ; et
comme il s'agit d'une nécessité pratique et urgente, la loi n'impose pas au vendeur l'obligation de faire prononcer la résolution ;
il en résulterait de grandes pertes de temps ; la vente est résolue
de plein droit. Le vendeur peut, le délai expiré, agir comme s'il
n'avait pas vendu ; vendre à un autre, sauf à restituer au premier
acheteur le prix, s'il l'a par hasard reçu.

CHAPITRE VI.

DE LA NULLITÉ ET DE LA RÉSOLUTION DE LA VENTE.

103. Quelque différence qui existe entre la nullité proprement dite et la résolution, avec laquelle on ne doit pas même
confondre la rescision, ou *nullité improprement dite,* la loi, ayant
égard à l'effet rétroactif, qui sous certains rapports assimile
les effets de la résolution à ceux de la nullité, semble les
mettre ici sur la même ligne. Du reste, elle ne revient pas
sur les causes, soit de nullité proprement ou improprement
dite, soit de résolution, particulières à la vente, et déjà expliquées dans ce titre (v. art. 1595-1597, 1599-1601, 1610,
1618, 1620, 1636, 1638, 1644, 1654), ni sur celles qui sont
communes à toutes les conventions (v. art. 1108, 1117, 1125,

1184, 1305). Mais elle traite avec détail de la résolution qui s'opère par l'exercice de la faculté de rachat, et de la rescision pour vileté du prix. V. art. 1658.

SECTION I.

De la faculté de rachat.

104. Il ne s'agit pas ici d'un rachat proprement dit, ou en d'autres termes, d'une revente par laquelle l'acheteur transmettrait à son vendeur, comme à toute autre personne, les droits qu'il tient de son acquisition. Il y aurait là nouveau contrat, mais non résolution de l'ancien. Ce que l'on appelle faculté de rachat ou de réméré, est la faculté réservée au vendeur, par le contrat même, de reprendre la chose vendue, dans un certain délai, en remettant l'acquéreur au même état que s'il n'avait pas contracté. Cette clause constitue, comme on voit, une condition résolutoire. V. art. 1659.

104 *bis* .I. Dans cette section, la loi traite d'une résolution de la vente qui résulte d'une convention spéciale. Le contrat affecté par la volonté des parties de cette cause de résolution porte le nom de vente à réméré, ou vente avec faculté de rachat.

Cette vente peut être définie, en empruntant les termes mêmes de l'article 1659, une vente par laquelle le vendeur se réserve de reprendre la chose vendue moyennant la restitution du prix principal et de quelques accessoires.

La faculté de rachat est le droit de résolution qui résulte de ce contrat.

Le pacte de rachat est la clause spéciale introduite dans la vente et qui la soumet à la résolution. Pacte est le mot latin que traduit notre mot convention.

104 *bis*. II. Le but du vendeur qui se réserve le droit de rachat est facile à apercevoir. Il a besoin d'argent, il tient à sa chose, il espère que l'embarras d'argent n'est que momentané, et il n'aliène sa chose que provisoirement, comptant la reprendre quand ses ressources pécuniaires auront augmenté.

Il fait une opération qui ressemble un peu à un emprunt avec constitution d'un gage, mais qui en diffère essentiellement. En effet, le vendeur à réméré n'emprunte pas, il ne devient pas débiteur de la somme qu'il reçoit, il aura plus tard la faculté de la rendre pour reprendre la chose, mais il n'y sera pas contraint. L'emprunteur qui a donné un gage reste néanmoins, malgré le gage qu'il a donné, un débiteur, et il ne peut pas se soustraire, même en abandonnant la chose engagée, à l'obligation de payer la somme due. C'est surtout au cas de perte de la chose ou de dépréciation de sa valeur qu'il sera très-intéressant de distinguer les deux opérations, parce que le vendeur à réméré ne supportera pas cette perte ou cette dépréciation, puisqu'il aura le droit de laisser les choses en l'état, c'est-à-dire de ne pas exercer le réméré; la vente produira ses effets comme une vente pure et simple ; le débiteur gagiste perdra son gage ou une partie de la valeur de son gage, car il restera tenu de payer intégralement la somme empruntée.

Voilà la distinction caractéristique des deux conventions que nous avons rapprochées l'une de l'autre ; il y aurait à signaler entre elles d'autres différences, car les règles auxquelles elles sont soumises par la loi sont loin d'être les mêmes, mais c'est affaire de détail ; l'important est de les bien reconnaître, d'après la portée que la volonté des parties leur a donnée.

104 *bis*. III. L'expression vente à réméré, ou vente avec faculté de rachat, pourrait faire croire que le droit du vendeur est d'exiger que le bien lui soit revendu. Il interviendrait alors un second contrat qui détruirait les effets du premier. Il en résulterait que le vendeur à réméré, quand il exerce son droit, deviendrait un acheteur, qu'il serait par conséquent l'ayant cause de l'acheteur primitif devenu vendeur dans le second contrat, et qu'il subirait les charges réelles qui grèveraient le bien du chef de cet acheteur. Il n'en est rien ; l'article 1673 montre que le vendeur reprend son bien libre de toutes les charges et hypothèques dont l'acquéreur l'aurait grevé. Il n'y a donc pas, à proprement parler, rachat, mais résolution de la vente, et les effets produits sont la conséquence des théories de la loi sur l'effet des conditions résolutoires (art. 1183). Aussi certains auteurs modernes évitent-ils le mot rachat et le remplacent-ils par le mot *retrait*.

Peut-être cette observation que nous faisons sur la différence entre l'exercice du droit de réméré et une véritable revente n'a-t-elle pas toute l'importance qu'elle paraît d'abord avoir. On pourrait en effet voir dans la clause de réméré une promesse unilatérale de vendre faite par l'acheteur au vendeur, et, envisagée ainsi, la convention aurait presque les mêmes conséquences que quand on la considère comme créant une cause de résolution de la vente. Nous avons dit, en effet (*suprà*, nº 10 *bis* VI), que la promesse unilatérale de vendre rend le stipulant propriétaire de la chose sous condition suspensive, et que les actes d'aliénation ou les constitutions de droits réels consentis par le promettant depuis la promesse ne pourraient lui être opposés. Par conséquent on expliquerait l'article 1673 sans avoir besoin de considérer la vente primitive comme soumise à une condition résolutoire. Il n'est cependant pas inutile de rester attaché à la théorie de la résolution du contrat, théorie qui s'appuie dans le Code civil lui-même sur l'article 1658. En effet, si l'article 1673 s'expliquait par la rétroactivité du droit de propriété conditionnelle, résultant en faveur du vendeur de la promesse unilatérale de vente que lui aurait faite l'acheteur, on pourrait bien anéantir les droits constitués par l'acheteur depuis la vente, mais il faudrait respecter les droits nés de plein droit en même temps que la propriété de cet acheteur; la promesse de vente faite par lui n'aurait pas la force de les détruire. Les hypothèques légales ou judiciaires préexistant au contrat de vente à réméré du chef de l'acheteur auraient frappé l'immeuble quand il en devenait propriétaire, et une promesse de vente faite par lui ne pourrait pas les résoudre, car si on disait qu'il a fait une promesse de donner et que cette promesse s'exécute, il faudrait bien admettre que la propriété a résidé un instant sur sa tête, et que cela a suffi pour que le bien fût affecté des hypothèques légales ou judiciaires de ses créanciers antérieurs.

A un autre point de vue, il est encore important, malgré notre doctrine sur les promesses de vente, de ne pas voir dans la clause de réméré une promesse de revente. Il résulterait de cette manière de voir que l'exercice du réméré, constituant un nouvel achat fondé sur une promesse de vente, entraînerait la nécessité de payer un nouveau droit de mutation, tandis que le vendeur qui recouvre sa chose en vertu de la résolution du contrat primitif n'a pas de droit à payer parce qu'il n'acquiert pas une propriété nouvelle.

104 *bis*. IV. Pour que la convention de réméré constitue véritablement une condition résolutoire affectant la propriété transférée à l'acheteur par le contrat, il est nécessaire que cette convention fasse partie du contrat de vente lui-même, sinon la propriété
aurait été transférée purement et simplement, et l'acheteur aurait
été pendant quelque temps au moins propriétaire pur et simple.
Cette observation est confirmée par le texte de l'article 1659, qui
dit que le vendeur *se réserve* le droit de reprendre la chose ; l'expression employée montre clairement que le droit stipulé par le
vendeur est comme retenu ou conservé, c'est-à-dire qu'il n'est pas
stipulé comme droit nouveau par un ancien vendeur qui aurait
d'abord aliéné purement et simplement, sans réserve.

104 *bis*. V. Nous ne disons pas pour cela qu'une convention
postérieure à la vente serait nulle, mais uniquement que la réunion de cette convention postérieure et de l'acte primitif ne constituerait pas une vente à réméré; ce serait une promesse de vente
unilatérale, elle produirait les effets que nous avons décrits (*supra*,
n° 10 *bis*. I-XII) et que nous avons rappelés plus haut ; l'acheteur
deviendrait, à partir de la convention, propriétaire sous condition
résolutoire, mais il aurait eu, dans l'intervalle entre la vente primitive et la convention modificative de cette vente, une propriété
pure et simple, et des droits auraient pu grever de son chef la propriété ; ils ne seraient pas résolus parré la solution de sa propriété,
car cette résolution ne remonterait pas, quand elle se produirait,
à une époque antérieure à la convention de revente.

105. La faculté de rachat faisant dépendre jusqu'à un certain point de la volonté du vendeur le droit de l'acheteur et
de ses ayant cause (v. art. 1664, 1673, al. dernier), et l'incertitude qui en résulte étant tout à fait contraire aux vues
de notre législateur, il a restreint dans les limites les plus
étroites l'exercice de cette faculté (art. 1660-1663).

106. Ainsi le terme du réméré, qui pouvait autrefois s'étendre
jusqu'à trente ans, délai ordinaire de la prescription, est aujourd'hui réduit à cinq ans, sauf, bien entendu, la faculté pour
les parties d'établir un terme plus court encore. Que si, au
contraire, elles en avaient fixé un plus long, la clause ne serait

pas nulle dans son entier, mais son effet se réduirait au terme légal. V. art. 1660.

107. Le terme fixé (soit par la loi, soit par la convention) est de rigueur. Ainsi les juges ne peuvent, par une raison quelconque, le prolonger. V. art. 1661.

107 *bis*. I. Quand la convention est une véritable vente à réméré, elle rend la propriété de l'acheteur incertaine depuis le commencement, et cette incertitude présente des inconvénients au point de vue tant du crédit public que de l'amélioration et de la culture des biens. Pour diminuer ces inconvénients, la loi tend à abréger la durée de cette période d'incertitude ; voilà la raison de l'article 1660.

La loi a fixé un maximum à la durée du droit de réméré ; elle a de plus déclaré qu'il ne pourrait être prolongé par le juge. Nous devons ajouter que les parties elles-mêmes ne pourraient pas augmenter le délai primitivement fixé par elles, qu'il ait été fixé à cinq ans ou à un nombre d'années moindre; il a pu naître depuis la vente des droits en faveur de tiers qui ont eu juste sujet de compter qu'à l'expiration du délai déterminé le droit de l'acheteur deviendrait incommutable, et les parties ne peuvent pas, par une convention entre elles, nuire à ces droits acquis à des tiers.

107 *bis*. II. Si la prolongation conventionnelle ne doit pas valoir comme une véritable prolongation du délai, produisant les mêmes effets que si ce délai avait été valablement fixé dans le contrat primitif, cette prolongation produit cependant certains effets; elle vaut comme promesse de revente, c'est-à-dire que pour certaines personnes, celles qui n'auraient acquis des droits sur la chose que postérieurement à la convention , le promettant, l'acheteur, est devenu propriétaire sous une nouvelle condition résolutoire, et les droits qu'elles ont acquis sont exposés à être anéantis si l'ancien vendeur use, dans le nouveau délai fixé, du droit de reprendre le bien vendu.

Mais cette convention diffère essentiellement d'une clause valablement insérée dans le contrat primitif et déterminant le temps du réméré. Quand la détermination du temps résulte du contrat primitif, tous les ayant cause de l'acheteur sont exposés à la résolution, tandis que dans le cas qui nous occupe les ayant cause dont les droits seraient antérieurs à la nouvelle convention ne dépendraient pas de la résolution qui surviendrait en vertu de cette seconde convention ; ils subiraient seulement les conséquences de la première clause. Ils ont un droit acquis à ce que la propriété de leur auteur soit incommutable quand le premier délai est expiré sans que le réméré ait été exercé.

En somme, le réméré exercé dans le délai primitivement stipulé résoudrait la propriété de l'acheteur à l'égard de tous ses ayant cause; le réméré exercé après ce délai, mais dans le temps accordé au vendeur par la deuxième convention, ne résoudrait la propriété que par rapport aux ayant cause postérieurs à cette convention.

Nous ne devons pas négliger de faire observer que si l'objet vendu est un immeuble, ce n'est pas précisément la date de la deuxième convention qu'il faut considérer, mais la date de la transcription de cette convention, la promesse unilatérale de vendre un immeuble devant être soumise à la loi du 23 mars 1855.

107 *bis.* III. Nous venons de nous expliquer sur les effets possibles d'une prorogation consentie alors que le premier délai n'est pas encore expiré ; il est inutile de parler d'une convention qualifiée prorogation et qui interviendrait quand le délai fixé par l'acte de vente serait expiré et que par conséquent l'acheteur serait déjà devenu propriétaire incommutable. Cette prétendue prorogation ne serait plus qu'une promesse unilatérale de vendre ; les deux parties seraient exactement dans la même situation que si un acheteur pur et simple avait fait une promesse de revente à son ancien vendeur.

107 *bis.* IV. Ces conventions qui prolongent le délai du réméré ne sont pas soumises à la règle de l'article 1660, à une limite de temps. Nous les traitons en effet comme des promesses unilatérales de vente, et nous n'avons pas vu que le législateur ait fixé le maximum du délai pendant lequel un promettant peut être lié par une promesse de vente. On peut s'en étonner puisque la promesse affecte d'une condition résolutoire la propriété et que cette affectation peut avoir des inconvénients économiques; mais le législateur ne s'en est pas préoccupé, parce qu'il n'est pas probable qu'une semblable convention soit souvent faite. On a pu la craindre quand elle se lie à une vente ; c'est le cas de vente à réméré :

l'acheteur accepte cette situation précaire et s'y soumet pour un temps un peu long, parce que c'est, dans la pensée du vendeur, la condition *sine qua non* de la vente. L'affaire a pour l'acheteur des attraits qui peuvent lui cacher les inconvénients d'une propriété résoluble ou l'entraîner à les accepter quand il les comprend. Mais comment supposer en fait que beaucoup de propriétaires consentiront à faire des promesses de vente pour un temps fort long? Quel avantage les déterminerait à paralyser une propriété déjà acquise, en vue de la réalisation d'un contrat qui ne dépend pas de leur volonté? Autant on peut craindre qu'il se fasse de nombreuses conventions de réméré à long terme, autant on peut espérer que les promesses de vente à long terme seront rares. Or la loi ne prend la peine de prohiber une convention, de porter atteinte au principe de la liberté des volontés, que quand cette convention a quelque chance d'être assez souvent faite pour constituer un danger social.

108. On tenait autrefois que le terme fixé *par la convention* n'emportait pas de plein droit déchéance, mais que l'acheteur pouvait seulement la faire prononcer. Il en est autrement aujourd'hui; il suffit, dans tous les cas, que le vendeur n'ait pas *exercé son action* dans le terme prescrit, pour que l'acquéreur demeure propriétaire irrévocable. V. art. 1662.

109. Le délai du réméré n'est pas considéré comme une prescription ordinaire, dont le cours est suspendu en faveur de certaines personnes privilégiées, notamment des mineurs (v. art. 2252). Il court contre toutes personnes. Cette proposition, qu'on bornait autrefois au délai fixé par la convention, s'applique aujourd'hui indistinctement au délai légal ou conventionnel. Du reste, il est bien clair que si la déchéance encourue par les incapables est imputable à la faute de leurs surveillants ou représentants, ils ont leur recours contre ceux-ci. V. art. 1663.

109 *bis*. I. On distinguait dans l'ancien droit deux délais différents en matière de réméré: le délai conventionnel et le délai légal. Quand les parties n'avaient pas fixé un délai d'une moindre durée, le droit d'exercer le réméré durait trente ans. C'était le

délai légal; le droit de l'acheteur était alors considéré comme
éteint en vertu des principes généraux de la prescription.

Deux notables différences existaient entre ces deux délais.
M. Demante fait allusion à l'une des deux ; elle consistait en ce que
le délai ne courait pas pendant la minorité de ceux à qui appartenait le droit, quand il s'agissait d'une prescription ; on appliquait les règles sur les suspensions de prescription. Le délai conventionnel ne pouvait pas être considéré comme un délai de
prescription, et la minorité de l'ayant droit était sans influence; on
voyait dans la fixation du délai une restriction imposée par
l'acheteur à son obligation de restituer la chose, et on ne voulait
pas modifier la convention en obligeant l'acheteur plus qu'il
n'avait voulu s'obliger (1).

Le Code civil devait adopter la règle que le droit ancien appliquait au délai conventionnel, puisqu'il ne détermine pas de délai
légal et que la durée du droit doit toujours être conventionnellement fixée.

Une autre différence dérivait dans l'ancien droit de ce que l'un
des délais était un délai de prescription. La prescription opérait
de plein droit, et l'expiration des trente années emportait sans
aucune formalité l'extinction du droit de vendeur; tandis que, si
le délai fixé par les parties était inférieur à trente ans, il fallait
pour dégrever le bien du droit de réméré un jugement obtenu par
l'acheteur et déclarant le vendeur déchu; on l'appelait *jugement
de purification* (2). Ce jugement est inutile aujourd'hui, d'après
l'article 1662, qui a abandonné le système ancien, auquel on pouvait reprocher de ne pas assez tenir compte des principes sur l'effet
de plein droit des défaillances de conditions (art. 1176).

109 *bis*. II. Quand le Code déclare que le délai du réméré court
contre les mineurs, il ne suppose pas pour cela que le bien ait été
vendu par le mineur ou en son nom. Il songe certainement au
cas où le mineur est héritier d'un majeur qui a fait la vente à
réméré.

Si le bien appartient à un mineur au moment de la vente, il
n'est guère possible de penser qu'il ait pu être vendu à réméré;

(1) V. Pothier, nᵒˢ 433, 434.
(2) V. Pothier, nᵒ 436.

non pas que la forme nécessaire des ventes de biens de mineurs répugne absolument à la vente à réméré. Les meubles et les immeubles des mineurs doivent être, il est vrai, vendus aux enchères publiques, et il n'est pas dans les habitudes que ces ventes aux enchères soient faites avec réserve du droit de rachat. Cela ne serait pas cependant absolument impossible; on comprendrait qu'une clause de la vente, portée à la connaissance des acheteurs dans un cahier des charges, pût imposer la condition de réméré. Néanmoins cette réserve ne nous paraît pas possible quand il s'agit des biens d'un mineur, parce qu'elle diminuerait certainement le prix d'adjudication du bien, et qu'elle irait alors contre le but même que la loi se propose d'atteindre en imposant la vente aux enchères, faire monter le prix du bien à la plus haute somme possible.

110. Le pacte de rachat créant vraiment une condition résolutoire, l'acheteur n'acquiert qu'un droit résoluble et ne peut, conséquemment, transmettre qu'un droit soumis à la même résolution. De là la faculté accordée au vendeur d'exercer son action contre un tiers acquéreur, sans avoir égard à la bonne ou mauvaise foi de celui-ci. V. art. 1664.

110 *bis*. I. Le vendeur tient du contrat deux droits : un droit de créance contre l'acheteur, un droit de propriété, sous la condition suspensive d'exercer le réméré. Il a par conséquent deux actions : l'action personnelle et l'action réelle. Par cette dernière action, il peut agir même contre des *tiers détenteurs*. Cette expression est préférable à celle du Code, qui parle d'un deuxième acheteur, et qui semblerait soustraire à l'action du vendeur un troisième ou un quatrième acheteur, ou toute autre personne ayant acquis un droit réel du chef de l'acheteur.

110 *bis*. II. Les tiers ne pourraient pas argüer de leur ignorance, parce qu'il s'agit uniquement de l'application de cette règle fondamentale qu'on ne transfère pas plus de droit qu'on n'en a soi-même. Ils sont du reste prévenus par le titre de propriété qu'a dû produire l'acheteur à réméré quand il a traité avec le deuxième acheteur, ou tout autre acquéreur de droit réel. Ce titre mentionne certainement la clause de réméré, sinon la vente primitive aurait été pure et simple, et il n'y aurait plus qu'une

promesse de revente. De plus, dans l'état actuel de la législation, le vendeur ne peut exercer ses droits contre les tiers acquéreurs que si le titre de vente a été transcrit, et cette transcription annonce au public la condition de réméré.

110 *bis.* III. L'action réelle et l'action personnelle ont chacune leur utilité, alors même que le vendeur agit contre l'acheteur; on pourrait alors ne pas attacher grande importance à l'action réelle, mais elle aurait cet avantage de donner au vendeur une cause de préférence sur les autres créanciers de l'acheteur.

Si, au contraire, le vendeur agit par l'action réelle contre le tiers, il trouve dans l'action personnelle un moyen de se faire rembourser par l'acheteur le montant des détériorations que celui-ci ou ses ayant droit ont fait subir à la chose.

Il peut, en tout cas, exercer l'une des actions sans l'autre, notamment exercer le réméré contre le tiers détenteur par l'action réelle sans agir contre le vendeur. Il fournirait alors directement au tiers acquéreur les prestations auxquelles il est assujetti par l'article 1673; car on peut considérer le vendeur comme ayant cédé à ses ayant cause, avec la propriété résoluble du bien, le droit aux prestations que le vendeur doit faire pour obtenir la résolution.

111. Mais la condition résolutoire ne suspendant point les effets du contrat, qui, jusqu'à l'événement, doit s'exécuter comme s'il était pur et simple, la vente à réméré transmet immédiatement à l'acquéreur la propriété, si son vendeur l'avait, ou en tout cas, la possession à titre de propriétaire. Il peut conséquemment prescrire, ce qui s'applique naturellement à la prescription de la propriété, et à celle des hypothèques ou autres droits réels. V. art. 1665, et à ce sujet, art. 2229, 2262, 2265, 2180-4°, 619-al. 5, 716.

111 *bis.* I. Tant que le vendeur n'a pas exercé le réméré et que son droit n'est pas éteint, l'acheteur n'a qu'un droit incertain; il est propriétaire sous condition résolutoire, si le vendeur était propriétaire, et il faut appliquer les règles sur la propriété résoluble.

Le Code fait une application de ces règles en disant que l'acheteur exerce tous les droits du vendeur. Il jouit, par conséquent, de la chose, perçoit les fruits, consent des baux (art. 1673), et exerce le droit de disposition, sauf l'application de l'article 2125.

111 *bis*. II. L'acheteur enfin peut prescrire; c'est ce que reconnaît l'article, qui suppose d'abord une prescription contre le véritable maître, c'est-à-dire qui se place dans l'hypothèse où le vendeur n'était pas propriétaire de la chose vendue. L'acheteur, qui est exposé à être évincé par le vrai propriétaire, évitera l'éviction si la prescription lui donne la propriété.

Il faut remarquer que les questions de prescription se posent surtout à propos de la propriété immobilière, et que jamais, dans le court délai accordé au vendeur pour exercer le réméré, l'acheteur n'aura eu le temps d'accomplir une prescription complète (dix ans, vingt ans ou trente ans). Néanmoins, il est utile de dire qu'il a pu prescrire, parce qu'il a pu joindre sa possession à celle du vendeur, et compléter ainsi, par deux ou trois ans de possession, le temps requis par la loi; ou bien, s'il a commencé lui-même une possession, les quatre ou cinq années de sa possession pendant qu'il était exposé au réméré compteront quand plus tard, le vendeur étant déchu du droit de rachat, il aura intérêt à défendre contre un tiers revendiquant une possession qui aura peut-être duré vingt-cinq ans depuis l'expiration du délai du réméré.

L'article aperçoit une autre utilité de la prescription; l'acheteur pourra l'opposer à ceux qui prétendraient des droits ou hypothèques sur la chose vendue. Le vendeur n'a pas vendu la chose d'autrui, mais une chose hypothéquée ou grevée de servitude, et l'acheteur à réméré a intérêt à l'extinction de ces droits; ils peuvent être éteints à son profit par une prescription.

111 *bis*. III. Les résultats de la prescription accomplie par l'acheteur à réméré sont très-clairs quand le réméré n'est pas exercé, et que, par conséquent, les droits acquis à l'acheteur par la vente à réméré ne sont pas résolus. Il devient par la prescription propriétaire d'un bien dont il n'avait que la possession, ou il libère sa propriété des charges réelles qui la grevaient.

Mais lorsque la vente à réméré est résolue par l'exercice de la faculté de rachat, les résultats de la prescription accomplie ou au moins complétée par l'acheteur ne sont plus aussi certains. Ils n'intéressent plus l'acheteur, qui ne conserve pas la chose;

c'est le vendeur qui aurait intérêt, dans ses rapports avec les tiers, à invoquer la prescription accomplie, et il n'est pas bien certain qu'il ait le droit d'invoquer une prescription appuyée sur la possession de l'acheteur à réméré.

L'article 1665 ne tranche pas cette difficulté, car il ne détermine que les droits de l'acheteur; il lui reconnaît le droit de prescrire, mais n'indique pas que la prescription accomplie par cet acheteur profite au vendeur.

C'est là une question qui ne peut être décidée que d'après les principes généraux de la matière des prescriptions. Elle se réduit à ceci : le vendeur à réméré peut-il joindre à sa possession celle de son acheteur? C'est une question d'*accession de possessions*.

La règle sur l'accession des possessions est posée à l'article 2235 : on peut joindre à sa possession celle de son auteur; il s'agit donc de savoir si l'acheteur à réméré est l'auteur du vendeur.

Certes, au point de vue de la propriété, l'acheteur n'est pas l'auteur du vendeur. Nous l'avons plusieurs fois répété, le vendeur reprend la chose *proprio jure;* le droit de l'acheteur étant résolu, le vendeur n'est pas l'ayant cause de l'acheteur, et notamment il ne subit pas dans sa propriété les conséquences des actes de disposition faits par l'acheteur. Le droit du vendeur est la négation du droit de l'acheteur, loin d'en être la conséquence. Mais s'il en est ainsi au point de vue du droit de propriété, il faut reconnaître que, par rapport à la possession, il en est autrement. Le vendeur ne prend pas une possession vacante; il ne succède pas seulement dans le temps à la possession de l'acheteur; il y a une succession juridique; la possession actuelle du vendeur dérive de celle de l'acheteur, car celui-ci a dû transférer à celui-là la possession en vertu d'un contrat qui l'y obligeait. Le vendeur a donc un titre légal en vertu duquel il a reçu la possession de l'acheteur; on peut dire que pour cette possession il est son ayant cause, et dès lors il faut qu'il puisse se prévaloir de cette qualité pour réclamer les avantages que procure la possession.

Il faut du reste le remarquer, le droit français admet qu'on peut posséder par autrui, par exemple par un mandataire ou un fermier (art. 2228). Il serait étrange que la prescription qu'on peut accomplir par un fermier ne pût pas être accomplie par un acheteur à réméré, obligé comme le fermier à rendre, au moins dans un certain cas, la possession à celui de qui il la tient. Une objection théorique pourrait seule faire obstacle à ce résultat; c'est que le fermier possède pour le propriétaire, et n'a pas d'autre prétention, tandis que l'acheteur à réméré possède pour lui-même, en vertu du droit de propriété résoluble qu'il compte conserver. C'est à cause de cette objection que nous avons d'abord établi notre solution, en l'appuyant sur les principes de l'accession des possessions, et en essayant de démontrer que l'acheteur est un auteur par rapport au vendeur à réméré. Nous pourrions confirmer notre solution en nous servant des principes sur la possession par autrui; car l'objection tirée de ce que l'acheteur à réméré possède pour lui-même ne nous paraît pas irréfutable. Dans la réalité des faits, il ne sait pas pour qui il possède. Il a une intention double, une intention conditionnelle, comme sa situation par rapport au bien. Il possède pour lui-même si la propriété doit lui rester, ou pour le vendeur si la vente est résolue, car il sait bien que, dans ce cas, il devra rendre la chose. Il n'est donc pas parfaitement exact de dire qu'il n'a pas possédé pour autrui, et que, par conséquent, le vendeur ne peut pas avoir prescrit par son ministère.

111 *bis*. IV. La question que nous venons d'examiner sur la prescription peut se poser à propos de la chose jugée. Quand l'acheteur à réméré a plaidé sur la propriété de la chose, le jugement est-il opposable au vendeur, ou peut-il être invoqué par lui? Le vendeur est-il par rapport à l'acheteur un ayant cause, ou au moins un mandant? Nous avons examiné et discuté cette question pour tous les cas de propriété conditionnelle, au tome V, n° 328 *bis*, XXIII. D'après les principes que nous avons posés, les jugements rendus pour ou contre l'acheteur à réméré ne peuvent ni profiter ni nuire au vendeur.

112. Si l'acheteur est poursuivi par des créanciers hypothécaires de son vendeur, il peut, comme tout autre tiers acquéreur, opposer le bénéfice de discussion. V. art. 1666, et à ce sujet, art. 2170.

112 *bis*. Le bénéfice de discussion est un droit que la loi accorde quelquefois à une personne poursuivie pour une dette

d'exiger que le poursuivant exerce d'abord ses droits contre une autre personne. Le droit romain et le droit français admettent, par exemple, qu'une caution poursuivie peut demander que le créancier s'adresse d'abord au débiteur principal.

Le droit d'exiger la discussion est accordé par notre droit au tiers détenteur d'un immeuble hypothéqué (art. 2170), et, par conséquent, il appartient sans aucun doute à l'acheteur à réméré si l'immeuble vendu est grevé d'hypothèque et quand il est poursuivi par un créancier hypothécaire, alors qu'il existe d'autres immeubles affectés hypothécairement à la même dette et restés dans les mains du principal obligé.

Il n'est pas probable que l'article 1666 ait eu pour but unique une allusion à la règle de l'article 2170; il serait alors inutile, puisque la règle générale suffisait; il serait aussi inexact, car il devrait parler des créanciers hypothécaires seulement, et ne pas restreindre son application aux créanciers du vendeur, l'action hypothécaire pouvant être exercée par des créanciers hypothécaires des précédents propriétaires. L'article paraît avoir eu un autre but, il contient une restriction à l'article 1166. D'après cette dernière disposition, les créanciers du vendeur peuvent exercer le droit de rachat qui appartient à leur débiteur; mais, dans ce cas, l'article 1666 permet à l'acheteur de demander la discussion des biens du vendeur. Les créanciers n'ont intérêt au rachat que pour arriver au paiement de leurs créances; si les biens du vendeur suffisent pour les payer, il n'y a pas de raison pour priver l'acheteur des chances favorables de l'achat à réméré qu'il avait fait. On voit alors pourquoi l'article ne parle que des créanciers du vendeur, et pourquoi il comprend dans sa disposition les créanciers chirographaires comme les créanciers hypothécaires.

113. Le droit de réméré ne s'applique naturellement qu'à la chose qui a fait l'objet du pacte. Conséquemment, le vendeur ne peut, en général, reprendre que la chose même qu'il a vendue, et ne peut davantage être obligé à faire porter son retrait sur une autre chose.

Il est cependant un cas où le vendeur est obligé, pour exercer son retrait, de l'étendre au delà de ce qu'il a vendu; c'est lorsque la vente ayant eu pour objet une portion indivise,

l'acheteur a été provoqué à la licitation, et est demeuré adjudicataire de la totalité. Le vendeur alors est bien obligé de
subir les effets de cette licitation, comme il les aurait subis,
s'il n'avait pas vendu. V. art. 1667, et à ce sujet, Ulp., *fr.*, 7,
§ 13, D., *Comm. div.*

113 *bis*. I. Quand l'acheteur d'une part indivise s'est porté
adjudicataire du bien sur une licitation, il a en réalité acquis
l'objet par deux actes : d'abord la vente à réméré, et ensuite la
licitation. L'exercice du réméré ne devrait donc porter que sur
la partie objet du premier acte; ce serait l'application d'une règle
que nous trouvons à l'article 1671, deuxième alinéa.

Mais la loi, dans l'hypothèse prévue où la licitation n'a pas
été provoquée par l'acheteur à réméré, oblige le vendeur à retirer
le tout, c'est-à-dire à rembourser : 1° le prix de la vente à réméré;
2° ce que l'acheteur a payé par suite de la licitation.

C'est là une application de la règle sur les dépenses nécessaires
(art. 1673). L'acheteur a été obligé de faire cette dépense pour
conserver la chose, et le vendeur lui-même n'aurait pas pu se soustraire à cette nécessité, puisque le propriétaire peut toujours demander le partage ou la licitation (art. 815).

113 *bis*. II. Il n'en est ainsi qu'autant que la licitation n'a pas
été provoquée par l'acheteur. S'il l'a lui-même demandée, il ne
peut plus alléguer qu'il a dû faire un sacrifice nécessaire; il aurait
pu attendre l'expiration de la période pendant laquelle son droit
de propriété est incertain.

Nous mettons sur la même ligne le cas où le bien a été licité,
alors qu'il aurait pu être partagé; car l'acheteur à réméré, en
n'exigeant pas, comme il aurait pu le faire, le partage en nature,
a accepté la licitation, et ne peut pas prétendre qu'elle lui a été
imposée.

113 *bis*. III. Le Code n'a vu qu'une hypothèse, celle où l'acheteur à réméré aura intérêt à exiger que le vendeur reprenne la
totalité du bien. Elle a déclaré le vendeur obligé à retirer le tout;
elle n'a pas dit s'il a le droit de retirer le tout quand l'acheteur
préfère garder la partie qui lui est advenue à la suite de la licitation. L'hypothèse est possible; le bien peut avoir augmenté de
valeur depuis l'époque de la licitation, et il est intéressant pour
l'acheteur de conserver la moitié avec sa valeur actuelle plutôt

que de la rendre moyennant la restitution du prix de licitation qu'il a payé. Nous pensons qu'il est nécessaire d'accorder ce droit au vendeur, sinon on ne maintiendrait pas entre le vendeur et l'acheteur l'égalité qui doit régner entre eux. L'acheteur, qui se rend adjudicataire sur licitation, tenterait une opération qu'il garderait à son compte quand elle aurait un résultat avantageux, et qu'il laisserait à la charge du vendeur quand elle serait oné-reuse; le vendeur ne pourrait dans ce dernier cas en éviter les conséquences qu'en renonçant à exercer le réméré. La loi, il est vrai, n'a pas prévu l'hypothèse, mais l'égalité étant toujours dési-rable dans les contrats, il y a présomption que la règle qu'elle a posée contre le vendeur doit être réciproquement appliquée quand elle est favorable à cette même partie. Nous avons d'ailleurs assi-milé la dépense faite par l'acheteur à réméré à des dépenses néces-saires, et il est bien certain que, quand l'acheteur fait sur le bien certaines dépenses nécessaires, il ne peut pas avoir la pensée de priver, s'il lui plaît, le vendeur des produits de ces dépenses; ainsi doit-il en être dans le cas où la dépense consiste dans une somme payée à la suite d'une licitation pour conserver la chose.

113 *bis*. IV. La licitation provoquée contre l'acheteur à réméré peut avoir eu un résultat dont ne parle pas l'article 1667. L'ache-teur n'est peut-être pas resté adjudicataire; il a, dans ce cas, perdu la chose et encaissé une part du prix de licitation propor-tionnelle à sa part de propriété. Il s'agit de déterminer en pareil cas les droits du vendeur. L'article 1667 n'en parle pas parce que l'espèce a paru étrangère aux questions qu'il agite; en effet, il ne s'agit pas là de régler les rapports du vendeur avec l'acheteur. Le vendeur revendiquera contre l'adjudicataire sur licitation sa part de propriété, car, par rapport au vendeur, la licitation a fait l'adjudicataire ayant cause de l'acheteur à réméré, et l'article 1673 est ici applicable; la licitation est sans effet. Nous avons soin de dire que l'adjudicataire est ayant cause de l'acheteur par rapport au vendeur. Cette restriction est nécessaire; en effet, la licitation prononcée au bénéfice d'un des copropriétaires a ordinairement les effets déclaratifs d'un partage (art. 883). Mais l'acheteur à réméré n'était pas seul propriétaire de la part indivise par laquelle il a pris part à la licitation; cette part appartenait également, mais sous condition suspensive, au vendeur, et pour que l'arti-

cle 883 fût applicable, il faudrait que le droit de l'adjudicataire pût remonter jusqu'à l'époque de l'acquisition faite en commun par le vendeur et son copropriétaire, aujourd'hui adjudicataire. Or, il est impossible de faire ainsi rétroagir l'adjudication, de détruire rétroactivement la propriété du vendeur à réméré quand il n'a pas été partie à la licitation. L'adjudication ne vaut qu'entre l'acheteur à réméré et l'adjudicataire. Voilà pourquoi nous disons qu'elle constitue, par rapport au vendeur, l'adjudicataire ayant cause de l'acheteur.

L'adjudicataire évincé aurait alors contre l'acheteur à réméré, son colicitant, une action en restitution du prix qu'il lui a payé. Elle serait fondée sur la garantie que se doivent les copartageants; mais elle n'entraînerait pas obligation en dommages et intérêts, car l'adjudicataire souffrirait l'éviction par sa faute. Il a, en effet, contraint son copropriétaire à liciter; celui-ci n'a pas agi spontanément comme un vendeur qui peut refuser de vendre, et de plus le copropriétaire, qui exigeait cette licitation, pouvait mettre en cause dans cette licitation le vendeur à réméré, copropriétaire de l'immeuble sous caution suspensive, il n'eût pas été alors exposé à subir les conséquences de l'exercice du réméré.

113 bis. V. Cette hypothèse nous conduit à une autre. La licitation ayant été provoquée par le copropriétaire de l'acheteur à réméré, l'adjudication peut avoir été prononcée en faveur d'un étranger, si on s'est trouvé dans un des cas prévus par l'article 1687. Contre l'adjudicataire étranger ayant cause de l'acheteur à réméré pour une partie de la propriété, le réméré peut être certainement exercé quant à cette partie; il en résultera une éviction partielle, et la garantie en sera due conformément aux principes du titre de la vente, car la licitation alors vaut vente.

Cet adjudicataire pourra obtenir des dommages et intérêts en sus de la restitution du prix, car l'acheteur n'est pas par rapport à lui dans la même situation que par rapport à l'adjudicataire qui était copropriétaire; il devait s'opposer à l'admission des tiers aux enchères, puisqu'on ne pouvait pas leur assurer un droit inattaquable, ou exiger que le poursuivant mît en cause le vendeur à réméré, ou au moins faire insérer dans le cahier des charges une clause de non-garantie en vue de l'éviction provenant du rachat.

113 *bis*. VI. Dans les deux cas que nous venons d'examiner, soit que la licitation se termine par une adjudication au profit du copropriétaire, soit qu'elle ait pour résultat une adjudication au profit d'un étranger, il est possible que le vendeur à réméré ne puisse pas agir par voie de revendication contre l'adjudicataire. Il en sera ainsi quand la chose vendue sera un meuble et que l'adjudicataire sera de bonne foi, c'est-à-dire n'aura pas connu le droit de propriété conditionnelle du vendeur à réméré. Dans ce cas, le vendeur à réméré ne sera pas dépouillé de tout droit. Son action, nous l'avons dit, était double, personnelle et réelle; privé de l'action réelle, il peut encore intenter l'action personnelle, non plus contre les tiers, mais contre l'acheteur à réméré. Il a le droit de lui demander, par cette action personnelle, tout ce qui reste de la chose vendue, et la valeur qui pour l'acheteur représente cette chose, c'est le prix de la licitation; celui-ci est donc débiteur de ce prix sous la condition ordinaire de l'exercice du réméré, c'est-à-dire moyennant les restitutions déterminées par l'article 1673. La situation sera très-claire; le vendeur exercera le réméré quand la somme qu'il doit offrir sera inférieure au prix touché par l'acheteur dans la licitation, et il se fera une compensation des deux sommes jusqu'à due concurrence. Dans le cas contraire, il n'exercera pas le droit de réméré.

113 *bis*. VII. Les solutions que nous venons de donner dans l'hypothèse du texte, quand la licitation a été provoquée par le copropriétaire, doivent être admises, mais avec quelques modifications, dans le cas contraire, c'est-à-dire quand l'acheteur à réméré a lui-même provoqué la licitation.

Nous avons déjà dit, n° 113 *bis*, II, que dans ce dernier cas le vendeur ne serait pas forcé d'exercer le réméré pour le tout contre l'acheteur à réméré devenu adjudicataire sur licitation.

Si maintenant nous supposons que, sur la provocation de l'acheteur à réméré, la licitation ayant eu lieu, le copropriétaire soit resté adjudicataire, nous dirons, comme plus haut, que le vendeur peut exercer son droit contre l'adjudicataire sur la part que celui-ci tient de l'acheteur à réméré. Mais nous abandonnons ce que nous avons dit quant à l'action en garantie. L'acheteur à réméré exigeant la licitation s'est placé dans la position d'un vendeur, et l'adjudicataire nous paraît avoir droit à des dommages et intérêts.

Enfin, si l'objet ne peut pas être revendiqué contre l'adjudicataire, nous pensons que le vendeur peut demander non-seulement la part du prix de licitation touchée par l'acheteur, mais encore des dommages et intérêts si le meuble a augmenté de valeur depuis la licitation, car l'acheteur, en se pressant de faire liciter avant l'expiration du délai de réméré, a privé le vendeur de la chance de cette augmentation.

114. Le vendeur ne pouvant, en principe, faire porter le retrait que sur ce qu'il a vendu, et le droit de réméré même étant divisible comme la chose qui en est l'objet, il s'ensuit que s'il y a plusieurs covendeurs ou plusieurs héritiers du même vendeur, chacun ne peut exercer le réméré que pour sa part. V. art. 1668, 1669.

115. Mais la division des actions pouvant être très-préjudiciable à l'acheteur, auquel il importe que le retrait soit exercé pour la totalité, ou qu'il ne le soit pas du tout, la loi ne l'oblige point indistinctement à souffrir une dépossession partielle. Si donc il a acquis un seul tout, soit qu'il ait acheté d'un seul vendeur, soit qu'il ait acheté de plusieurs, mais conjointement et par un seul et même contrat, il peut forcer tous ses adversaires à s'accorder, sinon se faire renvoyer de la demande. V. art. 1670.

115 bis. I. Quand l'acheteur a le droit d'exiger que tous les covendeurs ou cohéritiers du vendeur soient mis en cause, afin de se concilier entre eux pour la reprise de l'héritage entier, la conciliation est très-simple et la situation très-facilement réglée, si les covendeurs ou cohéritiers s'accordent pour exercer en commun le réméré ou pour céder à l'un d'entre eux les droits de ceux qui ne sont pas disposés à l'exercer pour leur part; l'acheteur ne peut alors faire aucune opposition au rachat. Mais en est-il de même quand quelques-uns des covendeurs ou cohéritiers refusent d'exercer le réméré, et qu'alors l'un d'eux élève la prétention de l'exercer pour le tout, afin de satisfaire l'acheteur qui refuse de subir un rachat partiel?

Cette prétention de l'un des covendeurs ou cohéritiers, nous

10.

paraît n'avoir pas la même force suivant les différentes circonstances dans lesquelles elle se produit.

115 *bis*. II. On peut d'abord songer au cas où le délai du réméré n'est pas sur le point d'expirer, où l'un des covendeurs ou cohéritiers plus pressé que les autres veut exercer le réméré. Les cointéressés mis en cause, sommés de s'entendre, peuvent très-légitimement refuser de s'expliquer, de prendre un parti, car rien ne les contraint quand ils ont un délai de cinq ans, par exemple, pour faire un choix, à faire ce choix dans la troisième année, sans attendre des événements possibles qui les éclaireraient sur leurs véritables intérêts. Dans ce cas, une partie des intéressés s'abstiendrait, réserverait ses droits pour l'avenir, et il est absolument impossible de considérer ces droits comme abandonnés, et, par conséquent, comme susceptibles d'être exercés par l'un des cointéressés seulement. C'est bien l'hypothèse de l'article; il n'y a pas conciliation, et celui qui veut exercer le réméré n'a pas actuellement le droit de l'exercer. Il ne perd pas cependant son droit tant que le délai n'est pas expiré; jusque-là, il peut espérer une conciliation entre lui et les autres intéressés.

115 *bis*. III. Nous venons de raisonner en vue du cas où la délibération sur l'exercice commun du droit de rachat a lieu assez longtemps avant l'expiration du délai. Nous avons choisi cette espèce uniquement pour mettre plus en saillie le raisonnement que nous voulions faire et rendre plus apparent l'intérêt des covendeurs ou cohéritiers qui s'abstiennent. Mais nous ne pouvons logiquement fonder une décision sur le plus ou moins long temps qui reste à courir jusqu'à l'expiration du délai. Comment en l'absence de texte voir une différence entre la situation et les intérêts des parties à deux ans ou à un an de l'expiration du délai; entre le cas où il reste six mois à courir, ou trois mois, un mois ou quinze jours? Tant qu'il reste un jour, une heure, chacune des parties ne peut-elle pas prétendre qu'elle délibère, qu'elle cherche des moyens pécuniaires pour user de ses droits? Peut-on contraindre un vendeur, qui a stipulé un délai de cinq ans, à se décider quand les cinq années ne sont pas complètement expirées? Si on ne peut pas l'y contraindre, si, d'un autre côté, l'acheteur à réméré peut refuser de subir le rachat partiel, il résulte de la force même des choses que le réméré finit par n'être

pas exercé lorsque tous les intéressés laissent écouler jusqu'à la dernière minute sans s'entendre. On le voit, nous n'arrivons pas à cette décision en invoquant des principes un peu abstraits et rigoureux, qui ne permettraient pas à l'un des vendeurs ou cohéritiers d'exercer un droit appartenant à autrui, et qui le priveraient de son droit de réméré par respect pour une théorie qui ne protégerait pas un intérêt véritable. Nous le privons de son droit parce que nous respectons jusqu'à la dernière minute le droit et l'intérêt de ses cointéressés.

Ce n'est pas non plus sur le texte de l'article 1670 que nous nous appuyons, car ce texte se place uniquement au moment où l'une des parties veut exercer le réméré; il déclare que, faute d'entente, cette partie sera renvoyée de la demande, ce qui ne signifie pas qu'elle est à tout jamais privée d'exercer son droit, mais uniquement que l'exercice qu'elle veut alors en faire n'est pas régulier, que l'acte qu'elle a fait n'est pas la condition résolutoire du droit de l'acheteur. Mais il serait injuste de dire que le droit est perdu si on est encore dans les délais, car cette déchéance du droit d'un des intéressés réagirait sur les autres, qui ne pourraient plus user de la faculté de rachat, et qui s'en trouveraient dépouillés avant le temps. On pourrait combattre notre décision en essayant de lui opposer les règles sur la chose jugée; puisque, dirait-on, la partie est renvoyée de la demande, elle ne peut plus la former. Mais il ne faut pas tenir compte de cette observation; l'exercice du réméré n'est pas une action judiciaire, nous l'établirons bientôt, et s'il donne naissance à un procès sur la validité des actes accomplis pour racheter le bien, la chose jugée ne porte pas sur le droit même d'exercer le réméré, mais sur la validité de certains actes, de certaines offres faites par une personne dont le droit d'exercer le réméré n'est pas contesté. Le jugement qui déclare ces actes irréguliers, ces offres incomplètes, ne statue pas sur le droit même de réméré, et, par conséquent, il ne faut pas alléguer la règle sur la chose jugée. Il se produit ici ce qui arriverait si un vendeur à réméré faisait des offres insuffisantes, et qu'après un jugement déclarant cette insuffisance, il fît des offres plus complètes, les délais n'étant pas encore expirés.

115 *bis*. IV. Résulte-t-il de la décision que nous venons d'essayer de justifier, que celui des covendeurs ou cohéritiers du

vendeur qui agit pour sa part en offrant d'exercer le réméré pour le tout, au défaut des autres, ne puisse jamais réussir? Telle n'est pas notre conclusion.

L'article 1670 veut, pour que le réméré puisse être exercé, que tous les intéressés se concilient pour la reprise de l'héritage entier. Or il y a plusieurs manières de se concilier en ce sens. Nous l'avons dit, les cointéressés peuvent consentir à l'exercer tous ensemble, ou bien s'entendre pour céder leurs droits à l'un d'entre eux. Mais ce n'est pas tout, ils peuvent sans user du droit pour eux-mêmes, sans céder leur droit à l'un d'eux, déclarer qu'ils renoncent à leur droit, qu'ils ne l'exerceront jamais. Dans ce cas, nous admettrions celui qui veut agir à exercer le droit pour le tout.

Nous l'avons dit plus haut, ce qui, pour nous, est un obstacle invincible à l'exercice du droit par un seul, les autres s'abstenant, c'est que ceux-ci entendent peut-être réserver leur droit jusqu'au dernier moment. Mais quand ils y renoncent, leur intérêt n'est plus en jeu, et il se produit ce que la loi demande, une conciliation pour la reprise de la totalité, puisque l'un des intéressés manifeste l'intention de reprendre le tout et que les autres déclarent abandonner les droits qui pourraient faire obstacle à cette reprise totale.

Nous ne voyons pas sur quoi serait fondée en pareil cas l'opposition que l'acheteur à réméré ferait au rachat. Il a le droit de repousser un rachat partiel; mais quand le rachat total est exercé, en quoi sa position est-elle plus mauvaise, parce qu'il est exercé par une personne au lieu de l'être par trois ou quatre? De quelle importance est-il pour lui que son adversaire agisse comme cessionnaire des autres intéressés, ou en vertu d'un droit propre par suite de l'abdication des autres?

115 *bis.* V. Mais ce droit propre que nous reconnaissons au vendeur d'une partie ou à l'héritier du vendeur, sur quoi est-il fondé? Nous l'appuyons sur ce que son droit de rachat ne peut pas être à la fois divisible et indivisible. Divisible quand il veut l'exercer pour le tout, indivisible quand il veut l'exercer pour partie, ne pouvant être par conséquent exercé ni pour le tout ni pour partie. Il y a là un résultat qui ne saurait être admis. Un droit de propriété, car un vendeur à réméré est propriétaire, ne peut

pas ainsi dépendre du caprice de tiers alors que ces tiers n'ont pas une raison légitime d'empêcher l'exercice de ce droit.

115 *bis*. VI. Ce qu'on doit décider pour ménager tous les droits, c'est que le vendeur d'une partie ou l'héritier *pro parte* du vendeur, n'a au fond droit qu'à l'exercice partiel du réméré, et que si l'acheteur y trouve son avantage, il peut s'opposer à l'exercice total. Mais si l'acheteur veut que le réméré soit exercé pour le tout, il n'a pas le droit, quand les autres intéressés renoncent à user jamais de la faculté de rachat, de repousser l'un des intéressés proposant de reprendre la totalité, car il lui dénierait alors purement et simplement l'exercice de son droit.

On voit que nous faisons une différence entre le cas où les cointéressés cèdent leur droit à l'un d'eux et celui où ils se contentent de renoncer à exercer jamais ce droit. Dans la première hypothèse, le cointéressé cessionnaire du droit des autres peut exercer le réméré pour le tout, alors même que l'acheteur préférerait garder des parties; dans la deuxième hypothèse, celui qui rachète peut être contraint par l'acheteur à ne racheter que sa part.

116. Mais si l'acheteur n'a acquis que des portions dont la réunion formait un tout dans sa main, chaque part alors faisant l'objet d'une vente particulière, il doit subir envers chacun de ses vendeurs la loi de son contrat. V. art. 1671.

116 *bis*. Dans l'hypothèse de l'article 1671, il faut réserver ce qui a été dit par l'article 1667 pour le cas où la réunion de toute la propriété dans la main de l'acheteur à réméré d'une partie est la conséquence d'une licitation provoquée contre lui. L'article 1671 suppose des acquisitions successives et spontanées des diverses parties de la propriété, alors l'acheteur ne peut pas contraindre ceux qui lui ont vendu à réméré quelques parties à exercer le réméré pour le tout. Mais il en est autrement quand, sur une licitation provoquée contre lui, l'acheteur d'une partie s'est vu contraint à se porter adjudicataire de la totalité pour conserver ce qu'il avait acheté.

117. La divisibilité de l'action de réméré reçoit également son application au cas où l'acheteur laisserait plusieurs héritiers; il est évident que chacun ne peut être actionné que pour

sa part héréditaire, mais sauf le principe de l'article 883, duquel il résulte qu'une fois le partage fait, le retrait s'exercera contre chacun, pour la portion divise tombée dans son lot, ou même pour le tout contre un seul, si la chose entière lui est échue. V. art. 1672.

117 *bis*. I. Il faut, dans l'application de l'article 1672, tenir compte de cette idée précédemment émise, que l'action en réméré se compose en réalité de deux actions, l'une personnelle et l'autre réelle, et il faut examiner sous l'empire de cette idée les trois cas prévus par l'article.

Quand l'acheteur a laissé plusieurs héritiers, on peut en effet supposer qu'au moment de l'exercice du réméré la chose est encore indivise entre les héritiers, ou qu'elle a été partagée entre eux tous, ou que la succession ayant été partagée, la chose a été mise tout entière au lot de l'un des cohéritiers.

Dans le premier cas, l'action est nécessairement divisée; chaque héritier ne peut être poursuivi que pour sa part, soit qu'on considère le côté personnel de l'action, car la dette est divisée entre les héritiers, soit qu'on envisage le côté réel, car chaque héritier n'est détenteur de la chose vendue que pour une part.

Le deuxième cas ressemble au premier. La chose, il est vrai, a été partagée, mais le partage a attribué à chaque héritier une part exactement proportionnelle à la part héréditaire. Alors, soit comme débiteurs, soit comme détenteurs, les héritiers ne sont exposés que pour leurs parts héréditaires à l'exercice du réméré.

Troisième hypothèse. — Un des héritiers a reçu la totalité de la chose dans un partage général de l'hérédité. Cet héritier subit le réméré pour le tout, mais c'est à raison du caractère réel du droit du vendeur ; l'héritier est poursuivi comme détenteur, ainsi que serait poursuivi un acheteur ou un donataire. Il n'est même pas nécessaire d'invoquer avec M. Demante l'article 883, car l'héritier serait exposé au réméré pour le tout alors même qu'il serait l'ayant cause de ses cohéritiers.

Nous reconnaissons cependant que pour les meubles il serait utile de faire reposer la décision de l'article 1672 sur l'article 883 invoqué par M. Demante. En effet, les meubles ne peuvent pas être ordinairement revendiqués ; si l'héritier qui a reçu dans son

lot tout l'objet était l'ayant cause de ses cohéritiers pour les parts
héréditaires de ceux-ci, il ne serait pas pour ces parts exposé au
réméré, l'action réelle ne pouvant être intentée contre un possesseur de bonne foi, et l'héritier ayant reçu peut-être de bonne foi
ces parts d'une convention avec ses cohéritiers. Tandis qu'en
traitant l'héritier comme ayant cause du défunt (art. 883), nous
le privons du droit d'invoquer l'article 2279; il n'a pas d'autre
titre que celui du défunt, et par conséquent il ne peut pas se
prévaloir de sa bonne foi personnelle pour combattre la revendication du vendeur à réméré, revendication intentée pour le tout
contre le possesseur de l'objet vendu. On voit donc que l'article 1672 est en parfaite harmonie avec les principes, soit qu'il
s'agisse de meubles, soit qu'il s'agisse d'immeubles.

117 *bis*. II. Il est à peine nécessaire de faire observer que nous
assimilons à la dernière hypothèse prévue par l'article 1672 celle
où dans un partage de succession, l'un des héritiers, sans recevoir
dans son lot la totalité de la chose achetée à réméré, en aurait
reçu une part plus considérable que celle qui correspondrait à sa
part héréditaire. *Exemple :* Un héritier appelé pour moitié à la
succession aurait reçu dans son lot les trois quarts de la propriété
achetée à réméré et qu'on aurait pu matériellement diviser en
deux lots, l'un d'un quart, l'autre de trois quarts. On ne doit pas
hésiter dans cette hypothèse à autoriser l'exercice du réméré pour
trois quarts contre celui des héritiers qui détient les trois quarts
du bien. Les raisons qui permettent de le poursuivre pour le tout
quand il a reçu le tout dans son lot conduisent nécessairement à
donner le droit de le poursuivre pour une part supérieure à sa
part héréditaire, quand il a reçu dans son lot une part du bien
hors de proportion avec sa part héréditaire.

118. Le pacte de réméré étant, comme nous l'avons dit,
résolutoire de la vente, il est clair que les parties doivent
respectivement se rendre ce qu'elles ont reçu; mais le vendeur,
outre la restitution du prix, doit tenir compte à l'acheteur des
dépenses qu'il a faites, par suite ou à l'occasion de la vente :
ce qui comprend les frais et loyaux coûts du contrat, et les
réparations; en observant que les réparations nécessaires sont
dues intégralement, et les réparations utiles, seulement jusqu'à

concurrence de la plus-value. Toutes ces obligations du vendeur étant la condition de l'exercice du réméré, ce n'est qu'après y avoir pleinement satisfait qu'il peut rentrer en possession. V. art. 1673, al. 1.

118 *bis*. I. L'article 1673 traite de l'exercice de réméré, mais il néglige de dire comment ce droit doit être exercé, ou, pour parler le langage même de l'article, comment le vendeur doit user du pacte de rachat, et il faut avant tout se fixer sur ce point.

A lire certains articles du Code dont nous avons nous-même quelquefois reproduit le langage, il semblerait que le vendeur dût nécessairement manifester la volonté d'exercer le réméré, en intentant une action en justice. On voit en effet les articles 1662, 1664, 1668, 1671 et 1672 parler d'une *action en réméré*. Mais d'autres dispositions de la loi évitent cette expression et montrent que les articles précités ne préjugent rien ; ce sont l'article 1669 et surtout l'article 1673, celui qui traite spécialement de la mise en œuvre du droit, et qui, par conséquent, est l'article le plus important à étudier quant au point qui nous occupe.

Nous devons ajouter que les cinq articles cités ne parlent pas d'une action à *intenter*, ce qui impliquerait qu'il s'agit d'une action en justice, mais emploient tous l'expression assez rare, *action exercée,* qui paraît prendre le mot action comme un synonyme du mot droit.

Il est vrai que l'article 1670 parle d'une demande et d'une mise en cause, mais il faut observer qu'il suppose précisément une contestation entre les parties sur la possibilité d'exercer le réméré, et toute contestation doit nécessairement se traduire en une demande judiciaire.

118 *bis*. II. Les textes ne nous apprennent donc rien de positif sur le procédé nécessaire de l'exercice du réméré. La difficulté doit par conséquent être résolue par l'application des principes.

L'acheteur est propriétaire sous une condition résolutoire, il faut déterminer quelle est exactement cette condition. L'article 1659, qui contient la définition de la vente à réméré, nous donne un renseignement précis sur ce point. Le vendeur a le droit de reprendre la chose moyennant la restitution du prix principal et le remboursement dont il est parlé à l'article 1673. L'événement qui constitue la condition résolutoire du droit de l'acheteur, c'est donc une restitution, un remboursement.

Quand l'acheteur accepte de bonne volonté cette restitution et ce remboursement, quand il consent à attester par écrit qu'il a reçu les prestations qui devaient lui être faites, la condition est remplie *in forma specifica,* et il n'y a pas de difficulté. Mais quand l'acheteur ne veut pas recevoir et surtout reconnaître qu'il reçoit les prestations, il est impossible qu'il dépouille de son droit le vendeur qui veut en user. La théorie des conditions nous fournit alors un moyen de venir au secours du vendeur. Car l'article 1178 établit que la condition est réputée accomplie, quand c'est le débiteur obligé sous cette condition qui en a empêché l'accomplissement. L'acheteur à réméré est débiteur conditionnel, l'article lui est littéralement applicable.

118 *bis*. III. Reste à établir comment on prouvera que l'accomplissement de la condition a été empêché par l'acheteur à réméré. Il ne faut pas que celui-ci puisse nier que le vendeur a tenté d'accomplir la condition de l'exercice de son droit.

Il faudra donc une constatation régulière de la tentative du vendeur; nous entendons par là que la tentative du vendeur doit être prouvée soit par témoins, dans les cas où la preuve testimoniale est admise par les articles 1341, 1347 et 1348, soit par écrit, soit par l'aveu, soit enfin par le serment décisoire ou le refus de prêter le serment.

Quand il faudra présenter une preuve écrite, nous n'apercevons pas comment le vendeur pourrait se la procurer autrement que par un procès-verbal dressé par un officier public, puisque la partie adverse refusera presque fatalement de donner des armes contre elle en signant volontairement un acte qui constaterait que le vendeur a tenté d'exercer le réméré. Il pourrait même arriver que l'acheteur ne pût être trouvé chez lui, qu'il disparût quelque temps de son domicile et de sa résidence, et qu'il fût impossible de se mettre en rapport avec lui. Le vendeur fera constater par un officier public la tentative qu'il a faite et à quelle époque il l'a faite, afin de prouver qu'il était encore dans les délais du rachat.

Les officiers publics qui sont compétents pour constater de pareils faits, sont les huissiers, dont la mission consiste précisément à rédiger des procès-verbaux établissant qu'ils ont, à la requête d'une certaine personne, fait à une autre une certaine déclaration ou une certaine offre. Les notaires aussi seraient compétents, parce que l'acte qu'il s'agit d'accomplir a une grande affinité avec les offres réelles qui peuvent être faites par les notaires.

118 *bis*. IV. Il ne suffit pas de dire comment sera prouvée la tentative faite par le vendeur pour exercer le réméré, il faut, et c'est un point délicat, dire en quoi doit consister cette tentative, quel fait a dû accomplir le vendeur dans les délais, pour que la propriété de l'acheteur soit résolue.

Nous n'oublions pas que d'après l'article 1659 la condition résolutoire du droit de l'acheteur est une certaine restitution, un certain remboursement, c'est-à-dire une prestation réelle d'une somme d'argent. Lors donc qu'on voudra prouver que le vendeur a fait tout ce qui dépendait de lui pour remplir la condition et que cette condition a manqué seulement par le fait de l'acheteur, il faudra prouver par écrit, ou par témoins, ou par l'aveu, ou par le serment, que le vendeur a apporté une somme d'argent, l'a présentée à l'acheteur ou au moins au domicile de celui-ci, et que, par conséquent, c'est uniquement par le fait de cet acheteur que la condition ne s'est pas réalisée.

Quand cette preuve résultera d'un procès-verbal d'officier public, il faudra que l'officier constate qu'il était porteur de deniers et qu'il les tenait à la disposition de l'acheteur. Par la force des choses ce procès-verbal ressemblera à un procès-verbal d'offres réelles, puisque la situation d'un débiteur qui veut se libérer ressemble beaucoup à celle d'un vendeur à réméré qui veut restituer le prix et rembourser les accessoires de ce prix. Mais à proprement parler, il n'est pas besoin de dire que le vendeur fait des offres réelles, parce que la procédure d'offres suppose l'existence d'une dette, et surtout parce que la procédure d'offres n'est complète et n'entraîne libération que s'il est fait une consignation des deniers. Nous n'avons pas la prétention de vouloir organiser ici une procédure d'offres et de consignation suivie d'une demande en validité des offres. Nous ne croyons pas que tout cela soit nécessaire, mais ce qui nous paraît indispensable c'est de constater d'une façon régulière que les deniers ont été apportés chez l'acheteur, car c'est alors seulement qu'il est possible d'appliquer l'article 1178.

On soutient cependant qu'il suffit de faire à l'acheteur des propositions de remboursement, de lui manifester l'intention d'exercer le réméré, et que la condition résolutoire est accomplie, pourvu qu'il soit prouvé que la proposition était sérieuse, et que le vendeur avait les ressources suffisantes pour l'exécuter. On formule ainsi le système : le Code ne règle pas le mode d'exercice du réméré, il n'exige pas expressément des offres réelles ; si le vendeur a sérieusement annoncé son intention de reprendre le bien, il ne saurait être déchu de son droit (1). On ajoute même que telle est la portée de l'article 1178, puisque la proposition sérieuse du vendeur montre que la condition a été empêchée par le fait de l'acheteur, et enfin on trouve dans l'article 1673 la preuve que les deniers ne doivent pas être réellement payés ou offerts avant l'expiration du délai, puisque l'acheteur jouit d'un droit de rétention qui suppose que le réméré est exercé, mais que l'acheteur n'a pas reçu ce qu'il a droit de recevoir.

Cette doctrine nous paraît inadmissible. Elle repose en effet sur une interprétation trop indulgente de l'article 1178. Quand le vendeur a manifesté l'intention d'exercer le réméré, on ne peut pas dire que la condition manque par la seule volonté de l'acheteur, car il y a quelquefois très-loin d'une manifestation d'intention à une exécution. On veut, il est vrai, que la proposition soit sérieuse, mais combien il sera difficile de se fixer sur ce point ! Il faudra qu'après l'expiration du délai les tribunaux examinent quelle était la situation pécuniaire du vendeur et jugent qu'il avait les ressources suffisantes pour donner suite à sa proposition. Quelle n'est pas la difficulté d'apprécier la fortune d'une personne, et non-seulement sa fortune, mais son crédit, car le vendeur peut faire une offre sérieuse s'il a sujet de croire qu'une personne lui prêtera les fonds nécessaires. Ce n'est pas tout, le vendeur est assez riche pour qu'il n'y ait pas de doute sur les moyens qu'il aurait de donner suite à la proposition ; il y aura encore un autre point bien plus obscur : avait-il l'intention irrévocable d'exercer le réméré, ou ne voulait-il pas gagner du temps pour voir venir les événements et donner ou ne pas donner suite à son offre suivant que la valeur du bien monterait ou baisserait ? Est-ce que

_____

(1) V. C. C., 5 février 1856, Devill., 1856, I, 671.

l'acheteur n'a pas le droit de refuser de se prononcer sur la proposition qu'on lui fait, quand cette proposition n'est pas appuyée par la présentation des deniers? Ne peut-il pas craindre de se placer dans une situation qui le met à la discrétion du vendeur? celui-ci, après ses propositions, pouvant ou y donner suite ou les abandonner. Quand l'acheteur refuse de se lier par une acceptation de pareilles propositions, n'est-il pas inexact et injuste de dire que la restitution, le remboursement, la condition enfin a été empêchée par lui (art. 1178)?

Une autre raison nous détermine, c'est une raison d'intérêt supérieur : le système que nous combattons laisse beaucoup à l'appréciation de la justice, donc le sort de la propriété n'est pas fixé au jour où expire le délai du réméré, et pour les tiers qui ont acquis des droits sur le bien, il est du plus haut intérêt qu'au jour indiqué il n'y ait plus d'incertitude sur la propriété. Pour que tout soit certain, il faut que la résolution dépende de l'accomplissement d'un fait matériel sur lequel des interprétations et des appréciations sont inutiles.

A côté de ces grandes raisons, l'examen des objections nous paraît d'un intérêt secondaire. Elles se réfutent, il nous semble, assez facilement. 1° Le Code n'exige pas des offres réelles. Nous ne demandons pas de véritables offres réelles, mais, d'après la convention des parties, une restitution devant être faite, nous avisons au moyen de constater que cette restitution a été tentée autant qu'il dépendait du vendeur. 2° Pourquoi réserver à l'acheteur un droit de rétention? C'est parce que toutes les sommes à restituer peuvent n'être pas liquides, par exemple, celles à payer à l'occasion des réparations nécessaires ou des dépenses d'amélioration; pour celles-là il ne peut être offert qu'une somme peut-être insuffisante avec promesse de la parfaire, et c'est pour la garantie de cette promesse de parfaire que le droit de rétention est utile.

118 *bis.* V. Le vendeur doit rendre le prix principal. Par cette expression le Code manifeste bien la pensée qu'on n'est pas tenu de rendre les intérêts du prix, et il doit en être ainsi, car ces intérêts représentent la jouissance qui a appartenu à l'acheteur à réméré pendant tout le temps qui s'est écoulé depuis la vente jusqu'à l'exercice du réméré.

118 *bis.* VI. Quelquefois la restitution du prix serait insuffi-

sante, si les parties étaient convenues que le rachat serait fait moyennant la prestation d'une somme supérieure à celle que l'acheteur avait originairement payée. Cette stipulation devrait être validée en vertu du principe de la liberté des conventions, et parce qu'on ne se trouverait pas dans le cas exceptionnel où cette liberté est limitée par la loi sur le taux de l'intérêt de l'argent. On n'est pas en effet dans l'hypothèse d'un prêt, le vendeur n'est pas débiteur du prix par lui reçu, il est toujours maître de ne pas payer la somme fixée s'il la trouve trop considérable, et il se trouve alors dans la position d'un propriétaire qui a vendu à trop bas prix le bien qui lui appartenait. La loi de 1807 ne règle pas ce cas, il n'a pas ordinairement le droit d'attaquer la convention qu'il a faite, à moins qu'il ne se trouve dans les conditions où la loi admet la rescision de la vente pour cause de lésion (art. 1674).

118 *bis*. VII. La principale prestation imposée à l'acheteur quand le réméré est exercé, c'est la restitution de la chose achetée; il doit l'exécuter immédiatement, à moins qu'il ne soit en situation d'user du droit de rétention dont nous avons déjà parlé, c'est-à-dire à moins que le vendeur n'ait pas satisfait pleinement à toutes les obligations qui lui sont imposées.

Avec la chose vendue, l'acheteur doit rendre les accessoires de cette chose, comme les accroissements résultant d'alluvion, et la part afférente à la propriété, d'un trésor trouvé sur le fonds vendu.

118 *bis*. VIII. Quant aux fruits perçus par l'acheteur à réméré, la question de savoir s'ils doivent être restitués se lie à une question plus générale. Les fruits appartiennent-ils au propriétaire sous condition résolutoire, malgré l'effet rétroactif des conditions? Nous avons établi que l'article 1179 ne s'appliquait pas aux jouissances (1), et par conséquent nous n'admettons pas que l'acheteur à réméré d'une chose frugifère soit tenu de restituer les fruits.

118 *bis*. IX. La difficulté nous paraît plus sérieuse quant aux fruits de la première et de la dernière année, la jouissance de l'acheteur à réméré n'ayant pas duré un nombre exact d'années complètes.

Dans le silence du texte, il paraît naturel de répartir entre le vendeur et l'acheteur les fruits de l'année commencée, en propor-

(1) V. t. V., n° 98 *bis*. II.

tion du temps qu'a duré dans cette année le droit de chacun d'eux.

Pour les fruits civils cette répartition ne saurait souffrir difficulté, puisqu'elle a lieu d'après la loi dans toutes les circonstances analogues. Mais quand on s'occupe des fruits naturels, on se trouve en présence de l'article 585 qui régit tout autrement la question dans les rapports entre un usufruitier et un nu-propriétaire, et on est tenté d'attribuer tous les fruits à celui des deux intéressés qui fait la récolte, sauf à discuter s'il est dû une indemnité pour les frais de culture aux termes de l'article 548, ou si cette indemnité doit être refusée d'après l'article 585.

Nous rejetons toutefois l'application de l'article 585, car il donne dans l'hypothèse de l'usufruit une décision qui au lieu de régler la position de chacun d'après ses droits, le subordonne à un hasard, et qui par conséquent est rigoureuse, arbitraire et ne mérite pas d'être étendue. Elle serait d'ailleurs encore plus injuste appliquée aux acheteurs et vendeurs à réméré, qu'au nu-propriétaire et à l'usufruitier. Les droits ne dépendraient plus véritablement du hasard, l'une des parties pourrait à sa volonté se faire une position avantageuse en choisissant le bon moment pour exercer son droit. Ce qui justifie à peu près l'article 585, c'est que les chances sont égales entre le nu-propriétaire et l'usufruitier. Tout dépend de la mort de l'usufruitier, d'un événement casuel; qu'elle arrive la veille de la récolte et à la fin d'une année, la décision de la loi est défavorable à l'usufruitier; mais que cette mort survienne le lendemain de la récolte et au commencement d'une année, l'usufruitier fait un bénéfice; les chances se compensent. Il en est autrement dans le cas qui nous occupe. L'époque de la résolution du droit de l'acheteur dépend de la volonté du vendeur; il se hâtera ou il tardera d'exercer le réméré selon que la récolte sera prochaine ou éloignée, et on peut dire que l'acheteur est sûr que le réméré ne sera jamais exercé le lendemain d'une récolte faite. Le législateur a probablement apprécié ainsi la situation quand il n'a pas appliqué ici l'article 585, et nous n'avons pas de raison pour l'appliquer nous-même.

119. De ce que le pacte est résolutoire, il s'ensuit encore que le bien rentre libre de toutes charges et hypothèques; mais l'intérêt commun des parties exigeait que le vendeur fût

obligé à exécuter les baux faits sans fraude. V. art. 1673, al. dernier, et à ce sujet, art. 595.

119 *bis*. Il fallait faire une réserve pour les baux, afin que l'acheteur pût trouver des locataires. On n'a pas du reste posé une règle fixe comme aux articles 1429 et 1430; les tribunaux ont le pouvoir d'apprécier si le bail est frauduleux ou s'il a été fait dans des conditions de bonne administration qui permettent de l'opposer au vendeur.

C'est également l'examen du caractère frauduleux du bail qui déterminera s'il peut être opposé au vendeur au point de vue de sa date. La loi n'exige pas, comme à l'article 1743, que ce bail ait date certaine; les tribunaux apprécieront. Car le vendeur n'est pas un tiers pouvant invoquer l'article 1328; il a confié la jouissance et l'administration du bien à l'acheteur; celui-ci, quant à cette administration, est son mandataire, et les actes du mandataire font foi de leur date à l'égard du mandant.

SECTION II.

De la rescision de la vente pour cause de lésion.

120. Quoique en général la lésion ne soit pas une cause de restitution pour les majeurs, la loi, prenant ici en considération la position du vendeur, que le besoin d'argent force souvent à vendre au-dessous du juste prix, lui accorde l'action en rescision; mais pour cela il faut : 1° que l'objet vendu soit un immeuble; 2° que la lésion soit de plus des sept douzièmes. Du reste, cette rescision, fondée sur l'équité, a lieu nonobstant toute clause ou stipulation contraire; car ces clauses, qui d'ailleurs seraient devenues de style, sont infectées du même vice que la vente. Par ces motifs, on ne s'arrêterait pas même à celle par laquelle le vendeur déclarerait donner la plus-value. V. art. 1674.

120 *bis*. I. On voit dans les dispositions de l'article 1674 le législateur n'abandonnant qu'à regret le principe que la lésion ne vicie pas en général les conventions. Il a subordonné à des conditions

rigoureuses le droit de rescision. La loi ne protége que le vendeur, car l'acheteur qui paie trop cher la chose achetée, lorsqu'il n'a pas été victime d'un dol ou d'une violence, a agi dans la plénitude de sa liberté; rien ne le contraignait à acheter, si ce n'est peut-être un désir ardent, une sorte de passion qui était en lui-même et qui n'était pas exclusive de la liberté; tandis que le vendeur qui vend à des conditions très-désavantageuses a subi une sorte de pression morale, destructive de sa liberté, car il n'a pu donner son consentement que sous l'influence d'un besoin impérieux d'une somme d'argent.

Le Code n'admet la rescision par lésion qu'à propos de la vente des immeubles, parce que les meubles ont toujours été considérés par notre loi comme d'une importance moindre que les immeubles au point de vue de leur conservation, et secondement parce qu'il peut être difficile de constater rétrospectivement la valeur d'un meuble au moment de la vente, soit à cause des altérations matérielles qu'il aura subies, soit à cause de l'extrême variabilité de la valeur des meubles, bien plus exposés que les immeubles aux fluctuations de la mode.

120 *bis*. II. Le système de la loi, qui n'admet la rescision qu'en présence d'une lésion dont l'importance est arithmétiquement fixée, a pour conséquence l'impossibilité de rescinder pour lésion une vente qui aura un caractère aléatoire, par exemple une vente d'usufruit, ou une vente d'immeuble moyennant une rente viagère. L'incertitude qui pèse dans le premier cas sur la chose vendue, et dans le deuxième sur l'importance du prix, soustrait ces contrats à l'application de l'article 1674. Cependant, pour qu'il en soit ainsi, il est nécessaire que le contrat soit réellement aléatoire. Si les tribunaux reconnaissaient en fait que le prétendu contrat aléatoire ne fait pas courir aux parties ces chances de gain et de perte qui justifient dans une certaine éventualité un bénéfice considérable, à raison de la possibilité d'une perte considérable dans une autre éventualité, il faudrait leur reconnaître le droit de traiter le contrat comme une vente ordinaire et d'admettre la rescision pour lésion.

' 120 *bis*. III. Quand la vente comprendra à la fois des meubles et des immeubles vendus pour un seul prix, il y aura lieu de faire une *ventilation* pour déterminer quelle est la part du prix total afférente aux immeubles, et sur cette part il faudra faire le calcul indiqué par l'article 1674, c'est-à-dire examiner si elle représente au moins les cinq douzièmes de la valeur des immeubles.

120 *bis*. IV. L'article ne se contente pas de défendre toute convention contraire à la rescision, il prévoit et annule une renonciation déguisée qui se produirait sous forme de donation. *Exemple* : L'immeuble vendu vaut 120,000 francs, le prix est fixé à 45,000, et le vendeur déclare faire donation à l'acheteur de 75,000 francs, qui représentent la différence entre le prix de la vente et la valeur réelle du bien.

Ici, toutefois, il faut faire des réserves. Ce que la loi frappe, c'est la donation fictive couvrant une renonciation déguisée à la rescision; mais si les tribunaux constataient l'existence d'une volonté sérieuse de faire donation, il faudrait valider le contrat, sauf à exiger que les règles sur la forme des donations aient été respectées. Si, en effet, on poussait l'application rigoureuse de l'article 1674 jusqu'à l'annulation de l'aliénation en pareille circonstance, on interdirait par là même toute donation mélangée de vente, toute donation faite sous la charge de payer soit au donateur, soit même à un tiers, une certaine somme d'argent. Rien n'est plus ordinaire cependant et plus légitime. On veut faire une libéralité à une personne, mais le bien qu'on est disposé à lui donner est d'une valeur supérieure à celle qu'on veut donner : n'est-il pas naturel que transférant gratuitement la plus forte partie de la propriété, on stipule un prix pour l'autre partie?

120 *bis*. V. La convention prohibée est la renonciation faite *dans le contrat* à l'action en rescision. Nous devons examiner la valeur d'une semblable renonciation faite postérieurement au contrat, par un acte séparé.

Son effet dépend des principes sur les confirmations des actes annulables. La vente, en effet, est rescindable, c'est-à-dire annulable pour lésion. C'est un des caractères de l'annulabilité d'admettre la confirmation, donc cette vente peut être confirmée. Mais il faut que l'acte de confirmation satisfasse aux conditions générales de validité de ces sortes d'actes.

La condition essentielle de toute confirmation est qu'elle ne soit pas entachée du vice qui affecte l'acte confirmé (1). Il faut

(1) V. t. V, n° 309 *bis*. II.

donc rechercher exactement quel est le vice de la vente rescindable pour cause de lésion, afin de ne déclarer valables que les
confirmations qui seront exemptes de ce vice.

On serait tenté de dire : Le vice c'est la lésion, c'est-à-dire la
disproportion qui existe entre le prix de la vente et la valeur de
la chose vendue. Aussi longtemps que cette disproportion existera,
on pourra dire qu'une confirmation est impossible, car elle sera
entachée du même vice que l'acte primitif.

120 *bis*. VI. Il ne faut cependant pas matérialiser ainsi le vice
de la vente; il ne consiste pas absolument dans la différence arithmétique qui sépare les deux valeurs données ou promises par les
deux contractants; s'il en était ainsi, il faudrait que l'acheteur
eût, quand il est lésé, l'action en rescision. Il y a, nous l'avons
dit, dans la théorie du législateur une préoccupation plus subtile
des principes sur la volonté. Le véritable vice, c'est l'absence de
liberté, la violence morale que le vendeur est présumé subir, la
nécessité urgente où le législateur suppose qu'il se trouve de se
procurer une somme d'argent. Si tel est le véritable vice de la
convention, il ne faut pas interdire la confirmation par ce seul
fait que la lésion matérielle subsiste toujours, mais uniquement
quand la confirmation paraîtra le résultat de la violence morale,
du besoin d'argent qui a déterminé le vendeur à faire le contrat
primitif.

Nous devons donc distinguer parmi les actes confirmatifs et
rechercher leur cause déterminante. Si l'acte de confirmation postérieur au contrat n'a pas été fait gratuitement, on peut croire
que le vendeur a toujours subi l'empire de la nécessité et qu'il a
ratifié pour avoir quelque argent. Il faudra donc considérer ensemble l'acte confirmatif et l'acte de vente, et si les sommes tou-
chées à la suite de ces deux actes n'atteignent pas les cinq douzièmes du prix de l'immeuble, considérer la rescision comme étant
toujours possible.

Si la ratification de la vente a été faite gratuitement, elle peut
encore avoir été la conséquence de l'état de détresse dans lequel
se trouve le vendeur. En effet le prix n'était peut-être pas encore
payé, et on est en droit de penser qu'il a renoncé à l'action en
rescision pour obtenir le paiement des sommes promises par le
premier contrat de vente. Dans la pensée du vendeur, la ratifica-

tion est alors la conséquence nécessaire et comme une partie de la vente; nous devons donc dire qu'elle est annulable.

Enfin, la confirmation gratuite et consentie après le paiement du prix produira les effets d'une confirmation valable, car le vendeur est absolument libre de la refuser; il l'a faite sous l'influence de scrupules de conscience pour respecter la parole qu'il a donnée, et par conséquent cette confirmation n'est pas atteinte du vice qui annulait la vente ratifiée.

121. La lésion ne peut être cause de rescision, si elle n'existe au temps même de la vente. C'est donc à cette époque qu'il faut se référer pour la constater, d'après l'état et la valeur de l'immeuble. V. art. 1675.

121 *bis*. Les deux mots employés par l'article, *l'état* et *la valeur* de l'immeuble, ne constituent pas une redondance, une inutilité. La lésion doit être appréciée d'abord d'après la situation matérielle de l'immeuble au moment de la vente; c'est ce que la loi appelle son état. Il ne faut pas tenir compte des détériorations et des accroissements survenus depuis la vente, puisqu'il s'agit d'apprécier si à cette époque le bien a été vendu à son prix réel.

La valeur est autre chose que l'état; c'est le prix que représentait l'immeuble au moment de la vente d'après son état matériel à cette époque, mais aussi d'après le cours des immeubles de même nature à la même époque. Les immeubles sont soumis comme toutes choses à la hausse et à la baisse, leur valeur vénale à une époque déterminée dépend grandement des circonstances politiques et économiques de cette époque. C'est cela qu'il faut apprécier rétrospectivement, quand on veut savoir si le vendeur a été lésé. Il ne s'agit pas de savoir s'il a fait une mauvaise affaire d'après les événements postérieurs à la vente, mais si, étant donné le cours des immeubles au jour de la vente, il a subi ou n'a pas subi ce jour-là une lésion de plus des sept douzièmes. Il aura par exemple vendu un immeuble dans un moment de crise politique, de troubles révolutionnaires; il ne pourra prétendre quelque temps après, lorsque l'ordre sera rétabli, qu'il a été lésé parcequ'il aura vendu à bas prix. Il ne faudra pas se préoccuper de l'accroissement de la valeur vénale des immeubles, mais de leur prix courant à l'époque mauvaise où la vente s'est faite.

122. L'action en rescision pour lésion étant exorbitante du droit commun, et la faculté de l'exercer étant, sous certains rapports, contraire à l'intérêt général, à cause de l'incertitude qu'elle jette dans les propriétés, la loi en borne la durée à deux années, qui courent du jour même de la vente. V. art. 1676, al. 1.

Par suite du même principe, ce délai court, quel que soit le privilége de la personne à laquelle appartient l'action ; ce qui s'applique aux femmes mariées, aux absents, aux interdits et aux mineurs. Remarquons seulement qu'en comprenant dans sa disposition le mineur, la loi suppose expressément que la vente n'a pas eu lieu par lui ou en son nom, mais qu'elle a été faite par un majeur, du chef duquel l'action lui compète. V. art. 1676, al. 2.

Enfin, quelque motif que puisse avoir un vendeur à pacte de rachat pour ne point agir en rescision, tant qu'il est dans le délai du réméré, il ne résulte de cette circonstance aucune suspension. V. art. 1676, al. dernier. Cette disposition, au reste, ne laisse aucun doute sur l'application de la rescision pour lésion, même à la simple vente à réméré.

122 *bis*. I. Le Code a abandonné sa règle générale, qui soumet les actions en rescision à la prescription de dix ans (art. 1304); il a voulu assurer la stabilité des propriétés, éviter les difficultés d'estimation, plus grandes à mesure qu'on s'éloigne du moment de la vente, et aussi donner une satisfaction aux adversaires de l'action en rescision pour lésion qu'on introduisait à nouveau dans la législation après qu'elle avait été abolie par la loi du 14 fructidor an III.

122 *bis*. II. Les raisons qui ont conduit les rédacteurs du Code à abréger le délai de la prescription, leur ont inspiré la disposition de l'article qui déclare que cette prescription ne sera pas suspendue pour les causes ordinaires de suspension, la minorité, l'interdiction (1); il était inutile d'ajouter l'absence et l'état de femme mariée, car la prescription court en principe contre les absents et les femmes mariées.

_____

(1) V. t. V, n° 263 *bis*. V.

Mais il eût été bon d'expliquer si cette prescription était suspendue au cas prévu par l'article 2253, ou si, contrairement à cet
article, elle courait entre époux. Deux époux peuvent se trouver
dans les rapports d'un vendeur et d'un acheteur d'immeuble, soit
que l'un d'eux ait hérité d'une personne qui a contracté avec
l'autre, soit que la vente ait été faite antérieurement au mariage.
L'hypothèse n'est pas prévue, et nous en conclurons que l'article 2253 est applicable. L'article 1676 est exceptionnel; son effet
ne doit pas être étendu. Il faut d'ailleurs remarquer que l'article 2253 s'inspire de considérations d'un ordre fort élevé; il
s'agit d'empêcher des procès entre époux, de prévenir les conséquences dangereuses de l'influence qu'un des époux pourrait
prendre sur l'autre, et on peut croire que les rédacteurs de l'article 1676 ont tenu compte de ces graves considérations en n'énu-
mérant pas la cause de suspension établie par l'article 2253, parmi
celles qui ne produisent pas d'effet sur l'action en rescision de la
vente pour cause de lésion.

122 *bis*. III. Nous avons dit en parlant de la vente à réméré
que le vendeur d'immeuble pouvait avoir l'action en rescision
pour cause de lésion alors même qu'il s'était réservé la faculté de
rachat. On aurait pu en douter à cause du caractère conditionnel
de la vente, du risque auquel se soumet l'acheteur qui pendant un
certain temps est exposé à perdre la chose ou à la conserver quand
elle est détériorée, et dépend par conséquent de la volonté du
vendeur. Mais l'article 1676 ne laisse aucun doute sur ce point, et
la loi est en cela conséquente avec elle-même, car la clause de
réméré introduite dans la vente prouve que le vendeur regrette
d'être obligé d'aliéner, c'est-à-dire qu'il a besoin d'argent, et qu'il
faut le protéger aussi bien que tout autre vendeur contre les conventions qu'il subit à cause de cette nécessité.

122 *bis*. IV. Si on se demande quelle utilité aura l'action en
rescision pour le vendeur qui a stipulé la faculté de rachat, la
réponse résulte de ce que les deux droits ont chacun leurs conditions spéciales d'exercice.

D'abord on peut supposer que la convention a fixé pour le réméré un délai inférieur à deux ans, et alors l'action en rescision
serait la seule ressource du vendeur après qu'il aurait perdu le
droit de rachat.

Indépendamment de cet avantage qui ne se trouvera pas toujours, en supposant, si on veut, que le vendeur est encore dans la période de temps où les deux droits lui appartiennent encore, il peut avoir intérêt à choisir l'action en rescision, parce que s'il fait rescinder la vente il faut bien qu'il rende le prix qu'il a reçu, mais il n'a pas à restituer les frais et loyaux coûts du contrat (art. 1673, 1681).

Secondement, quel que soit le parti qu'on adopte sur la question de savoir si le vendeur à réméré doit faire des offres réelles, il est en tout cas certain qu'il doit, pour exercer le réméré, non-seulement manifester son intention, mais prouver qu'il était en mesure de rendre le prix, tandis que la validité de sa demande en rescision n'est pas subordonnée à l'existence des moyens de satisfaire à l'obligation qui pèsera sur lui, la vente étant rescindée, de restituer le prix par lui encaissé.

122 *bis*. V. Voilà les avantages de l'action en rescision ; voilà ce qui prouve qu'elle ne fait pas double emploi avec l'action en réméré. Il ne faudrait pas croire toutefois qu'elle vaut toujours mieux que l'action en réméré, et que le vendeur qui a le choix devra toujours choisir l'action en rescision plutôt que l'autre. Tout dépendra des circonstances, et le choix du vendeur ne peut être fait qu'après une appréciation raisonnée de ces circonstances.

En premier lieu, on remarquera que le droit de rachat est incontestable, puisque nous le supposons stipulé, et que le droit à la rescision dépend de l'issue d'un procès sur la valeur de la chose vendue, c'est-à-dire des résultats toujours douteux d'une expertise.

En second lieu, le vendeur qui veut absolument recouvrer la chose elle-même est plus certain de réussir en usant de la faculté de rachat. L'acheteur ne peut pas se soustraire à la nécessité de rendre la chose, tandis que si le vendeur a demandé la rescision, il peut être réduit par la volonté de l'acheteur ou de son ayant cause à recevoir seulement une sorte d'indemnité en argent; le supplément du juste prix diminué d'un dixième (art. 1681).

122 *bis*. VI. Cette faculté réservée à l'acheteur de payer un supplément est préjudiciable au vendeur, non-seulement en ce qu'elle le prive du droit de recouvrer l'immeuble en nature, mais encore parce qu'elle permet à l'acheteur de conserver les bénéfices résultant de l'augmentation de valeur du bien.

Exemple : Un immeuble valant 120,000 francs a été vendu 40,000 francs : la lésion subie était des huit douzièmes, soit 80,000 francs. Par une circonstance accidentelle, l'ouverture d'un chemin de fer, ou d'un boulevard dans une grande ville, l'immeuble a presque subitement doublé de valeur; il représente maintenant, lors de l'action en rescision, 240,000 francs. L'acheteur ne consentira certes pas à restituer ce bien moyennant le recouvrement des 40,000 francs qu'il a payés; il aimera mieux rembourser le supplément dont parle l'article 1681, car, il faut bien le remarquer, ce supplément n'est pas calculé d'après la valeur actuelle du bien, mais d'après sa valeur au moment de la vente; c'est un supplément *du juste prix* qui doit être fourni, et l'idée du prix nous replace bien au moment de la vente, époque où, d'après le texte même de la loi, doit être appréciée la lésion (art. 1675). Voici donc en chiffres ce que l'acheteur devra fournir pour éviter la rescision : la différence entre 40,000 francs qu'il a payés et les neuf dixièmes des 120,000 francs que valait l'immeuble lors de la vente. Il doit, en effet, restituer le supplément du prix moins un dixième de ce prix total; il suffit donc qu'il arrive à parfaire les neuf dixièmes du prix. Cette différence représente 80,000 francs moins 12,000 francs, soit 68,000 francs. En remboursant 68,000 francs, qui avec les 40,000 francs déjà payés feront un total de 108,000 francs, l'acheteur conservera un bien qui vaut aujourd'hui 240,000 francs.

Le vendeur perd donc un dixième du prix qui aurait été primitivement le juste prix, plus toute la plus-value survenue. Si ce vendeur pouvait exercer une action en réméré au lieu d'une action en rescision, sa position serait tout autre. Moyennant qu'il restituerait 40,000 francs et quelques frais accessoires, il aurait le droit d'exiger qu'on lui rendît l'immeuble lui-même; l'acheteur ou son ayant cause ne pourrait se soustraire à cette conséquence du droit de rachat, et tout le bénéfice de la plus-value reviendrait au vendeur.

123. Non-seulement la rescision ne peut être prononcée qu'autant que la lésion est bien prouvée, mais la loi ne permet pas même d'en admettre légèrement la preuve; il est rendu, à cet effet, un premier jugement, qui n'ordonne cette preuve

qu'autant que les faits articulés sont de nature à faire présumer la lésion, ce qui exige un certain degré de vraisemblance et de gravité. V. art. 1677.

124. La preuve ne peut se faire que par une expertise. Le Code civil a introduit pour cette expertise des règles différentes de celles qui s'observaient jusque-là; elles tendent à prévenir les frais et les lenteurs, et surtout à assurer davantage l'indépendance des experts.

Dans ce but, la loi veut que, dès le principe, trois experts soient chargés de l'opération; qu'ils dressent en commun un seul procès-verbal, et ne forment qu'un seul avis à la pluralité. V. art. 1678.

Toutefois, les avis différents, s'il y en a, sont énoncés et motivés, mais sans désignation de leurs auteurs. V. art. 1679.

Enfin, la loi veut que les trois experts soient nommés d'office, à moins que les parties ne s'accordent sur le choix de tous les trois, qui se trouvent alors nommés conjointement. V. art. 1680. Remarquons, au surplus, que cette marche nouvelle a été depuis généralisée, sauf une légère modification, par le Code de procédure (v. C. pr., art. 303, 318; et à ce sujet, 196, 210).

124 *bis*. Le Code civil a anticipé sur le Code de procédure quand il a réglé les détails de la procédure à laquelle doit être soumise l'action en rescision; il a voulu que cette action qu'il remettait en vigueur ne fût pas soumise aux règles de l'ancienne procédure pendant que le nouveau Code se ferait attendre. Mais on ne peut pas voir dans les dispositions du Code civil l'intention de soustraire la demande qui nous occupe aux règles générales du Code de procédure. Or parmi ces règles il en est une qui n'avait pour ainsi dire pas besoin d'être écrite, parce qu'elle dérive des principes généraux sur la liberté des conventions; cette règle doit être appliquée. Nous songeons à la disposition de l'article 303, P. C. Nous pensons que les parties capables pourraient déroger à l'article 1678 et consentir à ce que le rapport fût fait par un seul expert. Le Code de procédure ne fait que consacrer le principe de la liberté des conventions, et on ne voit pas pourquoi ce principe

subirait ici une atteinte au détriment des parties qui auraient voulu diminuer les frais de procédure.

125. La rescision pour lésion étant, comme nous l'avons dit, exorbitante, et n'étant fondée sur aucun vice du consentement, on a toujours accordé à l'acheteur la faculté de se maintenir dans son acquisition, en faisant cesser l'iniquité du contrat par l'offre de suppléer le juste prix. Le Code, en consacrant cette doctrine, *dans le cas où l'action en rescision est admise,* est plus favorable encore à l'acheteur; et pour ne pas le priver entièrement du bon marché sur lequel il a compté, il ne l'oblige à fournir le supplément que sous la déduction du dixième du prix total.

Que si l'acheteur a revendu, il n'a pu transmettre à son acquéreur qu'un droit sujet à rescision, comme le sien propre (v. art. 2125, 2182), mais ce tiers possesseur a le même choix que lui; sauf, dans tous les cas, son recours en garantie. V. art. 1681.

125 *bis.* I. Résultats de l'expertise et du jugement. Si le tribunal ne constate pas une lésion de plus des sept douzièmes, le contrat est maintenu; si la lésion est constatée, la conséquence naturelle de ce fait est la rescision, qui produirait alors tous les effets dérivant de l'article 2125; mais la loi laisse à l'acheteur et à ses ayant cause, même à titre particulier, le droit d'éviter la rescision en offrant le supplément du juste prix moins un dixième, considéré comme le bénéfice qu'une partie peut légitimement et honnêtement retirer d'un contrat.

125 *bis.* II. Il faut remarquer que l'acheteur n'est pas obligé de fournir ce supplément; il a seulement le droit d'user de ce moyen pour éviter la rescision. C'est une faculté que la loi lui accorde; il n'est donc pas débiteur sous l'alternative de l'immeuble ou de la somme d'argent; il est débiteur de l'immeuble, mais il a *in facultate solutionis* la somme d'argent. Il n'y a pour apprécier l'importance de cette observation qu'à se référer à ce que nous avons dit au tome V de la différence entre les obligations alternatives et les obligations facultatives (1).

(1) V. t. V, n° 115 *bis.* I-III.

125 *bis*. III. La loi a négligé de dire jusqu'à quel moment l'acheteur conserverait la faculté de garder l'immeuble en payant le supplément du juste prix diminué d'un dixième. Incontestablement ce droit n'est pas perdu par le seul fait qu'un jugement a prononcé la rescision; car l'article 1681 qui l'établit suppose le cas où l'action en rescision est admise, ce qui ne peut pas signifier autre chose que le cas où la rescision a été prononcée. Il n'est même pas nécessaire que le tribunal ait expressément réservé le droit de payer le supplément, puisque c'est la loi même qui, sans condition, attribue cette faculté à l'acheteur quand l'action en rescision a triomphé. Le droit ne serait perdu que par l'exécution du jugement; le défendeur abandonnant volontairement l'immeuble ou subissant une dépossession forcée sans protester, sans invoquer la faculté que lui donne l'article 1681, devrait être considéré comme ayant renoncé à cette faculté. Quant au demandeur, il n'y a pas à s'inquiéter de lui et à regretter qu'un délai n'ait pas été fixé par la loi ou que le tribunal ne détermine pas le temps dans lequel l'option devrait être faite; car il dépend de lui de précipiter cette option. Le jugement lui donne le droit d'exiger la restitution de la chose; qu'il poursuive rapidement l'exécution du jugement, et l'acheteur ou l'ayant cause de celui-ci sera obligé, s'il ne veut pas être dépossédé, de déclarer qu'il veut payer le supplément du juste prix.

126. Quelque parti que prenne l'acheteur, il semblerait juste de réparer l'iniquité dès le principe, conséquemment, de l'obliger, du jour même de la vente, à tenir compte des fruits du fonds, soit en payant les intérêts du supplément de prix, soit en restituant tous ces fruits avec le bien lui-même, et recouvrant seulement les intérêts du prix qu'il a payé; car l'insuffisance de ce prix exclut une compensation exacte entre les fruits et les intérêts. Mais la loi, considérant toujours comme imprévue l'action exorbitante du vendeur, traite, sous ce rapport, l'acquéreur comme possesseur de bonne foi, jusqu'au jour de la demande; c'est donc seulement à partir de ce jour qu'il paie l'intérêt du supplément de prix, ou qu'il rend les fruits par lui perçus.

C'est également du jour de la demande que l'acheteur tenu

à restituer les fruits doit en général obtenir les intérêts du prix qu'il a payé. Et néanmoins, la loi les lui accorde du jour même du paiement, si avant la demande il n'a perçu aucun fruit; car le vendeur, se trouvant alors, par événement, n'avoir été privé d'aucune portion de la jouissance de la chose, ne doit point retenir gratuitement la jouissance du prix, dont l'action par lui intentée rend le paiement sans cause. V. art. 1682.

126 *bis*. I. On comprend le système de la loi quant aux intérêts, lorsque la chose n'a pas produit de fruits. Par exemple, il s'agit d'une terre vendue en octobre et reprise en mai par le vendeur ; celui-ci retrouve une récolte sur pied, et il serait injuste qu'il conservât les intérêts du prix qu'il a touché, car il cumulerait ainsi deux jouissances. Mais il y a une hypothèse que la loi n'a pas envisagée, et qui demanderait une autre solution : si l'immeuble n'est pas de sa nature destiné à donner des fruits, si c'est une propriété d'agrément, l'acheteur qui l'a conservée un an, peut-être près de deux ans, a retiré de cette chose pendant ce laps de temps toute l'utilité qu'il en attendait, et il eût été très-juste de ne pas lui restituer les intérêts de son prix, car ces intérêts représentent une jouissance qu'il a eue en réalité.

126 *bis*. II. Nous avons déjà dit que le vendeur ne restitue pas les frais de contrat payés par l'acheteur. Il ne doit, en effet, subir aucune perte à la suite d'un contrat qui est rescindé parce qu'il est considéré comme le résultat d'un consentement en quelque sorte extorqué. L'acheteur, qui a profité de la pénurie du vendeur pour acheter à vil prix, doit plutôt être traité comme ayant commis ou une indélicatesse ou au moins une imprudence qui explique qu'on lui fasse supporter certaines pertes.

126 *bis*. III. L'immeuble, repris par le vendeur à la suite de son action en rescision, peut avoir été amélioré ou dégradé par le fait de l'acheteur ou des ayant cause de celui-ci, et il est nécessaire de déterminer les obligations et les droits du vendeur quant à ces améliorations ou à ces détériorations.

Impenses ou améliorations faites par l'acheteur. S'il s'agit de dépenses nécessaires qui ont eu pour conséquence la conservation même de la chose, le vendeur qui reprend sa propriété ne saurait se dispenser de les payer.

Si, au contraire, il s'agit de véritables dépenses utiles, ayant simplement augmenté la valeur de l'immeuble, nous pouvons hésiter à donner une solution, à cause de l'article 555 qui fait une distinction entre les travaux faits par un possesseur de mauvaise foi et ceux faits par un possesseur de bonne foi. Quant aux premiers, le propriétaire peut contraindre le constructeur à les détruire, ou, s'il les garde, il paie le prix des matériaux et de la main-d'œuvre. Dans le cas de bonne foi, le propriétaire ne peut exiger la destruction ; il paie à son choix ou la plus-value ou le prix des matériaux et de la main-d'œuvre.

La difficulté de notre espèce consiste à savoir dans quelle catégorie nous mettrons l'acheteur, et si nous devons chercher à découvrir s'il était de bonne ou de mauvaise foi pour appliquer la distinction de l'article. Nous pensons qu'il doit être soumis à la règle la plus dure, qu'il peut être contraint à détruire les travaux par lui faits. Il n'a pas pu en effet, tant que le délai de deux ans n'était pas expiré, se croire propriétaire inattaquable de l'immeuble acheté ; il connaissait l'immense disproportion de son prix d'achat avec la valeur de la chose achetée, et cela suffisait pour le mettre en garde contre la tentation de faire des travaux. Il faut, en outre, bien faire attention à la rédaction de l'article 555 ; la règle principale de cet article est celle qui autorise le propriétaire à faire détruire les travaux ; cette règle ne paraît même pas subordonnée à la mauvaise foi du constructeur. C'est à la fin de l'article, et quand la loi introduit une exception à sa règle principale, qu'on voit apparaître la question de bonne foi. Est excepté de la règle le tiers évincé qui, à raison de sa bonne foi, n'aurait pas été condamné à la restitution des fruits. Ces expressions, tiers évincé, montrent que le législateur a en vue un cas de revendication, et notre hypothèse n'est pas celle-là ; le possesseur n'a pas acquis *a non domino*, il tient du vrai propriétaire en vertu d'un acte rescindable ; la situation est donc tout autre, et il paraît difficile de faire bénéficier l'acheteur de l'exception que l'article 555 *in fine* fait à l'article 555 *in principio*. Il y a enfin une considération puissante en faveur du vendeur : s'il était obligé de restituer soit la plus-value, soit le montant de la dépense, cette nécessité pourrait lui rendre impossible l'exercice de l'action en rescision, et les travaux auraient quelquefois été faits avec intention, précisément pour faire obstacle à cette rescision. Voilà pourquoi il est bon que le vendeur puisse refuser de profiter des travaux.

126 *bis*. IV. *Impenses et améliorations faites par le tiers acqué-reur*, qui subira les conséquences indirectes de la rescision.

Nous n'avons pas plus de difficultés pour les dépenses néces-saires dans cette hypothèse que dans la précédente.

Au contraire, pour les dépenses utiles, la distinction découlant de la bonne ou de la mauvaise foi pourrait paraître plus justifiable que lorsqu'il s'agit de l'acheteur lui-même. Nous ne pensons pas néanmoins que cette distinction puisse être faite; d'abord, la deuxième partie de l'article 555 ne nous paraît pas encore appli-cable, parce que la cause de l'éviction du possesseur n'est pas qu'il a acheté *a non domino*, mais qu'il a acheté d'un propriétaire dont le droit était rescindable; ensuite, le tiers possesseur n'est pas plus de bonne foi que l'acheteur lui-même. La bonne foi con-sisterait ici à croire qu'il n'est pas exposé à l'action en rescision. Or, le sous-acquéreur a dû connaître le titre de propriété de son auteur; ce titre étant la vente à vil prix, n'a-t-il pas dû com-prendre que ce titre était entaché d'un vice? Si la prescription était longue, on pourrait soutenir que celui qui achète vingt-cinq ou vingt-huit ans après que son vendeur a lui-même acheté, a peine à comprendre la disproportion qui existait à cette époque éloignée entre le prix et la chose vendue; mais ce raisonnement ne peut être fait quand il y a moins de deux ans que le contrat rescindable a été fait.

126 *bis*. V. Dégradations commises soit par l'acheteur, soit par le sous-acquéreur. Ce que nous venons de dire sur la mauvaise foi de l'acheteur et de son ayant cause implique la solution à donner quant aux dégradations. Puisque le possesseur, acheteur primitif ou sous-acquéreur, a dû s'attendre à l'action en rescision, il est clair qu'il n'a pas dû détériorer la chose, et que les dégrada-tions provenant de son fait doivent l'exposer à une action en indemnité.

127. La même nécessité, qui souvent force à vendre, ne force pas à acheter; cette considération et celle du prix d'affection font refuser à l'acheteur la rescision pour lésion. V. art. 1683.

128. Les formalités qui accompagnent la vente faite d'au-

torité de justice prévenant toute idée de lésion, la loi n'admet point contre ces ventes l'action en rescision; mais cette exception est bornée au seul cas où la loi ne permettait pas de faire la vente sans l'emploi de ces formalités. V. art. 1684.

128 *bis*. Il s'agit dans l'article, non pas de toutes les ventes faites en justice, mais de celles qui ne peuvent être faites qu'en justice. La loi comprend dans sa règle non-seulement les *ventes forcées*, c'est-à-dire les ventes sur saisie, mais les ventes des biens de mineurs, d'interdits, de faillis, et les ventes à la suite de surenchère. Mais elle n'embrasse pas les adjudications sur licitation entre parties capables. Elle considère en effet les formalités judiciaires comme une garantie contre les ventes à vil prix; mais elle n'a foi en ces formalités que dans les hypothèses où elles sont indispensables, et dans les licitations entre parties capables, ces formalités ne sont pas obligatoires.

129. Les diverses questions auxquelles donne lieu l'exercice de la faculté de rachat, lorsqu'il existe plusieurs covendeurs, ou plusieurs héritiers, soit du vendeur, soit de l'acheteur, peuvent s'élever également quant à l'exercice de l'action en rescision. La loi applique à ce dernier cas ce qu'elle a dit pour le précédent. V. art. 1685, et à ce sujet, art. 1668-1672.

129 *bis*. Parmi les règles de la section précédente auxquelles renvoie l'article 1685, il en est une, celle de l'article 1667, dont l'application, au cas de rescision, peut faire difficulté. En effet, l'acheteur à réméré avait un juste titre qui l'autorisait à se comporter comme propriétaire et à faire des sacrifices pour tenter de conserver la totalité de la chose; l'acheteur à vil prix est peut-être moins admissible à prétendre qu'il avait le droit de faire les sacrifices pour consolider son acquisition et à exiger que le résultat de l'action du vendeur ne le mette pas dans une indivision dont on l'a forcé à sortir. On peut même supposer qu'il s'est porté adjudicataire dans la licitation pour rendre plus difficile l'exercice de l'action en rescision, bien plus, qu'il s'est dans ce but entendu avec le copropriétaire pour que celui-ci formât une demande en licitation. Malgré ces raisons, il est impossible de se soustraire à l'application de l'article 1685, s'il est prouvé qu'il

comprend dans ses termes l'article 1667, et c'est sur ce point d'interprétation littérale que doit porter notre examen.

Quand on a dit qu'il fallait appliquer les règles relatives aux cas où plusieurs ont vendu conjointement ou séparément, on a peut-être englobé dans ces expressions le cas de l'article 1667 où l'acheteur a fait deux contrats, l'un qui lui a donné par une vente proprement dite la moitié de l'immeuble moyennant un prix de plus de sept douzièmes au-dessous de la valeur de cette moitié, l'autre une licitation, d'où il est résulté qu'il a été propriétaire du tout. Cependant cette conclusion n'est pas nécessaire ; en effet, les mots que reproduit l'article 1685 sont empruntés aux articles 1668 et 1671, et par conséquent les articles visés par l'article 1685 ne comprennent pas le n° 1667. De plus, dans la théorie même du Code sur la licitation, on ne peut pas dire que l'acheteur d'une moitié, qui s'est porté adjudicataire du tout sur licitation, ait acheté séparément les deux parties de l'immeuble ; le deuxième acte, la licitation, n'est pas une vente quand l'adjudicataire est un des propriétaires, et par conséquent, on échappe ainsi fort heureusement à la disposition de l'article 1667, qui serait singulièrement restrictive du droit de demander la rescision.

CHAPITRE VII.

DE LA LICITATION.

130. Le mot licitation, dans son acception primitive, comprend toute vente aux enchères. Mais, par ce mot, on entend aujourd'hui, exclusivement, la mise aux enchères d'un bien appartenant à plusieurs propriétaires, entre lesquels le prix doit en être partagé. Cette licitation doit avoir lieu sur la demande d'un des intéressés, toutes les fois que le bien ne peut, sans perte ou incommodité, être l'objet d'un partage : c'est-à-dire, lorsque étant seul à partager, il ne peut être divisé en plusieurs lots, ou lorsque, faisant partie d'une masse, il ne peut être compris dans un seul. Il est même à observer

que, si le partage d'une masse se fait de gré à gré, conséquemment entre parties capables, il suffit qu'aucune d'elles ne veuille prendre le bien dans son lot pour qu'il y ait lieu à le liciter. V. art. 1686; v. aussi art. 827.

131. En principe, la faculté d'enchérir n'appartient qu'aux copropriétaires; mais, dans la crainte des abus, la loi veut que les étrangers soient admis sur la demande d'une seule des parties; elle les admet de droit lorsqu'il y a des mineurs, ajoutons, ou d'autres incapables. V. art. 1687, 460, 839.

132. La loi n'entre pas ici dans de plus grands détails sur la licitation, dont le mode et les formes sont réglés au titre des successions et au Code de procédure. V. art. 1688; et à ce sujet, art. 815-842; C. pr., 966-985. Nous nous bornerons à remarquer que la licitation, lorsque c'est un étranger qui se rend adjudicataire, a tous les effets d'une vente, mais que ses effets sont ceux d'un partage, lorsque le bien est adjugé à l'un des copropriétaires (v. art. 883).

CHAPITRE VIII.

DU TRANSPORT DES CRÉANCES ET AUTRES DROITS,
la loi ajoute INCORPORELS.

133. Les biens incorporels, ou autrement, les droits, sont compris dans les choses qui sont dans le commerce et qui peuvent, conséquemment, être vendues (art. 1598).

Nous savons déjà qu'on peut vendre un droit réel, tel qu'usufruit ou servitude, soit en ce sens qu'on peut le constituer à prix d'argent sur sa propriété (art. 579, 625, 639, 686), soit même en ce sens qu'un usufruitier peut vendre son droit (art. 595). Les effets de ces ventes, quant à la transmission et aux obligations respectives du vendeur et de l'acheteur, sont entièrement réglés par les principes généraux (v. au surplus, art. 1607).

Mais la loi s'est occupée spécialement du transport des créances, droits et actions sur un tiers (art. 1689-1695); et de la vente d'une hérédité (art. 1696, 1697, 1698). Enfin elle a consacré un droit d'exception pour la cession des droits litigieux (art. 1699, 1700, 1701).

134. L'espèce de vente appelée ici *transport,* étant soumise à quelques règles spéciales, il importe d'être fixé d'abord sur ce qui en fait l'objet : ce sont, dit la loi, *les créances, droits et actions sur un tiers;* et par là il faut entendre : 1° les obligations actives, désignées sous le nom spécial de *créances,* ou sous le nom générique de *droits sur un tiers,* suivant qu'elles ont ou non pour objet des sommes exigibles; 2° les actions, tant réelles que personnelles, qui sont déjà intentées, et qui produisent dès lors un droit particulier contre la partie adverse, celui qui naît du contrat judiciaire.

134 *bis.* I. La rubrique du chapitre VIII est plus générale que ses dispositions, car, à l'exception de ce que la loi dit sur la cession d'hérédité ou la cession de droits litigieux, il n'y est pas question d'une manière générale de la vente des droits réels. L'article 1689, qui contient la règle principale du chapitre, parle spécialement des créances, et, généralisant un peu, il ajoute droits ou actions sur un tiers. Or, les droits réels ne sont pas des droits sur un tiers déterminé, puisque leur caractère distinctif est d'exister contre une personne quelconque.

Le Code a en vue les créances; il songe aussi aux rentes quand il élargit son expression et qu'il ajoute au mot créances le terme droits sur un tiers. Enfin, s'il parle des actions, c'est qu'alors il veut statuer sur les prétentions judiciaires. Tant que cette prétention ne se traduit pas en une action intentée, la cession de l'action se confond avec celle du droit, et par conséquent notre chapitre ne règle que les cessions d'actions personnelles; mais si l'action est intentée, elle peut être envisagée comme un droit distinct; elle crée une relation particulière entre le demandeur et le défendeur, et elle devient véritablement un droit contre un tiers déterminé, alors même qu'elle est fondée sur un droit réel. La cession de l'action réelle déjà intentée rentre donc dans les prévisions de notre chapitre, et ne peut pas se confondre avec la

12.

cession du droit lui-même, car elle ne donne au cessionnaire que
les chances heureuses du procès déjà intenté contre tel défendeur,
et ne lui confère pas le droit d'agir contre toute autre personne,
comme s'il était cessionnaire véritable du droit réel.

134 *bis*. II. La cession des créances présente une certaine analogie avec deux opérations que nous avons déjà étudiées, la su-
brogation et la novation par changement de créancier; mais des
différences notables séparent ces diverses opérations : nous les
avons indiquées au tome V (1).

135. Il faut, évidemment, appliquer au transport ainsi défini, les principes et les effets généraux de la vente, dans tous
les points où la loi ne s'en est pas formellement écartée.

Ainsi, cette vente est certainement parfaite entre les parties
par le seul consentement; et la délivrance, qui à leur égard
n'est ici, comme partout, que l'accomplissement de la première obligation du vendeur, s'opère naturellement par la
remise des titres. V. art. 1689, v. aussi art. 1607.

135 *bis*. I. Le Code ne s'occupe que de la manière d'opérer la
délivrance en matière de cession de créances ou de droits; il trai-
tera sur l'article suivant de la perfection de la cession à l'égard
des tiers; il sous-entend par conséquent ce qu'il aurait à dire sur
le fait qui entre les parties constitue la cession. Sa pensée est donc
que cette opération s'effectue conformément aux principes généraux sur les actes translatifs de droit ou productifs d'obligation,
c'est-à-dire qu'entre les parties la cession est parfaite *solo consensu;*
elle résulte d'une simple convention, ce qui ne peut faire difficulté, puisque dans notre droit tous les contrats se forment par le
seul consentement.

Il faut cependant excepter les cas où la cession est faite à titre
gratuit, parce qu'elle est alors une donation, et la donation est
un des rares contrats solennels du droit français (art. 931).

135 *bis*. II. Les deux personnes qui jouent un rôle dans la cession sont appelées dans l'usage et par le Code lui-même le *cédant*
et le *cessionnaire*. Le cédant est celui qui transmet ses droits à
l'autre partie, et le cessionnaire celui qui profite de la cession,

(1) V, t. V, n° 189 *bis*. VII-XII et n° 219 *bis*. II.

qui acquiert les droits du cédant. Il est enfin une troisième personne intéressée à la cession, mais qui en subit les conséquences
sans y avoir joué un rôle actif, c'est la personne contre qui s'exerce
le droit transmis; le débiteur, par exemple dans le cas de cession
de créance; on l'appelle le *cédé*, exprimant par la forme passive
du verbe qu'il a subi la cession sans y avoir coopéré.

136. La loi, fidèle ici aux anciens principes, non-seulement exige pour consommer l'aliénation et lui donner effet
contre les tiers, que l'acheteur soit en possession, mais elle
ne le considère même pas comme constitué en possession,
tant que celui contre lequel existe le droit cédé n'a pas été
dûment informé de la cession. A cet égard, il faut que la
connaissance qu'il en a eue soit constatée, ou par une signification, ou par une acceptation authentique. V. art. 1690;
voy. pourtant C. comm., art. 35, 136, 187; Décr. 13 therm.
an XIII; Déc. 16 janv. 1808, art. 4.

136 *bis*. I. La cession, parfaite entre les parties par la simple
convention, n'est pas encore susceptible de produire tous ses effets, car c'est surtout à l'égard des tiers qu'il est intéressant de se
prévaloir d'un pareil acte, et l'article 1690 exige l'accomplissement d'une certaine formalité pour que la cession puisse être
invoquée contre les tiers.

Le Code exprime cette idée en employant une expression qui
présente toujours une certaine ambiguïté : Le cessionnaire n'est
saisi à l'égard des tiers que..... Cette expression est empruntée au
langage ancien. La coutume de Paris disait (art. 108) : *Un simple
transport ne saisit point; il faut signifier le transport à la partie et
en bailler copie.* Pothier expliquait très-bien l'idée, et de son explication ressortait clairement la traduction du mot *saisit*. Pour
les anciens, la *saisine*, c'est la possession; *saisir* ou *ensaisiner*,
c'est mettre en possession. La règle signifiait donc que la mise en
possession résultait seulement de la signification. Or, la mise en
possession jouait un grand rôle dans l'ancien droit, puisque la
propriété ne passait pas à un créancier ou à un acheteur par le seul
consentement, mais par la tradition. Dire que le cessionnaire
n'était pas saisi, c'était dire qu'il n'avait pas reçu la tradition,
et partant, qu'il n'avait pas acquis la créance. Pothier le compa-

rait à l'acheteur d'un meuble corporel qui n'a pas été mis en possession de l'objet acheté (1). Aujourd'hui que les principes ont changé, que l'acheteur est propriétaire *solo consensu*, il a fallu que l'article 1690 dénaturât un peu le sens du mot *saisir*, et, pour éviter toute difficulté, précisât à l'égard de qui le cessionnaire n'est pas saisi. Il est clair, en effet, que l'article n'a pas voulu dire : Le cessionnaire n'est pas en possession, puisqu'il traite des rapports du cessionnaire avec les tiers, et que dans les nouveaux principes du Code l'acquisition d'un droit par rapport aux tiers est indépendante du fait de la mise en possession. L'expression *saisi* a été employée comme synonyme d'*investi;* n'être pas saisi, c'est ne pas avoir acquis le droit; mais si on s'en était tenu là, on aurait été trop loin, puisque dans les rapports avec le cédant le droit est acquis; il a donc fallu préciser et ajouter, ce qui était inutile dans l'article 108 de la coutume de Paris, que c'était à l'égard des tiers seulement qu'on refusait au cessionnaire la saisine, l'investiture du droit.

136 *bis*. II. Les formalités nécessaires pour investir le cessionnaire sont au nombre de deux; non pas qu'il faille les cumuler, mais entre elles deux la partie peut choisir celle qu'il lui plaît de remplir. Ces formalités sont en premier lieu la signification de la cession au cédé, c'est-à-dire la connaissance officielle de la cession donnée au cédé par un acte d'un officier public. Cet avis officiel est donné dans la forme ordinaire des exploits; c'est la forme régulière des avis, avertissements ou injonctions, dont les parties veulent ou doivent conserver une preuve.

Le Code n'a pas reproduit cette partie de l'article 108 de la coutume qui disait *il faut bailler copie* du transport. Apparemment que cette formalité a paru inutile, car l'important est que le cédé ait connaissance du fait de la cession; mais il n'est pas intéressant qu'il connaisse dans tous ses détails l'acte même de cession.

136 *bis*. III. La signification du transport peut être remplacée par l'acceptation authentique du cédé. En effet, la signification a pour but d'assurer que le cédé a eu connaissance de la cession, et l'acceptation prouve d'une façon plus irréfragable encore la connaissance de la cession par le cédé, puisque celui-ci, qui joue un

_____

(1) V. Pothier, *Vente*, n° 554.

rôle passif dans la signification, joue un rôle actif dans l'acceptation.

Cette acceptation doit être contenue dans un acte authentique, à la différence de la cession elle-même, qui peut être prouvée par un acte sous seing privé. Il fallait d'abord assurer la certitude de la date à l'égard des tiers, puisque la formalité est exigée dans leur intérêt. Ce n'est pas tout, car on aurait pu, si l'on n'avait envisagé que cette question de date, se contenter d'une acceptation par acte enregistré. On a craint que l'acte sous seing privé enregistré ne laissât dans l'incertitude la situation des tiers, puisque la validité de l'acte d'acceptation aurait pu dépendre de l'issue d'un procès en vérification d'écriture, dans lequel ils n'auraient pas eu les moyens de contester les prétentions du demandeur. Il s'agirait en effet d'un débat sur la signature du cédé, et les tiers auxquels cette signature est opposée sont, nous le verrons bientôt, des ayant cause du cédant, n'ayant eu par conséquent avec le cédé aucune relation qui pût leur permettre d'apprécier la sincérité de la signature attribuée à celui-ci.

136 *bis*. IV. Les motifs que nous venons d'indiquer pour repousser l'acceptation sous signature privée, ne sauraient être invoqués quand c'est le cédé lui-même qui, après avoir accepté, prétend faire considérer son acceptation comme non avenue, parce qu'elle n'est pas authentique; on doit le traiter comme lié par son acceptation. D'abord il n'y a pas en pareil cas de difficulté quant à la date, car les actes sous seing privé font foi de leur date par rapport à ceux qui les ont signés. Et quant au fond même de l'acte, il est pour le cédé qui l'a fait une sorte d'engagement de payer au cessionnaire; en cette qualité il peut valoir sous la forme privée, s'il ne valait pas par hasard en qualité d'acceptation de transport.

136 *bis*. V. Il ne faut pas du reste aller plus loin, et assimiler le cédé qui a eu connaissance de la cession d'une manière quelconque au cédé qui a accepté cette cession; le cessionnaire n'a pas alors été investi régulièrement de la créance; d'un autre côté, le cédé n'a pas pris d'engagement; donc la cession ne produit aucun effet. C'est ce que la loi décide dans une circonstance analogue à propos de la formalité de la transcription; le défaut d'accomplissement de cette formalité ne peut pas être couvert par la connais-

sance que les tiers ont eue de l'acte non transcrit (art. 1071).

136 *bis*. VI. Nous examinerons bientôt quels sont les tiers que protége la règle de l'article 1690. Nous pouvons dire par anticipation que le premier d'entre eux est le cédé. Par rapport à lui, il est facile de voir l'utilité de la règle. Si la cession était valable *solo consensu*, le cédé ignorant la cession serait exposé à payer entre les mains du cédant dépouillé de la créance, et à faire ainsi un paiement nul, non opposable au cessionnaire devenu depuis la cession le véritable créancier.

Quant aux autres tiers, ce sont des personnes qui ont quelque rapport juridique avec le cédant parce qu'elles le croient créancier; elles sont aussi en péril si le cédant a pu cesser d'être créancier sans qu'elles aient été renseignées. Dans le système de la loi, ces personnes, avant de traiter avec le créancier qui a peut-être intérêt à les tromper, à ne pas avouer une cession, se renseigneront auprès du débiteur, et pourront savoir par lui si la créance appartient encore au créancier primitif. Le débiteur ne peut pas l'ignorer, car tout changement dans la personne du créancier serait nécessairement parvenu à sa connaissance.

La signification et l'acceptation ont donc des avantages analogues à ceux de la tradition ou de la transcription; elles donnent à la cession une certaine publicité.

136 *bis*. VII. L'acceptation au reste présente une autre utilité; elle est, sous un certain rapport, plus avantageuse au cessionnaire que la signification. Nous l'avons dit, elle implique de la part du débiteur cédé un certain engagement, ou au moins une reconnaissance de la dette, puisqu'il a déclaré accepter le cessionnaire pour créancier. Il ne peut donc plus se servir des moyens de défense qu'il aurait pu opposer à l'action du cédant. Le Code s'est expliqué sur ce point à propos de la compensation, et sa décision doit être généralisée parce qu'elle ne découle pas de principes particuliers à ce mode d'extinction, mais qu'elle est la conséquence naturelle de l'intervention active du débiteur dans l'opération de la cession (1).

137. Du principe que le cessionnaire n'est saisi à l'égard des tiers que par la signification ou acceptation, il dérive

_____

(1) V. t. V, n° 247 *bis*. II-IV.

plusieurs conséquences, dont la principale est, que jusque-là le débiteur peut se libérer en payant le cédant. V. art. 1691 ; et à ce sujet, art. 1240.

137 *bis*. I. Après avoir vu comment le cessionnaire est saisi à l'égard des tiers, il faut déterminer quels sont ces tiers.

Ce sont les personnes étrangères à la convention de cession et qui ont un intérêt à connaître ou à contester la cession.

Nous plaçons en première ligne le seul tiers dont la loi ait parlé, le *cédé ;* il a intérêt à connaître la cession, car s'il ignorait qu'elle a eu lieu, il serait exposé à faire un paiement dans les mains du cédant, alors que celui-ci ne serait plus son créancier.

137 *bis*. II. Les autres tiers sont des personnes qui prétendent à un droit sur la créance, du chef du cédant, et qui devraient être privées de ce droit si la cession produisait ses effets. Ces tiers auraient eu par conséquent un grand intérêt à connaître la cession pour ne pas traiter avec le cédant, et le défaut de publicité de la cession leur cause un préjudice.

Il faut ranger dans ces tiers le cessionnaire de la créance dont le droit est menacé par une cession antérieure.

L'espèce est très-simple. Pierre, créancier de Paul, a cédé sa créance à Jean et ensuite à François. Celui-ci n'aurait acquis aucun droit sur une créance qui n'appartenait plus à son cédant lors de la cession, si les créances se transmettaient uniquement par la convention, et il éprouverait un préjudice qui aurait pour cause l'ignorance où il a été de la cession qui précédait la sienne.

A côté du deuxième cessionnaire de la créance, nous devons placer celui qui l'aurait reçue en gage. Sa situation serait la même, par rapport au cessionnaire antérieur, que celle du second cessionnaire.

137 *bis*. III. Enfin les créanciers du cédant sont aussi des tiers qui peuvent avoir des droits sur la créance, car, en vertu de l'article 2093, ils ont un droit de gage imparfait sur le patrimoine de leur débiteur, et la cession diminue leur gage.

On pourrait cependant hésiter à placer les créanciers dans la catégorie des tiers, car ils sont ayant cause à titre universel du cédant et ordinairement ils n'ont pas plus de droits que lui, à moins qu'ils ne puissent se prévaloir de l'article 1167, c'est-à-dire attaquer un acte comme frauduleux. Mais on peut croire que le Code a songé aux créanciers quand il a parlé des tiers à l'article 1690, car dans les développements que donne Pothier sur l'article 108 de la coutume de Paris, la première conséquence qu'il attribue au défaut de signification, c'est que les créanciers du cédant peuvent saisir-arrêter la créance cédée (1). Il est probable que les rédacteurs du Code ont accepté cette doctrine de Pothier, puisqu'ils ont gardé le silence sur ce point.

On s'explique du reste la doctrine ancienne, elle part de ce que l'article 108 de la coutume, devenu l'article 1690 du Code, établit une sorte de formalité de publicité, et au point de vue des règles de publicité, il n'était pas sans exemple dans l'ancien droit que les créanciers même chirographaires eussent plus de droits que leur débiteur et pussent invoquer l'inacomplissement d'une formalité, tandis que le débiteur, leur auteur, n'avait pas pu s'en prévaloir. Nous songeons à la formalité de l'insinuation des donations ; son omission pouvait être invoquée par les créanciers du donateur et non par le donateur lui-même (art. 27, ordonnance de 1731). Peut-être même en est-il encore ainsi aujourd'hui de l'omission de la transcription des donations de biens susceptibles d'hypothèques (art. 941) (2); mais quelle que soit la solution à donner sur la transcription des donations, la législation ayant moins radicalement changé en matière de cession qu'en matière de donation et de transcription, le Code peut avoir voulu régler la situation des créanciers chirographaires, conformément à l'esprit de l'ancien droit manifesté par l'article 27 de l'ordonnance de 1731 et par la décision que donnait Pothier sur l'article 108 de la coutume de Paris.

137 *bis*. IV. Voilà les tiers qui peuvent se prévaloir du défaut de signification ou d'acceptation ; il ne faudrait pas aller plus loin et comprendre dans la disposition de l'article 1690 toute personne étrangère à la cession et qui pourrait avoir intérêt à la contester sans avoir eu intérêt à la connaître. *Exemple :* Le cessionnaire qui a négligé de signifier la cession ou de la faire accepter, pratique une saisie-arrêt sur un débiteur du cédé. C'est un acte conserva-

(1) V. Pothier, *Vente*, n° 556.

(2) V. l'opinion de M. DEMANTE, t. IV, n° 82 *bis*. I et VIII, et C. C., 23 novembre 1859. Devill., 1861, 1, 85.

toire, ce débiteur tiers saisi ne pourrait pas se prévaloir du défaut de signification ou d'acceptation de la cession pour tenir comme non avenue la saisie-arrêt pratiquée entre ses mains. Quel intérêt ce tiers saisi avait-il à connaître la cession d'une créance contre son créancier? L'eût-il connue, serait-il moins devenu ou resté débiteur de son créancier? La connaissance ou l'ignorance de cette cession avait-elle une influence sur son droit de payer à son créancier? Si son droit de payer est atteint, c'est seulement par la notification de la saisie-arrêt; peu lui importe que cette saisie soit pratiquée par l'ancien créancier de son créancier, ou par un cessionnaire. Il ne doit pas se prévaloir de l'omission d'une formalité dont l'accomplissement ne lui eût pas été utile.

Autre exemple: Le cessionnaire d'une créance hypothécaire fait une surenchère du dixième à la suite d'une procédure de purge; le tiers détenteur qui purge ne peut pas écarter cette surenchère en alléguant que le cessionnaire n'était pas saisi par la signification ou l'acceptation. Nous ferons le même raisonnement que dans l'espèce précédente : le tiers détenteur n'a pas eu intérêt à connaître la cession; pour lui, tout se bornait à faire valablement ses notifications afin de purger; il les faisait valablement au domicile élu par le cédant dans son inscription; l'ignorance où il était de la cession ne lui causait aucun préjudice, et dès lors on ne comprend pas que l'omission commise par le cessionnaire puisse engendrer pour lui un droit.

On peut voir par ces exemples que nous attribuons au mot tiers, dans l'article 1690, une acception un peu restreinte, et que le législateur nous paraît avoir voulu dire quelque chose d'analogue à ce que dit plus explicitement la loi de 1855 sur la transcription, quand elle confère le droit d'opposer le défaut de transcription seulement à ceux qui ont des droits sur l'immeuble et les ont conservés conformément aux lois. Nous dirons que le défaut de signification ou d'acceptation d'une cession peut être opposé d'abord par le cédé, puisque l'article 1691 s'exprime sur ce point, et ensuite par ceux qui ont des droits sur la créance et les ont conservés conformément aux lois. (Un second cessionnaire, un créancier qui a reçu en gage la créance, les créanciers chirographaires qui ont un droit de gage imparfait sur tous les biens du débiteur.)

137 *bis.* V. Après avoir déterminé les personnes auxquelles fait allusion l'article 1690, il faut voir quel est l'effet de cet article par rapport à chacune d'elles.

1° *Le cédé.* L'article 1691 est très-explicite, le paiement fait au cédant avant la signification est valable, pourvu toutefois, et ceci doit être ajouté au texte, que la cession n'ait pas déjà été acceptée par le cédé.

Nous avons admis plus haut (n° 136 *bis.* IV) et nous devons rappeler ici, que par rapport au cédé l'acceptation produirait ses effets alors même qu'elle ne serait pas authentique. Nous ajoutons même cette observation, qu'il ne faudrait pas sur ce point être gêné par le texte de l'article 1690. Car la loi a traité spécialement de la position du cédé par rapport au cessionnaire, elle a jugé nécessaire de la régler par l'article 1691 ; elle nous autorise par là à traiter le cédé comme n'étant pas littéralement soumis aux dispositions de l'article 1690.

137 *bis.* VI. A côté du paiement, plaçons la compensation, qui au fond est une espèce de paiement s'opérant forcément et de plein droit. Elle aura donc lieu toutes les fois que le cédé se trouvera par rapport au cédant, dans les conditions de la compensation légale, postérieurement même à la cession, pourvu que la signification n'ait pas encore été faite (art. 1295, 2° alinéa). Nous devons en outre généraliser cette décision et l'étendre à tout moyen de défense qui aurait pris naissance en faveur du cédé avant la signification. *Exemple :* Un jugement rendu entre la cession et la signification décide contre le cédant qu'il n'était pas créancier du cédé. Celui-ci pourrait opposer au cessionnaire le moyen tiré de la chose jugée.

Ces solutions sur la compensation, la chose jugée et tous les autres moyens que le cédé peut opposer, pourvu qu'ils soient nés avant la signification, ne peuvent pas être admises, nous l'avons déjà dit, quand le cessionnaire est saisi par une acceptation du cédé (v. *suprà*, n° 136 *bis.* VII).

137 *bis.* VII. 2° *Un second cessionnaire.* Il a intérêt à faire considérer comme non avenue à son égard la cession antérieure qui n'a été ni signifiée ni acceptée, car si cette cession lui était opposable, il n'aurait acquis aucun droit sur la créance. Au contraire, pourvu qu'il fasse signifier ou accepter l'acte sur lequel il s'ap-

puie avant la signification ou l'acceptation de la première cession, il est préférable au premier cessionnaire.

3° *Créancier gagiste.* S'il a reçu en gage une créance déjà cédée par celui qui la lui donne en gage, il ne peut exercer son droit de gage qu'en faisant considérer la cession comme non avenue, et tel est son droit, s'il a rempli avant la signification ou l'acceptation de la cession la formalité imposée au créancier qui reçoit en gage une créance (art. 2075).

137 *bis.* VIII. 4° *Les créanciers du cédant.* Nous les avons placés parmi les tiers (ci-dessus, n° 137 *bis.* III). La cession, si elle était parfaite, diminuerait leur gage; tant qu'elle est imparfaite à leur égard, faute de signification ou d'acceptation, ils peuvent agir comme ils auraient agi quand la créance appartenait à leur débiteur; ils peuvent saisir-arrêter cette créance, c'est-à-dire faire défense au débiteur de leur débiteur (au cédé) de se libérer entre les mains de son créancier (le cédant).

137 *bis.* IX. La saisie-arrêt pratiquée dans ces circonstances aura certainement un effet conservatoire par rapport à la créance du saisissant. Mais il ne faut pas exagérer cet effet. Elle n'anéantira pas complétement la cession antérieure, qui n'a été ni signifiée ni acceptée; elle ne détruira pas le droit du cessionnaire, si celui-ci fait plus tard signifier ou accepter l'acte de cession. Le cessionnaire, en effet, est au moins un créancier du cédant, car la cession est une vente ou une donation, une convention entraînant obligation de faire la délivrance de la créance. Si on traite le cessionnaire comme n'ayant pas acquis la créance au regard du saisissant, et telle est la conséquence de l'article 1690, il faut toujours lui accorder les droits d'un créancier, l'admettre en concurrence avec tout créancier non privilégié, alors même qu'il s'agirait d'un créancier qui aurait fait une saisie-arrêt antérieure. Nous savons que, dans le droit actuel, l'ordre des saisies-arrêts n'engendre aucune cause de préférence, que le premier saisissant n'a pas de privilége; il faut donc que le cessionnaire considéré comme créancier soit admis à participer avec le saisissant aux distributions de deniers; ils seront respectivement traités comme créanciers, c'est-à-dire colloqués proportionnellement au chiffre de leurs créances.

Le cessionnaire se trouve donc, par rapport au saisissant, dans

la situation d'un autre créancier saisissant, et il n'est pas nécessaire pour cela qu'il ait signifié un exploit de saisie-arrêt. L'acte
par lequel se manifeste la cession aux termes de l'article 1690,
c'est-à-dire la signification ou l'acceptation, dépouille le cédé du
droit de payer entre les mains du cédant, et sous ce rapport il produit les effets d'une saisie. A l'égard des autres tiers, il donne à la
cession tous les effets dont elle est susceptible suivant les personnes à qui on l'oppose, et par conséquent, s'il ne peut pas investir le cessionnaire du droit intégral à la créance, il doit au
moins le mettre à même de participer aux distributions de deniers,
comme s'il avait pratiqué une saisie. On doit donc admettre que
la signification du transport ou l'acceptation qui lui est assimilée
vaut saisie-arrêt dans les rapports entre le cessionnaire et un saisissant antérieur.

137 *bis*. X. Le conflit entre ces deux personnes n'est donc pas
difficile à régler; le créancier saisissant sera colloqué proportionnellement au chiffre de sa créance, et le cessionnaire, considéré
comme créancier d'une somme égale au chiffre de la créance cédée, viendra en concurrence avec lui proportionnellement à ce
chiffre. *Exemples :* Une dette de 10,000 francs a été l'objet d'une
saisie-arrêt pour 5,000 francs; postérieurement à la saisie survient
une signification de cession; le cessionnaire sera traité comme
créancier de 10,000 francs, et la contribution donnera à chacun
des deux créanciers les deux tiers de sa créance.

Si la créance du saisissant est de 10,000 francs, les deux créanciers auront des droits égaux et obtiendront chacun la moitié
de sa créance.

Si la créance du saisissant est de 15,000 francs, la proportion
s'établit entre quinze et dix; par conséquent, le saisissant touchera
trois cinquièmes et le cessionnaire deux cinquièmes des 10,000 fr.
à partager.

137 *bis*. XI. Nous venons de raisonner en supposant que la cession signifiée ou acceptée après la saisie était antérieure à cette
saisie, qu'elle avait même date certaine antérieure à la saisie.
Nous avons ainsi évité une difficulté sur la validité de la convention de cession. Il faut maintenant aborder cette difficulté, et
nous placer dans l'hypothèse où la convention de cession est elle-
même postérieure à la saisie-arrêt.

Ce fait ne modifie pas notre solution. On a cependant dit quelquefois que la saisie mettant sous la main de justice les sommes arrêtées, les frappait d'indisponibilité, que le cessionnaire ne pouvait avoir aucun droit en conséquence de cette cession. Et la logique a conduit à refuser également tout effet, par rapport à la créance saisie, aux obligations contractées par le saisi depuis la saisie-arrêt (1).

Cette doctrine dénature, en les exagérant, les effets de la saisie-arrêt. C'est un acte qui ne met pas la créance saisie hors du patrimoine du saisi; il a pour unique conséquence d'empêcher un paiement au détriment des droits du saisissant (art. 1242); il ne donne pas au saisissant la créance arrêtée, ni même un privilége sur cette créance. Dès lors on ne saurait, sans outre-passer les limites tracées par la loi, dépouiller du droit de saisir les créanciers postérieurs à la saisie ou un cessionnaire se présentant comme créancier. Toute la protection que le premier saisissant pourrait trouver dans la législation résulterait de l'article 1167 : les actes frauduleux ne pourraient lui être opposés; mais cette protection manquera souvent d'efficacité, parce que les actes dont nous nous occupons étant ordinairement à titre onéreux, il faudrait démontrer que le cessionnaire ou le créancier était *conscius fraudis,* quand on voudrait le repousser.

137 *bis.* XII. Le conflit se complique et la solution nous paraît plus difficile à trouver quand le cessionnaire n'est pas seulement en présence d'un créancier ayant pratiqué une saisie avant la signification ou l'acceptation du transport, mais lorsque sont survenues, postérieurement à cet acte qui a saisi le cessionnaire, une ou plusieurs saisies-arrêts émanées d'autres créanciers du cédant.

Ces créanciers peuvent en effet élever la prétention d'exercer les droits qu'ils auraient eus si le cessionnaire n'eût été lui-même qu'un saisissant; ils diront : Puisque la signification ou l'acceptation d'un transport, lorsqu'elle est postérieure à une saisie, vaut simplement saisie, toute saisie postérieure équivaut à une saisie précédée de deux autres, et par conséquent le créancier a droit à une part proportionnelle dans la répartition des deniers, en concours avec le premier saisissant et le cessionnaire (2).

(1) V. Boitard, édition Boitard et Colmet Daâge, 1868, t. II, p. 214 et 216.
(2) V. C. I., Paris, 15 janvier 1814. Dev. 1814, 2, 373.

Cette prétention des créanciers ne nous paraît pas admissible, car elle méconnaît un des principes fondamentaux du droit, celui qui établit que les actes d'une personne ne sauraient profiter à un tiers, principe appliqué à la saisie-arrêt par les articles 1242 et 1298, réservant seulement les droits du saisissant contre un paiement ou une compensation postérieure à la saisie. Si à raison de la saisie antérieure, la signification ou l'acceptation de transport est dénaturée et dégénère en une sorte de saisie, ce ne peut être que dans l'intérêt du premier saisissant, et ceux qui ont saisi plus tard ne peuvent pas, sans violer les principes, amoindrir ainsi les droits du cessionnaire. Demander que le cessionnaire soit traité comme un créancier, c'est attaquer la cession, et comme à leur égard la cession est parfaite, ils n'ont pas le droit de l'attaquer.

137 *bis*. XIII. Des auteurs acceptent le principe que nous venons de poser et admettent cependant les créanciers qui ont saisi après la notification ou l'acceptation du transport à concourir sur le montant de la collocation du premier saisissant, parce qu'ils font remarquer que celui-ci n'a pas de privilége sur ses co-créanciers, qu'il a conservé à l'actif du débiteur commun des sommes appartenant à celui-ci, et que dès lors les créanciers de ce débiteur ont sur ces sommes des droits égaux aux siens. Nous avons nous-même présenté un raisonnement de cette nature dans le cas où, au mépris d'une saisie-arrêt, le tiers saisi a payé au saisi une partie de la somme saisie-arrêtée.

Quand on a ainsi fait concourir les derniers créanciers avec le premier, on s'aperçoit que celui-ci souffre indirectement des conséquences de la cession qui devait être à son égard équivalente seulement à une saisie-arrêt, et pour éviter ce résultat on crée un recours du premier saisissant contre le cessionnaire pour la différence entre le montant de sa collocation et ce qu'il aurait obtenu si une contribution s'était établie entre tous les saisissants et le cessionnaire considéré à l'égard de tous comme un simple créancier.

Exemple : Créance saisie et cédée, 12,000 francs, premier saisissant créancier de 6,000 francs; deuxième saisissant également créancier de 6,000 francs; le cessionnaire a signifié son transport entre la première et la deuxième saisie. — On fait d'abord une contribution dont on exclut le deuxième saisissant, le premier vient pour 6,000 francs et le cessionnaire comme créancier de 12,000 fr. ; le saisissant reçoit 4,000 francs et le cessionnaire 8,000 francs. Puis on fait une sous-contribution entre les deux saisissants sur la somme allouée au premier saisissant; ils la partagent également, puisqu'ils sont créanciers de sommes égales. Mais il est évident que de cette sous-contribution résulte pour le premier saisissant un préjudice ; il souffre de ce fait que le cessionnaire a écarté le deuxième créancier de la première contribution; il ne se serait pas établi entre lui et ce second créancier un concours sur 4,000 fr., mais sur 12,000 francs. L'exclusion du deuxième créancier provient de ce que, par rapport à lui, le cessionnaire garde sa qualité de cessionnaire ; mais comme cette qualité n'existe pas par rapport au premier saisissant, on donne à celui-ci un recours contre le cessionnaire. On veut qu'il indemnise le premier saisissant en le mettant dans la même situation que si la contribution s'était faite entre tous, le cessionnaire étant traité comme créancier. Dans l'espèce, la contribution aurait donné 12,000 fr. à partager entre 24,000 francs de créances, chacun aurait eu 50 pour 100 ; donc le premier saisissant aurait obtenu 3,000 francs. Comme il n'en touche définitivement que 2,000, il a un recours pour 1,000 francs contre le cessionnaire (1).

137 *bis*. XIV. Cette combinaison nous paraît inconséquente. Puisqu'on part de cette idée, que le cessionnaire garde sa qualité par rapport au deuxième créancier saisissant, il ne faut pas que les droits de celui-ci nuisent, même indirectement, au cessionnaire; or ils lui causent un préjudice notable, puisqu'il se trouve obligé de rapporter une partie de la collocation à laquelle il aurait droit s'il était seul en conflit avec le premier saisissant.

137 *bis*. XV. Il ne faut pas, du reste, qu'en désintéressant ainsi le cessionnaire, nous laissions le premier saisissant subir intégralement les conséquences de la saisie faite postérieurement à la perfection de la cession. Il est vrai que ce premier saisissant n'a pas de privilége, et que sur les sommes par lui conservées à l'actif du débiteur commun, il doit subir le concours des autres créanciers. Mais si ces sommes se trouvent diminuées parce qu'il est né un

(1) V. MM. Aubry et Rau, t. III, p. 310, édit, 1856, C. R., Paris, 26 juillet 1843; Devill., 1843, 2, 523.

droit que ces créanciers doivent respecter, il serait injuste que le premier saisissant, auquel ce droit n'est pas opposable, souffrit de cette circonstance. D'un autre côté, s'il ne doit pas en souffrir, il ne doit pas en profiter. Nous ne voulons pas par conséquent écarter complétement le deuxième créancier, car le premier serait mieux traité que si le cessionnaire était un créancier. Mais ce deuxième créancier sera réduit, sur la part conservée par la saisie-arrêt, à l'excédant de la somme que le premier saisissant aurait eue si on avait établi une contribution entre le cessionnaire considéré comme créancier et tous les saisissants.

Dans l'hypothèse que nous avons examinée, la contribution entre tous aurait donné à chacun 50 pour 100, donc le premier saisissant aurait eu 3,000 francs ; il les gardera sur sa première collocation de 4,000 francs, et sur cette même collocation le deuxième créancier prendra les 1,000 francs restants. Par ce procédé, le premier créancier touche exactement ce qu'il aurait si le cessionnaire était un créancier, et il ne peut pas demander davantage, car il n'a aucun droit à profiter de la qualité de cessionnaire qu'il refuse de reconnaître à ce premier adversaire. Le cessionnaire est traité comme s'il était seul en conflit avec le premier créancier, et tel est bien certainement son droit, puisque la cession qui l'investit de la créance est parfaite à l'égard de l'autre créancier et exclut ce dernier de toute concurrence avec lui. Le plus mal traité est le deuxième créancier, qui ne vient pas à une contribution proportionnelle sur la somme conservée par la saisie du premier, mais il est raisonnable que le calcul se fasse au détriment de celui-ci, puisque la réduction de la somme conservée par le premier saisissant est la conséquence d'une cession qui par rapport à lui, deuxième créancier, produit tous ses effets et devrait l'exclure complétement du partage.

137 *bis*. XVI. Quelque équitable que nous paraisse cette répartition, elle pourrait cependant soulever une objection dont nous devons apprécier la valeur. N'a-t-elle pas pour conséquence de créer un privilége en faveur du premier saisissant, au détriment des autres, contrairement aux principes que nous avons reconnus et appliqués lorsque nous avons parlé des effets de la saisie-arrêt par rapport aux paiements que pourrait faire le tiers saisi au préjudice de la saisie? Nous avons alors admis (t. V, n° 181 *bis*,

V-VII), que si le tiers saisi fait entre les mains du saisi des paiements qui le laissent nanti seulement de somme égale à la créance
du saisissant, les créanciers survenant postérieurement au paiement partiel peuvent concourir proportionnellement avec le saisissant sur la somme conservée à la masse, et que le saisissant est
protégé seulement par un recours contre le tiers saisi.

137 *bis*. XVII. Les deux hypothèses qui paraissent se rapprocher diffèrent cependant en un point capital, et c'est ce qui explique la différence de nos solutions. Dans le cas prévu par l'article 1242, le fait qui empêche les derniers créanciers de se partager
avec le premier saisissant la totalité de la créance du débiteur
commun, est un paiement partiel ; dans le cas que nous étudions,
c'est une cession. Or le paiement partiel fait par le tiers saisi est
un pur fait qui, n'ayant pas pour objet la totalité de la créance,
n'a pas d'influence sur le droit des créanciers non saisissants
par rapport à la partie de la créance qui n'a pas été payée. Au
contraire, la cession devenue parfaite postérieurement à une première saisie est un acte juridique qui a pour objet la créance tout
entière par rapport aux créanciers non encore saisissants; elle produit ses effets sur toute la créance cédée, et investit le cessionnaire de la qualité de créancier pour toutes les parties de cette
créance. Il n'y a donc pas à s'étonner que les créanciers saisissant
après une cession devenue parfaite souffrent plus de cette cession
qu'ils ne souffriraient s'ils avaient simplement saisi après un paiement partiel.

137 *bis*. XVIII. Nous devons ajouter dans cette comparaison
des deux espèces, qu'il était plus facile, au cas de paiement partiel, d'admettre les derniers créanciers en concours proportionnel
avec le saisissant, parce que celui-ci, privé par ce concours du
dividende qu'il aurait eu si les cocréanciers avaient saisi à temps,
peut exercer un recours contre le tiers saisi qui est en faute d'avoir
payé au mépris de la saisie-arrêt; au cas de cession, nous avons
dû refuser tout recours au premier saisissant. Ce recours n'aurait
pu être donné que contre le cessionnaire, qui, nous l'avons dit,
souffrirait alors des conséquences des saisies postérieures, lesquelles ne peuvent lui être opposées. Il n'est pas d'ailleurs en faute
comme un tiers saisi qui paie, car nous supposons qu'il ignorait
le tort que la cession causait aux créanciers, sinon il serait exposé

13.

à la révocation de la cession pour cause de fraude (art. 1167). Il n'y a pas à songer à un recours contre le cédant, car le cédant c'est le débiteur lui-même ; le recours ferait double emploi avec la créance que le saisissant a contre lui, et de cette double action ne résulteraient pas de plus grandes chances d'être payé.

138. L'effet du transport est bien de donner au débiteur un nouveau créancier, mais non de changer la nature de la créance transmise; cette créance passe donc au cessionnaire avec tous ses accessoires, tels que caution, privilége ou hypothèque. V. art. 1692; et à ce sujet, art. 1615.

138 *bis*. I. Dans les garanties accessoires de la créance il faut comprendre les avantages résultant de la forme du titre quand il est exécutoire, et tous les droits à l'aide desquels le cédant eût pu faire valoir sa créance; le cessionnaire pourrait ainsi demander la résolution du contrat en vertu de l'article 1184, faute d'exécution de la part du débiteur, parce que ce droit est accordé au créancier comme une sanction de sa créance ; c'est avant tout un moyen coercitif, et il ne faut pas le considérer comme distinct de la créance elle-même.

138 *bis*. II. Si le cessionnaire prend la situation du cédant en tant qu'elle est avantageuse, il faut aussi qu'il l'accepte en ce qu'elle a de désavantageux ; il est exposé aux mêmes exceptions que son cédant, c'est-à-dire que les moyens de défense par lesquels le cédant aurait pu être repoussé lui sont opposables. Nous avons déjà cité les cas où le cédé se prévaut contre le cessionnaire de la compensation, de la chose jugée ou du paiement ; nous devons généraliser ce que nous avons dit incidemment, et l'étendre à tous les moyens de défense.

Il faut seulement rappeler, quant au paiement, une difficulté que nous avons examinée au tome V, sur la manière de prouver les paiements que le cédé prétend avoir faits au cédant antérieurement à la signification du transport. Il s'agit de la valeur que peuvent avoir les quittances sous seing privé. Le cessionnaire est un tiers, d'après la théorie de l'article 1328, et par conséquent l'acte ne devrait pas faire foi de sa date par rapport à lui. Un usage constant résultant des nécessités pratiques, admet cependant que les quittances sont opposables au cessionnaire, et il serait dangereux de réagir contre cet usage (1).

139. Le même principe qui oblige le vendeur d'une chose corporelle à la garantie des troubles et évictions, soumet le vendeur d'une créance ou autre droit à en garantir l'existence au temps du transport. Aussi est-il tenu de cette garantie, dite *de droit*, quoique le transport soit fait *sans* garantie. V. art. 1693.

139 *bis*. I. L'article 1693 règle la garantie qui est due de plein droit en l'absence de convention, et qui est appelée à cause de cela, dans l'usage, *garantie de droit*. Par opposition, on appelle *garantie de fait* celle dont s'occuperont les articles suivants, et qui dérive d'une convention spéciale, c'est-à-dire d'un fait particulier à l'espèce.

La garantie de droit porte sur l'existence du droit cédé, c'est-à-dire de l'objet même du contrat. Mais là se borne l'objet de cette garantie ; la solvabilité du débiteur et le paiement de la dette ne sont pas garantis de plein droit.

Le droit de créance cédé est considéré comme inexistant, soit qu'il n'ait jamais existé, soit qu'il n'appartienne pas au cédant, soit qu'il se trouve éteint.

139 *bis*. II. Il y a des droits qui ne sont pas à proprement parler inexistants, mais qui sont menacés dans leur existence, ce sont ceux qui peuvent être annulés à la suite d'une action en nullité ou en rescision. Il s'agira, par exemple, d'une créance contre laquelle le débiteur pourra alléguer qu'il a contracté pendant sa minorité ou sous l'influence soit du dol, soit de la violence.

Il est certain que si nous supposons la rescision prononcée, l'acheteur peut agir en garantie, parce que, la rescision ayant un effet rétroactif, on doit reconnaître que le droit n'existait pas quand il a été cédé. Ce qui est plus douteux, c'est que le cessionnaire puisse agir quand l'action en rescision n'est point intentée, car un droit rescindable existe tant que ceux qui peuvent demander la rescision ne la demandent pas, et l'acheteur du droit ne fait pas partie des personnes auxquelles appartient le droit d'invoquer une nullité de cette nature.

(1) V. t. V, n° 291 *bis*. IV.

Nous pensons toutefois que l'acheteur pourrait se mettre à l'abri des conséquences possibles d'une rescision, en invoquant l'article 1653. Il a juste sujet de craindre d'être troublé par une action qui est au droit cédé ce qu'une revendication est à une chose corporelle vendue ; il peut donc suspendre le paiement du prix ou au moins obtenir caution. L'article que nous appliquons ici fait partie d'un chapitre applicable à l'acheteur en général, et la section qui traite des acheteurs de créances ne contient rien qui indique une exception sur ce point.

139 *bis.* III. Ce n'est pas seulement l'existence de la créance qui est garantie, mais aussi l'existence des droits accessoires qui en assurent le paiement. Puisque les gages, les hypothèques, sont compris d'après l'article 1692 dans la vente de la créance, on peut dire que ce sont des droits cédés et qu'il en est dû garantie comme de la créance elle-même, aux termes de l'article 1693.

139 *bis.* IV. La garantie de droit est due en matière de vente de créance alors même que le transport a été fait sans garantie. Ces expressions, qui rappellent trop brièvement les premiers mots de l'article 1626, font allusion à un transport dans lequel on n'aurait pas parlé de la garantie. Elles traduisent en quelque sorte l'expression : garantie de droit ; elles signifient qu'une stipulation de garantie n'est pas nécessaire.

Mais cette stipulation de non garantie, elle est au moins possible, et quand on la rencontre dans un acte il faut déterminer sa valeur, d'après les règles générales posées au chapitre des obligations du vendeur. Nous appliquerons par conséquent, en pareil cas, l'article 1629, et nous n'entendrons pas la clause en ce sens que le vendeur d'une chose qui n'existe pas pourra conserver le prix ; il ne devra pas de dommages et intérêts, mais il restituera le prix acquis *sine causa.* Pour qu'il en fût autrement, il faudrait se trouver dans les hypothèses exceptionnelles prévues par l'article 1629, *in fine,* dans lesquelles l'acheteur est considéré comme ayant acheté une chance.

139 *bis.* V. Les conséquences de l'action en garantie n'apparaissent pas très-clairement dans l'article 1693, parce que, si le silence de cet article peut autoriser l'application des règles générales à la fixation de la somme due par le garant, d'un autre côté, on est

tenté de voir dans l'article 1694 un esprit contraire à ces règles générales.

Nous avons vu, en effet, au chapitre de la garantie en cas d'éviction, que l'acheteur évincé peut obtenir des dommages et intérêts supérieurs au prix qu'il a payé, et il paraîtrait raisonnable d'assimiler le cessionnaire d'une créance qui n'existe pas à un acheteur évincé. Mais une objection naît de l'article 1694, qui, dans le cas où la garantie due au cessionnaire a été étendue jusqu'à la solvabilité du débiteur, la restreint expressément au prix que le cédant a retiré de la créance.

Nous expliquerons bientôt que le législateur redoute la dissimulation de conventions usuraires et qu'il proscrit la convention par laquelle un cessionnaire paierait 1,000 francs avec la certitude de toucher 1,500 francs. Si tel est le but du législateur dans l'article 1694, on peut supposer qu'il a écrit l'article 1693 comme ne donnant pas d'autres résultats.

Cependant la différente rédaction des deux textes doit correspondre à une différence dans la pensée, quand on remarque surtout que le second article déroge à une règle générale. La situation d'ailleurs n'est pas la même ; le danger que la loi aperçoit dans le cas de l'article 1694, c'est que le cessionnaire soit sûr de toucher plus qu'il n'a déboursé; or cette certitude est loin d'exister dans le cas de l'article 1693, car la solvabilité du débiteur n'est pas garantie ; le cessionnaire court donc la chance d'acheter une créance sur un débiteur déjà insolvable ou qui deviendra insolvable plus tard; il n'aura pas de recours dans ces cas-là, et il perdra son prix. L'hypothèse où nous discutons sur l'étendue de son recours est celle où la dette n'existe pas. Le prétendu débiteur est peut-être solvable ; alors la perte éprouvée par le cessionnaire égale le montant intégral de la prétendue créance, et il est juste qu'il soit indemnisé de cette perte.

139 *bis*. VI. Les règles données par la loi sur la garantie de droit supposent une vente de créance et non pas une cession quelconque. Si l'acte était une donation, il est clair que la garantie de droit ne serait pas due, puisque le donateur ne doit pas en principe la garantie de sa donation. (V. cependant les articles 1440 et 1547.)

139 *bis*. VII. La loi a admis exceptionnellement la garantie de

droit de la solvabilité du débiteur dans le cas où il s'agit de la cession d'une rente faite dans un partage par un cohéritier à son cohéritier (1) (art. 886.)

140. L'insolvabilité du débiteur n'empêche pas que la créance existe, bien qu'elle la rende inefficace. Cette inefficacité n'est pas même considérée, en général, comme un vice rédhibitoire qui donne lieu à la garantie *de droit* (v. pourtant art. 1276). Toutefois, la garantie de la solvabilité peut être l'objet d'un engagement spécial : c'est ce qu'on appelle *garantie de fait*. Du reste, quoiqu'il ne soit pas absolument défendu d'acheter une créance pour un prix inférieur à sa valeur nominale, ce marché, néanmoins, ne pouvant être vu d'un œil favorable, lors surtout que l'acheteur se fait garantir la solvabilité du débiteur, la loi borne l'engagement résultant de la garantie *de fait* au montant du prix de la vente. V. art. 1694.

140 *bis*. I. Nous l'avons dit plus haut, la convention par laquelle le cessionnaire se ferait garantir la solvabilité du débiteur jusqu'à concurrence du montant nominal de la créance pourrait déguiser une convention usuraire, car il serait facile de vendre pour 15 ou 20,000 francs une créance de 30,000 sur un débiteur insolvable, en promettant garantie de l'insolvabilité. Par ce moyen, le cessionnaire déboursant 15 ou 20,000 francs serait certain d'en recouvrer 30,000, il ne courrait pas d'autre risque que celui de l'insolvabilité de la partie avec laquelle il traiterait, il serait par conséquent dans la situation d'un prêteur qui, déboursant 15 ou 20,000 francs, stipulerait qu'il lui en serait rendu 30. Le Code devait proscrire cette convention, bien qu'il ne limitât pas le taux de l'intérêt, puisqu'il exigeait que la stipulation du taux de l'intérêt apparût manifestement dans un écrit (art. 1907).

140 *bis*. II. Le motif de la disposition finale de l'article 1694 démontre qu'elle n'est pas seulement une règle d'interprétation, mais une règle prohibitive, et que par conséquent toute convention contraire devrait être annulée comme faite en violation des principes restrictifs de l'usure.

140 *bis*. III. La même raison nous conduit à dire que l'article

(1) V. t. III, n° 230 *bis*. I-V.

doit être appliqué strictement sous un autre rapport. Nous pensons que le cessionnaire ne pourrait pas se faire restituer en sus du prix, même en vertu d'une stipulation, les frais et loyaux coûts du contrat. Cette restitution est considérée par le législateur comme une des conséquences de l'obligation à des dommages et intérêts (art. 1630), et nous voyons, par la comparaison entre les droits d'un acheteur à réméré et ceux de l'acheteur d'un immeuble au cas de lésion, que la loi impose volontiers la perte des frais à celui des contractants qui est cause, par sa mauvaise foi, de l'annulation du contrat. Or telle est la situation du cessionnaire qui est supposé avoir revêtu un prêt usuraire des apparences d'un achat de créance.

140 *bis*. IV. A la différence des frais et loyaux coûts, les intérêts du prix peuvent être considérés comme une partie du prix et doivent être restitués au cessionnaire, car le cédant a eu la jouissance du prix, et il ferait sans cause un bénéfice au détriment du cessionnaire s'il rendait seulement le capital. Il faudrait toutefois examiner si le cessionnaire a touché les intérêts de la créance, parce qu'alors il y aurait eu compensation entre ces intérêts et ceux du prix, et il n'y aurait pas lieu à une restitution de ce chef.

140 *bis*. V. Indépendamment du cas de stipulation expresse, la garantie de la solvabilité peut encore être due dans deux cas : 1° quand le cédant connaissait l'insolvabilité du débiteur et a pratiqué des manœuvres pour la dissimuler : l'action serait alors fondée sur son dol ; 2° quand la cession est faite à un créancier à titre de délégation, pour le payer. (V. art. 1276, et t. V, n° 224 *bis* I et III.)

141. La garantie *de fait* ne s'applique, en général, qu'à la solvabilité actuelle ; car l'insolvabilité qui survient postérieurement est un cas fortuit, et le vendeur ne peut être facilement supposé vouloir se charger des cas fortuits. Pour lui reconnaître cette intention, il faudrait une stipulation expresse. V. art. 1695.

141 *bis*. I. La clause sur la garantie de la solvabilité doit être entendue restrictivement. Ainsi la convention simple ne garantit que la solvabilité au moment de la cession ; de même, si on a parlé de la solvabilité future, on doit l'entendre seulement de la solva-

bilité à l'échéance, et il faudrait une convention formelle pour étendre plus loin l'effet de la promesse.

141 *bis*. II. Ces diverses clauses peuvent se faire en des termes quelconques. L'étendue de l'obligation dépendra de l'interprétation des termes employés, et l'usage éclairera sur cette interprétation, car il existe certaines formules dont le sens est consacré. Ainsi la garantie de *tous troubles et empêchements quelconques* s'interprète comme garantie de la solvabilité actuelle, tandis que la *promesse de fournir et faire valoir* est prise comme assurant la solvabilité future (1).

142. L'hérédité, qu'il ne faut pas confondre avec les objets qui la composent, est aussi un bien incorporel, un droit qui peut être vendu, en ce sens que l'on peut transporter à prix d'argent les effets attachés à la qualité d'héritier. Le vendeur n'est pas pour cela dépouillé de cette qualité indélébile (v. art. 780); mais il doit en assurer tout l'émolument à l'acheteur, qui doit, de son côté, prendre sur lui toutes les charges héréditaires.

142 *bis*. I. L'hérédité non ouverte ne peut être vendue (art. 1130). L'article 1696 suppose donc un contrat qui a pour objet une hérédité ouverte. En pareil cas, la vente n'a pas pour objet le titre même d'héritier, qui reste attaché à la personne du vendeur, parce qu'il est indélébile; elle n'a pas non plus pour objet telles ou telles choses héréditaires; le vendeur promet tout ce qui est provenu ou proviendra de l'hérédité (1). L'hérédité est considérée comme une universalité, et l'objet de la vente est cette universalité, cet ensemble de biens dont la composition n'est pas exactement déterminée.

Il s'agit donc, dans la vente d'hérédité, des conséquences de la qualité d'héritier, c'est-à-dire que l'acheteur doit être mis dans la même situation que s'il était héritier.

La situation d'héritier a ses bons et ses mauvais côtés, et elle doit être acceptée tout entière par l'acheteur d'hérédité. Par conséquent, s'il a le droit d'exiger tout l'émolument de la qualité

(1) V. Pothier, *Vente,* nos 561, 563.
(2) V. Pothier, n° 529.

d'héritier, il faut qu'il subisse les charges attachées à cette qualité, ou, si l'on veut, qu'il mette le vendeur dans la même position que si celui-ci n'était pas héritier.

142 *bis*. II. Le vendeur néanmoins reste héritier, la vente qu'il a faite vaudrait acceptation de la succession à défaut d'autre acte (art. 780); il est par conséquent débiteur des dettes héréditaires et peut être poursuivi par les créanciers.

142 *bis*. III. L'effet de la cession par rapport aux biens de la succession dépend du caractère que nous avons attribué à l'objet vendu. Il diffère suivant que nous envisageons la cession comme acte d'aliénation, acte investitif, ou comme acte produisant des obligations entre les parties. Sous ce dernier point de vue, l'acte n'ayant pas eu pour objet des biens déterminés, on devra dire : C'est surtout la qualité d'héritier qui a été l'objet du contrat, le vendeur ne garantit pas autre chose ; mais au point de vue du caractère translatif de l'acte, il est clair qu'il a pour objet les divers biens faisant partie de la succession, et qu'il produit l'obligation de livrer ces biens.

La cession d'hérédité est donc une aliénation ou cession des créances héréditaires, et rentre par là dans les termes de l'article 1690.

142 *bis*. IV. Quant aux objets corporels, meubles ou immeubles, faisant partie de la succession, ils ont dû devenir de plein droit la propriété de l'acheteur de l'hérédité ; car, ainsi que nous venons de le dire, le vendeur a certainement promis la propriété de tout ce qui est compris dans l'hérédité, et la conséquence naturelle de cette promesse est une aliénation immédiate de la chose. Si Pothier considère le vendeur comme propriétaire jusqu'à la livraison, c'est par application des principes anciens sur l'effet de l'obligation de livrer, mais nous combinons exactement la doctrine de Pothier avec les principes nouveaux du Code civil, en constatant que, puisque le vendeur d'hérédité contracte l'engagement de livrer les choses héréditaires (1), il doit cesser immédiatement d'en être propriétaire (art. 1138).

Nous renvoyons, quant à la translation de propriété, à l'article 1138 ; nous devons donc réserver l'application de l'arti-

_____

(1) V. Pothier, n° 531.

cle 1141 en matière de meubles, et de la loi de 1855 sur la transcription, lorsqu'il s'agit d'immeubles.

142 *bis*. V. Nous tirons une autre conséquence de ce que la cession des droits de succession contient implicitement une aliénation des biens héréditaires. C'est que, si elle est faite par un héritier bénéficiaire, cet héritier se place par cet acte dans la position réglée par les articles 988 et 989 du Code de procédure; il est déchu ou peut être déclaré déchu du bénéfice d'inventaire selon la rigueur avec laquelle on interprète ces articles (1). On a soutenu qu'il n'en était pas ainsi, que l'héritier devait céder ses droits tels qu'il les avait, que c'était là une question d'intention, et qu'on ne devait pas présumer l'intention de renoncer au bénéfice d'inventaire (2). Nous pensons que la difficulté ne doit pas être envisagée ainsi. Ce n'est pas une question d'intention, c'est une question de déchéance; il s'agit uniquement de savoir si l'héritier a aliéné les biens héréditaires sans les formalités judiciaires qui garantissent les droits des créanciers. Il faut voir en outre que l'héritier rend plus périlleux le recours des créanciers contre lui, puisqu'il a converti en argent les valeurs héréditaires, et que contre l'acheteur les créanciers devront agir concurremment avec tous les créanciers de l'héritier, en vertu de l'article 1166, ce qui compromet également le succès de leur action.

M. Demante adopte cependant l'opinion de M. Duranton (3), mais il l'appuie uniquement sur cette raison, que l'acceptation bénéficiaire laisse à l'héritier une chance de profit si l'actif surpasse le passif, et que l'héritier doit pouvoir disposer de cette chance. Si la cession d'hérédité n'était que la promesse de donner au cessionnaire l'excédant de l'actif héréditaire sur le passif, nous admettrions la solution de M. Demante. Mais nous voyons autre chose dans la cession, nous y trouvons une aliénation des choses héréditaires, Pothier disait : L'obligation de livrer toutes les choses provenant de la succession, et c'est à cause de cet effet important de la cession que nous y voyons une cause de déchéance du bénéfice d'inventaire.

142 *bis*. VI. Nous venons de supposer que l'héritier cédant avait,

---

(1) V. M. Demante, t. III, n° 128 *bis*. V et VI.
(2) V. Duranton, t. VII, n° 54, et t. XVI, n° 528.
(3) T. III, n° 126 *bis*. III.

antérieurement à la cession, fait sa déclaration d'acceptation bénéficiaire. La solution sera *à fortiori* la même, si nous raisonnons
sur un habile à succéder qui cède ses droits héréditaires en se
réservant le droit d'accepter sous bénéfice d'inventaire; la décision
que nous avons donnée à la précédente question entraîne celle-ci.
L'acte qui selon nous entraînerait déchéance du bénéfice d'inventaire après la déclaration, doit certainement rendre sans effet
toute déclaration postérieure. On est d'ailleurs dans l'hypothèse
nettement prévue par l'article 780, qui n'indique pas de distinction, et qui ne suppose pas la faculté de faire des réserves (1).

143. L'objet de la vente étant bien connu, il est évident
que le vendeur n'est, en général, tenu de garantir que la
qualité même dont il transporte les effets. V. art. 1696.

143 *bis*. I. Les articles du Code civil sur la cession d'hérédité
traitent uniquement des obligations respectives des parties.

Le vendeur garantit qu'il est héritier, mais pas autre chose; car,
ainsi que nous l'avons dit, il n'a pas vendu les objets héréditaires
considérés à titre particulier, il a vendu l'universalité de la succession, c'est-à-dire qu'il n'a pas promis tel ou tel bien, mais l'ensemble du patrimoine héréditaire tel qu'il peut être. Pourvu qu'il
soit héritier et qu'il puisse procurer à l'acheteur les chances attachées à cette qualité, il remplit son obligation.

143 *bis*. II. La règle posée par l'article 1696 reçoit deux exceptions en sens inverse l'une de l'autre :

1° Si on a spécifié certains objets comme faisant partie de la
succession, il s'est fait une convention particulière qui étend les
obligations du vendeur et l'astreint à garantir ces objets;

2° Si au lieu de vendre l'hérédité ou ses droits successifs, le
vendeur a transporté ses droits incertains à l'hérédité, il a fait
alors une convention aléatoire valable, et ne doit pas la garantie
de sa qualité.

Il faudrait encore distinguer, d'après les termes de la convention, si on a fait une véritable convention aléatoire ou une simple
vente avec clause de non-garantie, parce que, dans le premier cas,
l'acheteur perdrait même le prix payé, quand le vendeur n'aurait
pas eu la qualité d'héritier, tandis que, dans le second, il aurait

---

(1) V. cependant Duranton, t. XVI, n° 528, *in fine.*

au moins droit à la restitution du prix payé sans cause. La clause
de non-garantie serait seulement exclusive d'une action en dommages et intérêts.

144. L'hérédité comprenant tous les droits attachés à la
qualité d'héritier, il est évident, si les parties ne se sont pas
autrement expliquées, que le vendeur doit non-seulement
assurer à l'acheteur l'émolument à percevoir, mais lui tenir
compte même de l'émolument qu'il a lui-même retiré avant
la cession, soit par perception de fruits, remboursements de
capitaux, ou ventes d'objets héréditaires. Si telle n'est pas
son intention, il doit s'en expliquer par une réserve expresse.
V. art. 1697.

144 *bis*. I. La seconde obligation du vendeur d'hérédité se résume en ceci : communiquer à l'acheteur tous les bénéfices que le
vendeur a retirés de l'hérédité.

La loi fait une énumération des événements qui ont dû procurer à l'héritier quelque émolument : perception de fruits, vente
de biens, encaissement du montant des créances.

Sur le premier et le dernier de ces faits, nous ne voyons pas de
difficulté. Le vendeur doit la valeur des fruits perçus et les sommes reçues des débiteurs héréditaires.

Mais il est nécessaire de nous expliquer quant au troisième
événement, la vente d'un bien.

Il résulte clairement de l'article, que le vendeur d'hérédité doit
à l'acheteur quelque chose à l'occasion de cette vente; mais ce
qui n'apparaît pas nettement, c'est ce qui est dû. L'article, comprenant dans une même phrase les fruits, les créances et les objets vendus, dit que le vendeur est tenu de *les rembourser*. Rembourser les fruits, le montant des créances, mais quant aux
choses vendues, l'expression manque de clarté et de correction,
car on ne rembourse pas une chose, et si on veut parler d'une
somme représentant cette chose, a-t-on en vue le prix de la vente
ou bien la valeur vénale de la chose, soit au moment de la vente,
soit à une autre époque?

Nous avons posé le principe, et avec ce principe nous arrivons à
une décision sur ce point : puisque le vendeur doit communiquer
à l'acheteur tous les bénéfices qu'il a retirés de l'hérédité, il n'a,

dans l'hypothèse, à restituer que le prix de la vente des biens héréditaires, car il n'a profité que du montant de ce prix, et c'est évidemment ce qui se trouve à l'état latent dans la phrase obscure de l'article 1697 (1).

144 *bis.* II. Il faut généraliser la solution et tirer d'autres conséquences du principe en ce qui concerne les aliénations.

S'il s'agissait, non pas d'une vente, mais d'une autre aliénation à titre onéreux, le vendeur d'hérédité devrait donner à l'acheteur tout ce qu'il aurait acquis en échange de la chose héréditaire aliénée.

144 *bis.* III. L'aliénation peut être une donation, et Pothier dit alors, suivant en ceci la doctrine d'Ulpien, que le vendeur d'hérédité doit l'estimation de la chose donnée, parce qu'il doit *omne quod ex hœreditate pervenit,* et que cette chose lui est parvenue, quoique par la suite il en ait disposé (2). Nous croyons devoir repousser cette décision, car la raison que donne Pothier nous conduirait trop loin dans une hypothèse décidée par Pothier lui-même, celle de la vente. Puisque, dans ce dernier cas, le vendeur d'hérédité ne doit que le prix moyennant lequel il a vendu la chose, c'est qu'on ne considère pas ce qui lui est parvenu *ex hœreditate,* sans s'occuper des actes de disposition qu'il en a faits postérieurement; on s'inquiète du bénéfice qu'il a retiré des choses héréditaires, voilà exactement *quod ei pervenit.* Ceci posé, le donateur n'a pas retiré de la chose héréditaire un bénéfice égal à la valeur de cette chose; que lui en reste-t-il, pécuniairement parlant? Rien, si ce n'est les quelques droits appartenant à un donateur comme les derniers vestiges de sa propriété, mais qui sont loin de valoir l'estimation vénale de la chose. Il a le droit de révocation pour inexécution des conditions, ingratitude, survenance d'enfant, peut-être le droit de succession anomale (art. 747). Ses héritiers auront peut-être aussi droit à la réduction ou au rapport. Ce sont des droits très-éventuels, et il nous parait injuste de considérer, à cause de ces éventualités, le donateur comme s'étant enrichi de la valeur vénale de la chose.

Nous pensons donc que le vendeur d'hérédité, donateur d'un bien héréditaire, ne devrait rien à l'acheteur par le seul fait de

____

(1) V. Pothier, n° 534.

(2) V. Pothier, n° 534; Ulp., *D. fr.*, II, § 3, *De hœred. vendit.*

l'aliénation ; mais que, survenant un des événements qui donnent naissance à un des droits éventuels résultant de sa qualité de do-nateur, il devrait compte à l'acheteur d'hérédité du bénéfice qu'il en pourrait retirer ; jusque-là, l'acheteur d'hérédité ne pourrait rien demander, car le vendeur n'avait encore retiré aucun profit pécuniaire de l'aliénation.

144 *bis.* IV. Nous venons de raisonner sur des aliénations con-sommées avant la vente d'hérédité ; s'il s'agissait de statuer sur des aliénations à titre onéreux ou gratuit postérieures à cette vente, il faudrait se rappeler que l'acheteur d'hérédité étant de-venu propriétaire des choses héréditaires, il pourrait les reven-diquer, sauf l'application des règles de l'article 1141 et de la loi de 1855, et que, s'il n'avait pas le droit de revendication, il pour-rait réclamer de son vendeur, non-seulement le prix, mais des dommages et intérêts, parce que celui-ci aurait disposé d'une chose ne lui appartenant plus et occasionné ainsi l'éviction de son ayant cause.

144 *bis.* V. Quand les choses héréditaires ont péri avant la vente de l'hérédité, les relations du vendeur et de l'acheteur doivent encore être réglées d'après notre principe que le vendeur doit communiquer à l'acheteur le profit qu'il a retiré de l'hérédité, mais pas autre chose. Soit donc que la perte provienne d'un cas fortuit ou d'un fait imputable au vendeur, il ne sera dû aucune in-demnité, car même dans ce second cas l'héritier n'est pas en faute puisqu'il détruit sa chose, alors qu'il n'en est pas encore débiteur, et pourvu qu'il ne profite pas de cette destruction, comme au cas de consommation, il ne devra rien plus tard à l'acheteur de l'hé-rédité, car il ne lui est pas resté un émolument *ex ea re hæredi-taria.*

Si la perte est postérieure à la vente de l'hérédité, le vendeur est un débiteur, et la responsabilité est régie par les articles sur la perte de la chose due.

144 *bis.* VI. L'héritier a tiré un profit de sa qualité quand l'acceptation de la succession a réuni sur sa tête deux qualités incompatibles qui ont été éteintes par confusion, et qu'il s'est trouvé ainsi libéré soit d'une dette, soit d'une charge réelle qui pesait sur lui avant qu'il fût héritier. *Exemples :* Il était débiteur du défunt, ou propriétaire d'un immeuble grevé de servitude au

profit d'un immeuble appartenant au défunt. Dans ces deux cas, il doit être tenu compte à l'acheteur d'hérédité du bénéfice que le vendeur a trouvé dans la confusion. Celui-ci redeviendra débiteur de sa dette, ou il devra une somme représentant la valeur de la servitude éteinte.

144 *bis*. VII. L'étendue de l'obligation du vendeur quant à l'émolument héréditaire qu'il doit communiquer à l'acheteur n'est pas facile à préciser dans l'hypothèse de l'accroissement. L'héritier a vendu ses droits successifs, mais il avait un cohéritier, ce cohéritier renonce, il s'opère en faveur de l'acceptant un accroissement, à qui doit-il profiter? Au vendeur considéré comme n'ayant vendu que la part qui semblait lui appartenir lors de la vente, ou à l'acheteur qui prétend avoir acheté dans les droits du vendeur, les chances mêmes résultant de l'éventualité d'une renonciation?

C'était une question très-agitée autrefois. Pothier cite les auteurs anciens qui la discutaient et résume leurs arguments (1). Il parait pencher pour la négative. Nous n'y voyons pas une véritable question de droit, mais une difficulté sur l'interprétation d'une convention. Les parties, en effet, auraient pu faire aussi bien la vente de la part héréditaire apparente, que la vente de la part avec toutes ses chances d'augmentation. Il faut donc rechercher ce qu'elles ont voulu. Telle est la règle de l'article 1156. Les raisonnements de droit tendant à établir qu'en vertu de la rétroactivité de la renonciation, le vendeur était propriétaire de la part du renonçant, avant même la renonciation, n'auraient pas d'autre résultat que de faire prévaloir le sens littéral des termes sur la commune intention des parties. Ces raisonnements donneraient peut-être plus d'étendue et de généralité aux termes de la convention; mais d'après l'article 1163, quelque généraux que soient les termes d'une convention, elle ne comprend que les choses sur lesquelles les parties se sont proposé de contracter.

Reste donc une question de fait : la renonciation était-elle probable, le vendeur et l'acheteur pouvaient-ils l'espérer? Si on ne devait pas y compter, il n'est pas présumable que l'héritier ait entendu vendre autre chose que ses droits tels qu'ils apparaissaient au moment de la vente, qu'il ait, sans s'expliquer, compris dans

(1) Pothier, n° 545.

la chose vendue une chance qui devait avoir une influence considérable sur le prix.

145. Toutes les charges héréditaires doivent être suppor-
tées par l'acquéreur, sans distinguer entre celles qui sont déjà
acquittées et celles qui restent à acquitter; et l'on considère,
avec raison, comme charges acquittées par l'héritier vendeur
celles dont la succession a été libérée envers lui par confusion,
le tout, bien entendu, sauf convention contraire. Voy. art. 1698.

145 bis. L'article 1698 règle les obligations de l'acheteur d'hérédité, il est la conséquence des principes que nous avons posés
par rapport aux obligations du vendeur, il contient des dispositions inverses de celles qui sont écrites dans l'article précédent.
L'acheteur doit tenir l'héritier indemne de tout ce que lui coûte
son titre d'héritier. Le Code applique cette idée aux dettes et aussi
aux charges, c'est-à-dire aux frais funéraires, aux legs, aux
droits de mutation et aux réparations nécessaires. Il traite en outre
du cas de confusion pour le régler en sens inverse de ce que nous
avons dit sur l'article précédent, quand au lieu de supposer que
l'héritier était créancier du défunt, nous avons statué sur le cas
où il était débiteur.

146. Une disposition particulière, fondée sur la haine que
méritent les acheteurs de procès, autorise celui contre lequel
on a cédé un droit litigieux à s'en faire tenir quitte, en désintéressant le cessionnaire, c'est-à-dire, en le remettant au
même état que s'il n'avait pas acquis. Pour cela, au reste, on
sent qu'il faut lui rembourser, non-seulement le prix réel de
la cession, mais aussi les frais et loyaux coûts, et les intérêts
du prix, du jour où il l'a payé. V. art. 1699.; et à ce sujet,
Anast., const. 22, et Just., const. 23, Cod., *Mand. vel contr.*

146 bis. I. La dernière partie du chapitre consacre une restriction à la faculté de céder des droits. Cette restriction s'applique
aux droits litigieux. La loi n'en interdit pas la cession, mais elle
soumet le cessionnaire à une sorte d'expropriation du droit qu'il
a acquis, ou pour parler le langage technique usuel, à un *retrait* (1). L'article 841 du Code civil a déjà consacré le *retrait suc-*

(1) V. Pothier, nᵒ 597.

cessoral; il s'agit ici d'une institution analogue, on l'appelle *re-trait litigieux*. On peut définir ce retrait : l'opération par laquelle le cessionnaire d'un droit litigieux est écarté par celui contre qui existe le droit. Pothier exprime un peu énergiquement sous l'influence de quelle idée cette disposition s'est introduite dans la législation ; il dit au n° 597 : « Ce retrait est très-équitable. Le bien de la paix exige que le débiteur qui, en prenant pour lui le marché, éteint le procès auquel la dette litigieuse devait donner lieu, soit préféré, pour ce marché, à un odieux acheteur de procès. »

Un préjugé seul peut expliquer la qualification exagérée donnée à l'acheteur de procès, qui n'est pas autre chose qu'un spéculateur, un homme qui cherche à courir une chance. L'appeler odieux alors qu'on ne nomme pas ainsi celui qui emprunte ou achète moyennant une rente viagère, c'est certainement soumettre à deux mesures différentes l'appréciation de deux faits qui présentent entre eux une bien grande analogie.

A cette observation près, Pothier nous paraît avoir donné une justification suffisante du retrait litigieux. Il fait d'abord ressortir que cette institution a pour but le maintien de la paix ; il l'appuie donc sur une raison d'utilité sociale, et par là il répond aux objections tirées de ce que le cessionnaire est exproprié sans cause d'un droit acquis par un contrat. Ce premier point établi, il est facile de comprendre pourquoi le législateur, sans considérer l'acheteur comme un homme odieux, lui préfère celui contre qui existait le droit. Il lui paraît que si celui qui avait le droit a consenti à s'en priver moyennant un prix inférieur à la valeur nominale de ce droit, il vaut mieux que la perte qu'il subit profite à l'autre partie plutôt qu'à un étranger. Quant au vendeur, il est désintéressé dans la question, puisqu'il a consenti à abandonner son droit moyennant une certaine somme et que cette somme doit toujours lui être payée.

146 *bis.* II. Pour étudier les dispositions de la loi sur le retrait litigieux, nous allons examiner 1° quelles sont les cessions qui donnent lieu au retrait ; 2° quelles sont les conditions du retrait ; 3° quels sont ses effets.

146 *bis.* III. *Cessions qui donnent lieu au retrait litigieux.* Il s'agit, d'après l'article, des cessions de droits litigieux. Le mot

14.

droits est large et ne permet pas de restreindre la disposition aux cessions de créances, bien que Pothier, qui avait commencé par parler des créances et autres droits, ait ordinairement supposé qu'il s'agit de créances, et raisonné en vue d'un créancier et d'un débiteur.

La règle s'applique donc aux cessions de droits réels litigieux, sur des meubles ou sur des immeubles, et par suite aux ventes de biens litigieux, car il n'y a qu'une différence d'expression entre la vente d'un bien et la cession de la propriété de ce bien.

Il est seulement nécessaire que le droit ou le bien soit l'objet d'un litige. Nous dirons au numéro 147, sur l'article 1700, quand un droit est litigieux. Nous faisons seulement observer que les lois *Per diversas* et *Ab Anastasio* citées plus haut semblaient s'appliquer à toutes les cessions de créances, et c'est dans le droit français ancien que leur application a été restreinte aux cessions de droits litigieux (1).

146 *bis*. IV. Le retrait n'est possible qu'à la suite d'une cession à titre onéreux. L'article est muet sur ce point, mais la condition principale à laquelle est soumis ce retrait montre l'intention sous-entendue du législateur. L'article suppose que la cession est faite moyennant un prix. Comment restituer ce prix quand l'acte est une donation? Enfin le cessionnaire n'est plus ce spéculateur contre lequel on paraît avoir voulu prendre des précautions. C'est du reste la disposition formelle de la loi *Per diversas,* que confirme la la loi *Ab Anastasio*.

Nous parlons bien entendu d'une donation sérieuse; si la libéralité avait été feinte, ce serait une fraude à la loi qui pourrait être prouvée par tous les moyens possibles.

146 *bis*. V. La donation peut être soumise à des charges. C'est alors un contrat mélangé, partie à titre gratuit, partie à titre onéreux; il faudrait par conséquent admettre le retrait pour la partie correspondante à la valeur de la charge et refuser le droit au retrait pour le surplus.

146 *bis*. VI. *Conditions du retrait*. Le cessionnaire exproprié du droit qu'il avait acquis doit être totalement indemnisé, il doit être mis au même état que s'il n'avait pas acheté le droit. C'est ce que

(1) V. M. Albert Desjardins, *Du retrait des droits litigieux*, n° 49, *Revue pratique*, t. XXV, XXIX et XXX.

la loi indique en disant qu'on doit lui rembourser le prix réel de la cession, les frais et loyaux coûts du contrat (droits d'actes et droits d'enregistrement), et les intérêts du prix à partir du moment où le prix a été payé.

Quand la loi parle du prix réel, elle prévoit que l'acte pourrait indiquer un prix fictif, exagéré en vue d'éviter le retrait; il est clair qu'il y aurait là une fraude, qui, si elle était démontrée, ne devrait pas nuire à l'exercice du retrait.

146 *bis.* VII. Le mot prix employé par l'article n'a pas la puissance de restreindre l'application de l'article au cas de vente proprement dite; si la cession était faite à titre d'échange, le droit au retrait existerait, et comme il serait impossible de restituer au cessionnaire l'objet même dont il a transféré la propriété au cédant, c'est l'estimation de cet objet au moment du contrat qui devrait être fournie.

146 *bis.* VIII. Quand le cessionnaire, au lieu de transférer une propriété au cédant, se serait obligé envers lui, l'exercice du retrait serait subordonné non pas à un paiement, mais à un engagement contracté envers le cessionnaire de satisfaire pour lui aux obligations contractées envers le cédant.

146 *bis.* IX. Le Code ne s'est pas expliqué avec détail sur l'exercice même du retrait litigieux. Quand ce droit peut-il être exercé et comment doit-il être exercé? La première question trouve sa solution dans les motifs mêmes de la disposition législative qu'il s'agit d'appliquer. Tant que le droit est incertain, c'est-à-dire jusqu'à ce qu'il soit intervenu une décision judiciaire inattaquable, le retrait a sa raison d'être, mais il ne l'a pas plus tard.

Quant à la manière d'opérer le retrait, nous n'avons pas à nous en préoccuper si le cessionnaire ne résiste pas et si par conséquent l'opération se fait à l'amiable; mais quand l'accord ne se fait pas, il y a lieu de se demander s'il suffit, pour celui contre qui le droit est cédé, de manifester par un acte d'huissier l'intention d'user du bénéfice de l'article 1699, ou s'il doit rembourser effectivement les sommes que l'article met à sa charge, sauf à faire des offres réelles si l'adversaire refusait de recevoir.

Nous avons examiné une question analogue à propos de l'exercice du droit de réméré (1), et nous croyons devoir placer ici la

(1) *Suprà*, n° 118 *bis.* III et IV.

solution que nous avons donnée à cette occasion. Les motifs sont
les mêmes. Le droit de celui qui exerce le retrait est subordonné
à une condition : cette condition consiste dans le remboursement
du prix réel de la cession et d'autres accessoires. Celui qui a un
droit conditionnel doit prouver que la condition s'est accomplie
ou qu'elle a manqué par le fait de l'adversaire (art. 1178). Pour
établir ce dernier fait, il ne suffit pas de montrer qu'on a dit avoir
l'intention de payer une certaine somme, mais il faut prouver
qu'on a réellement mis cette somme à la disposition de l'autre
partie ; donc il faut prouver qu'on lui a présenté les deniers. Il
n'est pas besoin, du reste, d'organiser une véritable procédure
d'offres avec consignation et jugement de validité, mais un procès-verbal de présentation est nécessaire. Sinon, les choses ne seraient pas égales entre les parties, puisque le cessionnaire serait
dépouillé d'un droit payé par lui, sans être sûr de rentrer dans les
sommes qu'il a déboursées. Si la loi permet de l'exproprier, au
moins faut-il qu'il n'éprouve aucun retard dans le recouvrement
de l'indemnité qui lui est allouée (1).

146 *bis*. X. Il faut s'entendre cependant. Tout ce que nous venons de dire suppose que le cessionnaire a payé son prix ; c'est
bien la supposition de l'article qui parle d'un remboursement et
d'intérêts à calculer depuis le jour où le prix a été payé. Dans ce
cas, la véritable indemnité consiste dans la restitution immédiate
de ces sommes, ce qui entraîne pour le cédé, quand le droit transporté est une créance, la perte des délais dont il jouissait en vertu
de ses conventions avec le cédant. Le cessionnaire, en effet, a
consenti à débourser immédiatement une somme, bien qu'il ne dût
exercer le droit de créance que plus tard, parce qu'il comptait
bénéficier de la différence entre son prix d'achat et le chiffre intégral de la créance cédée. Si on le réduit à recouvrer son prix
d'achat, il faut qu'il recouvre ce prix immédiatement, sinon
il n'est pas indemnisé, et le cédé ne peut pas se plaindre d'être
privé du terme, car il n'est pas forcé d'exercer le retrait, et s'il
l'exerce c'est qu'il y trouve un avantage.

Il y a enfin une troisième hypothèse, celle-là n'est pas prévue
par le texte. Le cessionnaire n'a pas payé le prix ou au moins une

(1) V. cependant MM. Aubry et Rau, p. 327, t. III, édit. 1856 ; M. Albert
Desjardins, n° 95.

partie de ce prix, il a pour ces paiements stipulé un terme. Nous n'exigeons pas alors une présentation des deniers. La condition de remboursement n'est pas exécutable, car il n'y a pas eu déboursé, donc il est facile de démontrer, sans faire des offres, que la condition du retrait a manqué par le fait de l'adversaire. Ici, l'indemnité due au cessionnaire ne peut consister que dans la promesse ou la garantie de le tenir indemne des obligations par lui contractées envers le cédant. Les tribunaux apprécieront si celui qui exerce le retrait présente des garanties personnelles, et ils pourront même le contraindre à fournir soit des cautions, soit des gages ou des hypothèques.

146 *bis*. XI. *Effets du retrait*. Pothier a défini d'une manière générale le retrait : un droit de prendre le marché d'un autre et de se rendre acheteur à sa place (1). Nous trouvons dans cette formule, sauf à la soumettre à quelques restrictions, le point de départ de ce que nous avons à dire sur les effets du retrait litigieux. Il faut les examiner 1° dans les rapports entre le cessionnaire et celui qui exerce le retrait; 2° dans les rapports entre le cédant, d'un côté, et le cessionnaire ou celui qui exerce le retrait, de l'autre.

146 *bis*. XII. Dans les rapports entre le cessionnaire et celui qui exerce le retrait, le point capital et sur lequel nous devons insister, c'est que l'opération n'est pas une cession nouvelle qui constituerait celui qui exerce le retrait ayant cause de celui contre qui il l'exerce. Si, en effet, le retrait a pour but de rendre celui qui l'opère acheteur à la place du cessionnaire, on ne saurait admettre que celui-là soit l'ayant cause de celui-ci, qui est réputé n'avoir pas été acheteur, le premier l'ayant été à sa place. Le Code nous confirme dans cette idée, car l'article 1699 n'établit pas que celui contre qui existe le droit cédé puisse contraindre le cessionnaire à lui céder ses droits mais seulement qu'il peut *s'en faire tenir quitte par le cessionnaire,* expressions qui n'évoquent pas l'idée d'une acquisition de droit, mais d'un moyen de défense opposable désormais au cessionnaire.

146 *bis*. XIII. De ce qu'il n'existe pas entre les deux parties des rapports d'auteur et d'ayant cause, nous déduirons les conséquences suivantes :

(1) Pothier, *Traité des retraits,* n° 1.

1° Quand le droit cédé est une créance, tous les droits nés du chef du cessionnaire, avant le retrait exercé, sont non avenus; par exemple, les droits des créanciers du cessionnaire, qui auraient pratiqué une saisie-arrêt, ou des cessionnaires du cessionnaire. Si une compensation légale s'était opérée entre la créance cédée et une créance inverse du cédé contre le cessionnaire, elle ne produirait ses effets que dans les limites du prix de la cession, puisque le cédé aurait le droit de se faire tenir quitte de l'excédant.

Une autre conséquence à déduire de ce que le cessionnaire qui subit le retrait est réputé n'avoir pas été acheteur de la créance, c'est que pour obtenir contre le cédé le paiement des sommes qui n'auraient pas dû lui être offertes, il n'aurait pas les actions mêmes et les garanties réelles ou autres qu'il aurait eues comme créancier en vertu de la cession anéantie par le retrait.

146 *bis*. XIV. 2° Quand le droit cédé est un droit réel litigieux, on aperçoit encore plus facilement les conséquences de cette idée que le retrait n'opère pas une translation de celui qui le subit à celui qui l'exerce. Les droits réels constitués par le cessionnaire sont anéantis, et ceux qui s'étaient éteints par confusion revivent.

146 *bis*. XV. Par rapport au cédant, soit que nous le placions en face du cessionnaire, soit que nous le mettions en présence de celui qui exerce le retrait, nous ne devons pas considérer la cession comme anéantie, le cessionnaire comme n'ayant jamais été l'acheteur de droit, et l'autre partie comme ayant seule traité dans le principe avec le cédant.

Si l'achat fait par le cessionnaire était réputé non avenu, le cédant, pour le cas où il ne serait pas intégralement payé, n'aurait plus d'action contre ce cessionnaire; celui-ci serait libéré, et celui qui a opéré le retrait serait débiteur à sa place. Mais à quel titre serait-il débiteur du cédant? A cause de son ancienne obligation qu'il aurait consenti à acquitter au moins en partie en exerçant le retrait. Voilà ce qu'on pourrait admettre quand le droit litigieux cédé était une créance. Mais où trouver la source de la créance du cédant quand il aurait cédé un droit réel litigieux? Comment cette cession suivie d'un retrait pourrait-elle faire du cédant un créancier de celui qui était son adversaire, dans une contestation sur un droit réel? Le cédant, cependant, ne pourrait être traité comme l'ayant cause du cessionnaire, puisqu'on partirait de l'idée que le droit de ce cessionnaire est réputé n'avoir jamais existé.

A cette raison théorique s'en joint une autre qui a aussi un côté théorique, mais qui présente un grand intérêt pratique. Il paraît impossible d'admettre que le cédant change ainsi de débiteur malgré lui; quand il a vendu, il a consenti à subir une perte sur le chiffre nominal de son droit, non-seulement peut-être à cause des chances du litige, mais parce que l'acheteur lui semblait plus solvable que son adversaire; le retrait ne peut pas changer sans son assentiment la personne de son débiteur.

On a dit, il est vrai, que ce changement s'opère par la toute-puissance de la loi, et que le cédant a dû prévoir cet événement lorsqu'il faisait un acte rentrant dans la catégorie de ceux dont s'occupe l'article 1699. Nous répondons que c'est là la question; pour qu'on puisse invoquer la toute-puissance de la loi, il faut au moins que la loi ait parlé. Or, l'article 1699 nous paraît conçu dans un système opposé à celui qui substituerait absolument un nouveau débiteur au cessionnaire. En effet, ce système suppose que le cessionnaire disparaît, qu'il n'a jamais acheté le droit, et que la loi accepte pour acheteur celui qui exerce le retrait. S'il en était ainsi, les sommes payées par le cessionnaire auraient été payées indûment, elles devraient être répétées, et le cédant n'aurait plus qu'à poursuivre directement celui qui par le retrait prendrait l'opération à son compte. Mais ce n'est pas ainsi que l'article 1699 présente les résultats de l'opération; il ne suppose pas que le retrait établisse des relations entre celui qui l'exerce et le cédant, mais entre la première de ces deux personnes et le cessionnaire. Il ne parle pas de paiements à faire au cédant, de répétition du cessionnaire contre le cédant, mais au contraire de remboursement à faire au cessionnaire, ce qui suppose que ce dernier n'a pas de répétition à exercer.

146 *bis*. XVI. Il est encore bien important de constater que le retrait ne fait pas celui qui l'exerce ayant cause du cédant, acheteur à la place du cessionnaire, car, s'il en était ainsi, il deviendrait l'ayant cause du cédant, obligé de subir l'exercice des droits nés du chef de celui-ci. Or, la nature même et le but de l'opération prouvent que celui qui exerce le retrait n'a pas la prétention de rattacher ses droits à ceux du cédant. Il contestait précisément les droits du cédant; d'après lui, il n'avait pas be-

soin de les acquérir, il fait un sacrifice pour éviter un procès; il écarte le cessionnaire; il se fait tenir quitte par lui (art. 1699), mais il ne se met pas en rapport juridique avec le cédant. La position des ayant cause de celui-ci ne peut donc pas être améliorée par le retrait, elle dépend de l'existence des droits de leur auteur, et par conséquent de l'issue d'un procès à juger entre eux et celui contre qui leur auteur avait une prétention. Le retrait n'a pas éteint toutes les prétentions existant du chef du cédant, mais seulement celle du cessionnaire qui a subi le retrait (1).

147. Quelque évident que puisse paraître le droit cédé, il suffit qu'il y ait procès et contestation sur le fond du droit pour que la loi le répute litigieux. V. art. 1700.

147 *bis*. I. Nous avons réservé la détermination de ce que la loi entend par un droit litigieux. L'article 1700 donne sur ce point une règle qui malheureusement manque de précision et de fermeté dans son expression.

Il résulte, en effet, très-clairement de cet article, que l'existence d'un procès sur le fond du droit suffit pour que ce droit soit litigieux; par conséquent les tribunaux n'auraient pas à décider si la difficulté judiciaire qui s'est élevée est grave et sérieuse, et ils ne pourraient pas exclure le retrait attendu que le bon droit du demandeur leur paraîtrait évident.

Mais ce qui ne résulte pas nécessairement du texte de l'article, c'est que l'existence d'un procès et d'une contestation sur le fond du droit soit nécessaire pour donner au droit le caractère litigieux. On peut comprendre que des difficultés sérieuses existent entre deux personnes sans qu'un procès soit encore engagé entre elles; et dans ce cas on pourrait être tenté d'appliquer l'article 1699.

Il est certain que par sa forme au moins, l'article 1700 ne condamnerait pas cette doctrine; car il n'est pas rédigé d'une façon restrictive, exclusive; il devrait dire pour lever toute équivoque dans le sens prohibitif : La chose *n'est* censée litigieuse *que* s'il y a procès et contestation sur le fond du droit. L'absence de négation dans la phrase permet à l'interprète de se demander si l'existence du procès est une condition *sine qua non* du caractère litigieux,

_____

(1) V. sur les effets du retrait M. Albert Desjardins, *Du retrait litigieux,* n°s 100-106.

ou seulement une manifestation de ce caractère, qui pourrait du reste se manifester autrement.

Déjà des difficultés existaient sur ce point dans l'ancien droit, et le Code paraît avoir voulu les trancher; or il n'aurait pas atteint son but si l'article 1700 ne donnait pas un critérium permettant de distinguer quand le droit est litigieux et quand il ne l'est pas. On n'a pas, il est vrai, donné à l'article une tournure négative et restrictive, mais il paraît résulter de la place qu'occupe l'article 1700, à la suite de celui qui établit le droit de retrait, que l'article 1700 contient la définition du droit litigieux. Or, une définition n'a pas besoin de s'exprimer en termes restrictifs pour exclure tout ce qui ne rentre pas dans sa formule. Il est clair, par exemple, que l'article 1582 qui décrit le contrat de vente a l'intention de réserver le nom de vente aux conventions réunissant les caractères qu'il indique; et cependant on ne trouve pas dans cet article la négative qui exclurait expressément toute convention autre que celle qui est décrite. Ainsi en est-il de l'article 1700; il ne contient pas la négative expresse, mais par son caractère de définition il nie implicitement que tout ce qui ne rentre pas dans ses termes soit un droit litigieux.

147 *bis*. II. Pour que le droit soit litigieux, il faut non-seulement qu'un procès soit engagé, mais encore qu'il y ait contestation, c'est-à-dire que le défendeur ait contredit par des actes de procédure la prétention du demandeur. Une simple assignation ne satisferait pas aux exigences de l'article 1700, car il est possible que cet acte ait pour but de contraindre à l'exécution d'une obligation que ne contesterait pas le débiteur, et qui par conséquent ne serait pas litigieuse.

Il faut, en outre, que la contestation porte sur le fond du droit, car une défense qui, sans nier l'existence du droit, tendrait, par exemple, à obtenir un délai, ou à dénier certaine voie d'exécution, ne donnerait pas au droit le caractère d'incertitude nécessaire pour qu'il soit litigieux.

148. Mais la disposition rigoureuse et exorbitante de l'article 1699 cesse avec sa cause, quand le cessionnaire du droit litigieux a eu juste sujet d'acquérir; ce qui arrive dans trois cas :

1° Lorsqu'il était copropriétaire du droit cédé : la cession alors est pour lui un moyen de sortir de communauté;

2° Lorsqu'étant créancier du cédant, la cession n'a été pour lui qu'un moyen de paiement;

3° Lorsqu'étant possesseur de l'héritage sujet au droit litigieux, la cession qu'il a acceptée a été un moyen de se maintenir en paisible possession. V. art. 1701.

148 *bis*. I. Les exceptions contenues dans l'article 1701 s'expliquent par diverses raisons. Les faits qui ont amené l'acquisition ont un caractère accidentel, et par conséquent excluent cette idée que le cessionnaire est une personne spéculant habituellement sur les droits litigieux. Voilà la raison commune à tous les cas; en outre, dans plusieurs des hypothèses prévues, la cause de l'opération a paru la légitimer. Enfin, dans quelques-uns des cas prévus, le retrait, s'il était exercé, n'éteindrait pas le litige, et c'est là le but principal de l'institution du retrait litigieux.

148 *bis*. II. Quand un droit est cédé à l'un de ses copropriétaires, par exemple, quand un des héritiers du prétendu propriétaire cède sa part à un autre héritier, la cause légitime de la cession est le désir de sortir d'indivision; mais il est difficile d'assigner une pareille cause à la cession quand elle a pour objet une créance (1), car la créance n'est pas indivise; il est rare, du moins, qu'elle ne soit pas partagée de plein droit entre les héritiers (art. 1220).

On pourrait, il est vrai, contester l'application de l'article 1701 au cas de créance divisible, car le droit cédé, c'est-à-dire la part de créance appartenant au cédant n'était pas commune entre le cessionnaire et le cédant. Nous n'allons pas jusque-là; la formule, sans être très-précise, nous parait embrasser ce cas, non pas quand elle parle d'un copropriétaire du droit, mais quand elle emploie le mot cohéritier et qu'elle suppose une cession faite par un cohéritier du droit cédé, c'est-à-dire entre deux personnes devenues par succession créancières de la même créance.

Dans cette hypothèse, la cession ne fait pas cesser une indivi-

(1) V. cependant Pothier, n° 593.

sion qui n'a jamais existé, mais le retrait est interdit parce qu'il manquerait son but. On n'aurait pas éteint un procès, le retrait ne pourrait en tout cas s'appliquer qu'à la partie de la créance qui appartenait au cédant ; l'autre partie, celle qui appartenait au cessionnaire avant la cession, ne pourrait lui être enlevée, et le procès subsisterait toujours, plus acharné et plus ardent, sur cette partie.

148 *bis*. III. Dans le second cas, prévu par l'article 1701, Pothier faisait une distinction, selon que le créancier pouvait ou ne pouvait pas se faire payer autrement que par la cession. Le Code repousse cette distinction par cela seul qu'il ne l'indique pas, et son motif nous paraît être que l'opération a une cause légitime, sinon du côté du cessionnaire, au moins du côté du cédant, qui trouve dans cet acte des facilités de libération.

148 *bis*. IV. Les faits auxquels fait allusion la troisième exception demandent à être déterminés avec soin.

L'hypothèse prévue par Pothier est celle où le possesseur d'un immeuble hypothéqué achète la créance hypothécaire que nous devons supposer litigieuse ; le débiteur de cette dette aurait droit au retrait si l'on n'était pas dans un cas d'exception, mais le droit de retrait lui est refusé parce que le possesseur de l'immeuble avait un intérêt légitime à employer tous les moyens de libérer son immeuble.

En dehors de cette espèce, nous ne trouverons pas à appliquer l'article à des cessions de créance, car pour qu'il existe un possesseur d'immeuble sujet au droit litigieux quand ce droit est une créance, il est nécessaire que cette créance soit hypothécaire.

148 *bis*. V. Quand il s'agira d'une cession de droit réel qui ne dépendra pas d'une cession de créance, nous aurons plus de peine à trouver exactement le cas excepté par l'article 1701 de la règle contenue à l'article 1699.

En effet, il paraît d'abord très-simple de dire que si le possesseur d'un immeuble poursuivi en revendication par un prétendant à la propriété achète les droits d'un autre prétendant, cet achat ne peut être l'objet d'un retrait de la part du premier revendiquant. Mais nous ferons remarquer que, dans cette hypothèse, si le retrait n'est pas possible, ce qui est certain, c'est en vertu de l'article 1699, et non pas à cause de l'exception contenue dans l'article 1701. Le retrait, en effet, ne peut être exercé que par celui contre qui existe le droit cédé; or, quand ce droit est un droit réel, il existe contre tout le monde, pas plus contre le deuxième prétendant à la propriété que contre toute personne. Il est impossible d'admettre qu'une personne quelconque peut exercer le retrait sur un droit réel cédé, donc celui qui a manifesté des prétentions à la propriété ne saurait pour cela invoquer l'article 1699.

Nous ferons la même observation à propos de la cession d'un droit d'usufruit litigieux faite au possesseur de l'héritage revendiqué par un prétendant à la propriété. Le retrait n'est pas possible, car la règle de l'article 1699 ne s'applique pas à l'espèce, le droit réel d'usufruit n'existant pas plus contre le revendiquant qui voudrait exercer le retrait que contre toute personne.

Il faut donc, pour trouver l'espèce prévue, un peu compliquer les faits ; il ne suffit pas de supposer un possesseur et deux prétendants à la propriété ou à des droits réels, il faut que ces prétendants aient déjà intenté leurs actions, ce qui est nécessaire d'après notre interprétation de l'article 1700, et que ces actions ne soient pas distinctes, qu'elles ne fassent qu'un seul et même procès. *Exemple : Primus* revendique l'immeuble possédé par *Secundus,* et *Tertius* intervient dans l'instance; on peut dire alors que les deux prétentions à la propriété ont perdu leur caractère absolu, qu'elles ont acquis un caractère relatif, que celle de *Tertius,* par exemple, existe non-seulement contre *Secundus,* mais aussi contre *Primus.* Il n'y aurait plus alors difficulté, d'après l'article 1699, à donner à *Primus* le droit de retrait si *Tertius* avait cédé son action *à Secundus.* Mais l'article 1701 place cette hypothèse dans les exceptions, et déroge à la règle générale du retrait.

Le motif de l'exception n'est pas seulement ici que l'opération a une cause légitime. S'il en était ainsi, il faudrait excepter le cas où le possesseur serait un usurpateur de mauvaise foi, et la loi n'a pas fait cette réserve. La raison dominante, c'est que le retrait manquerait son but, le procès ne serait pas éteint, il subsisterait toujours entre le possesseur et celui des revendiquants qui aurait exercé le retrait.

148 *bis*. VI. Les dispositions de l'article 1701 sont exceptionnelles, par conséquent elles ne doivent pas être étendues ; cependant on doit considérer comme étrangère à l'article 1699 toute
transmission de droit litigieux qui n'aurait pas été faite principalement et qui serait la conséquence de la transmission d'un
ensemble de droits, par exemple d'une cession d'hérédité.

TITRE SEPTIÈME.

DE L'ÉCHANGE.

149. Le contrat d'échange, plus ancien que la vente, dont il a été l'origine, et qui n'est, à bien dire, qu'un échange perfectionné, en diffère presque uniquement en ce qu'il a pour objet, au lieu d'une chose et un prix, deux choses, qui sont respectivement le prix l'une de l'autre. V. art. 1702.

150. Dans les principes de notre droit français, ce contrat est consensuel aussi bien que la vente. V. art. 1703.

150 *bis*. I. La définition de l'échange dans le droit actuel doit résulter de la combinaison des articles 1702 et 1703. En effet, il est bon de constater que la *dation*, la translation immédiate de la propriété, n'est pas essentielle pour que le contrat d'échange soit formé. Nous sommes loin de la théorie des Romains sur les contrats réels. L'importance que le droit romain attachait à la translation de la propriété au moment de la formation du contrat d'échange, tenait à leur système général sur les contrats. La convention n'était qu'exceptionnellement assez puissante pour créer l'obligation, et l'échange ne rentrant pas dans le cercle restreint des contrats consensuels, il fallait, pour qu'il donnât naissance à des obligations, qu'il se fût formé *re*, par la translation de la propriété d'une chose. En droit français, la règle générale est que les contrats sont consensuels, qu'ils se forment *solo consensu*, et la conséquence de ce principe a dû être que non-seulement la convention d'échange exécutée par l'une des parties était un contrat, mais que ce qu'on aurait pu appeler la promesse d'échange était ce même contrat.

C'est ainsi que nous appelons vente non-seulement le contrat qui transfère immédiatement la propriété de la chose vendue, mais aussi la convention qui oblige simplement à transporter cette propriété.

Nous devons donc substituer à la définition de l'article 1702 cette formule : l'échange est un contrat par lequel les parties se donnent ou se promettent respectivement une chose pour une autre.

150 *bis*. II. Nous devons du reste faire remarquer que dans les principes du Code civil, la promesse de transférer la propriété entraînant souvent translation immédiate de cette propriété, notre observation précédente perdra quelque peu de son intérêt.

Cependant, toutes les fois que l'un des contractants devra donner une quantité, comme la propriété ne sera pas transférée par la convention, il sera utile d'avoir constaté que le contrat n'en reste pas moins un échange.

151. L'obligation des copermutants a toujours été regardée comme une obligation de *donner* proprement dite, qui n'est accomplie que par la translation de propriété. Lors donc que l'une des parties, n'étant point propriétaire de la chose qu'elle a promise, n'a pas pu en transmettre la propriété à l'autre, la tradition même qu'elle en a faite ne peut lui donner droit de réclamer celle qui lui a été promise en contre-échange. L'autre copermutant lui doit seulement la restitution de ce qu'il a reçu. Voy. art. 1704.

152. Nul doute que, dans l'échange, les parties ne se doivent mutuellement la garantie que le vendeur doit à l'acheteur. Seulement la loi accorde au copermutant évincé, qui n'avait consenti à aliéner sa chose que pour avoir l'autre, l'option entre la restitution et les dommages-intérêts. V. art. 1705; et remarquez qu'il ne pouvait y avoir lieu à une option du même genre en matière de vente; le prix payé se confondant en quelque sorte dans les dommages-intérêts auxquels donne lieu l'éviction (v. art. 1630).

152 *bis*. I. L'échange présente la plus grande affinité avec la vente, et la loi, qui, dans l'article 1707, déclarera d'une façon générale que les règles du titre de la vente sont applicables à l'échange, commence, dans les articles 1704 et 1705, par faire elle-même au contrat d'échange l'application des règles générales sur les contrats et des règles spéciales à la vente.

Le Code envisage le cas où l'un des deux objets de l'échange n'appartient pas à la partie qui s'est engagée à en transférer la propriété. L'hypothèse est traitée comme l'hypothèse d'une vente de chose d'autrui. Le copermutant qui a promis une chose dont il n'est pas propriétaire ne remplit pas ses engagements, il ne saurait donc avoir le droit d'exiger l'exécution de la promesse qui lui a été faite à lui-même. C'est la conséquence du principe posé dans l'article 1184 et rappelé, ainsi que nous l'avons établi, par l'article 1599.

152 *bis.* II. Dans sa première disposition (art. 1704), le Code suppose que celui qui a reçu à titre d'échange une chose n'appartenant pas à l'autre partie n'est pas encore évincé ; aussi exige-t-elle que ce contractant prouve qu'on lui a livré la chose d'autrui. Il doit en effet établir qu'il est dans les conditions de l'article 1184, c'est-à-dire prouver que l'exécution du contrat n'a été qu'apparente.

Moyennant cette preuve, le copermutant obtient la résolution du contrat, c'est-à-dire, s'il n'a pas encore livré la chose par lui promise, qu'il est dispensé d'exécuter son obligation, et il faut ajouter que s'il l'a livrée, ce n'est plus le cas prévu littéralement par le texte, il peut la répéter.

152 *bis.* III. La résolution du contrat doit remettre les parties au même état que si le contrat n'avait pas eu lieu, et par conséquent, le copermutant qui refuse de livrer la chose qu'il a promise ou qui reprend celle qu'il a livrée doit restituer celle qu'il a reçue.

152 *bis.* IV. Toutefois, comme la résolution résulte de la faute d'une des parties qui n'a point rempli ses obligations, celle-ci ne peut pas être placée identiquement dans la même situation que si le contrat n'avait pas eu lieu ; elle devra des dommages et intérêts pour le tort causé par l'inexécution de sa promesse. Le Code a négligé de le dire pour le cas où il n'y a pas éviction, mais cette décision découle nécessairement de l'article 1184 ou de l'article 1599.

152 *bis.* V. Nous tirons une autre conséquence de ce que l'article 1704 dérive de l'article 1184. C'est que la résolution est facultative pour le copermutant envers qui l'engagement de transférer la propriété n'est pas rempli, qu'il peut par conséquent demander l'exécution même de la promesse, se faire livrer la chose, ou la conserver quand il l'a reçue, s'il espère qu'elle ne

sera pas revendiquée par le propriétaire et que la prescription s'accomplira à son profit. Il laissera alors en suspens l'effet de la convention et conservera le droit éventuel d'agir, conformément à l'article 1705, s'il est plus tard évincé.

152 *bis*. VI. Il peut arriver en effet que le contrat ait reçu son exécution, et qu'il se produise ultérieurement ce que nous avons appelé, en matière de vente, une éviction. Les droits de la partie évincée sont fixés par l'article 1705.

Elle a d'abord le droit qu'aurait un acheteur en pareille circonstance, elle peut demander des dommages et intérêts qui représentent tout le préjudice que l'éviction lui occasionne (v. art. 1630).

De plus, comme cette partie peut obtenir la résolution du contrat, elle peut répéter la chose qu'elle a livrée, plus des dommages et intérêts pour le tort que lui cause l'inexécution du contrat, par exemple pour la valeur que la chose dont elle est évincée avait en sus de la valeur de la chose qu'elle avait donnée. L'article 1705 ne parle pas de ce chef de la demande pour le cas où la partie répète sa chose, mais comme cette répétition n'a pas d'autre fondement que le droit de résolution, les dommages et intérêts sont dus en vertu de l'article 1184.

152 *bis*. VII. Le choix que le copermutant évincé peut faire entre les deux partis indiqués par l'article 1705 doit être influencé par cette considération que, s'il agit en résolution du contrat, son action en répétition de la chose par lui livrée pourra n'être pas dirigée seulement contre son cocontractant, mais menacera les tiers eux-mêmes, acquéreurs de la chose qu'il a livrée. La propriété du copermutant leur auteur étant résolue, leur propriété sera résolue (art. 2125).

153. Les motifs qui font refuser à l'acheteur l'action en rescision pour lésion ont dû naturellement la faire refuser au copermutant. V. art. 1706.

153 *bis*. Si le Code s'est expliqué sur le refus de l'action en rescision pour lésion dans le cas d'échange, c'est que Pothier admettait cette action (1); le Code ne s'est pas approprié cette doctrine

(1) V. Pothier, n° 626.

principalement parce que le motif de la rescision pour lésion au cas de vente est que l'acheteur est suspect d'avoir spéculé sur les besoins d'argent du vendeur, et qu'une supposition semblable n'est pas possible quand aucune des deux parties ne reçoit une somme d'argent.

154. Appliquez, d'ailleurs, à l'échange toutes les règles de la vente. V. art. 1707.

154 *bis*. Malgré la généralité de l'article 1707, il est certaines règles du titre de la vente auxquelles échappe nécessairement le contrat d'échange; ce sont celles qui supposent un prix en argent et un acheteur ayant des obligations autres que celles du vendeur.

Ainsi l'article 1593, qui met les frais du contrat à la charge de l'acheteur, ne saurait être appliqué, et par conséquent les frais seraient partagés entre les deux contractants.

TITRE HUITIÈME.

DU CONTRAT DE LOUAGE.

CHAPITRE I.

DISPOSITIONS GÉNÉRALES.

155. Le louage a la plus grande analogie avec la vente. C'est, comme elle, un contrat consensuel, synallagmatique et commutatif, par lequel une partie s'oblige envers une autre, moyennant un prix fixé en argent, que celle-ci s'engage à lui payer. Mais tandis que le vendeur s'oblige à transférer la propriété, ou tout au moins à faire avoir la possession de la chose à titre de propriétaire, le locateur s'oblige seulement à faire jouir temporairement ou à rendre quelque service.

L'obligation de faire jouir n'a pas proprement pour objet la chose elle-même, ni le droit d'en user ou d'en jouir; car ce n'est pas là ce que le locateur promet. L'objet de sa promesse, c'est le fait de l'usage ou de la jouissance, fait qui dépend essentiellement de l'avenir. Une pareille obligation est naturellement conditionnelle : si donc il ne naît pas de fruits, ou si l'usage devient impossible, l'obligation du locateur ne naît pas faute d'objet, et, réciproquement, celle de l'autre partie n'a pas lieu faute de cause.

156. Cela posé, nous devons d'abord distinguer avec la loi deux sortes de louage : celui des choses et celui d'ouvrage. V. art. 1708.

Dans le premier, le locateur s'oblige à faire jouir d'une chose pendant un certain temps. V. art. 1709.

Dans le second, il s'oblige à *faire* quelque chose pour l'autre. V. art. 1710.

156 *bis*. I. L'objet d'un louage de chose peut être un bien qui ne produit pas de fruits. *Exemple :* Un tableau, de l'argenterie, une voiture. Il n'est pas alors très-correct de dire que la partie s'engage à faire jouir l'autre de cette chose ; elle s'engage seulement à l'en faire *user*.

Dans le contrat de louage de chose, la partie qui s'oblige à faire jouir ou user de la chose porte le nom de *bailleur,* quelquefois *locateur,* quand on substitue un mot d'origine latine à l'expression qui porte le cachet du vieux langage français. La partie qui s'oblige à payer un prix pour la location est désignée par l'expression générique *preneur,* qui fait antithèse au mot bailleur, dérivant de l'ancien verbe *bailler* (donner).

Dans le louage d'ouvrage, nous devons considérer comme bailleur celui qui promet de faire un certain travail, car sa situation se rapproche de celle d'une partie qui promet de faire jouir d'un bien ; son travail est un capital dont il fait jouir l'autre partie. Le preneur, c'est au contraire celui qui paie un prix ; il ressemble par ce point au preneur à bail d'une chose. On voit du reste l'article 2272, 5°, dire que les domestiques *se louent,* c'est-à-dire donnent eux-mêmes à bail leurs personnes ou plus exactement leurs services.

156 *bis.* II. L'expression *prix,* qui désigne dans les deux articles 1709 et 1710 l'objet de l'obligation du preneur, fait surtout songer à des sommes d'argent, et c'est évidemment à des promesses d'argent que le Code a songé. Ses rédacteurs avaient dans la pensée les règles du droit romain (1), qui considèrent le contrat comme dénaturé si l'objet de l'obligation du preneur n'était pas de l'argent. Nous n'avons pas d'intérêt à discuter si aujourd'hui le louage peut avoir pour prix autre chose que de l'argent. Alors même qu'on n'admettrait pas cette doctrine, la convention dont il s'agit serait valable comme contrat innomé et produirait les effets du louage ; contrat qui aurait avec elle la plus grande affinité. Nous n'avons pas les scrupules qui pouvaient agiter les jurisconsultes romains et qui avaient leur source dans leur système général des contrats. Si la convention dont nous parlons n'était pas un louage, le contrat ne pouvait pas se former *solo consensu,*

----

(1) V. *Inst. Just.*, § 2, t. XXIV, l. III.

sed re; chez nous tous les contrats sont consensuels, et l'intérêt de la question disparaît.

Il faut remarquer du reste que nous ne raisonnons pas sur des hypothèses rares et improbables, car il arrive assez souvent que des fermiers paient leurs fermages en nature, tant d'hectolitres de blé, tant de sacs d'avoine, comme aussi on voit fréquemment les ouvriers des campagnes recevant des produits en nature au lieu d'argent.

157. Quoique ces deux genres de louage embrassent réellement toute la matière, ils se subdivisent cependant en plusieurs espèces, auxquelles l'usage a attribué des dénominations différentes. Ainsi l'on distingue :

1° Le *bail à loyer;* c'est le louage des choses appliqué aux maisons et aux meubles;

2° Le *bail à ferme,* qui s'applique aux héritages ruraux;

3° Le *loyer;* c'est le louage d'ouvrage, spécialement appliqué au travail ou au service de la personne, en d'autres termes, le louage des domestiques et ouvriers;

4° Le *bail à cheptel;* c'est une espèce de louage d'animaux dans lequel le prix de location consiste dans un partage de profit. Pour mieux dire, c'est un contrat d'une nature particulière, qui tient du louage et de la société, et qui, suivant ses diverses espèces, se rattache plus ou moins à l'un ou à l'autre de ces contrats.

5° Enfin, on distingue les *devis; marché ou prix fait* : sous ces trois dénominations, la loi embrasse les diverses conventions faites pour l'entreprise d'un ouvrage moyennant un prix déterminé. Ces conventions, au reste, ne rentrent dans la classe du louage qu'autant que la matière à travailler est fournie par celui qui commande le travail; si elle l'est par l'entrepreneur, c'est plutôt une vente.

Dans tous les cas, ces conventions ont des règles particulières, qui en font comme des contrats à part. V. art. 1711.

158. Les biens nationaux, ceux des communes et des établissements publics, étant, comme nous l'avons vu, admi-

nistrés dans des formes et suivant des règles qui ne sont pas dans le domaine du droit civil (art. 537), le législateur nous avertit ici qu'il n'a pas à s'occuper des baux de ces biens, qui sont soumis à des règlements particuliers. V. article 1712.

CHAPITRE II.

DU LOUAGE DES CHOSES.

159. Toute chose dont on peut faire usage ou tirer profit, en d'autres termes, toute espèce de biens, soit meubles, soit immeubles, est en général susceptible d'être louée. V. art. 1713.

Mais les choses dont le louage a lieu le plus fréquemment sont les fonds de terre et les maisons. La loi a donc tracé des règles pour les baux de ces deux espèces de biens : les unes leur sont communes, les autres particulières à chacune d'elles.

D'après cette vue, la matière du chapitre II est divisée en trois sections; mais, dès l'abord, nous remarquerons que le législateur ne s'est pas toujours bien exactement conformé à la division qu'il avait adoptée (v. notamment art. 1736, et d'autre part, art. 1774, 1775).

159 *bis.* I. On peut dire en général que ce qui ne peut être vendu ne peut être non plus l'objet d'un louage; cependant, comme le bail n'est pas un acte de disposition mais un acte d'administration, il faut remarquer que quand l'interdiction de la vente provient de la nécessité de conserver le bien à tel ou tel propriétaire, cette interdiction n'emporte pas celle de tirer des fruits civils du bien en le donnant à bail. Nous avons en vue, en faisant cette observation, les biens qui font partie d'un majorat ou ceux qui appartiennent au domaine de l'État.

159 *bis.* II. C'est à propos des choses qui ne peuvent être vendues que le Code a traité de la vente de la chose d'autrui. Nous devons par conséquent ici examiner les conséquences

du contrat de bail dans le cas où il a pour objet la chose d'autrui. Nous avons pensé que l'article 1599 ne proclamait pas une véritable règle de nullité fondée sur le caractère de la chose, mais qu'il consacrait une application de l'article 1184, c'est-à-dire de la résolution tacite provenant de l'inexécution de l'obligation d'une des parties. Cette manière de considérer l'article 1599 nous conduit à déclarer qu'il est applicable en matière de louage comme en matière de vente. Nous l'appliquons seulement dans le fond même de sa disposition plutôt que dans sa formule apparente ; le louage étant un contrat synallagmatique, nous paraît soumis à la disposition générale de l'article 1184, mais la nature de l'obligation du bailleur nous oblige à des distinctions que ne comportait pas le contrat de vente.

En effet, le vendeur s'obligeant presque toujours à transférer la propriété, on a pu dire en règle générale que son obligation n'était pas remplie quand il avait vendu la chose d'autrui, et que de ce seul fait résultait pour l'acheteur le droit à la résolution, sans qu'il fût nécessaire d'attendre que la jouissance de l'acheteur eût rencontré quelque obstacle. Dans le louage, au contraire, le bailleur s'oblige à faire jouir le preneur ; le Code dit : à faire jouir paisiblement. Si donc le preneur n'est pas inquiété dans sa jouissance, ou n'a pas juste sujet de craindre d'être inquiété, on peut dire que l'obligation du bailleur n'est pas inexécutée, quand même il serait prouvé que ce bailleur n'était pas propriétaire de la chose louée. La propriété d'un tiers n'est pas un fait absolument menaçant pour le locataire, car l'exercice de sa jouissance pourrait se concilier avec l'exercice du droit du véritable propriétaire ; comme on n'est jamais sûr du moment où le propriétaire revendiquera son bien, on ne peut pas assurer que le preneur n'aura pas la jouissance qui lui a été promise, tandis qu'en matière de vente la revendication du vrai propriétaire, à quelque époque qu'elle soit intentée, détruira toujours le droit de l'acheteur.

Il ne faut donc pas dire d'une manière absolue que le bail de la chose d'autrui est assimilable à la vente de la chose d'autrui. Quelquefois cependant, d'après les circonstances, le bailleur devra être considéré comme n'accomplissant pas ses obligations, par cela seul qu'il aura livré la chose d'autrui. Si le preneur doit faire des travaux, s'il veut établir dans les lieux loués un fonds de

commerce, il n'a pas une jouissance paisible dès qu'il peut craindre une éviction, et dès lors les tribunaux doivent l'admettre à
demander la résolution. Comme l'article 1184 est fondé sur la
nécessité d'exécuter les conventions, il est naturel que nous
tenions compte dans son application des circonstances qui montrent dans quel esprit et dans quelle intention ces conventions ont
été faites.

159 *bis.* III. Les choses qui se consomment par le premier
usage ne sont pas ordinairement l'objet du contrat de louage, car
le droit d'en jouir implique le droit d'en disposer, autrement dit
le droit de propriété, et, par conséquent, le contrat qui conférerait
ce droit de jouissance serait un véritable contrat de vente. Nous
exceptons toutefois le cas où ces choses seraient louées *ad pompam
et ostentationem,* pour être montrées et non pas pour que le locataire en fit l'usage qu'on en fait d'ordinaire ; les parties auraient
alors, par une convention, donné à la chose un caractère qu'elle
n'a pas ordinairement, elle aurait cessé au moins entre les parties
d'être une chose se consommant *primo usu. Exemples :* On peut
louer des fruits pour paraître sur une table, à la condition qu'ils
ne seront pas servis aux convives, ou louer des pièces de monnaie
pour les exposer dans une boutique de changeur, à la condition
que ces pièces mêmes seraient restituées au bailleur. Les Romains
auraient cité le cas où des gladiateurs auraient été loués pour
paraître dans le cirque, à la condition qu'on ne les ferait pas
combattre (1).

SECTION I.

Des règles communes aux baux des maisons et des biens ruraux.

160. Ces règles concernent :
1° La manière de faire le bail, et les personnes qui peuvent
le faire (art. 1714-1718);
2° Les obligations du bailleur (art. 1719-1727);
3° Les obligations du preneur (art. 1728-1735);
4° L'expiration et la résolution du bail (art. 1736-1751).

_____

(1) V. Gaius, *Comm.*, III, 146.

§ I.

Comment et par qui se fait le bail.

161. Le louage, comme la vente, est parfait par le seul consentement. Il peut donc être fait par écrit ou verbalement. V. art. 1714.

162. Mais, frappé des inconvénients particuliers de la preuve testimoniale en cette matière, où les procès naîtraient en foule, et où l'urgence domine toujours, notre législateur s'est montré ici plus sévère que pour la preuve des obligations en général.

Ainsi, le bail verbal qui n'a reçu aucune exécution ne peut être prouvé par témoins, quelque modique qu'en soit le prix. Vainement même allèguerait-on que des arrhes ont été données. Du reste, l'écriture n'étant requise que pour la preuve, les parties ont respectivement la ressource ordinaire de l'aveu ou du serment décisoire. Bien plus, il paraît que le juge pourrait ici, par dérogation aux principes généraux, déférer le serment, non point, il est vrai, à celui qui affirme, mais à celui qui nie le bail. V. art. 1715, et à ce sujet, art. 1341, 1358, 1366, 1367.

Si l'exécution du bail a commencé, la contestation, le plus souvent, ne portera que sur le prix. Sur ce point, les précédentes quittances peuvent servir de règle; mais, s'il n'y en a pas, on s'en rapporte au serment du propriétaire, apparemment parce que celui-ci offre, en général, plus de titres à la confiance.

Toutefois, le premier peut se soustraire au danger de ce serment en demandant une expertise; mais il en supporte les frais, si l'estimation excède le prix par lui déclaré. V. art. 1716.

162 *bis*. I. L'existence d'une convention de bail est douteuse lorsqu'elle n'a pas encore reçu d'exécution, c'est-à-dire lorsque le preneur n'a pas encore usé de la chose. Alors il peut arriver que le prétendu preneur nie avoir pris à bail ou que le prétendu bailleur nie avoir donné à bail.

Dans cette situation, si on appliquait les règles générales sur la matière des preuves, celle des deux parties qui voudrait établir l'existence du bail et qui ne produirait pas d'écrit, pourrait prouver par témoins, jusqu'à concurrence de 150 francs, et même au-dessus de 150 francs, si elle avait un commencement de preuve par écrit, ou si elle se trouvait dans les conditions d'impossibilité prévues par l'article 1348.

La loi déroge certainement à la première de ces règles, puis-qu'elle interdit la preuve testimoniale quelque modique que soit le prix. Cette interdiction n'a pas son analogue dans les règles sur la vente, et la différence entre les deux contrats s'explique par ce fait que la vente d'objets d'une valeur de 150 fr. au plus se fait le plus souvent au comptant; le vendeur livre et l'acheteur paie, la question de preuve ne naîtra pas; tandis que le louage de maison ou de terre, par sa nature même, ne peut être exécuté aussitôt que convenu, qu'il y a toujours un intervalle nécessaire entre la convention et la prise de possession, que par conséquent la difficulté de prouver peut se présenter à propos de toute con-vention de bail. Si la loi a redouté, comme coûteuses, les procé-dures d'auditions de témoins, elle a dû les interdire lorsqu'il s'agit d'un contrat qui y donnerait toujours lieu, plutôt qu'à l'occasion d'un contrat qui, le plus souvent, ne soulèvera pas de difficulté quant à la preuve.

162 *bis*. II. L'allégation que des arrhes ont été données n'au-toriserait pas l'admission de la preuve testimoniale, s'il ne s'agit que d'une allégation proprement dite; en effet, cette allé-gation ou assertion aurait besoin elle-même d'être prouvée, et s'il fallait faire entendre des témoins, la règle principale se trou-verait ainsi éludée.

La remise des arrhes est peut-être prouvée par écrit; il faut alors regarder la forme de cet écrit; s'il est par hasard authenti-que, ou si étant sous signatures privées, il est rédigé en double, s'il constate que des arrhes ont été données à l'occasion du con-trat de louage de tel immeuble, cet écrit prouve la location en même temps que la remise des arrhes, c'est un bail écrit; mais si l'écrit est un reçu simple sous signature privée, il ne peut valoir comme bail écrit, parce qu'il n'est pas rédigé conformé-ment à l'article 1325. Il s'agira alors de savoir s'il peut autoriser la preuve testimoniale. Cela dépend 1° de la question de savoir si l'écrit nul, pour n'être pas double, vaut comme commencement de preuve par écrit; 2° de celle de savoir si l'article 1715 interdit la preuve testimoniale au cas où il est présenté un commencement de preuve par écrit.

162 *bis*. III. Une des règles importantes de la matière des preuves est celle qui permet la preuve testimoniale au-dessus même de 150 francs, quand la partie n'est pas en faute de ne s'être point procuré une preuve écrite, notamment quand l'écrit a péri par quelque accident (art. 1348). Il ne paraît pas que la pensée des rédacteurs de l'article 1715 se soit portée sur cette hypothèse, quand ils ont manifesté l'intention de déroger aux règles générales sur l'admission de la preuve testimoniale. Au lieu de dire : La preuve par témoins ne sera jamais admise en matière de bail, ils se bornent à repousser l'admissibilité de cette preuve qui serait fondée sur la modicité du prix; ils dérogent à l'article 1341 et non à l'article 1348. Comprendrait-on que la loi qui autorise à prouver par témoins même un mariage dont la preuve écrite a été détruite, fût plus sévère pour la preuve d'un contrat de louage? N'est-il pas certain, en outre, que le danger d'enquêtes trop fréquentes diminue notablement dès qu'il est nécessaire, pour réussir dans sa demande, de prouver la destruction d'un écrit dressé originairement pour constater le bail?

162 *bis*. IV. Ceci nous conduit à permettre la preuve par témoins quand il existe un commencement de preuve par écrit, car ici encore, l'admissibilité de ce mode de preuve n'a pas pour base la modicité du prix du bail, et par conséquent n'est pas condamnée par notre article. Nous ajoutons également que les procédures seront moins fréquentes quand elles devront avoir pour point de départ un commencement de preuve par écrit.

La conséquence de cette doctrine est que l'écrit rédigé en un seul original et constatant la réception des arrhes pourrait servir de base à l'admission de la preuve testimoniale, car il rend vraisemblable le fait allégué, et la circonstance qu'il n'est pas fait double ne lui ôte pas son caractère de commencement de preuve par écrit (1).

162 *bis*. V. L'article ne s'applique dans ses termes qu'au bail

(1) V. t. V, n° 288 *bis*. X.

qui n'a encore reçu aucune exécution ; c'est alors seulement que
la loi abandonne ses principes généraux sur les preuves ; il faut
revenir à ces principes quand le bail a déjà été exécuté. Mais pour
les appliquer, il faut distinguer diverses hypothèses.

D'abord il est possible que l'exécution s'annonce par un fait
matériel, une possession non douteuse donnant au preneur la
situation d'un défendeur, par exemple quand il habite la maison.
La prétention de nier l'existence du bail ne peut alors se concevoir
que de la part du prétendu bailleur, le possesseur n'a rien à prouver, et quant au propriétaire, ce n'est certes pas le bail qu'il doit
prouver ni même la négation du bail, c'est le fait d'une usurpa-
tion, d'une introduction furtive dans la maison ; ce fait certainement peut être prouvé par témoins (art. 1348). Ce fait prouvé,
l'occupant se trouve dépouillé de la possession qui le faisait défendeur, et les parties se trouvent replacées dans la situation que
règle l'article 1715.

162 *bis*. VI. Les faits ne sont pas toujours aussi clairs, le prétendu commencement d'exécution peut consister dans des actes de
jouissance séparés, discontenus, ne durant pas, et par conséquent
ne donnant pas au prétendu preneur le rôle de défendeur. Il
s'agira par exemple de quelques actes de culture d'un champ, de
l'introduction dans une maison d'ouvriers faisant des réparations.
On pourra douter que ces travaux de culture aient été faits par
celui qui prétend les avoir accomplis, que ces ouvriers aient été
envoyés par celui qui dit leur avoir donné des ordres. Il faudrait alors une enquête. Nous ne l'interdirons pas absolument, car,
nous l'avons dit, l'article ne vise pas cette hypothèse, mais nous
appliquerons la règle générale, et nous ne permettrons la preuve
par témoins qu'autant qu'il ne s'agira pas de plus de 150 francs.

Il faut remarquer, du reste, que nous raisonnons uniquement
sur la preuve de l'existence d'un bail, d'un contrat de location.
Quand il s'agira de déterminer la durée ou le prix de ce bail, nous
trouverons des règles spéciales.

162 *bis*. VII. Les restrictions que la loi apporte à l'admission
de la preuve testimoniale ne donnent pas au contrat de bail le
caractère de contrat solennel ; c'est pour cela que M. DEMANTE
rappelle la possibilité de prouver le bail par l'aveu ou par le
serment décisoire.

M. Demante va plus loin, il considère la fin de l'article 1715 comme autorisant le juge à déférer le serment judiciaire à celui qui nie le bail, sans exiger que ce serment soit supplétoire. Nous pensons que le texte n'est pas assez précis pour qu'on y voie une pareille dérogation aux règles sur le serment. Le serment décisoire seul peut être déféré sans commencement de preuve; le serment judiciaire suppose nécessairement que la demande n'est pas totalement dénuée de preuves (art. 1367). Il est vrai que l'article 1715 semble soumettre la délation du serment dont il parle à une condition qui, si elle constituait une règle de droit, dérogerait aux règles sur le serment décisoire. Le serment ne pourrait être déféré qu'à celui qui nie le bail et non à celui qui l'affirme; or le serment décisoire, dont la délation constitue une sorte de transaction imposée, peut être déféré indistinctement par l'une des parties à l'autre; c'est ce qui fait d'abord penser qu'il ne peut être question de cette espèce de serment dans l'article 1715.

Mais en considérant de près l'espèce régie par l'article 1715, on comprend que la restriction apparente qu'il contient n'est pas l'expression d'une règle de droit défendant de soumettre au serment la partie qui affirme le bail. C'est une réserve de fait nécessitée par la manière dont l'article présente l'espèce et pose la question.

Ce dont il s'agit dans l'article, c'est l'existence du bail; la loi nous renseigne sur la manière de prouver qu'il a été fait un contrat de louage. Elle suppose évidemment que la partie qui prétend prouver le bail cherche par quels moyens elle réussira à faire cette preuve, et voilà pourquoi, songeant au serment, elle parle d'un serment déféré à celui qui nie, car le demandeur ne pourrait pas se le déférer à lui-même. Si l'adversaire le lui déférait et qu'il le prêtât, il trouverait certes dans ce serment prêté la preuve qui lui manque, mais l'hypothèse est improbable, puisque celui qui nie le bail n'a aucune preuve à faire, qu'il peut se tenir sur la défensive, et que, par conséquent, il ne risquera pas de compromettre la situation en offrant de s'en rapporter à la bonne foi de l'adversaire.

La loi n'a donc pas porté atteinte aux règles sur la délation du serment décisoire, elle a seulement raisonné en vue du fait le plus ordinaire, c'est-à-dire du cas où le serment sera déféré par le demandeur au défendeur.

162 *bis*. VIII. Quand le fait de la location n'est pas douteux, soit parce que l'exécution du bail a commencé, soit parce que la convention est prouvée par un des moyens que nous avons indiqués, une difficulté peut porter sur le prix. Le Code donne encore sur ce point une règle spéciale dans l'article 1716, qui suppose toujours la règle première de l'article précédent, c'est-à-dire l'interdiction de la preuve testimoniale, même quand il ne s'agit pas d'une somme supérieure à 150 francs. Les quittances déjà données par le bailleur au preneur pour des loyers échus serviront à établir le prix du bail, car il n'est pas probable que le prix ait été fixé d'une manière variable et que le prix d'un terme ne soit pas le même que celui d'un autre terme. Une convention en ce sens n'est pas impossible, on en trouverait certes des exemples, mais elle ne doit pas être présumée.

Il ne sera pas toujours possible de produire ces quittances, d'autant plus que la difficulté naîtra plutôt au commencement du bail, lors du paiement du premier terme ; la loi alors coupe court aux procédures en s'en référant au serment du propriétaire, c'est-à-dire du bailleur.

Le preneur peut se soustraire à la nécessité de subir les conséquences du serment du bailleur; il n'a qu'à provoquer une expertise qui déterminera le prix du bail et dont il subira les frais, si l'estimation des experts est inférieure au prix qu'il a déclaré.

Dans le cas contraire, c'est-à-dire si le chiffre indiqué par le preneur est reconnu exact, il faut mettre les frais à la charge du bailleur, qui a soutenu une allégation contraire à la vérité constatée par l'expertise.

162 *bis*. IX. L'article 1716 ne détermine pas nettement à quelle époque l'expertise peut être demandée par le preneur. Peut-il la provoquer après que le bailleur a prêté serment? Nous pensons que tel n'est pas son droit. Le texte ne nous paraît pas supposer qu'un serment a été prêté lorsqu'il parle de l'expertise. En effet, il ne faudrait pas comparer le chiffre fixé par l'expertise au chiffre déclaré par le preneur; la comparaison naturelle, si le serment avait été prêté, s'établirait entre le chiffre adopté par les experts et celui que le propriétaire aurait affirmé par serment. Il est d'ailleurs

difficile d'admettre que la loi ait autorisé une expertise contrôlant un serment, et qu'elle ait fait au bailleur une position aussi délicate, l'exposant à paraître avoir prêté un faux serment selon les hasards d'une vérification par experts. Le texte même de l'article nous présente plutôt une alternative entre les deux preuves, qu'un ordre successif qui ferait de la seconde le correctif de la première.

162 *bis*. X. La disposition de la loi sur les frais de l'expertise n'est, au fond, que l'application du principe en vertu duquel la partie qui succombe est condamnée aux dépens; aussi faudrait-il, pour être raisonnable, établir une répartition proportionnelle des dépens entre le preneur et le bailleur, quand l'expertise fixera un prix qui ne sera exactement ni celui déclaré par le bailleur ni celui déclaré par le preneur. Les deux parties succombant respectivement, il serait injuste qu'une seule d'entre elles supportât les frais.

162 *bis*. XI. Indépendamment des difficultés sur l'existence et sur le prix du bail, on peut concevoir qu'une contestation s'élève sur sa durée. La loi n'a pas dit dans son article comment la preuve devra être faite sur ce point, parce qu'elle a donné ailleurs des règles d'où il résulte qu'elle défend cette preuve. Les articles 1736 et 1774 s'expliquent sur la durée des baux sans écrit, et s'il est certain qu'il est question dans ces articles des baux même écrits dont la durée n'est pas indiquée, il est clair que la loi a dû avoir surtout en vue les baux qui ne sont pas prouvés par écrit. Puisque la loi ne permet pas de prouver par témoins l'existence même du bail, elle a dû défendre également la preuve testimoniale appliquée à la question de durée; les inconvénients qu'elle a voulu éviter par la règle de l'article 1715, se représenteraient, si des enquêtes, impossibles quant à l'existence du bail, étaient reconnues possibles quant à la durée. La loi qui, sur les preuves en matière de louage, a visé à la simplicité, a parfaitement atteint son but en déterminant elle-même la durée du bail quand la preuve n'en est pas faite par un écrit.

Nous réservons cependant le cas où la preuve écrite du bail aurait péri (art. 1348) parce qu'alors en réalité on ne pourrait pas dire qu'il n'a pas existé de bail écrit. Mais nous n'admettrions pas la preuve testimoniale sur la durée du bail quand il y aurait commencement de preuve par écrit, car les articles 1736 et 1774 comprennent tous les baux non écrits ; or le bail n'est pas écrit quand la partie n'allègue qu'un commencement de preuve écrite. Au surplus, l'admission de la preuve testimoniale avec commencement de preuve par écrit circonscrirait beaucoup le cercle d'application des articles 1736 et 1774, car toutes les fois que la convention serait prouvée par un écrit n'indiquant pas la durée du bail, cet écrit devrait servir de commencement de preuve, et une audition de témoins deviendrait possible.

163. Chacun pouvant, en général, transférer à un autre le droit qui lui appartient, le législateur a maintenu pour le preneur la faculté de sous-louer, et même de céder son bail, sauf convention contraire. Mais, écartant toutes les distinctions admises par l'ancienne jurisprudence, il a voulu que la clause qui interdit cette faculté fût toujours de rigueur. V. art. 1717.

163 *bis*. I. La sous-location est l'acte par lequel le preneur donne à bail la chose qu'il a lui-même prise à bail. Le preneur devient bailleur, *sous-bailleur,* par rapport à un autre preneur qu'on appelle *sous-locataire.*

Il est clair qu'un contrat pareil ne détruit pas les obligations du preneur primitif envers le premier bailleur, mais qu'il crée des obligations et des droits réciproques entre le sous-bailleur et le sous-preneur.

163 *bis*. II. Voilà le premier acte dont parle l'article 1718, le second est la *cession du bail.* Sa nature est moins facile à déterminer. Il est certain que le texte ne considère pas les deux expressions sous-louer, céder, comme synonymes ; il voit même dans la cession un acte plus grave, plus préjudiciable au bailleur, puisqu'il consacre le droit de cession en disant : Le preneur peut *même* céder.

La cession dont parle l'article n'est cependant pas un acte qui substituerait un nouveau preneur à l'ancien, dégageant celui-ci de toutes ses obligations envers le bailleur pour les imposer au nouveau preneur.

Si telle était la signification d'une cession de bail, la loi n'aurait pas autorisé cet acte malgré le bailleur ; il serait contraire à toutes les règles du droit qu'un débiteur pût se substituer un autre débiteur sans le consentement du créancier.

On peut concevoir sous une autre physionomie un acte auquel conviendrait la dénomination de cession du bail. C'est un acte qui crée entre deux personnes, dont l'une est le preneur d'un bien, les rapports de vendeur et d'acheteur, de cédant et de cessionnaire, le preneur ne devenant pas sous-bailleur de l'immeuble, mais cédant de la créance qu'il a contre le bailleur. D'où il résulte que les droits respectifs des parties seront régis par les règles de la vente et non par celles du louage. Le cédant ne contracterait pas l'engagement de livrer la chose en bon état et d'indemniser des mauvaises récoltes; il n'aurait pas non plus le privilége du bailleur.

Cette convention est certainement licite, elle rentre dans les cessions de droits autorisées par les articles 1689 et suivants; mais il n'est pas probable qu'elle ait été prévue par l'article 1717, car elle ne serait pas présentée comme plus grave au point de vue du bailleur primitif, que la sous-location. Les différences que nous venons de signaler entre cette cession et la sous-location sont indifférentes au bailleur, elles affectent seulement les rapports du preneur et de son cessionnaire.

Il faut cependant reconnaître que, sous quelque autre rapport, cette cession aura un certain effet à l'encontre du bailleur. Elle donnera au cessionnaire le droit d'agir directement contre lui pour obtenir l'exécution de ses obligations de bailleur, mais c'est l'action du preneur primitif qui sera exercée, et, en revanche, le bailleur aura acquis le droit d'agir contre le cessionnaire, sans cependant perdre ses droits contre le cédant qui est resté son débiteur. Par ces côtés donc, la cession proprement dite serait plutôt avantageuse que préjudiciable au bailleur, donc ce n'est pas de cet acte qu'il est question dans l'article 1717.

Nous devons alors supposer que la cession dont parle la loi n'est autre chose que la sous-location de la totalité de la chose louée; l'article signifie : On peut sous-louer en partie et même en totalité. Si on a cru devoir insister sur cette dernière faculté, c'est que quelquefois le propriétaire pourrait regretter que le locataire qu'il a choisi comme prudent et soigneux, fût remplacé par un inconnu, et qu'il ne continuât pas, en occupant une partie des

lieux loués, à exercer une certaine surveillance. Cette interprétation des termes de l'article est fondée sur le sens habituel du mot
sous-louer, employé ordinairement à l'occasion de la location, par
le preneur, d'une partie de la chose louée (1). Elle est confirmée par
le n° 280 de Pothier, qui, après avoir dit que le preneur peut céder son droit, ajoute : « C'est pourquoi il peut sous-louer en tout
ou en partie » ; reconnaissant ainsi qu'il n'existe pas de différences
de nature entre la cession et le sous-bail.

163 *bis.* III. D'après la signification que nous attribuons aux
mots *céder* et *sous-louer,* il est clair que l'interdiction de sous-
louer implique l'interdiction de céder, quel que soit le sens qu'on
attache au mot céder. Car la cession, sous-location totale, ou la
cession, vente du droit, a pour conséquence l'introduction dans
les lieux loués d'une personne qui jouit à la place du preneur, et
l'un ou l'autre de ces actes a des inconvénients pour le bailleur.

A l'inverse, on ne pourrait pas dire que l'interdiction de sous-
louer en totalité entraînât celle de sous-louer en partie ; au contraire, la mention que l'interdiction porte sur la sous-location totale
pourrait faire croire que le preneur admet la sous-location partielle.

Quant à l'interdiction de céder sans autre explication, elle nous
paraît s'appliquer même à la cession partielle, quel que soit d'ailleurs le sens qu'on attache au mot cession, qu'il s'agisse d'une
sous-location ou d'une cession-vente. Alors même qu'on admet
comme nous que, dans l'article 1717, le mot céder désigne la cession
totale, il n'en faut pas moins reconnaître que la portée de ce mot
peut être restreinte par l'adverbe *partiellement ;* que dès lors
une cession partielle est une cession ; donc, à moins de manifestation contraire de la volonté, la clause qui interdit de céder s'applique à toute cession, soit totale, soit partielle.

164. Quoique le bail n'emporte jamais une véritable aliénation de la chose louée, il est pourtant vrai de dire qu'une
location prolongée excède les bornes d'une simple administration. De là les règles particulières auxquelles sont assu-
jettis, pour leur renouvellement et leur durée, les baux des
biens des mineurs. Ces règles sont les mêmes, pour les tuteurs

_____

(1) V. Dictionn. de NAP. LANDAIS, v^{is} *Sous-bail* et *Sous-louer.*

et pour les mineurs émancipés, que pour le mari adminis-
trateur des biens de sa femme. V. art. 1718, 481; et à ce
sujet, art. 1429, 1430; v. aussi art. 595.

§ II.

Obligations du bailleur.

165. Le bailleur s'oblige à faire jouir le preneur (art. 1709).
Cette obligation en renferme trois principales : il doit, 1° délivrer la chose; 2° l'entretenir en état de servir à l'usage convenu; 3° en faire avoir la jouissance paisible pendant la durée
du bail. V. art. 1719.

166. Obligé d'entretenir, le bailleur doit, à plus forte
raison, délivrer d'abord la chose en état de servir à l'usage
pour lequel elle est louée, par conséquent, en bon état de
réparations de toute espèce. Quant aux réparations dont la
nécessité survient pendant la durée du bail, il ne les doit
qu'autant qu'elles ne sont pas *locatives*. V. art. 1720; v. à ce
sujet, art. 1754, 1755.

166 *bis*. I. L'obligation de délivrer emporte celle de délivrer en
bon état, à la différence de ce qui se passe dans le contrat de
vente, où le vendeur livre la chose dans l'état où elle se trouve.
C'est que le bailleur est obligé à *faire jouir* le preneur, tandis que
le vendeur promet seulement de mettre l'acheteur en propriété et
possession.

Il faut, du reste, bien comprendre dans quel sens la loi impose
au bailleur les réparations de toute espèce. Il ne s'agit pas de lui
imposer même les dépenses de luxe, mais toutes celles qui sont
nécessaires pour que le preneur puisse jouir de la chose. Ce n'est
pas pour comprendre les dépenses de luxe que le Code parle des
réparations de toute espèce, c'est pour imposer au bailleur les réparations qui, pendant la durée du bail, seront à la charge du preneur, et qu'on appelle locatives.

166*bis*. II. Le bailleur doit entretenir la chose, car il n'a pas
promis seulement de la mettre à la disposition du preneur par la
délivrance, il a promis de procurer une jouissance d'une certaine

durée, et dès lors il doit conserver la chose en bon état pendant tout le temps de la location.

Les réparations que le bailleur doit faire en vertu de cette obligation, sont toutes celles qui deviennent nécessaires pendant le temps du bail, excepté celles dont la nécessité proviendrait de la faute du preneur, ou celles qu'on appelle locatives, qui sont, nous le dirons plus tard, présumées avoir été occasionnées par quelques négligences dans le mode d'usage du preneur. On exprime en général l'étendue de l'obligation du bailleur quant aux réparations, en disant qu'il doit tenir le preneur *clos et couvert*, c'est-à-dire conserver en bon état les couvertures et les clôtures, portes ou fenêtres. Cette formule est cependant un peu étroite, car certaines réparations sont dues incontestablement qui n'y rentrent pas, comme, par exemple, les réparations aux cheminées qui ne donneraient pas une issue suffisante à la fumée ou aux tuyaux qui conduisent à l'extérieur les eaux ménagères. La règle est donc mieux présentée par le Code, qui charge le bailleur d'entretenir la chose en état de servir à l'usage pour lequel elle a été louée.

167. La garantie de la jouissance comprend celle de tous les vices de la chose *qui en empêchent l'usage*. Le bailleur en est tenu, quand même il ne les aurait pas connus lors du bail. Cette garantie, qui consiste, en général, dans la décharge du loyer et les frais de contrat (argument de l'article 1646), a lieu sans préjudice de l'indemnité due au preneur, à raison de la perte qui résulterait pour lui de ces vices. V. art. 1721, et à ce sujet, art. 1641-1649.

167 *bis*. I. L'obligation de délivrer la chose en bon état emporte celle d'indemniser le preneur des vices qui en empêchent l'usage.

L'indemnité ne consiste pas seulement dans la décharge ou la réduction du loyer, elle doit comprendre les dommages et intérêts. C'est l'application des principes généraux sur l'inexécution des obligations, et, en vertu des mêmes principes, les dommages et intérêts seraient dus même par un bailleur de bonne foi, car la bonne foi du débiteur qui n'exécute pas ses engagements n'est prise en considération par la loi que pour la fixation du *quantum* des dommages et intérêts et non pas pour l'établissement du droit à cette indemnité (art. 1147, 1150, 1151). Nous avons vu l'ar-

ticle 1646 donner une règle différente en matière de vente, mais il
nous a paru que c'était une dérogation aux principes; l'article 1721, au contraire, applique la règle générale, puisqu'il dit
sans distinction que le bailleur est tenu d'indemniser. Cette différence entre les deux articles provient de ce que l'obligation d'un
bailleur est plus étroite que celle d'un vendeur, puisqu'il a promis
de faire jouir le preneur, tandis que le vendeur promet seulement
de faire avoir la chose.

167 *bis* II. On le voit, cette théorie sur les défauts de la chose
côtoie celle des vices rédhibitoires en matière de vente. Cependant les principes sont différents, et c'est pour cela que l'article 1721 traite des vices et défauts sans restreindre sa disposition aux vices et défauts *cachés*. Les vices apparents pourraient
donner lieu à une action de la part du preneur, car il est facile
de supposer que celui-ci a compté sur les réparations que néces-
sitaient les vices. Puisqu'on s'engageait à le faire jouir, il a cru
qu'on mettrait la chose en état de lui procurer la jouissance promise. Il y a là certes un point à apprécier par les tribunaux, juges
des conventions, mais il suffit bien souvent que le contrat puisse
être interprété comme nous venons de le faire, pour que la loi
n'ait pas limité les droits du preneur au cas d'existence de vices
cachés.

168. Toujours par le même principe, le bailleur est tenu
de la destruction totale ou partielle, quoique arrivée par cas
fortuit, en ce sens qu'il ne peut plus exiger le loyer, ou ne
peut du moins l'exiger en totalité, s'il ne fait plus jouir le
preneur de tout ce qui a été convenu. La perte totale donne
donc lieu de plein droit à la résiliation du bail. Quant à la
perte partielle, elle peut aussi donner lieu à cette résiliation,
par exemple, si ce qui reste ne suffit pas à l'usage du preneur;
autrement elle donne lieu à une diminution de loyer. Mais,
nul n'étant responsable du cas fortuit (art. 1148), le bailleur
ne doit aucun dédommagement. V. art. 1722.

169. Obligé à faire jouir paisiblement, il est clair que le
bailleur ne peut, par son propre fait, apporter aucun trouble
à la jouissance du preneur. Il ne peut donc changer la forme
de la chose. V. art. 1723.

169 *bis*. I. Pothier donne comme exemples de troubles apportés par le bailleur à la jouissance du preneur, le cas où le bailleur ferait lui-même la récolte, celui où il convertirait une terre labourable en bois. A propos des maisons, il prévoit que le propriétaire ouvre dans un mur une fenêtre qui donne une vue sur la maison louée ou dirige l'égout du toit de la maison voisine sur celle qu'il a louée (1). Nous pouvons ajouter qu'un propriétaire ne pourrait pas convertir une porte cochère en une porte d'allée, supprimer ou diminuer notablement une cour, boucher des jours, etc.

169 *bis*. II. Il est un genre de trouble dont l'article n'a pas parlé et dont on a soutenu que le bailleur doit s'abstenir, pour tenir fidèlement son engagement de faire jouir paisiblement le preneur. Nous voulons parler de l'installation dans la maison louée, ou dans une maison voisine, d'un commerce ou d'une industrie faisant concurrence au commerce ou à l'industrie exercée par le preneur dans les lieux loués, en vertu des conventions expresses et tacites du bail.

Nous pensons qu'on exagère les obligations du bailleur quand on le contraint ainsi, en l'absence de clause formelle dans le contrat, à ne pas exercer lui-même dans sa maison la profession de son locataire ou à ne pas louer à une personne exerçant cette profession. Le bailleur promet la jouissance paisible des lieux loués, par exemple d'une boutique ; en quoi le mode d'occupation de la boutique voisine empêche-t-il la jouissance du preneur d'être complète ? Le preneur, en élevant la prétention d'empêcher l'installation d'un rival dans la maison, prétend avoir acquis non-seulement la jouissance de la boutique louée, mais encore un certain droit d'exclusion sur le reste de la maison, qui constituerait une sorte de jouissance des parties non louées, comme une servitude qui donne le droit d'empêcher des constructions constitue un certain droit de jouissance du fonds servant. Ce n'est pas à la jouissance même de la boutique que le bailleur a porté atteinte, c'est aux chances de bénéfice du preneur, or le bailleur n'a pas garanti qu'il procurerait au preneur des bénéfices commerciaux. Deux commerces ou deux industries peuvent coexister et même prospérer dans le voisinage l'une de l'autre ; l'établissement de la seconde maison n'empêche donc pas le premier locataire d'avoir

(1) V. Pothier, nos 75 et 76.

la jouissance paisible des lieux loués. De même qu'il a dû entrer dans les prévisions du locataire qu'un propriétaire voisin pourrait louer sa maison à un établissement de la nature du sien, de même il a pu penser que les parties de la maison qu'il occupe et qu'il n'a pas prises à bail pourraient être utilisées de la même manière. Il fallait qu'il fît ses conventions.

On a essayé cependant de s'appuyer sur l'article 1769 pour établir, *à fortiori*, le droit du preneur dans le cas qui nous occupe. On a dit que si le bailleur répondait des accidents naturels qui détruisent une récolte, garantissait par conséquent un certain produit au fermier, il devait encore bien mieux répondre des diminutions de produit résultant d'un acte de sa volonté. Nous répondons que les deux espèces sont différentes : le fermier, privé de récolte, allègue un événement qui a atteint la chose même qu'on lui a louée, qui la diminue matériellement, car les récoltes sont *pars fundi*, et la diminution de la récolte est une diminution de la chose louée; tandis que le commerçant qui nous occupe n'a pas été privé d'une partie matérielle de la chose; il allègue un dommage indirect provenant d'actes relatifs à un immeuble ou à une partie d'immeuble qui n'a pas été l'objet du bail; c'est donc chose plus grave de rendre le bailleur responsable dans le second cas que dans le premier (1).

170. Le bailleur ne pourrait même, en général, faire à la chose louée des réparations utiles dont il résulterait incommodité pour le preneur. Mais si la réparation est tout à la fois nécessaire et urgente, c'est une force majeure, dont il n'est pas responsable (art. 1148). Bien plus, l'incommodité qu'en éprouvera le preneur pendant un court espace de temps (quarante jours), la privation même, pendant ce temps, d'une parties des lieux loués, sont des chances qui ont dû entrer dans les calculs lors de la conclusion du marché, et qui dès

---

(1) V. cependant MM. Aubry et Rau, t. IV, p. 343, édit. 1856, et le rapport de M. le conseiller Mesnard précédant un arrêt de la Cour de cassation du 8 juillet. 1850. (Dev., 1851, I, 111). Quant à l'arrêt lui-même, il a évité la question, car il rejette le pourvoi en s'appuyant sur ce que l'arrêt attaqué s'est borné à faire ressortir la volonté et la commune intention des parties en interprétant les clauses du bail.

lors ne donnent lieu à aucune diminution de loyer. Mais si l'incommodité se prolonge, le loyer doit être réduit proportionnément. S'il y a impossibilité d'user (ajoutez, prolongée ou non), le preneur peut ici, comme en cas de perte, faire résilier le bail. V. art. 1724.

170 *bis*. I. La disposition sur les réparations se rattache à celle qui oblige le bailleur à ne pas troubler la jouissance du preneur. La règle principale qui est sous-entendue dans l'article découle des principes que nous avons posés. Le bailleur ne peut contraindre le preneur à supporter des réparations qui n'ont pas un caractère d'urgence. S'il veut faire ces réparations, c'est en effet pour améliorer le bien; il pourrait attendre la fin du bail, mais s'il attendait cette époque, il ne trouverait pas de locataire pendant les travaux.

Si au contraire les réparations sont urgentes, le preneur ne peut pas les empêcher, car il est impossible de supposer que, par la convention de bail, le preneur a stipulé que le bailleur laisserait périr la chose plutôt que de gêner quelque peu la jouissance du locataire.

170 *bis*. II. Il y a plus; dans le cas d'urgence, le preneur n'a pas droit à une indemnité quand les réparations ne durent pas plus de quarante jours. Cela se déduit *à contrario* de ce que dit la loi sur les réparations qui durent plus longtemps. La loi a fixé arbitrairement un délai pendant lequel l'inconvénient des réparations est assez minime pour que le preneur soit présumé avoir consenti à ne pas exiger d'indemnité.

L'indemnité est due quand les travaux durent plus de quarante jours; elle consiste dans une diminution du loyer. Cette diminution est proportionnelle au temps et à la partie de la chose dont le preneur a été privé.

170 *bis*. III. Lorsque la loi s'exprime ainsi quant à la proportion par rapport au temps, elle ne fait pas de distinction, elle pose les bases d'un calcul qui comprendra tous les jours de non-jouissance, y compris même les quarante premiers jours. Si elle avait voulu accorder au propriétaire une franchise pour les quarante premiers jours des travaux, elle aurait dû s'exprimer autrement et dire que le droit à l'indemnité commencerait à partir de l'expiration des quarante jours. Le sens de l'article est très-

clair : on ne tient pas compte des privations de jouissance trop courtes, la fixation de l'indemnité serait trop difficile; mais dès que la durée des réparations les rend notablement préjudiciables, il faut apprécier le préjudice depuis le moment où il a commencé. Et il faut bien qu'il en soit ainsi, car s'il est difficile de fixer l'indemnité due pour la privation de quelques jours de jouissance, il ne sera pas plus facile de faire cette détermination quand il s'agira des quelques jours suivant le quarantième jour des travaux, que s'il s'agit des quelques jours d'une privation de jouissance qui n'aura pas duré quarante jours.

170 *bis*. IV. Quand les lieux loués sont absolument inhabitables pendant les travaux, le preneur peut demander la résiliation du bail sans indemnité, et ici la règle des quarante jours n'est pas reproduite par le législateur, parce que le preneur est dans la nécessité de se pourvoir ailleurs; alors même que la privation de jouissance serait de peu de durée, une habitation lui est absolument nécessaire.

170 *bis*. V. Nous voyons dans la disposition finale de l'article une application des règles générales sur l'inexécution des obligations, et par conséquent nous ne restreignons pas rigoureusement à la seule hypothèse indiquée la décision de la loi. On a songé à une maison d'habitation, mais il peut arriver que les lieux loués servent à un commerce, qu'il s'agisse d'une boutique. Or, il y a telle circonstance où la privation de la boutique pendant trente ou trente-cinq jours serait bien plus préjudiciable que la privation de l'habitation. S'il s'agit d'un de ces petits commerçants qui vivent au jour le jour du produit de leurs ventes, que deviendra-t-il pendant un chômage de trente à trente-neuf jours? Il faut qu'il puisse chercher ailleurs une installation, qu'il soit donc dégagé de son bail, et cette nécessité n'est pas contredite par la loi, puisque le bailleur qui lui a promis une jouissance continue ne peut pas la lui faire avoir. L'article 1184 suffit pour établir les droits du preneur, et l'article 1724 ne les détruit pas, car il ne fournirait qu'un argument *à contrario* condamné par l'article 1164.

171. Si le trouble ou empêchement provient d'un tiers, il semblerait, d'après les principes ci-dessus, que ce trouble, quelle qu'en fût la cause, pourvu qu'elle ne fût point im-

putable au fait du preneur lui-même, pourrait faire obtenir à celui-ci remise du prix, en tout ou en partie (v. art. 1722, 1724, 1769 et 1770); sauf à lui accorder une garantie plus ample, dans le cas où le trouble procéderait d'un droit prétendu sur la chose, dont le bailleur s'est obligé à le faire jouir.

D'après cette vue, les voies de fait d'un tiers, qui d'ailleurs ne prétend aucun droit sur la chose louée, ne pourraient certainement donner lieu à dommages et intérêts, mais devraient, suivant les circonstances, donner lieu à réduction de loyer. Toutefois le législateur, en accordant spécialement cette réduction pour le cas de trouble de droit (v. art. 1726), et en exemptant ici, d'une manière générale, le bailleur de la garantie, semble bien avoir voulu borner le droit du preneur aux poursuites qu'il peut diriger en son nom personnel contre les auteurs des voies de fait, poursuites, au surplus, dont la loi lui fait réserve expresse. V. art. 1725.

171 *bis*. I. L'obligation de faire jouir paisiblement le preneur entraîne pour le bailleur l'obligation de le protéger contre certains troubles.

La loi distingue entre les troubles de fait et les troubles de droit. Elle entend par trouble de fait des actes d'une personne qui, sans avoir recours aux voies de droit, nuit à la jouissance du preneur. *Exemples :* Un voisin fait paître ses troupeaux sur la prairie louée, un voleur enlève les récoltes, un malfaiteur empoisonne un étang.

En poussant jusqu'à l'extrême l'idée que le bailleur doit faire jouir le preneur, on aurait pu prétendre qu'il devait garantir contre ces faits. Mais il est probable qu'une surveillance active du preneur eût pu les empêcher, ou bien on peut les attribuer à des inimitiés personnelles contre le preneur, dont il serait inique que le bailleur pût souffrir. Voilà pourquoi le Code déclare que le bailleur ne garantit pas le preneur du trouble que des tiers apporteront par voies de fait à sa jouissance (art. 1722).

171 *bis*. II. Il faut du reste remarquer les expressions de la loi pour ne pas exagérer les conséquences de sa décision. Nous parlons de trouble de fait, et nous l'opposons au trouble de droit; le Code est plus précis : ce qu'il oppose au trouble de droit, c'est le trouble que des tiers apportent par des voies de fait; et il mani-

feste clairement à quelles hypothèses il songe quand il réserve l'action du preneur contre ceux qui l'ont troublé.

En dehors de ces hypothèses, il y a certains troubles de fait qui donneraient naissance à une action en diminution de loyer. Si des accidents naturels rendent impossible la jouissance, il y a là un trouble dont les conséquences doivent retomber sur le bailleur, comme retomberaient sur lui les conséquences de la destruction de l'édifice (art. 1722). L'occupation des lieux loués par un ennemi envahisseur expulsant les habitants, le bombardement qui rend dangereuse l'habitation, constituent bien encore des troubles analogues au trouble résultant d'une inondation, et le bailleur ne peut pas en pareil cas exiger le prix du loyer. Ces cas sont en dehors de ceux prévus par l'article 1725, car en réservant au preneur une action contre ceux qui l'ont troublé, cet article montre bien qu'il ne comprend pas des armées ennemies dans les tiers dont il parle, et qu'il a seulement en vue les troubles émanés de particuliers, et ayant un caractère privé.

172. Quant au trouble de droit, qui résulte d'une action réelle, il donne certainement lieu à garantie; à cet égard, quoique la loi ne s'explique que sur la diminution de loyer, il est indubitable que le preneur pourrait obtenir de plus amples dommages et intérêts (v. art. 1630, et surtout art. 1147, 1148). Du reste, la bonne foi obligeant le preneur à informer le bailleur de toute entreprise dirigée contre sa propriété, le droit à la garantie est subordonné à la dénonciation qui doit être faite au propriétaire. V. art. 1726; et à ce sujet, art. 1768.

172 *bis*. I. Le trouble de droit résulte de la prétention élevée par des tiers à la propriété ou à la jouissance de la chose ou même à un droit de servitude sur cette chose. Mais la prétention, même manifestée devant la justice, ne constitue pas le trouble, il faut qu'il en soit résulté une certaine atteinte à la jouissance du preneur. En ce cas, il faut appliquer les principes généraux contre le bailleur qui a loué la chose d'autrui; il est exposé à des dommages et intérêts qui peuvent consister seulement en une diminution sur le prix du bail, mais qui peuvent aussi dépasser ce prix, comme il peut aussi être condamné à la résiliation du contrat, car on est dans l'hypothèse prévue par l'article 1184.

172 *bis* II. Au cas de trouble fondé sur une prétention à la propriété, le Code impose au preneur une obligation, il doit dénoncer le trouble que le bailleur pourrait ignorer. Il faut que celui-ci puisse repousser les prétentions judiciaires que les tiers élèvent contre sa propriété. La loi, au reste, excepté lorsqu'il s'agit du bail d'un bien rural (art. 1768), n'a pas déterminé un délai dans lequel cette dénonciation devrait être faite, d'où il faut conclure que les tribunaux auraient le pouvoir d'apprécier si le preneur a commis une négligence, et quelle conséquence cette négligence a pu avoir pour le bailleur.

172 *bis* III. La sanction de l'obligation de dénoncer le trouble n'est pas non plus clairement déterminée. On ne peut pas admettre que cette sanction soit une déchéance pure et simple du droit du preneur, car il serait toujours impossible de la prononcer, puisqu'il serait toujours temps de faire la dénonciation au moment même où le preneur actionnerait le bailleur : la question se résout donc en une appréciation du tort causé. C'est ce que décide l'article 1768 dans le cas d'un bail de bien rural, alors même qu'il oblige le preneur à dénoncer le trouble dans un certain délai. Les tribunaux auraient à examiner si le défaut de dénonciation ou le retard de cet acte a nui au bailleur, et par conséquent il faudrait conserver au preneur le droit à l'indemnité s'il prouvait que le bailleur n'avait pas de moyen pour repousser les attaques des tiers, où s'il établissait que le bailleur a reçu une indemnité représentant le trouble apporté à la jouissance promise par le bailleur au preneur.

173. Du reste, le preneur, n'ayant qu'une simple créance contre le bailleur, sans aucun droit sur la chose louée, n'a point, comme l'acheteur, qualité pour plaider en son nom propre sur une question concernant la propriété du fonds. Soit donc que les auteurs des voies de fait, pour se défendre des poursuites par lui dirigées contre eux, prétendent avoir quelque droit sur la chose; soit qu'on dirige contre lui une action réelle quelconque; il doit, dit la loi, appeler le bailleur en garantie, et, s'il ne veut pas rester en cause pour la conservation de ses droits, il lui suffit, pour obtenir sa mise hors d'instance, de nommer le bailleur pour lequel il possède. V. art. 1727; v. à ce sujet, C. pr., art. 182.

173 *bis*. I. L'article 1726 supposait un trouble de droit déjà consommé ; l'article 1727 se place au moment où s'élève la prétention judiciaire à la propriété de la chose louée ou à un droit réel sur cette chose, et il règle en pareil cas la conduite que doit tenir le preneur. La prétention des tiers peut se manifester de deux manières différentes, ou sous forme de défense, ou sous forme d'attaque. L'article examine en effet deux hypothèses : 1° Un tiers a troublé en fait la jouissance du preneur, il a par exemple coupé des foins ; actionné par celui-ci, il prétend qu'il est propriétaire du pré et qu'il a agi en vertu de son droit ; 2° le preneur en possession est actionné par un tiers qui prétend avoir un droit réel sur la chose, et qui en vertu de ce droit veut empêcher en tout ou en partie sa jouissance.

173 *bis*. II. Dans la première hypothèse, le preneur ne peut plus continuer le procès contre le tiers, car il n'a pas qualité pour agiter un procès sur la propriété ; il faut qu'il mette en cause le bailleur, et on peut comprendre alors que son action contre le bailleur soit qualifiée action en garantie, car il a souffert dans sa jouissance un trouble dont il demande la réparation à son bailleur.

173 *bis*. III. Dans la deuxième espèce, le procès est mal engagé ; le preneur ne devrait pas être défendeur, il peut renvoyer le demandeur à se pourvoir contre le véritable possesseur. C'est ce que la loi exprime en disant qu'il se fait mettre hors de cause en nommant le bailleur pour lequel il possède. Mais dans ce cas encore l'action contre le bailleur peut être une action en garantie, parce que le preneur qui a intérêt à l'exécution de son bail peut mettre en cause son bailleur, pour que celui-ci lui assure la jouissance qu'il lui a promise en le défendant contre les prétentions judiciaires du tiers revendiquant. Le preneur ne souffre pas dans sa jouissance par le seul fait que la demande est intentée. Mais l'obligation de garantie n'a pas seulement pour objet les troubles consommés, elle s'applique aussi aux troubles menaçants, et tend aussi bien à faire défendre qu'à faire indemniser le garanti par le garant.

§ III.

Obligations du preneur.

174. Les obligations du preneur se réduisent à deux prin-

cipales : 1° user en bon père de famille, et suivant la destination expressément ou tacitement convenue; 2° payer le prix du bail aux termes fixés. V. art. 1728.

174 *bis*. A ces deux obligations il faut joindre celle de restituer la chose à la fin du bail, ce qui entraîne l'obligation de la conserver, comprise d'ailleurs dans celle d'user en bon père de famille (art. 1728), et résultant en outre de l'article 1137.

175. L'usage contraire à la destination, ou, à défaut de destination spéciale, l'usage dont il résulte un dommage pour le bailleur, peut, suivant les circonstances, autoriser celui-ci à faire résilier le bail. V. art. 1729.

175 *bis*. Si le bail détermine le mode de jouissance, il n'y aura pas de difficulté; dans le cas contraire, c'est par une interprétation de la volonté non exprimée des parties que se déterminera l'étendue des droits du preneur quant à la jouissance. La nature de la chose, sa destination antérieure, la profession du preneur connue du bailleur, telles sont les circonstances principales qui serviront à indiquer quelle était la volonté des parties.

Il arrivera quelquefois que la convention expresse ou tacite impose au preneur non-seulement l'obligation de s'abstenir de certains modes de jouissance, mais l'obligation même de jouir d'une certaine façon, en sorte que ce serait le *non-usage* qui porterait au bailleur un préjudice dont la réparation lui serait due. *Exemple:* Le bail a pour objet une boutique dans laquelle s'exploite depuis longtemps un certain commerce; on peut comprendre que d'après l'intention des parties le preneur n'ait pas le droit de cesser ce commerce, de laisser peut-être la boutique inoccupée, parce qu'il prive le bailleur d'une partie de la valeur de son fonds, la valeur qui s'attache à la boutique au point de vue de l'achalandage, à raison de l'ancienneté et de la continuité de l'affectation des mêmes localités au même commerce.

176. L'obligation d'user en bon père de famille emporte celle de conserver la chose louée dans l'état où le preneur l'a reçue. C'est donc dans cet état qu'il doit la rendre, sauf le cas où les pertes ou dégradations proviendraient de vétusté ou de force majeure. Mais, pour l'application de ce principe, on

distingue s'il a été fait ou non un état des lieux. S'il en existe un, il faut naturellement s'y référer. V. article 1730.

177. A défaut de cet état, on y supplée par une présomption légale : la loi suppose, avec raison, que le preneur qui pouvait exiger la délivrance en bon état de réparations de toute espèce (art. 1720), et qui savait que les menues réparations, dites locatives, seraient de plein droit à sa charge (art. 1754), n'aura pas manqué de les faire faire par le bailleur à son entrée. Il sera donc tenu, en général, de rendre les lieux en bon état de réparations locatives. Du reste, la présomption qui sert de base à cette obligation admet la preuve contraire. V. art. 1731.

178. L'état primitif une fois fixé, l'obligation contractée par le preneur de conserver la chose fait présumer imputables à sa faute les pertes ou dégradations survenues pendant sa jouissance, et rejette sur lui la preuve du contraire. V. art. 1732.

178 *bis*. I. Le preneur est tenu de conserver la chose et de la restituer ; lors donc qu'il ne la rend pas dans l'état même où il l'a reçue, cette chose a subi des détériorations, et d'après les principes qui règlent la situation des débiteurs de corps certain, il ne peut se soustraire à la responsabilité de ces détériorations qu'en prouvant qu'elles proviennent d'un cas fortuit (art. 1245, 1302). L'article 1732 fait l'application de ces principes au preneur.

178 *bis*. II. Cet article suppose que l'état de la chose au moment du bail est constant et que les détériorations sont postérieures à l'entrée en jouissance du preneur. Les articles précédents ont dit comment serait établi l'état de la chose à cette époque qui sert de point de départ à la responsabilité du preneur. Ou il existe un état des lieux (art. 1730), ou le preneur est présumé avoir reçu la chose en bon état (art. 1731) ; seulement, dans l'hypothèse prévue par ce dernier article, la présomption admet la preuve contraire, c'est-à-dire que le preneur pourrait établir par tous les moyens possibles l'existence des dégradations au moment de son entrée en jouissance. Il n'aurait pas alors besoin de prouver qu'elles ne proviennent pas de son fait, car il ne doit restituer la chose que dans l'état qu'elle avait lorsqu'elle lui a été louée.

178 *bis*. III. Nous raisonnons sur l'article 1731, comme s'il

présumait antérieures à l'entrée en jouissance toutes les dégradations de la chose, et cependant l'article se contente de dire que le
preneur est présumé avoir reçu les lieux en bon état de réparations
locatives. Il est difficile, en effet, de ne pas raisonner *à fortiori* de
ce que la loi a dit sur les réparations locatives, à ce qui doit être
dit des autres. Les dégradations qui donnent lieu à des réparations
locatives sont les moins graves : si la loi présume que le preneur
n'aurait pas accepté la chose louée sans faire constater la nécessité
de ces menues réparations, elle doit à plus forte raison penser
qu'en présence de dégradations plus graves il aurait encore moins
consenti à manquer de preuve de l'état des lieux. L'article doit
être entendu comme s'il disait : La chose est présumée reçue en
bon état de réparations même locatives.

178 *bis.* IV. L'état de la chose au moment de l'entrée en jouissance du preneur étant établi, soit par l'état des lieux, soit par la
présomption de l'article 1731, soit par les preuves contraires
à cette présomption, il n'y a plus à s'inquiéter que des réparations devenues plus tard nécessaires. C'est de celles-ci que
parle l'article 1732. Il applique, nous l'avons dit, les principes
généraux en contraignant le preneur à démontrer qu'il est étranger aux événements qui ont rendu ces réparations nécessaires.
Mais en appliquant ces principes, l'article semble rendre inutile
la distinction qui sera faite plus loin entre les réparations locatives
et celles qui n'ont pas ce caractère. A première vue, il semblerait
que les réparations locatives sont précisément celles dont la nécessité est réputée provenir de la faute du preneur (art. 1734, 1735),
ce qui expliquerait que, pour les autres réparations, le preneur
n'aurait pas à prouver le cas fortuit, qui serait présumé. Il y aurait donc contradiction entre les articles sur les réparations locatives
et l'article 1732. On a essayé de mettre d'accord ces différentes
dispositions en disant que le caractère propre des réparations locatives est qu'elles sont présumées nécessitées par un fait de l'homme
(art. 1754); quant aux autres réparations, comme les dégradations
peuvent ne pas provenir du fait de l'homme, il faudrait que le
bailleur démontrât qu'elles ont été causées par un fait de cette nature, et alors seulement la présomption de l'article 1732 s'appliquerait; mais le preneur pourrait prouver que ce fait n'est pas le sien.

178 *bis.* V. Cette explication était donnée par M. DEMANTE; elle

ressort même de la manière dont il présente la difficulté dans les questions qu'il ajoute au n° 421 de son programme. Il nous paraît toutefois qu'elle a un grave défaut : c'est d'ajouter au texte, de créer entre les deux décisions de la loi une différence que les articles ne font aucunement soupçonner. Quand l'article 1732 parle des dégradations et pertes arrivées pendant la jouissance du preneur, comment manifeste-t-il cette pensée qu'il s'agit de détériorations provenant du fait de l'homme? Quand il oblige le preneur qui veut être déchargé à prouver qu'il n'est pas en faute, a-t-il dit que le bailleur aurait fait une preuve préliminaire autre que celle de la dégradation ou de la perte? Si le mot dégradation peut être présenté comme s'appliquant particulièrement à une détérioration provenant du fait d'un homme qui détruit la chose, le mot perte est bien plus général; il est toujours employé pour désigner les événements, même fortuits, qui détruisent une chose en tout ou en partie. Enfin l'explication que nous combattons est en contradiction avec les principes généraux sur les relations du créancier et du débiteur de corps certain; c'est celui-ci, quand il ne restitue pas intacte la chose due, qui doit prouver le cas fortuit qu'il allègue, et la loi n'impose pas au créancier l'obligation de prouver préalablement que le dommage subi par la chose appartient, par son origine, à telle ou telle classe de détériorations.

178 *bis*. VI. Nous croyons qu'il faut formuler de la manière suivante la différence entre les réparations locatives et celles qui n'ont pas ce caractère. Pour les dégradations qui nécessitent des réparations locatives, le preneur ne peut pas en décliner la responsabilité en prouvant qu'elles proviennent de l'usage régulier et normal de la chose; il doit prouver ou la vétusté ou la force majeure, un fait spécial et précis de destruction. Quant aux dégradations et pertes prévues par l'article 1732, le preneur se décharge en prouvant qu'il n'est pas en faute; il serait par conséquent admis à établir que la dégradation provient de l'usage qu'il a fait de la chose, usage que le bail doit lui faire avoir et pour lequel il paie le prix du loyer. Le bailleur serait, pour contredire, forcé de prouver que, dans l'exercice régulier de son droit d'usage, le preneur a commis quelque faute ou quelque imprudence. La différence entre les deux situations apparaît plus clairement quand on examine l'énumération des réparations que la

17.

loi considère comme locatives (art. 1754). On voit que dans les hypothèses prévues, il ne saurait suffire de prouver que la dégradation vient de l'usage, parce que la nuance entre l'usage soigneux et l'usage imprudent est insaisissable, que les faits d'usage sont incessamment répétés en l'absence de témoins; par conséquent, la loi a pu raisonnablement décider que le débiteur ne dégageait pas sa responsabilité en alléguant et en prouvant que la détérioration était le résultat de l'usage qu'il avait fait de la chose dans les conditions du contrat de bail.

179. Le principe qui rend, en général, le preneur responsable des pertes arrivées pendant sa jouissance, s'applique particulièrement à l'incendie, qui presque toujours est le résultat de la faute des habitants. Le preneur ne peut donc échapper à la responsabilité qu'en prouvant que l'incendie provient de ces quatre causes : cas fortuit, force majeure, vice de construction, ou communication d'une maison voisine. V. art. 1733.

179 *bis*. I. Le Code a parlé d'une manière générale des pertes et détériorations; en spécialisant il arrive à traiter de l'incendie. Le locataire répond de l'incendie. Voilà une décision très-claire qui demande cependant quelques explications, car on peut la considérer comme découlant d'un principe de droit commun ou comme une exception, et ses applications varient suivant qu'on adopte l'une ou l'autre manière de voir.

On a quelquefois présenté l'article 1733 comme ayant ses racines dans l'article 1382 et imposant au locataire la responsabilité d'une faute dont on le présume l'auteur (1). *Incendia plerumque fiunt culpa inhabitantium* (2). Cette présomption donnerait à l'article 1733 un caractère exceptionnel.

179 *bis*. II. On doit au contraire considérer l'article 1733, au moins dans son principe, comme une conséquence naturelle des règles générales sur les obligations des débiteurs de corps certains, règles appliquées par les articles précédents au preneur à loyer ou à ferme (3). Le preneur est obligé de conserver la chose, de veil-

---

(1) V. Pothier, *Louage*, n° 194.
(2) *D. fr.*, 3, § 4, *De officio præfecti vigilum*.
(3) V. Pothier, Introduction *Cout. d'Orléans*, tit. XIX, 25, 26.

ler, de la restituer. Comme tout débiteur de corps certain, il peut être libéré par la perte de la chose si la perte provient d'un cas fortuit (art. 1302, 1147). Il ne lui suffit pas de prouver que la chose est détruite, il faut qu'il établisse le caractère fortuit de l'événement qui l'a détruite. Or, prouver l'incendie, ce n'est pas prouver le cas fortuit, car tout dépend de la cause de l'incendie ; cet événement est par lui-même un fait d'origine douteuse, incertaine, et la logique des principes conduit à exiger de celui à qui incombe la preuve d'un cas fortuit la démonstration, non-seulement de l'incendie, mais de sa cause ; sans cela sa preuve n'est faite qu'à moitié.

Si donc on n'examine pas plus loin la règle de l'article 1733, on doit dire qu'elle n'est pas exceptionnelle ; elle ne prendra ce caractère que si elle limite les moyens de justification que pourra faire valoir le locataire (*infrà*, 179 *bis*. VI) ; mais c'est là une disposition de détail ; quant au principe, il découle naturellement du droit commun.

179 *bis*. III. La solution des principales difficultés qui naissent sur l'article 1733 devient facile quand on rattache l'article à un principe. Elles portent généralement sur des moyens invoqués par le preneur pour se soustraire à la responsabilité.

Ainsi le locataire ne pourrait alléguer qu'il n'habitait pas, car il n'en est pas moins soumis à l'obligation de veiller, et il n'a pas bien rempli cette obligation en laissant la maison inhabitée.

179 *bis*. IV. Il ne pourrait pas davantage profiter, pour échapper à l'article, de cette circonstance que le bailleur habitait une partie de la maison louée. On a cependant admis cette prétention, parce que, a-t-on dit, le propriétaire pouvait veiller. Ce n'est pas là une raison pour refuser d'appliquer une disposition qui n'est autre chose que la conséquence des règles générales de la matière. Le preneur cesse-t-il d'être tenu à la conservation de la chose parce qu'il habite la même maison que le bailleur ? La surveillance du bailleur est insuffisante, car il ne peut pas à chaque instant pénétrer chez son locataire pour voir si les feux sont éteints. Le preneur doit donc rester responsable. Seulement, comme il n'habite pas seul la maison, il ne doit encourir qu'une responsabilité partagée, et ses rapports avec le propriétaire, au cas d'in-

cendie, doivent être réglés comme ceux de deux colocataires (art. 1734).

179 *bis*. V. On a quelquefois tenu compte de la nature de la chose pour soustraire le locataire à la responsabilité de l'incendie. Quand il s'agit d'une usine, d'un théâtre, on a allégué que la destruction de la chose par le feu était un événement prévu, et que le loyer était en pareil cas plus considérable à cause des risques plus considérables courus par le bailleur. On pourrait certes s'attacher à ce raisonnement si la responsabilité du preneur était quelque chose d'exceptionnel et de rigoureux; mais comme elle découle de l'obligation de veiller, comme cette obligation pèse sur le preneur, quelle que soit la nature de la chose, il n'y a pas lieu d'introduire une distinction sur le texte de l'article 1733.

179 *bis*. VI. Le débiteur de corps certain se soustrait à l'obligation d'indemniser les créanciers quand la chose a péri, moyennant qu'il prouve le cas fortuit (art. 1302). Tel doit être le droit du preneur de l'édifice incendié. Mais en ce qui touche l'exercice de ce droit, l'article 1733 semble exprimer une idée limitative et par conséquent une règle exceptionnelle.

Le preneur est tenu, à moins qu'il ne prouve que l'incendie est arrivé par cas fortuit ou force majeure, ou par vice de construction, ou que le feu a été communiqué par une maison voisine.

En détaillant ainsi les points sur lesquels pourrait s'appuyer la défense du preneur, le Code paraît avoir voulu donner une règle particulière, mais en réalité il n'en est rien. Les premiers mots de son énumération suffisaient, ils sont assez larges pour comprendre toutes les hypothèses, toutes les causes de justification que peut alléguer un débiteur de corps certain quand ce corps certain a péri. Ce sont les expressions mêmes de l'article 1302 : le débiteur doit prouver le cas fortuit qu'il allègue. Pouvons-nous restreindre la portée de ces expressions parce que le législateur a ajouté quelques développements et indiqué deux cas où se rencontre l'application du principe qu'il vient de poser? L'énonciation de ces deux cas spéciaux détruit-elle l'étendue, la largeur de la première formule? Ces deux cas, d'ailleurs, bien que visés spécialement par l'article, restent certainement soumis à la règle même dont ils découlent et que la loi a d'abord posée. Supposez un vice de construction, cause première de l'incendie, supposez le feu communiqué par la maison voisine, le locataire sera-t-il absolument libéré alors même qu'on démontrerait qu'en présence d'un commencement d'incendie il a montré une indifférence coupable et n'a pris aucune précaution, n'a appelé aucun secours? L'événement qui a son principe dans un fait indépendant du locataire lui deviendrait imputable à raison des circonstances qui lui ont donné sa gravité.

La règle principale, la règle unique est donc dans les premiers mots de l'article, c'est la règle générale applicable à tout débiteur de corps certain. On l'a nié toutefois, on a allégué qu'il devait exister une certaine différence entre l'article 1732 et l'article 1733. On a trouvé cette différence dans le caractère restrictif de l'article 1733, et on a conclu de ce caractère restrictif que le locataire ne pouvait pas invoquer comme moyen de défense la circonstance qu'il n'occupait pas les lieux loués au moment de l'incendie (1).

Nous refusons de reconnaître à l'article 1733 un caractère restrictif, limitatif, car s'il est vrai qu'il impose au locataire la responsabilité, *à moins que* celui-ci ne se trouve dans les circonstances qu'il indique, la généralité des termes qui déterminent d'abord le premier cas où la responsabilité peut être évitée ôte à la disposition toute portée restrictive et exceptionnelle ; secondement, il n'est pas nécessaire de constater une différence entre la doctrine de l'article 1732 et celle de l'article 1733. On s'explique qu'après avoir parlé des dégradations dans un article, on ait songé dans un autre à l'incendie, cause fréquente d'une destruction totale, et qu'on ait cru nécessaire de rappeler les principes en vue de ce cas particulier, par établir nettement que le débiteur ne prouve pas suffisamment sa libération en prouvant simplement que la chose a péri par le feu. L'incendie n'est pas par lui-même un cas fortuit, pas plus que la mort d'un animal n'est en elle-même un cas fortuit; le débiteur doit prouver que ces faits lui sont étrangers.

Quant au moyen de justification tiré de ce que le locataire n'occupait pas l'édifice loué, nous n'avons pas besoin, pour le repousser, d'exagérer la portée de l'article 1733. Les principes nous suffisent, et l'article 1733 lui-même nous vient en aide. Puisque le locataire doit veiller à la conservation de la chose, il ne dégage pas sa responsabilité en prouvant qu'il n'a pas occupé les lieux

(1) MM. Aubry et Rau, t. V, p. 349, édit. 1856.

loués; il n'a pas alors veillé. Il n'est pas seulement responsable de l'incendie allumé par lui ou par les siens, mais de l'incendie provenant du fait d'un tiers et qu'il aurait pu arrêter dans son développement. Prouver qu'il n'a pas pu mettre le feu, ce n'est pas établir que la destruction résulte d'un cas fortuit ou de la force majeure, car, en sa qualité de gardien, il devait protéger l'édifice contre les tentatives ou les imprudences des tiers. L'espèce prévue ne demande donc pas à être régie par des principes spéciaux, elle dépend de la règle générale; il s'agit d'apprécier les circonstances et de savoir si le preneur tenait d'une convention expresse ou tacite le droit d'abandonner l'édifice, sans surveillant, pendant un certain temps ; cette convention peut se concevoir à propos de certaines petites maisons de campagne; et secondement, si le preneur, étant en faute d'avoir abandonné la maison, a par cette faute rendu possible le feu qui a allumé l'incendie ou favorisé le développement de cet incendie qu'il aurait arrêté s'il eût été présent.

179 *bis*. VII. En rattachant l'article 1733 aux règles générales sur la responsabilité du débiteur de corps certain, nous avons pris partie sur deux questions qui ont été controversées: 1° Nous refusons d'appliquer l'article entre propriétaires ou locataires voisins; comme ils ne sont pas tenus l'un envers l'autre par un lien d'obligation, la responsabilité ne peut être fondée que sur l'article 1382, et le demandeur devrait prouver la faute du défendeur. 2° Entre l'usufruitier et le nu-propriétaire, nous trancherons la question comme entre le propriétaire et le locataire, parce que l'usufruitier est tenu de donner des soins à la chose, et qu'il doit par conséquent, s'il ne la restitue pas, établir qu'elle a péri par cas fortuit.

180. S'il y a plusieurs locataires, la présomption de faute pesant également sur tous et sur chacun en particulier, ils sont solidairement responsables; mais chacun est admis à rejeter sur tel autre en particulier la présomption de faute, en prouvant que c'est chez celui-là que le feu a commencé, ou à se soustraire personnellement à l'effet de cette présomption, en prouvant que le feu n'a pu commencer chez lui. V. art. 1734.

180 *bis.* I. L'article 1734, qui suppose plusieurs locataires de l'édifice incendié, ne peut pas se rattacher comme l'article 1733 aux principes généraux ; il contient en effet une disposition d'une rigueur exceptionnelle. Les colocataires sont tenus solidairement envers le propriétaire quand l'édifice a péri par l'incendie. Or l'obligation de veiller à la sûreté de la chose, qui leur était commune, pouvait bien être considérée comme indivisible mais non pas comme solidaire, et en tout cas l'indivisibilité n'aurait pas survécu à la destruction de la chose et à la transformation de l'obligation en une dette de somme d'argent (art. 1225).

C'est arbitrairement et pour augmenter les garanties du propriétaire que la loi établit une solidarité légale. Nous avons dit au tome V (135 *bis.* II) que c'est une solidarité parfaite soumise en tout aux dispositions du chapitre sur les dettes solidaires, et nous renvoyons aux explications que nous avons données sur ce point.

180 *bis.* II. Chaque locataire peut échapper à cette obligation solidaire en démontrant que l'incendie a commencé dans l'habitation d'un de ses colocataires ; il est alors certain que c'est ce dernier locataire qui a failli à l'obligation de conserver la chose, et dès lors l'obligation commune n'a plus de raison d'être, car elle était fondée sur l'impossibilité de déterminer celui des colocataires qui n'avait pas satisfait à l'obligation d'apporter à la chose les soins d'un bon père de famille.

Par la même raison, le locataire qui n'occupait pas seul l'édifice incendié peut se décharger de l'obligation solidaire en prouvant par les circonstances de l'incendie que le feu n'a pu commencer chez lui ; s'il établit par exemple que le feu a commencé dans l'aile droite du bâtiment, très-séparée de l'aile gauche qu'il habitait. Nous choisissons cette hypothèse pour type parce que nous n'admettrions pas le locataire à prouver par des raisonnements, par des faits étrangers à l'incendie même, que le feu n'a pas commencé chez lui. S'il alléguait, par exemple, qu'il ne faisait pas de feu, qu'il n'habitait pas le soir et n'allumait pas de lumières, etc., ces allégations, fussent-elles prouvées, ne pourraient pas le décharger de sa responsabilité, car il n'en résulterait pas nécessairement que le feu n'a pas été apporté par un tiers dans la partie d'édifice qu'il habitait, ou près des murs de cette partie, et dans ce cas il serait responsable du défaut de surveillance; un père de famille diligent aurait peut-être arrêté cet incendie dans son principe.

180 *bis*. III. Le texte suppose que quelques-uns des locataires ont démontré que l'incendie n'a pu commencer chez eux, ce qui implique qu'il a commencé chez un autre locataire. Si tous pré-tendaient faire cette preuve et s'ils y réussissaient, l'article ne serait plus applicable, et tous resteraient responsables, comme le locataire unique, qui, d'après notre explication de l'article 1733, ne peut pas se décharger par cette preuve négative, mais doit éta-blir positivement le cas fortuit qui a causé la destruction de l'édifice.

Il ne faut pas s'étonner de ce résultat; quand tous les locataires parviennent à prouver que le feu n'a pas commencé chez eux, ils ont trop prouvé, ils ont rétabli entre eux le doute sur le point de savoir lequel d'entre eux a manqué à l'obligation de veiller, et comme ils n'ont pas fait la preuve du cas fortuit, seule preuve qui pourrait les dégager (art. 1302), ils restent tous obligés.

180 *bis*. IV. La solidarité des colocataires engendre entre eux un recours (art. 1213, 1214). Celui qui aura payé la totalité fera contribuer ses codébiteurs. Dans quelle proportion devra être établie la contribution? La loi ne l'a pas dit, puisqu'elle n'a pas traité spécialement de ce recours. Il faut appliquer les règles gé-nérales concernant le recours des codébiteurs solidaires, les uns contre les autres. Nous avons exposé ces principes au tome V (n° 147 *bis*. I). La contribution de chaque débiteur est propor-tionnelle à l'intérêt que chaque débiteur avait à contracter la dette solidaire. Pothier a dit (1) : « Chacun est débiteur pour soi, quant à la part seulement qu'il a eue à la cause de la dette. » Ici la cause de la dette est la responsabilité acceptée par chaque loca-taire, l'obligation contractée par chacun d'eux de veiller à la con-servation de la chose. Il est impossible d'établir des différences entre la part que les différents locataires ont eue à la cause de la dette. Le fait de veiller à la conservation d'une chose est un fait indivisible, l'obligation d'accomplir ce fait n'est pas susceptible de plus ou de moins, les colocataires sont donc, les uns par rap-port aux autres, dans une position égale, et la charge doit se ré-partir entre eux par portions viriles. C'est du reste la répartition

---

(1) Pothier, *Obligations*, n° 264.

normale entre codébiteurs, quand il n'apparait pas nettement qu'une autre proportion doit être observée.

180 *bis*. V. Au surplus, si on recherche quelles pourraient être les bases d'une autre répartition, on ne trouve pas, ce nous semble, moyen d'établir autrement la contribution.

On a quelquefois proposé de tenir compte de la différence des prix de location, et de répartir la dette totale entre les locataires proportionnellement au loyer annuel de chacun d'eux. Ce mode de répartition ne saurait être admis, car la différence des prix de location ne correspond pas à une différence dans l'obligation de veiller et dans les chances de causer l'incendie par négligence. Celui des locataires qui occupe le plus petit logement peut être le moins soigneux de tous, sa profession peut exposer l'édifice aux plus grands risques. De plus, le locataire qui paie le plus gros loyer n'est pas toujours celui qui occupe le plus de terrain, et si on établissait la répartition en partant de l'idée que la chance de mettre le feu est proportionnelle au nombre de mètres occupés par le locataire, il ne faudrait pas prendre le prix du loyer pour base de la contribution.

On a soutenu que les tribunaux pourraient, suivant les circonstances, tenant compte de l'étendue des logements occupés et aussi des habitudes des divers locataires, répartir la dette dans une proportion qu'ils détermineraient. C'est accorder aux tribunaux un pouvoir arbitraire, que la loi ne leur a pas concédé. Si les faits démontrent que l'incendie vient de tel logement, ou n'a pas commencé dans tel autre, l'article 1734 spécialise l'obligation; mais quand les faits ne sont pas clairement reconnus, si le tribunal répartit la charge inégalement, il ne peut le faire qu'en établissant en faveur d'un locataire une présomption, non pas qu'il est étranger à l'incendie, mais qu'il doit être, plus qu'un autre, présumé étranger à cet incendie. C'est donc une présomption de présomption que le tribunal établirait. Il ne faut pas oublier que les différents locataires sont tenus envers le propriétaire parce qu'ils n'ont pas démontré que, par rapport à eux, l'incendie provenait d'un cas fortuit. Leur situation est donc égale; comment le juge pourrait-il, entre ces diverses personnes, établir une gradation et juger laquelle des deux a le plus approché de la preuve que l'incendie ne lui est pas imputable?

181. Obligé de conserver la chose, le preneur doit exercer sa surveillance sur les personnes qu'il tient ou introduit dans les lieux loués; il répond conséquemment de leur fait. Cette responsabilité s'applique non-seulement à l'égard des personnes *de sa maison,* mais même à l'égard de ses sous-locataires. V. art. 1735.

§ IV.

Expiration et résiliation du bail.

182. Le louage étant fait pour un certain temps (art. 1709), il semble tout naturel que le bail cesse à l'expiration du temps fixé. Toutefois cette règle si simple se modifie dans son application, suivant diverses distinctions (art. 1736-1740).

183. Ainsi, lorsque le bail se fait sans écrit, quoique sa durée ait, sous un certain rapport, un terme, diversement fixé suivant l'usage des lieux (v. art. 1757, 1759), les parties cependant sont en général censées s'engager l'une envers l'autre pour un temps indéfini, qui durera jusqu'à ce que l'une d'elles manifeste à l'autre, par un congé, sa volonté contraire. Ce congé doit être donné à l'avance, pour laisser à la partie qui le reçoit le temps de se pourvoir ailleurs. Ce temps varie, au reste, suivant l'usage des lieux. V. art. 1736; v. pourtant art. 1774 et 1775, qui restreignent forcément aux baux à loyer l'application de notre article 1736.

Il en est autrement quand il y a bail écrit. Le bail cesse alors, de plein droit, à l'époque fixée par la volonté expresse des parties. V. art. 1737.

183 *bis.* I. L'idée la plus simple sur la fin du bail, c'est que le bail finit à l'époque fixée par la convention expresse (art. 1737) ou tacite (art. 1757, 1758, 1774). Dans ces hypothèses, il n'y a pas besoin de donner congé, c'est-à-dire qu'il n'est pas nécessaire que l'une ou l'autre des parties manifeste d'avance l'intention de mettre fin au bail.

183 *bis.* II. Nous venons de parler d'un bail dont la durée est

fixée par une convention expresse; l'article 1737 déclare que ce bail cesse de plein droit à l'expiration du temps, mais il ajoute : Lorsqu'il a été fait par écrit. On retrouve cette expression dans l'article 1738, qui traite de l'expiration des baux écrits. Il faut bien comprendre ce que la loi a voulu dire. Si la convention de bail est constatée par écrit, sans indication de durée, il faut bien, quoique le bail soit écrit, le soumettre à la règle sur la durée des baux non écrits; il est impossible de lui assigner de plein droit pour terme l'époque fixée, puisque rien ne la fait apparaître. Bien plus, si une des parties alléguait qu'une convention expresse non écrite a déterminé la durée de ce bail, elle ne pourrait être admise à faire la preuve par témoins, car cette preuve ne pourrait être faite que contrairement à l'article 1341, qui défend de prouver *contre et outre* le contenu aux actes. Cependant comme le bail n'est pas un contrat solennel, nous réserverions à la partie le droit de prouver la convention sur la durée, soit par l'aveu de l'autre partie, soit par le serment.

183 *bis*. III. Quand les parties n'ont pas déterminé à l'avance la durée du bail, cette durée est indéfinie. C'est la décision de l'article 1736. Décision un peu obscure parce que l'idée principale est sous-entendue. Dire que l'une des parties pourra donner congé à l'autre, c'est reconnaître que le bail ne cesse pas de plein droit, et tel est le point de départ de l'article.

Le bail n'a pas de limite préfixe, il a une durée indéfinie. Les obligations des deux parties subsistent jusqu'à ce que l'une d'elles ait manifesté régulièrement une volonté contraire.

L'acte qui manifeste cette volonté s'appelle *un congé,* avertissement par lequel une des parties fait connaître à l'autre son intention de mettre fin au bail.

183 *bis*. IV. Pour mettre fin au bail, le congé doit être régulièrement donné et pour cela plusieurs conditions sont nécessaires. Il faut d'abord, aux termes de l'article, observer les délais fixés par l'usage des lieux.

Ces expressions consacrent évidemment cette règle qu'il doit s'écouler un certain temps entre l'avertissement que nous appelons congé et le moment où le bail prendra fin. Le congé ne doit pas produire un effet immédiat, il faut que le locataire ait le temps de chercher une autre habitation et que le bailleur puisse trouver

un autre locataire. Les usages locaux déterminent le temps minimum qui doit s'écouler entre le congé et la fin du bail. A Paris,
le délai est de six semaines quand le prix du bail est inférieur à
400 francs par an, de trois mois quand le loyer est de 400 francs
ou au-dessus, et de six mois quand l'objet du contrat est un corps
de logis entier ou une boutique.

183 *bis.* V. Il ne suffit pas du reste d'observer ces délais entre
le congé et la fin du bail, l'usage détermine encore les époques
pour lesquelles seules doit être donné le congé, et l'article 1736
renvoie certainement à ces usages aussi bien qu'à ceux relatifs à
la durée des délais. Car il s'agit ici de régler le point de départ
même de ces délais. Il serait dangereux que le bailleur pût, en
s'y prenant même trois mois d'avance, forcer le locataire à quitter
les lieux loués en un temps qui ne serait pas celui où s'opèrent
habituellement les changements d'habitation, et où il est par
conséquent plus facile de trouver un nouveau logement. De même
le bailleur serait exposé à perdre une partie des loyers de l'année,
si la maison devenait vacante à une autre époque que celle où commencent ordinairement les locations. Il faut donc que la fin du délai
minimum entre le congé et la cessation du bail coïncide avec une
des époques d'usage pour le commencement et la fin des baux.
A Paris, ces époques sont les 1ᵉʳ janvier, avril, juillet et octobre.
Ailleurs, l'année est divisée seulement en deux périodes, à la Saint-
Jean et à la Saint-Martin ou au jour de Noël. Il faudra donc, suivant
les usages des localités, calculer le délai minimum du congé en
prenant pour point de départ l'une de ces époques, et en comptant
un certain nombre de jours ou de mois dans le temps qui a pré-
cédé cette époque.

183 *bis.* VI. Voilà l'importance que la loi a laissée à l'usage
relativement à la cessation des baux, il détermine les règles sur
les délais du congé. Elle n'a pas consacré d'une manière générale
la puissance de l'usage quant à la durée des baux dont elle s'occupe sous le nom de baux non écrits. Dans certaines coutumes,
les baux dont la durée n'était pas déterminée par la convention
avaient une durée légale fixe et se terminaient sans qu'il fût nécessaire de donner congé. Les rédacteurs du Code ont eu certainement ce fait présent à la pensée, car Pothier faisait sur ce point
une comparaison entre l'usage de Paris, qui établissait le bail

d'une durée indéfinie avec faculté de donner congé, et l'usage d'Orléans, qui reconnaissait au bail une durée légale d'un an, sans qu'il fût nécessaire de donner congé (1). En présence de ces usages contraires, le Code n'a pas dit comme Pothier : A l'égard des baux de maisons il faut suivre l'usage des lieux, ce qui par le rapprochement entre le n° 29 qui commence par ces mots et le n° 28, s'applique à la durée même du bail; le Code n'a parlé de l'usage qu'en tant qu'il réglait les délais des congés. Il a donc choisi dans les deux systèmes exposés par Pothier celui qui était en usage à Paris; il a tacitement reconnu que les baux dont il s'occupe doivent partout avoir une durée indéfinie, destituant par là de toute force les usages qui leur assignaient une durée préfixe; il a généralisé le principe du congé, et s'en est remis à l'usage uniquement en ce qui concerne un point secondaire, la détermination des délais à observer quand il s'agit de donner congé.

Nous trouvons dans des articles ultérieurs la preuve que telle est la doctrine du Code : l'article 1738 parle de baux dont la durée n'est pas déterminée, ceux qui résultent de la tacite réconduction, et il établit que leur effet est réglé par l'article relatif aux locations faites sans écrit. Or l'article 1759, revenant sur la tacite réconduction, précise ainsi le sens de l'article 1738 : le preneur sera censé occuper les lieux pour le terme fixé par l'usage des lieux, et ne pourra plus en sortir ni en être expulsé qu'après un congé donné suivant le délai fixé par l'usage des lieux. Ce développement montre bien que le législateur ne maintient pas les usages établissant une durée fixe, puisque dans ces usages le congé devient inutile.

183 *bis.* VII. Nous ne voyons pas dans le Code de règle sur la manière de prouver le congé. Il est hors de doute que ce n'est pas là un acte solennel, et que le congé donné verbalement serait valable s'il pouvait être prouvé, notamment s'il était avoué par la partie à qui on l'oppose, ou si le fait du congé avait été l'objet d'une prestation ou d'un refus de serment décisoire. Hors de ces cas, la difficulté commence : doit-on admettre la preuve testimoniale du congé verbal, au moins quand on se trouve dans un cas où ce genre de preuve est autorisé par l'article 1341? On décide géné-

(1) V. Pothier, n° 29.

ralement que le congé ne peut être prouvé par témoins ; on s'appuie sur l'esprit de l'article 1715, qui repousse la preuve testimoniale, quant à l'existence du bail qui n'a pas reçu d'exécution, et sur l'article 1716, qui n'admet pas non plus ce genre de preuve par rapport au prix du loyer. C'est la tendance du Code de redouter les procès et les enquêtes qui se multiplieraient si les contestations les plus ordinaires en matière de bail devaient être décidées d'après des témoignages.

Nous nous rendons difficilement à ces raisons. Le Code est muet, il n'a pas fait en matière de congé l'exception qu'il a écrite relativement à la convention de bail ; il est élémentaire que les exceptions ne doivent pas s'étendre. Peut-être le silence du législateur est-il le résultat d'un oubli ; ce n'est pas une raison pour que l'interprète se soustraie à l'application d'un principe aussi important que celui de l'article 1341. Peut-être aussi le législateur a-t-il vu une différence entre la convention de bail et le congé, et n'a-t-il pas voulu les traiter de la même manière. Or cette différence existe. Lorsque la convention est faite par les parties, celles-ci, dans la ferveur d'un premier accord, ne prévoient pas que cet accord pourra cesser, elles ne voient pas l'utilité de rédiger un écrit, il faut que la loi les contraigne à être prudentes malgré elles ; mais lorsqu'il s'agit du congé, l'entente entre les deux parties n'est plus si cordiale, d'elles-mêmes elles songent à prendre des précautions, et la loi n'a pas besoin de déroger à ses règles générales pour obtenir par une sanction rigoureuse la rédaction d'un écrit. En un mot, permettre de prouver par témoins la convention de bail dans les termes de l'article 1341, c'était rendre très-nombreux les contrats purement verbaux, et par suite les procédures d'enquêtes, tandis que permettre de prouver par témoins les congés, ce n'est pas multiplier le nombre des congés verbaux, les parties étant toujours averties par l'état de leurs relations réciproques que la prudence demande la *préconstitution* d'une preuve de ce congé.

183 *bis*. VIII. Le congé écrit peut être donné soit par acte d'huissier, soit par acte notarié, soit par acte sous seing privé.

La signification du congé par huissier offre cet avantage que l'intervention de celui qui reçoit le congé n'est pas nécessaire ; son absence ou sa mauvaise volonté ne peut donc pas dépouiller l'autre partie du droit qui lui appartient de mettre fin au bail.

Les congés notarié et sous seing privé supposent la bonne volonté de celui qui reçoit le congé, non pas qu'il ait besoin de l'accepter à proprement parler, c'est-à-dire de s'associer à la volonté de mettre fin au bail, mais parce que nécessairement il doit reconnaître qu'il a eu connaissance de ce congé. L'acte notarié ou privé qui contient la déclaration de celui qui donne congé serait absolument inefficace s'il n'avait pas été porté à la connaissance de l'autre partie, et il est nécessaire que ce second fait soit constaté. Il ne peut l'être que par une déclaration spéciale de cette partie dans l'acte, c'est-à-dire une sorte de récépissé du congé.

183 *bis*. IX. Nous n'avons pas à signaler de difficultés quant à la forme du congé notarié, mais pour le congé sous seings privés, il y a lieu d'examiner si la règle sur les doubles est applicable. La prudence impose la nécessité d'une rédaction du congé en double original. Chaque partie en effet a le plus grand intérêt à conserver la preuve qu'elle a reconquis sa liberté. Mais faut-il, considérant l'article 1325 comme applicable, déclarer nul tout congé qui n'aurait pas été rédigé en double et ne porterait pas la mention de cette double rédaction ? On a dit que le congé constitue une convention synallagmatique, et que, par conséquent, l'article 1325 était applicable (1). Nous pensons qu'on a ainsi faussement apprécié la nature du congé. Ce n'est point une convention, c'est un avis donné par une partie à l'autre, avis bien souvent donné en une forme qui ne se prête point aux conventions, la forme des actes d'huissier. Cet avis ne change pas de nature quand il est constaté par un acte sous seings privés ; ce qu'on appelle l'acceptation n'est pas l'adhésion de la volonté d'une partie qui préférerait peut-être continuer le bail, c'est la reconnaissance d'un fait. La partie qui veut bien reconnaître ainsi ce fait n'a pas d'autre but que d'éviter à l'autre les frais d'un acte d'huissier et à elle-même le désagrément de recevoir un pareil acte. On n'est donc pas dans les termes de l'article 1325 qui parle des conventions, et bien que le motif qui a inspiré cet article eût pu justifier son extension aux congés, il

(1) V. Bioche et Goujet, *Dictionn. de procéd.*, vᵒ *Congé*, nᵒ 12.

est impossible de l'étendre ainsi, parce qu'il contient une règle exceptionnelle et rigoureuse, qui prive de toute force probante et pour un simple vice de forme, un écrit portant la signature de la partie à qui on l'oppose. C'est à la partie qui donne le congé à comprendre qu'il est de son intérêt de conserver la preuve du congé, à demander par conséquent à l'autre une reconnaissance de ce congé donné; mais quant à la partie nantie de la preuve écrite, il faudrait, pour qu'elle fût privée du droit de faire valoir cette preuve, un article embrassant, plus spécialement que l'article 1325, l'hypothèse des congés.

184. Quoique le bail par écrit cesse de plein droit, et que dès lors la chose ne puisse plus être louée que par l'effet d'un nouveau consentement, il n'est cependant pas nécessaire que ce consentement soit exprès : le fait du preneur qui reste en possession, et celui du bailleur qui l'y laisse, suffisent pour manifester l'intention commune de faire un nouveau bail aux mêmes conditions. Mais cette tacite réconduction ayant lieu sans écrit, sa durée se règle naturellement sur celle des baux sans écrit. V. art. 1738; v. aussi art. 1759 et 1776.

184 *bis*. La *tacite réconduction* (*conductio*, action de prendre à bail), c'est-à-dire le nouveau bail tacite, est présumée quand le preneur a été laissé en possession. La loi ne dit pas pendant combien de temps; il est clair que puisque c'est là une question de volonté, les tribunaux sont juges des circonstances qui montrent cette volonté, et qu'il n'y a pas à établir une règle fixe sur la durée que doit avoir eue la possession pour produire l'effet que lui attribue l'article.

185. Au reste, l'expression formelle d'une volonté contraire exclut entièrement la présomption sur laquelle se fonde la tacite réconduction. La continuation de jouissance ne peut donc, à cet égard, prévaloir contre la signification d'un congé. V. art. 1739.

185 *bis*. I. L'acte dont parle l'article 1739 n'est pas un véritable congé, car il n'est pas nécessaire pour mettre fin au bail; c'est une protestation contre les conséquences qu'une partie voudrait plus tard tirer des complaisances de l'autre. Cette protesta-

tion sera ordinairement signifiée, mais elle peut résulter d'un acte passé entre les deux parties.

Cet acte n'est pas du reste assujetti aux règles d'usage sur les délais et les époques des congés ; le bail avait une durée fixe, chaque partie pouvait refuser de l'exécuter, sans avertissement, au jour déterminé pour sa cessation, l'avertissement donné est surabondant, donc il n'est pas nécessaire d'observer des délais pour le donner. Chaque partie a dû compter sur la fin du bail à une époque préfixe.

185 *bis*. II. Le congé n'est pas le seul acte qui montre chez une des parties l'intention de ne pas donner suite au bail ; peut-être le bailleur a-t-il loué à une autre personne, ou le preneur a-t-il pris à bail une autre maison pour l'époque où doit cesser le bail qu'on prétend renouvelé par tacite réconduction. Ces faits, le premier surtout, sont exclusifs de la volonté de relouer, et cependant, en présence de l'article 1739 et du droit qu'il confère à chaque partie de croire à la tacite réconduction, nous pensons que ces faits ne feraient obstacle à la continuation du premier bail qu'autant qu'ils auraient été connus de la partie à qui on les oppose.

186. La tacite réconduction étant vraiment une nouvelle convention, qui ne se passe qu'entre le preneur et le bailleur, on conçoit que le tiers qui avait cautionné le premier bail ne soit pas tenu pour le second, auquel il n'intervient pas. V. art. 1740 ; v. à ce sujet Alex., Const. 7, Cod., *De loc. et cond.* ; Ulp., fr. 13, § 11, D. *loc. cond.*

Observons ici que le même principe défend de continuer au bailleur, dans la tacite réconduction, les avantages dont il jouissait dans le bail primitif, si ces avantages étaient plus ou moins attachés à la forme de l'acte.

Appliquez cette observation à l'hypothèque conventionnelle (v. art. 2117-al. 3, 2127) et à l'exécution parée.

186 *bis*. Ce que la loi dit des cautions doit être étendu aux tiers détenteurs d'immeubles hypothéqués à la dette, et pour une raison spéciale, au débiteur lui-même, quand il est resté propriétaire de l'immeuble hypothéqué. L'hypothèque, en effet, ne peut être valablement constituée que par un acte notarié. Or, l'application d'une hypothèque précédemment constituée à la dette résul-

tant d'un nouveau bail est une nouvelle constitution de ce droit, et ne peut pas résulter d'une convention tacite, dénuée par conséquent de toutes les formalités requises.

187. Des principes ci-dessus posés, sur les obligations respectives du bailleur et du preneur, il résulte, comme on l'a déjà dit, que la perte de la chose louée entraîne nécessairement la résolution du contrat de louage. Cette résolution peut aussi avoir lieu ici, comme dans tout contrat synallagmatique, si l'une des parties manque à ses engagements. V. art. 1741, et à ce sujet, art. 1722, 1184.

187 *bis*. L'article énumère deux événements qui mettent fin au bail : 1° la perte de la chose, dont il a déjà été parlé à l'article 1722, (n° 168); 2° l'inexécution des obligations de l'une ou de l'autre partie : c'est une application du principe de l'article 1184 sur la condition résolutoire sous-entendue dans les contrats synallagmatiques.

188. Il n'en est pas de la mort d'une des parties comme de la perte de la chose, qui empêche, faute d'objet ou de cause, les obligations respectives de prendre naissance. Cette mort ne résout donc point le contrat. On est censé ici, comme en général, avoir traité pour soi et pour ses héritiers. V. art. 1742, et à ce sujet, art. 1122.

188 *bis*. Il était presque inutile de rappeler cette règle générale que la mort d'une partie n'éteint pas ses obligations. On s'est expliqué toutefois, pour éviter la confusion qui aurait pu naître dans les esprits du rapprochement entre les droits d'un preneur et ceux d'un usufruitier, ou entre le louage de services et le louage de choses. On a voulu dissiper les doutes qui se seraient appuyés sur l'utilité personnelle que le preneur prétend ordinairement tirer du contrat de louage, et la confiance personnelle que le bailleur a dû placer dans le preneur. Si le bail avait été viager soit du côté du preneur, soit du côté du bailleur, il n'eût présenté aucune sécurité soit pour les locataires, soit pour les propriétaires.

189. Mais, les successeurs particuliers n'étant point tenus des engagements de leurs auteurs, on n'hésitait pas autrefois à décider que le preneur, qui n'a d'ailleurs sur la chose aucun

droit réel, pouvait être expulsé par un tiers acquéreur (v. Alex., Const. *Emptorem*, 9, Cod., *De locat. et conduct.*). Notre législateur, par des motifs d'utilité publique, déroge à cette rigueur du principe. Il veut que, dans ce cas particulier, l'acheteur succède aux engagements du bailleur, son vendeur, en ce sens au moins qu'il ne puisse *expulser* le fermier ou locataire; mais pour cela il faut, bien entendu, que l'existence du bail antérieurement à l'aliénation ne puisse être révoquée en doute : il faut, par conséquent, que le bail ait date certaine (art. 1328). Rien, au reste, n'empêche le bailleur, qui craint que le bail ne soit une entrave à l'aliénation qu'il se proposerait de faire par la suite, de réserver pour l'acquéreur la faculté d'expulser. V. article 1743.

189 *bis.* I. L'aliénation de la chose par le preneur ne met pas fin au bail quand il a date certaine et qu'il a été transcrit lorsqu'il s'agit d'un bail d'une durée supérieure à dix-huit ans (art. 3, loi du 23 mars 1855, sur la transcription).

L'ancien droit appliquait à cette hypothèse la règle que les successeurs à titre particulier ne sont pas tenus des obligations de leur auteur. L'acquéreur n'était pas tenu de respecter le bail (1). De là résultait une excessive instabilité très-préjudiciable aux intérêts du preneur et de la société tout entière, qui profite de toute amélioration de la terre ou des édifices et pour qui diminuent les chances d'accroissement de sa richesse, quand ceux qui pourraient améliorer les biens ne sont pas sûrs de jouir des améliorations faites à leurs dépens.

Ces inconvénients ont déterminé le législateur à abandonner l'ancienne décision. A-t-il abandonné les principes mêmes et fait une innovation radicale? Nous nous expliquerons sur ce point quand, après avoir terminé le chapitre qui règle les droits du preneur, nous aurons tous les éléments nécessaires pour déterminer la nature de ces droits (v. n° 198 *bis.* II). Nous établirons alors que la disposition de l'article 1743 peut s'expliquer très-simplement, comme l'introduction dans le contrat de vente d'une clause tacite, imitée d'une convention expresse dont le droit romain et

(1) V. Pothier, n°s 288, 299.

l'ancien droit français reconnaissaient la validité, qui devait être très-fréquente, et que par conséquent le Code a pu sous-entendre, comme il sous-entend en principe les clauses d'usage.

La constitution *Emptorem* admettait que l'acheteur avait pu traiter à cette condition qu'il maintiendrait le bail; il a le droit de ne pas tenir compte du bail *nisi ea lege emit.* Pothier, au n° 292, parlait de cette convention et expliquait l'immense intérêt qu'elle présente pour le vendeur, exposé, à son défaut, à des dommages et intérêts envers son locataire si celui-ci avait été privé des avantages résultant de son bail. De cette clause, le Code a fait une des conventions tacites du contrat de vente.

Il ne faut pas, du reste, exagérer la valeur de cet aperçu. Le Code est parti de l'idée d'une convention tacite, mais sa disposition va plus loin, elle crée une obligation légale découlant nécessairement du contrat de vente. Si on s'en tenait à l'idée d'une convention tacite, on pourrait admettre entre un vendeur et un acheteur une convention contraire, et les preneurs n'auraient toujours qu'un droit précaire; c'est ce que la loi a voulu éviter. Il y a là une clause tacite qui est de l'essence et non de la nature du contrat de vente.

189 *bis*. II. Ce n'est pas seulement au profit du locataire qu'il faut établir la persistance du bail après l'aliénation de l'immeuble, c'est aussi contre lui. Il ne peut pas être privé de son droit au bail, mais réciproquement, il ne peut pas se prétendre dégagé de ses obligations. Il est lié envers le nouveau propriétaire comme envers l'ancien. C'est la conséquence des clauses tacites du contrat de vente de l'immeuble; le vendeur a cédé à l'acheteur sa créance entre le locataire, en même temps qu'il lui imposait la charge de ses obligations envers ce locataire. Pothier n'hésitait pas à admettre cette doctrine dans le cas où le contrat de vente contenait une clause expresse d'entretien du bail, et puisque le Code a sous-entendu cette clause, il doit avoir aussi sous-entendu les conséquences que l'ancien droit lui attribuait (1).

189 *bis*. III. Le Code n'a traité dans l'article 1743 que de la vente, c'est l'hypothèse ordinaire qui donne naissance à un conflit entre le locataire et un successeur à titre particulier du bailleur. Mais cette hypothèse a été choisie pour type comme elle

(1) Pothier, n° 299.

l'était déjà par la constitution 9 au Code de Justinien, *De locat. et conduct.*, bien que la doctrine de cette loi dût être appliquée dans les rapports du locataire avec tout successeur particulier du bailleur. Nous devons donc généraliser la formule de l'article 1743, et y voir une règle applicable à toutes les aliénations à titre particulier. Aussi bien, l'échange produit, d'après le Code civil, les mêmes effets que la vente; il doit donc imposer à l'acquéreur la charge qui pèserait sur un acheteur, et quant aux acquéreurs à titre gratuit, Pothier, au moins dans le cas de donation entre-vifs, supposait déjà une convention tacite imposant au donataire l'obligation de respecter le bail (1).

189 *bis*. IV. L'article 1743 subordonne le droit du preneur contre le nouvel acquéreur à une condition et peut-être à deux. D'abord il est nécessaire que le bail ait date certaine pour qu'il puisse être opposé à un successeur à titre particulier. C'est la conséquence des règles générales sur les preuves. Le successeur particulier n'est pas obligé de tenir pour sincère la date portée sur un acte non authentique; il est possible que le bail ait été fait postérieurement à la transmission de propriété, et l'acquéreur ne peut pas avoir accepté la charge de respecter un bail qui, fait dans ces conditions, est une atteinte portée à sa propriété acquise (2).

189 *bis.* V. La seconde condition à laquelle est peut-être subordonné le droit du preneur, c'est la possession de la chose louée. Mais c'est là un point qui demande à être examiné.

L'article, en effet, refuse à l'acquéreur le droit d'*expulser* le fermier ou le locataire, et si on prend à la lettre cette expression, elle implique qu'il parle d'un fermier ou d'un locataire qui a commencé à jouir effectivement de la chose, sinon il s'agirait de l'empêcher d'entrer en jouissance et non de l'expulser. Cependant cette interprétation littérale est fort contestée.

Il semble d'abord que la nécessité ou l'inutilité de la possession au point de vue de l'article 1743, dépende de la solution qu'on adopte sur la réalité ou la personnalité du droit. Il n'en est rien cependant; quelle que soit l'opinion qu'on adopte sur la nature du droit du preneur, on peut indifféremment en subordonner l'exercice contre l'acquéreur à la possession, ou déclarer ce droit indé-

(1) V. Pothier, n° 296.
(2) V. t. V, n° 291 *bis*. I c II.

pendant du fait de la possession. C'est une question d'interprétation de l'article 1743.

On dit, en effet, que l'article a fait du droit du preneur un droit
réel; il faut, dans tous les cas, savoir à quelles conditions il a soumis ce droit, et bien qu'ordinairement les droits réels naissent de la
simple convention sans possession, il pourrait se faire que les rédacteurs du Code eussent soumis ce droit de nouvelle création à la
condition d'une possession. Ce serait une exception à la règle générale qui ne serait pas sans exemple, car la convention de gage ne
suffit pas pour créer un droit réel sur la chose engagée (art. 2076).

Nous considérons le droit du preneur comme personnel, mais la
question sur la nécessité de sa mise en possession pour l'application de l'article 1743 reste entière, car on peut se demander si la
loi n'a pas subordonné à la possession du preneur la présomption
de convention, qui, pour nous, explique l'article, ou s'il a supposé
cette convention indépendamment de tout fait de possession par le
preneur.

On pourrait certes expliquer d'une façon satisfaisante la disposition de la loi, qui n'accorderait au preneur la protection de l'article 1743 qu'autant qu'il serait déjà en jouissance de la chose
louée. La convention tacite entre le vendeur et son ayant cause
qui charge celui-ci de l'entretien du bail, ne s'en justifierait que
mieux, le preneur étant averti de l'existence de bail par l'occupation même du locataire ou du fermier.

Il n'est cependant pas certain que les rédacteurs du Code aient
attaché cette importance au mot *expulser;* ils ont peut-être entendu dire *priver du bénéfice du bail,* car rien dans la discussion
au Conseil d'État ne montre les auteurs de la loi songeant à cette
condition de possession. Au contraire, ils semblent vouloir généraliser les règles de la loi de 1791, qui refusait à l'acquéreur le
droit de résilier le bail sans distinguer si ce bail avait déjà procuré
au preneur une jouissance effective.

Nous sommes autorisés par le Code lui-même à donner au mot
expulser une interprétation qui s'éloigne un peu du sens propre
que lui assigne son étymologie. En effet, l'article 1752 permet au
bailleur d'expulser le preneur qui ne garnit pas la maison louée
de meubles suffisants, et il n'est pas douteux que le bailleur ait
le droit de faire résilier le bail, contre un locataire qui ne prend

pas possession, auquel cas l'expulsion consiste dans la rupture du bail.

Quant à l'objection tirée de ce que la possession par le preneur prévient l'acquéreur de l'existence du bail, elle ne prouve pas absolument qu'il faut prendre le mot expulser à la lettre, car le Code civil, qui admettait la clandestinité des droits réels acquis sans tradition, pouvait bien ne pas s'inquiéter grandement de la publicité du fait qui servait de fondement à une obligation légale.

190. Dans le cas même où la réserve ci-dessus a été stipulée, on ne doit pas supposer que l'intention des parties ait été de soumettre le preneur à une expulsion sans indemnité, ni à une expulsion brusque, qui ne lui laisserait pas le temps de se pourvoir ailleurs (art. 1744-1748).

191. L'indemnité pour l'expulsion peut naturellement être réglée par la convention des parties ; la loi elle-même la règle à défaut de convention. V. art. 1744. Cette indemnité diffère suivant la nature des biens loués.

192. S'il s'agit de maison, appartement ou boutique, le tort ne consiste alors que dans la privation de l'usage de la chose. Ce tort n'étant, en général, ni augmenté ni diminué en raison du temps de jouissance plus ou moins long qui restait à courir, la loi adopte pour le règlement de l'indemnité une base fixe : elle la fait consister à fournir au preneur l'habitation gratuite pendant le temps réputé nécessaire pour se procurer un autre logement. Ainsi le montant de l'indemnité est d'une somme égale au prix du loyer, pendant l'intervalle accordé entre le congé et la sortie. Cet intervalle, du reste, est diversement réglé, suivant l'usage des lieux. V. art. 1745.

193. S'il s'agit de biens ruraux, le tort consistant dans la privation du profit que le fermier devait espérer sur les années de jouissance à venir, l'indemnité est plus ou moins forte suivant le temps de jouissance dont l'expulsion prive le preneur ; la loi la fait consister dans le tiers du prix du bail pour tout le temps qui reste à courir. V. art. 1746.

194. Enfin, s'il s'agit d'établissements qui exigent de grandes avances, comme les usines et les manufactures, le tort alors

ne pouvant s'estimer que par l'examen du fait, l'indemnité est réglée par experts. V. art. 1747.

195. Indépendamment de l'indemnité ci-dessus, la loi, pour ne point exposer le preneur aux graves inconvénients d'une brusque expulsion, veut qu'il soit averti un certain temps d'avance. A cet égard, la règle est différente suivant qu'il s'agit de bail à loyer ou de bail à ferme. Au premier cas, la loi s'en réfère entièrement à l'usage des lieux; au second cas, elle fixe elle-même le *minimum* du délai à un an. V. art. 1748.

196. L'indemnité due au preneur étant la condition sous laquelle son expulsion est autorisée, il ne peut être forcé à sortir qu'il n'en soit payé intégralement. C'est à l'acquéreur qui veut user de son droit à en faire l'avance, si le bailleur, qui en est naturellement chargé envers le preneur, ne satisfait pas à son engagement. V. art. 1749.

196 *bis*. I. Deux observations sont nécessaires quant à l'application des articles sur la faculté réservée à l'acquéreur de ne pas entretenir le bail fait par l'aliénateur : 1° Le droit de renoncer au bail n'est pas réciproque, il n'appartient pas au preneur ; 2° l'acquéreur ne peut pas user de ce droit à une époque quelconque pendant tout le temps qui reste à courir sur le bail.

1° Rien n'indique dans l'article 1744 une réciprocité établie entre le droit réservé à l'acquéreur et un droit de même nature accordé au preneur. Le bail n'est pas résolu de plein droit par l'aliénation, une faculté est stipulée en faveur du nouveau propriétaire, et il n'est pas de l'essence du bail que la faculté de mettre fin au bail par la volonté soit commune aux deux parties. L'inégalité des positions étant le résultat de la convention des parties, il n'y a pas lieu de la proscrire; il n'est pas rare en effet que le bail soit divisé par périodes et qu'à l'expiration de chacune de ces périodes une seulement des parties ait le droit de se dégager. Il est d'usage à Paris de faire les baux de maisons pour trois, six ou neuf années, et il arrive quelquefois qu'une des parties ait réservé à elle seule le droit de se délier à l'expiration de la première ou de la deuxième période, l'autre partie restant à tout événement obligée pour neuf ans. La clause qui nous occupe est une

convention de cette nature, puisqu'elle ne parle que du nouveau
propriétaire et de l'expulsion du preneur.

196 *bis.* II. 2° L'acquéreur doit avertir le preneur qu'il est disposé à profiter de la stipulation qui lui réserve le droit de ne pas
entretenir le bail; il doit donner cet avertissement, ce congé, en
laissant au preneur un certain temps entre le congé et la cessation
de la jouissance. Voilà tout ce que la loi a réglé (art. 1748); elle
n'a pas dit si l'acquéreur devait donner le congé dans un certain
délai à partir de son acquisition. Pothier traite cette question, qui
avait de son temps plus d'intérêt qu'aujourd'hui, puisque l'acquéreur avait, en règle générale, le droit de mettre fin au bail. Il la
résout par les principes sur la tacite réconduction (1). Nous ne
pensons pas qu'elle puisse être envisagée ainsi ; la tacite réconduction suppose un bail terminé pour les deux parties, et son résultat est de convertir un bail à durée fixe en un bail à durée
indéfinie, c'est-à-dire de donner au preneur comme au bailleur sa
liberté moyennant l'observation des règles sur les congés. Notre
hypothèse n'est pas celle-là. Le bailleur seul peut se délier par un
congé; il ne faut pas qu'il conserve pendant de longues années
peut-être, un pareil droit contre un preneur qui ne pourrait se soustraire aux conséquences fatales de la précarité de sa jouissance.
L'acquéreur a une faculté dont il doit user au moment de son
acquisition; il s'agit de savoir s'il accepte la situation qu'avait
son auteur, lié envers le preneur pour un certain temps, ou s'il
refusera de prendre cette situation. La loi ni la convention n'ont
déterminé le délai dans lequel cette option devrait être exercée;
il appartient aux tribunaux d'apprécier d'après les circonstances
à quelle époque le silence de l'acquéreur équivaudra à une renonciation au droit d'option. Nous pensons même que le preneur
pourrait mettre l'acquéreur en demeure de se prononcer, et lui
faire assigner par la justice un délai pour déclarer sa volonté.

196 *bis.* III. Quand le bail n'a pas date certaine, le preneur
peut être expulsé sans dommages et intérêts, mais son expulsion
ne peut pas avoir lieu d'une manière subite. Il doit au moins être
traité comme un preneur sans bail écrit; par conséquent, s'il est
locataire de maison, il doit lui être donné congé dans les termes
d'usage.

(1) V. Pothier, n° 300.

Il est plus difficile de régler la situation du preneur d'un bien rural, parce que si on lui appliquait la règle sur les baux non écrits, sa jouissance cesserait de plein droit aux époques déterminées par l'article 1774, sans que l'acquéreur ait eu besoin de donner congé, et il peut paraître rigoureux d'exposer ainsi le preneur à une expulsion lorsqu'il peut espérer que l'acquéreur entretiendra le bail. Nous pensons toutefois qu'à moins de créer arbitrairement une règle, nous devons nous en tenir à celle-là, et il faut reconnaître qu'habituellement le preneur pourra se mettre en rapport avec le nouvel acquéreur pour faire avec lui une nouvelle convention ou pour être au moins fixé sur les intentions du nouveau propriétaire. Nous traitons ainsi le preneur comme s'il n'avait pas fait de bail écrit, parce que l'écrit dont il est porteur n'est pas opposable au successeur du bailleur.

197. Il en est autrement lorsque, le bail n'ayant point de date certaine, l'acquéreur jouit de plein droit de la faculté d'expulser, soit qu'elle ait été ou non réservée. On sent bien que l'allégation d'un bail dont il peut révoquer en doute l'existence antérieure ne doit lui imposer aucun sacrifice. V. art. 1750.

198. Au reste, la loi est si peu favorable à l'expulsion du preneur, que, malgré le principe qui fait jouir l'acheteur à réméré, jusqu'à l'exercice du rachat, de tous les droits attachés à sa qualité de propriétaire, elle ne lui permet pas d'user de la faculté réservée par le bail à l'acquéreur, tant que sa propriété n'est pas devenue incommutable. V. article 1751.

198 *bis*. I. L'article restreint l'exercice de la faculté d'expulsion; par ces mots, il nous reporte au droit dont parle l'article 1743 *in fine,* droit spécialement réservé par le bail, c'est l'expression de l'article 1748. Il ne peut être question au contraire dans l'article 1751 de l'expulsion d'un locataire dont le bail n'a pas date certaine; elle est la conséquence des principes généraux, et l'acheteur à réméré serait exposé à des fraudes s'il ne pouvait pas repousser les actes qui n'ont pas date certaine.

198 *bis*. II. *Appendice sur la nature du droit du preneur à loyer ou à ferme.* — La nature du droit du locataire ou du fermier

d'immeubles donne naissance à de sérieuses difficultés, qui peuvent être mieux étudiées et résolues à la fin du chapitre où la loi a exposé en détail les règles communes applicables aux baux de maisons et de biens ruraux, et particulièrement les conséquences du contrat de bail par rapport au bailleur et au preneur, c'est-à-dire leurs droits et leurs obligations.

Deux questions demandent un examen sérieux : 1° le droit du preneur d'immeubles est-il un droit mobilier ou un droit immobilier ? 2° est-il un droit personnel ou un droit réel ?

198 *bis*. III. On subordonne ordinairement la première question à celle que nous avons placée en seconde ligne. On établit que si le droit est réel, il est immobilier, mais que s'il est personnel, il est mobilier.

Nous pensons au contraire que la solution de cette première question ne se rattache pas à celle de la seconde, c'est-à-dire que nous croyons au caractère immobilier du droit du preneur, quelque parti qu'on prenne sur son caractère réel ou personnel. Si le droit est réel, pas de difficulté, mais alors même qu'il serait personnel nous y verrions un droit immobilier. Nous devons l'avouer cependant, en caractérisant ainsi le droit du preneur, nous nous écartons de la doctrine enseignée par les auteurs du plus grand poids, mais il nous paraît que ces auteurs sont victimes sur ce point d'une sorte de préjugé, ce qui apparaît quand on examine les motifs sur lesquels ils appuient leur doctrine.

198 *bis*. IV. Il y a des créances immobilières, cela n'est pas douteux, malgré le texte de l'article 526 qui semble comprendre seulement les actions réelles dans les immeubles par l'objet auquel ils s'appliquent. L'article 529 ne place dans les meubles que les obligations qui ont pour objet des meubles ; il reconnaît bien par là qu'il est d'autres obligations et qu'elles sont immobilières (1).

On n'a donc pas décidé la question quand on a établi que le droit du preneur est un droit personnel, un droit de créance. Il peut néanmoins être un droit immobilier.

A quel signe reconnaît-on qu'un droit de créance est mobilier ou immobilier ? Pothier disait, au n° 50 de l'*Introduction générale aux coutumes*, que les droits de créance suivent la nature de la

_____

(1) V. M. DEMANTE, t. II, n°s 351, 351 *bis*. II et III ; Pothier, *Introd. génér. aux coutumes*, n° 50.

chose due qui en est l'objet : il répétait les mêmes expressions dans son *Traité de la communauté,* n° 69, en ajoutant, pour mieux caractériser la chose due, que c'est la chose dans laquelle le droit de créance doit se fondre, se terminer et se réaliser.

Telles sont les idées des rédacteurs du Code civil : ils les manifestent par ces mots de l'article 529 : sont meubles les obligations qui ont pour objet des sommes exigibles ou des effets mobiliers. Or, d'après l'article 1126, l'objet est la chose que le débiteur s'oblige à donner, à faire ou à ne pas faire.

Il est vrai que l'article 526, qualifiant certains droits immeubles par l'objet auxquels ils s'appliquent, ne dit pas aussi clairement ce qu'il entend par l'objet du droit; il semble n'appeler de ce nom que la chose sur laquelle est établi ce droit, ce qui entraînerait à penser qu'il n'y a de droit immobilier que les droits réels : proposition erronée détruite par l'article 529, car il faut bien que la créance d'un immeuble soit un droit immobilier puisqu'elle n'est pas comprise dans cet article, et qu'il est nécessaire qu'elle soit un meuble ou un immeuble.

Il y a certes une lacune dans l'article 526; l'apparence matérielle du texte le montre clairement, car au lieu de parler comme l'article 529 des obligations et actions, il n'a parlé que des actions. On ne songeait qu'aux droits réels et aux actions qui les sanctionnent, on énumérait l'usufruit, les servitudes, et voilà pourquoi les immeubles de la troisième classe, au lieu d'être appelés immeubles par la détermination de la loi, ont reçu la qualification d'immeubles par l'objet auquel ils s'appliquent, c'est-à-dire sur lequel ils sont assis.

Ce n'est donc pas dans l'article 526, étranger aux créances, qu'il faut chercher les traits distinctifs des créances immobilières. Ou il faut nier l'existence de ces créances, ou il faut prendre dans l'article 529 le point de départ de la distinction entre les créances mobilières et les créances immobilières.

198 *bis.* V. La nature de la créance dépend donc de la nature de l'objet dû, de la chose que le créancier doit recevoir. *Actio ad mobile est mobilis, actio ad immobile est immobilis.*

L'application de ce principe ne souffre aucune difficulté quand le débiteur doit la propriété d'une chose ou un droit réel sur cette chose. Mais tel n'est pas l'objet dû dans le cas de louage, au moins quand on raisonne, ainsi que nous le faisons en ce moment, dans l'opinion qui fait dériver du contrat de louage un simple droit personnel.

La difficulté vient de ce que, dans ce système, le preneur est seulement créancier d'un fait ; il peut exiger que le bailleur le fasse jouir de la chose, et il s'agit de savoir si cette obligation a pour objet un immeuble.

198 *bis*. VI. Pothier, qui a très-juridiquement posé jusqu'ici les principes, arrivé à ce point, nous paraît s'en être écarté. Il dit, au nº 50 de l'*Introduction générale aux coutumes :* « On doit pa-« reillement y assigner (dans la classe des meubles) les créances « qui résultent de l'obligation de faire ou de ne pas faire quelque « chose, car l'objet de ces créances consiste dans l'intérêt qu'a le « créancier que le débiteur fasse ce qu'il s'est obligé de faire, ou « qu'il ne fasse pas ce qu'il s'est obligé de ne pas faire ; et même, « lorsque le débiteur ne fait pas ce qu'il s'est obligé de faire, le « créancier ne peut exiger de lui que la somme à laquelle sera ré-« glé et estimé cet intérêt du créancier. »

Pothier ajoute à cette raison, nº 53, que le droit du fermier tend à lui faire acquérir des fruits qui sont des meubles. Au *Traité de la communauté*, il reproduit ce raisonnement relatif au bail à ferme, néglige de parler du preneur de maisons et ne représente pas son raisonnement général sur les obligations de faire (1).

La raison capitale de Pothier, la seule qui puisse s'appliquer à tous les cas, est donc que l'obligation de faire a pour résultat effectif une obligation à des dommages et intérêts, c'est-à-dire à une somme d'argent. C'est ce qui nous a fait dire en commençant cette discussion que le fondement de l'opinion que nous combattons est un préjugé. Pothier s'inspire d'une observation qu'il a faite au *Traité des obligations* et dont l'inexactitude est démontrée par lui dans d'autres passages. Il abuse d'un vieil adage : *Nemo potest cogi ad factum ;* il en conclut que toujours les obligations de faire se résolvent en dommages et intérêts (2). Tout le monde s'accorde à reconnaître que l'exécution effective de l'obligation de faire peut être exigée quand elle ne suppose pas une contrainte exercée sur la personne même du débiteur (3).

(1) V. Pothier, *Communauté*, nº 71. — (2) V. Pothier, *Obligations*, nº 157.
(3) V. t. V, nº 60 *bis*. I-III.

C'est cependant cette doctrine de Pothier qui a inspiré un grand nombre d'auteurs modernes, partisans de la personnalité du droit du preneur, et qui à cause de cela considèrent ce droit comme mobilier. M. Demante dit au tome II, n° 350 *bis*. III : « La créance du locataire ou du fermier ayant pour objet un fait ne peut être que mobilière ». Au n° 356 *bis*. I, il ajoute : « Si le droit ne tend pas à procurer un immeuble ou un droit réel immobilier, ce n'est qu'une valeur qui se traduit en argent et qui se classe ainsi parmi les meubles (1). »

198 *bis*. VII. Débarrassés de cette double idée, 1° que l'article 526 définit les créances immobilières et les reconnaît à ce que la chose due est un droit réel sur un immeuble ; 2° que les obligations de faire sont toutes et *à priori* des droits mobiliers, nous pouvons arriver rapidement à ce que nous voulons démontrer : le caractère immobilier du droit du preneur d'immeubles indépendant du caractère réel ou personnel qu'on lui attribuera.

L'obligation du bailleur est à la vérité une obligation de faire, faire jouir le preneur de la maison ou de la ferme, mais cette obligation peut recevoir une exécution forcée autre que celle qui résulte du paiement de dommages et intérêts. Le bailleur est tenu de délivrer la chose au preneur (article 1719), et sans aucun doute il serait contraint *manu militari* à cette délivrance, s'il s'y refusait, bien qu'il possédât lui-même la chose louée. On ne verrait pas dans cette opération un de ces actes de contrainte qui portent atteinte à la liberté individuelle. Au point de vue de la délivrance, les choses se passeront entre un bailleur et un preneur comme entre un vendeur et un acheteur. Il ne s'agit donc pas uniquement d'une obligation se traduisant en argent. Si même on songe au bail à ferme, il ne s'agit pas uniquement d'un droit à des fruits ; le fermier peut demander la délivrance, il a droit à cultiver la terre, à habiter les bâtiments de la ferme, à engranger dans les greniers.

L'objet de la créance du preneur étant la délivrance, quel doit être l'objet délivré ? L'article 1719 répond que cet objet c'est la chose louée, l'immeuble ; et comment concevoir que l'obligation de délivrer un immeuble rentre dans la définition de l'article 529,

_____

(1) V. Duranton, t. V, n° 73 ; MM. Aubry et Rau, t. II, p. 26, c. édit. 1865; M. Duvergier, t. III, n° 279.

que ce soit une obligation ayant pour objet un meuble? La loi n'a
pas dit dans cet article que la nature de l'obligation dépendait
de la nature de l'objet dont la propriété était promise, elle parle
de l'objet de l'obligation; or, il peut exister des obligations dont
le but n'est pas une translation de propriété, mais seulement une
délivrance de chose. L'article 1127 reconnaît que le simple usage
ou la simple possession d'une chose peut être, comme la chose
même, l'objet du contrat. N'est-ce pas l'usage qui a été promis au
preneur? On raisonne en sens inverse, comme si le Code avait
écrit dans l'article 526 une définition restrictive des créances
immobilières, en ajoutant : Toute créance qui ne rentre pas dans
cette définition est mobilière; et on lit dans l'article 526 que les
créances ne sont immobilières qu'autant qu'elles ont pour objet
la constitution d'un droit réel sur un immeuble (1). Mais la loi
n'a pas parlé des obligations immobilières; elle a au contraire défini les obligations mobilières, et, d'après son langage même,
l'obligation du bailleur ne rentre pas dans sa définition.

198 *bis*. VIII. On trouve enfin chez les partisans mêmes de la
personnalité du droit du preneur des arguments en faveur de son
caractère immobilier, car Pothier, au n° 66, *Du louage,* revenant
sur la maxime *Nemo potest cogi ad factum,* pour l'expliquer et lui
donner un sens moins rigoureux que celui qu'il lui a attribué dans
son *Traité des obligations,* décide que la délivrance en nature peut
être exigée du bailleur *manu militari,* comme elle peut l'être du
vendeur, parce que, dit-il, ces faits *non sunt mera facta,* ce sont
des faits *quæ ad dationem magis accedunt.* M. Duvergier répète
cette explication d'après Pothier (n° 286). Et n'est-il pas facile de
conclure du rapprochement entre la délivrance et la *datio,* qu'à
bien l'examiner, l'obligation de délivrer un immeuble est immobilière comme l'obligation d'en transférer la propriété? M. Demo-
lombe dit au tome IX, n° 350, que l'action réelle ou personnelle
qui tend à obtenir la délivrance d'un immeuble est immobilière.

198 *bis*. IX. La solution que nous adoptons sur le caractère
immobilier du droit du preneur d'immeubles a des conséquences
bien importantes, qui la plupart démontrent combien, sous le
rapport de l'utilité pratique, notre doctrine est préférable à celle
qui fait du droit du preneur un droit mobilier.

(1) V. MM. Aubry et Rau, t. II, p. 23, n° 5.

1° Si le preneur laisse à sa mort un légataire des meubles et un légataire des immeubles, le droit au bail appartient à celui-ci et non à celui-là.

2° Quand le preneur se marie sous le régime de communauté légale, son droit ne tombe pas en communauté, il reste propre. Ce n'est pas que la communauté ne puisse profiter des fruits de la ferme ou des loyers de la maison, si cette maison est sous-louée; ce n'est pas qu'elle soit obligée de payer un loyer à l'époux preneur, quand les époux habitent les lieux loués. Les principes de la communauté ne conduisent pas là. Si le droit du preneur est un propre, la communauté a le droit d'en jouir ou d'en retirer des fruits; par conséquent la communauté ne doit pas de loyer si les époux habitent la maison, elle profite des fruits s'ils cultivent les terres, et des loyers si le chef de la communauté a sous-loué l'immeuble. Jusque-là il importe peu que le droit ait le caractère mobilier ou immobilier. Mais à la dissolution de la communauté, si le bail dure encore dans les conditions où il existait lors du mariage, le droit ne fera pas partie de l'actif à partager, et l'époux preneur recouvrera ce droit comme un propre.

Si nous retournons l'hypothèse, si nous nous plaçons du côté du bailleur, le caractère immobilier de la charge qui pèse sur lui aura encore une grande importance. En effet, si elle était mobilière, et elle ne pourrait avoir ce caractère que si on la traite comme une dette, elle tomberait en communauté comme les dettes mobilières, et la communauté resterait débitrice envers le preneur, même après sa dissolution, c'est-à-dire quand l'époux aurait repris la pleine propriété de son immeuble propre. N'aperçoit-on pas là un résultat pratique peu satisfaisant? Tandis qu'on obtient des résultats très-raisonnables quand on traite la charge comme une charge immobilière, grevant l'époux quand il est redevenu plein propriétaire de son immeuble, et pendant la communauté affectant l'actif commun, soit en qualité de charge réelle, soit comme étant la partie périodique d'une dette immobilière. La communauté, en effet, doit supporter les intérêts et arrérages des dettes propres (art. 1409, 3°). Or, si l'obligation du bailleur est une dette propre, elle a une partie périodique représentant les intérêts ou arrérages, c'est la nécessité de faire jouir le preneur chaque jour de chaque année, et cette obligation peut être imposée à la communauté tout le temps qu'elle dure, sans rester à la charge de l'actif commun quand la communauté est dissoute.

198 *bis*. X. 3° Sous le régime dotal, si le droit de preneur fait partie de la dot, il sera régi par les principes sur la dot immobilière, et lorsqu'on songe à la valeur que peut avoir un pareil droit quand il a pour objet une ferme ou une usine, on peut trouver avantageux qu'il soit protégé par la règle de l'inaliénabilité.

198 *bis*. XI. 4° Le preneur a fait donation entre-vifs de son droit à l'un de ses successibles; le rapport devra se faire en nature et non pas en moins prenant comme le rapport des meubles. Il est heureux qu'il en soit ainsi, car le rapport d'un droit temporaire sur le pied de la valeur qu'il avait lors de la donation (art. 868), constitue une injustice pour le donataire; les héritiers devraient trouver dans la succession un droit diminué en valeur à raison du nombre d'années écoulées, et il est injuste de leur rapporter une valeur supérieure.

198 *bis*. XII. 5° Un tuteur, un mineur émancipé, n'auront pas la capacité de céder sans autorisation le droit au bail d'un immeuble ou d'intenter des actions relatives à ce droit. (V. art. 457, 464, 482, 484.) Et l'importance qu'un tel droit peut avoir dans un patrimoine donne à cette décision une grande utilité pratique.

198 *bis*. XIII. La difficulté capitale sur la nature du droit du preneur est celle de savoir si ce droit est réel ou personnel.

Il est nécessaire, avant d'aborder l'examen de cette question, de se rendre compte de l'intérêt qu'elle présente. En effet, le plus ordinairement, on recherche si un droit est réel pour savoir s'il peut être opposé à ceux qui ont reçu le bien à titre particulier de celui qui l'a constitué. Sur ce point, nous avons un texte, l'article 1743, et quelle que soit la théorie adoptée, il faut bien que les faits soient soumis à l'application de ce texte. La réalité du droit du preneur servirait donc à l'explication de l'article, mais elle ne contiendrait pas le germe d'une décision sur un point obscur.

198 *bis*. XIV. On fait généralement découler de la réalité du droit son caractère immobilier, et on trouve ainsi un intérêt très-considérable à décider la question que nous allons examiner; mais nous avons essayé de démontrer que les deux questions étaient

indépendantes, et que le droit pouvait être immobilier alors même qu'on lui reconnaîtrait le caractère personnel.

198 *bis*. XV. Voici au contraire les décisions qui dépendent comme des conséquences de la solution à donner sur la question principale.

1° Les acquéreurs à titre particulier de l'immeuble donné à bail ne succèdent pas à l'obligation de faire jouir le preneur, si le droit que celui-ci a contre eux est un droit réel. Car en principe les droits réels n'astreignent pas les tiers à faire, mais seulement à souffrir; tous doivent respecter un droit réel en s'abstenant de rien faire qui lui soit contraire, mais personne ne peut être contraint à une action par la seule force de ce droit réel.

Si au contraire l'acquéreur est considéré comme obligé envers le preneur, il est naturel que cette obligation, quelle que soit d'ailleurs sa source, l'astreigne *ad faciendum*.

198 *bis*. XVI. 2° Le droit est-il réel, il peut être opposé à toute personne, même à celles qui n'auraient pas traité avec le bailleur; est-il personnel, il ne produit d'effet que par rapport au bailleur, à ses successeurs universels, ou aux personnes désignées par l'article 1743.

198 *bis*. XVII. 3° La chose jugée contre le bailleur n'aura pas d'effet contre le preneur dans le système du droit réel; elle pourra lui être opposée dans le système du droit personnel.

198 *bis*. XVIII. 4° Le preneur qui aurait un droit réel, aurait une sorte d'action confessoire contre tout détenteur de la chose, ou il pourrait défendre lui-même à tout procès concernant la chose louée. S'il n'a qu'un droit personnel, il ne peut que s'adresser à son bailleur pour que celui-ci lui fasse avoir la libre jouissance qu'il lui a promise.

Cette action confessoire qui appartiendra au preneur s'il a un droit réel, pourra être dirigée contre ceux mêmes qui auraient reçu du bailleur des droits nuisibles à ceux du preneur; par exemple, contre un locataire qui, au mépris des conventions faites avec un preneur précédent, aurait reçu du bailleur le droit d'exercer un commerce semblable à celui de ce preneur dans une autre partie de la maison louée, et quelques-uns disent même dans une autre maison appartenant au même bailleur.

198 *bis*. XIX. 5° En supposant que le même bailleur ait loué la

même chose à deux preneurs différents pour la même période de temps, la préférence doit être, dans le système de la réalité, sans difficulté accordée au plus ancien, pourvu que son bail ait date certaine, et qu'il ait satisfait aux conditions de la loi du 23 mars 1855.

Si le droit est personnel, la situation n'est pas aussi facilement réglée.

Il faut alors distinguer si l'un des preneurs a la possession ou si nul ne l'a. Dans le premier cas, le possesseur sera préféré, quelle que soit la date de son bail., car étant possesseur, il est défendeur contre l'autre preneur, et celui-ci ne peut pas établir qu'il a des droits préférables à ceux du possesseur, puisqu'ils ne sont tous deux que des créanciers chirographaires du même débiteur.

Nous ferons observer que nous n'appuyons pas cette solution sur l'article 1141, parce que cet article est une application de la règle : en fait de meubles, la possession vaut titre ; or, nous ne pensons pas que la créance du preneur est mobilière, et eût-elle ce caractère, elle ne pourrait être régie par les articles 1141 et 2279, qui ne sont applicables qu'aux meubles corporels.

198 *bis.* XX. Quand aucun des deux preneurs n'est en possession, il est difficile de trouver comment l'un de ces deux créanciers serait préféré à l'autre. La priorité de date n'étant pas une cause de préférence entre créanciers chirographaires, ils ont donc des droits égaux. Aucun d'eux ne peut exclure l'autre, mais collectivement ils excluent la masse des créanciers chirographaires ; en effet, un preneur peut exercer ses droits à l'encontre des créanciers chirographaires, et s'il y a deux preneurs, ce n'est pas une raison pour que le droit de chacun d'eux soit amoindri à l'égard de la masse chirographaire. Le droit au bail appartient donc exclusivement aux deux preneurs, mais collectivement à eux deux. Ils ne peuvent pas cependant l'exercer ensemble, la justice ne peut pas choisir ; il faudrait donc liciter ce droit, et le prix de la vente du droit serait partagé entre les deux preneurs qui conserveraient pour le surplus une action en indemnité contre le bailleur.

198 *bis.* XXI. Les auteurs qui admettent la personnalité du droit du preneur ont cependant voulu régler le conflit entre les deux preneurs successifs comme il serait réglé s'il s'agissait d'un

conflit entre deux droits réels. On a dit que le plus ancien devait avoir la priorité, en raisonnant *à fortiori* de l'article 1743, car si le bailleur ne peut donner à un acquéreur le droit de nuire au preneur, il peut encore bien moins confier ce droit à un second preneur (1). Ce raisonnement méconnaît le principe sur lequel s'appuie l'article 1743, en supposant qu'il admette la personnalité du droit du preneur. Cet article suppose que l'acquéreur a accepté le maintien du bail; et il est impossible de supposer ce consentement chez un second preneur, car le maintien du premier bail c'est la négation du second.

On a cherché à justifier autrement la préférence accordée au premier preneur (2). Il est, par rapport au second preneur, créancier du bailleur, ce qu'il est par rapport aux créanciers chirographaires; la loi lui attribue une préférence sur ceux-ci, il peut aussi bien être préféré à celui-là. Si on admet ce raisonnement, on est bien près d'arriver à la doctrine de la réalité car il faut nier, pour soutenir la personnalité, que le droit de maintenir le bail à l'encontre des créances chirographaires soit un droit de préférence. Et il faut remarquer que le droit du preneur contre des créanciers chirographaires suppose une charge, le paiement des loyers, qui profite à la masse chirographaire, tandis que la supériorité sur un second preneur suppose au contraire l'anéantissement du droit de ce second preneur. (*Infrà*, XXXIII.)

198 *bis*. XXII. 6° Au point de vue de la compétence, la réalité ou la personnalité du droit du preneur présente encore de l'intérêt; car si le preneur agit par une action personnelle même immobilière, il doit saisir de sa demande le tribunal du domicile du défendeur; s'il agit en vertu d'un droit réel immobilier, il doit assigner devant le tribunal de la situation de l'immeuble (art. 59, P. C.).

198 *bis*. XXIII. Les conséquences pratiques de la décision à intervenir sur la réalité ou la personnalité du droit du preneur étant bien constatées, il faut maintenant aborder la question elle-même.

Nous l'avons déjà dit, dans l'ancien droit français, le droit était un droit personnel. Pothier le déclare expressément (n° 285), et le

---

(1) V. Marcadé, 1743, III.
(2) V. Mourlon, *Revue pratique*, t. XX, p. 388.

Code civil a reproduit (art. 1709) la définition ancienne du contrat de louage, comme pour manifester cette pensée, qu'il produit aujourd'hui les mêmes effets qu'autrefois : comment donc a pu naître la doctrine qui reconnaît au preneur un droit réel ? Elle est née de l'article 1743. L'innovation certaine admise par cet article, qui permet au preneur d'exercer son droit contre un acquéreur à titre particulier, a donné au droit l'apparence d'un droit réel, et a permis d'attribuer aux rédacteurs du Code une innovation radicale. Les droits réels s'opposent aux acquéreurs à titre particulier, le droit du preneur peut être opposé à ces acquéreurs; on en a conclu qu'il est un droit réel.

198 *bis.* XXIV. L'idée une fois conçue, on a cherché à l'appuyer sur d'autres fondements. On a vu dans l'histoire de l'article 1743 la preuve que les rédacteurs du Code avaient voulu transformer le droit personnel du preneur en un droit réel. La loi des 28 septembre - 6 octobre 1791 avait, dans l'intérêt de l'agriculture, réagi contre la doctrine ancienne, qui exposait trop facilement les fermiers à perdre la jouissance des biens qu'ils cultivaient; elle avait décidé (art. 2 et 3, titre II, sect. III) que les baux de six ans et au-dessous ne seraient pas résiliés de plein droit en cas d'aliénation, et que les baux au-dessus de six ans seraient résiliés si l'acquéreur à titre singulier voulait cultiver par lui-même et moyennant un dédommagement pour le fermier. Ces règles, applicables seulement aux biens ruraux, puisqu'elles sont inscrites dans une loi sur la police rurale, ont paru le premier pas du législateur français dans le sens de la transformation du droit du preneur en droit réel. Reconnaître au preneur un droit contre l'acquéreur particulier, c'était, a-t-on dit, faire de son droit personnel un droit réel.

198 *bis.* XXV. Le Code civil a persévéré dans cette voie, il a généralisé la règle en l'étendant aux baux des maisons et en l'appliquant, quelle que soit la durée du bail. Le tribun Jaubert a montré la communauté d'idées qui unissait les législateurs de 1804 à ceux de 1791, en disant que le Code civil complétait la réforme.

Un autre tribun, Mouricault, au nom de la section de législation du Tribunat, a donné de l'article 1743 un motif théorique qui suppose admise l'idée que le droit du preneur est réel.

Il a dit en effet que l'acquéreur devait respecter le droit du preneur, parce que le vendeur ne peut pas transférer plus de droits
qu'il n'en a lui-même. Il considérait donc la propriété du vendeur comme diminuée par le bail ainsi qu'elle l'eût été par la
constitution d'une servitude; c'était dire qu'elle est amoindrie par
l'existence d'un droit réel. Dans le système de la personnalité du
droit, le motif donné par le tribun ne saurait être allégué, car le
vendeur, tout obligé qu'il est, débiteur d'une obligation de faire,
a conservé intact son droit de propriété et peut le transmettre
intact, ainsi que le reconnaissaient l'ancien droit et le droit romain,
qui admettaient cependant tous deux la règle : *Nemo in alium
plus juris transferre potest, quam ipse habet.*

198 *bis*. XXVI. On a essayé de fortifier ces raisonnements en
montrant l'intention générale du législateur dans l'article 595,
qui permet à l'usufruitier de lier par des baux le nu-propriétaire,
et on a vu dans cette règle nouvelle l'abandon du principe ancien
exprimé dans l'adage : *Successor particularis non tenetur stare
colono* (1).

198 *bis*. XXVII. Il s'est enfin produit un argument tiré d'un
article du Code de procédure et qui tend à démontrer que le droit
du preneur implique non-seulement un droit de suite (art. 1743),
mais aussi un droit de préférence, ce qui lui donnerait les deux
caractères saillants des droits réels. C'est l'article 684 P. C. (691
ancien) qui est invoqué. L'immeuble donné à bail est saisi immo-
bilièrement par les créanciers du propriétaire bailleur, et, malgré
la saisie, les baux qui ont reçu date certaine avant le commandement tendant à saisie sont maintenus. Voilà la décision de l'article et voici la conclusion qu'on en tire : Si le preneur n'est
qu'un créancier, il ne doit pas être mieux traité que les autres
créanciers ; maintenir son bail, c'est traiter son droit autrement
que celui des créanciers, c'est lui accorder un droit de préférence,
c'est-à-dire un des éléments du droit réel.

198 *bis*. XXVIII. Il faut examiner la valeur de ces différents
arguments avant d'exposer ceux qui établissent que le droit du
preneur est un droit personnel dans le droit actuel, comme il
l'était dans le droit ancien.

---

(1) V. Troplong, *Louage*, t. II, n° 497.

D'abord l'article 1743 n'est pas à lui seul une preuve de la réalité du droit. Pour qu'il eût cette force, il faudrait qu'il ne pût absolument s'expliquer que dans le système qui fait du droit du preneur un droit réel. Or il est très-facile d'admettre que l'acquéreur est grevé par la loi de l'obligation contractée par le vendeur, que cette obligation légale a sa source dans une convention prévue déjà par la loi *Emptorem,* usuelle autrefois, supposée par Pothier au cas de donation, convention que le Code civil a pu sous-entendre et même imposer, sans porter atteinte à aucun principe, car il sous-entend volontiers les clauses d'usage.

Si l'article 1743 peut recevoir deux explications, il ne suffit pas par lui-même à établir la doctrine de la réalité.

198 *bis.* XXIX. Bien plus, l'article 1743 est incomplet et inexact, s'il a l'intention d'innover, d'introduire dans la législation cette idée nouvelle que le preneur a un droit réel. Il devrait, dans cette hypothèse, ne pas restreindre sa décision au cas de vente ou même au cas d'aliénation quelconque par le bailleur; il devrait constater le droit du preneur à l'encontre de toute personne, même de celles qui ne tiendraient pas leur droit du bailleur. La spécialité de l'espèce qu'il examine montre que le législateur ne s'est pas élevé jusqu'à la conception d'un droit opposable à tous, d'un droit réel.

198 *bis.* XXX. Les origines de l'article 1743 ne démontrent pas non plus d'une manière irréfutable qu'il a voulu attribuer au preneur d'immeuble un droit réel. La loi des 28 septembre, — 6 octobre 1791 a bien pu protéger les preneurs de biens ruraux contre la rupture trop facile de leurs baux, sans créer pour cela un droit réel en leur faveur. La question est la même sur la portée de cette loi que sur l'article 1743. Rien dans ses termes qui indique un droit réel; tout, au contraire, qui suppose uniquement le conflit entre un nouvel acquéreur, ayant cause du bailleur, et le preneur ; la préoccupation du législateur se portant sur l'existence d'une clause dans l'acte d'aliénation, comme pour nous montrer qu'il s'agit toujours de l'application ou de l'extension de la réserve faite par la loi *Emptorem : Nisi ea lege emerit.* L'explication de la loi de 1791 peut donc être, comme celle de l'article 1743, qu'on a supposé une convention tacite d'entretien du bail. Comprendrait-on d'ailleurs un législateur créant un droit réel au profit du pre-

neur d'immeubles ruraux et laissant au droit du preneur d'immeubles urbains le caractère personnel? Comprendrait-on le bail
produisant un droit réel quand il est fait pour six ans et au-dessous (art. 2), et ne le produisant pas ou le produisant moins énergique (art. 3) quand le bail est fait pour plus de six ans? La force
de la convention productive de droit réel serait en raison inverse
de la durée du bail.

Il est, du reste, une présomption grave contre l'innovation attribuée à la loi de 1791, c'est qu'elle ne subordonne pas le droit
qu'elle accorde au preneur au fait de la possession; or à cette époque, la propriété et les droits réels ne pouvaient pas être acquis
par la simple convention sans tradition.

Si le caractère du droit sous l'empire de la loi de 1791 est ainsi
plus que douteux, si ce texte laisse subsister autant d'incerti-
tudes que l'article 1743, comment nous éclairerait-il sur le sens
de ce dernier article? Qu'importe qu'on ait dit : Le Code civil complète la réforme commencée en 1791? Il la complète, cela n'est
pas douteux, en l'étendant aux baux de maisons; mais quel est le
caractère de cette réforme, c'est ce qui n'apparaît ni dans la loi
de 1791 ni dans l'article 1743.

198 *bis*. XXXI. Ce caractère apparaît-il dans les travaux pré-
paratoires du Code civil? Le tribun Mouricault a pu s'appuyer
sur la règle : *Nemo plus juris in alium transferre potest quam ipse
habet,* sans que cette assertion contienne toute une théorie sur la
nature du droit du preneur. Ce tribun parlait au Tribunat au nom
d'une des sections de ce corps. Sa parole n'a pas toute l'autorité
du législateur, et s'il s'est servi, pour justifier une décision de la
loi nouvelle, d'une raison spécieuse, s'il s'est laissé séduire par
un adage sans bien voir quelles en étaient les conséquences, cela
ne suffit pas pour attribuer au Tribunat tout entier, au gouvernement et au Corps législatif, l'intention de modifier radicalement
les principes de la matière.

Si d'ailleurs on examine de près le passage du rapport, on voit
le tribun rappeler que le bail conférait autrefois un droit personnel, et au lieu de dire, ce qui eût été si simple et si catégorique :
Il en sera autrement désormais, s'écrier : Qu'importent ces considérations? N'est-il pas de principe qu'on ne peut pas transmettre
à autrui plus de droit qu'on n'en a soi-même? Il ne combat pas les

principes du droit ancien qu'il appelle des considérations, il les
déclare indifférents (qu'importe?), et il trouve la solution dans un
autre principe. N'avons-nous pas raison de dire que le doute subsiste, même en présence du rapport du tribun Mouricault? et le
doute sur une innovation, c'est la négation de cette innovation.

198 *bis*. XXXII. Nous avons cité l'argument qu'on a tiré de
l'article 595, qui déclare opposables au nu-propriétaire les baux
faits par l'usufruitier dans les termes des articles 1429 et 1430.
C'est une règle nouvelle qui a été présentée comme une brèche
faite par le Code civil à la règle que les successeurs particuliers
ne sont pas tenus de respecter les baux faits par leur auteur. On
y voit une des applications d'une nouvelle théorie générale, qui
plus tard a produit l'article 1743. Il suffit de comparer les deux
situations pour montrer qu'il n'y a rien à conclure de l'une à
l'autre. Le nu-propriétaire n'est pas l'ayant cause de l'usufruitier,
et l'anéantissement du bail consenti par celui-ci n'était pas fondé
sur la règle *Successor particularis non tenetur stare colono;* ce bail
était dénué d'effet à l'égard du nu-propriétaire, comme le bail de
la maison de Pierre consenti par Paul est dénué d'effet à l'égard
de Pierre. L'article 595 n'a pas porté atteinte à la règle sur l'effet
des actes faits par les auteurs à titre singulier, il a considéré l'u-
sufruitier comme ayant une sorte de mandat d'administration
dans l'intérêt du nu-propriétaire lui-même; c'est un cas de mandat légal, de mandat tacite, mais la décision de cet article ne
peut avoir aucune influence sur l'interprétation de l'article 1743.

198 *bis*. XXXIII. Quant à l'article 684 du Code de procédure,
il n'apporte aucune force à la démonstration de la réalité du droit
du preneur. Déjà du temps de Pothier les créanciers saisissants
étaient obligés de respecter le droit du preneur; celui-ci, bien qu'il
n'eût qu'un droit personnel, ne pouvait être réduit à venir à contribution avec la masse (1). L'article 684 reproduit cette idée ancienne et ne peut pas être présenté comme une conséquence d'un
changement admis par le Code civil dans la nature du droit du
preneur. Sa décision se justifie d'ailleurs très-bien en droit. Le
preneur n'est pas un créancier ordinaire, le contrat qui a donné
naissance à son droit n'a pas donné naissance en même temps à
une obligation qui deviendrait indépendante de la créance et

(1) V. Pothier, n° 305.

pourrait subsister quand la créance périrait ou serait diminuée. Le droit et l'obligation du preneur sont corrélatifs, non-seulement au moment du contrat, mais pendant toute la durée du bail. Quand la jouissance cesse, l'obligation de payer les loyers ou fermages cesse. Si donc on avait voulu réduire le preneur à la condition d'un créancier ordinaire, il aurait cessé de payer le loyer et aurait produit à la contribution pour des dommages et intérêts. On a pensé que les créanciers eux-mêmes étaient intéressés à ce qu'il en fût autrement. La masse n'aura pas la jouissance du bien, mais elle aura les loyers ou fermages, qui, à moins de fraude, représentent exactement cette jouissance; elle ne sera pas grevée des dommages et intérêts. La solution qui maintient le bail est donc fondée sur l'avantage commun des intéressés.

Il ne suffit pas d'expliquer l'article 684, on peut le retourner contre ceux qui l'invoquent; car si le bail conférait un droit réel, l'article eût été inutile, la situation du preneur par rapport aux créanciers aurait été régie par les règles sur les aliénations ou les constitutions de droits réels consenties par le débiteur saisi. La disposition de la loi prouve que le bail demandait une règle exceptionnelle, et une règle exceptionnelle n'était nécessaire que pour un droit personnel de sa nature.

198 *bis*. XXXIV. Il nous faut maintenant, abandonnant les arguments négatifs, les réfutations, affirmer par des arguments positifs la doctrine de la personnalité du droit du preneur.

Les textes du Code, à l'exception de l'article 1743, ne contiennent rien qui puisse faire présumer l'intention d'abandonner, sur les effets du contrat, la doctrine du droit ancien.

La définition (art. 1709) est celle de Pothier; elle constate que le bailleur contracte une obligation de faire jouir. Il n'est pas question d'un droit réel transmis. C'était certes une idée importante, qui eût dû, si elle était exacte, trouver place dans la définition, ou à côté de la définition, comme à propos de la vente elle a été indiquée dans l'article 1583, qui complète l'article 1582.

198 *bis*. XXXV. Les articles qui expliquent quelles sont par rapport au bailleur les conséquences du contrat de bail, reproduisent exactement la doctrine de Pothier, et font parfaitement ressortir le caractère personnel du droit du preneur: art. 1719. Le bailleur est obligé, 2º d'entretenir la chose, 3º d'en faire jouir pai-

siblement le preneur pendant toute la durée du bail : art. 1720, le
bailleur doit faire, pendant toute la durée du bail, les réparations
nécessaires : art. 1722, le bailleur supporte les conséquences de
la perte et des détériorations survenues pendant le cours du bail.

Voilà des dispositions qui par leurs expressions nous placent toujours sur le terrain de l'obligation, et qui montrent plus encore,
par le fond même de leurs solutions, que le droit du preneur est
autre chose qu'un droit réel.

C'est en effet un principe incontestable que l'existence d'un
droit réel sur une chose n'impose à personne la nécessité d'une
action, mais que toute personne sans exception doit s'abstenir
d'actes contraires au droit réel. Le détenteur d'une chose grevée
d'un droit réel est tenu *ad patiendum non ad faciendum*. Le nu-
propriétaire, par exemple, grevé du droit d'usufruit qui peut naturellement se comparer au droit du preneur, n'est soumis à
aucune des charges énumérées par les articles 1719, 1720, 1722;
il n'est pas obligé d'entretenir la chose, et si cette chose a péri ou
est détériorée par cas fortuit, il ne perd, quand il a constitué l'usufruit à titre onéreux, aucune partie du prix qu'on lui a payé ou
promis.

198 *bis*. XXXVI. Ces textes sont si positifs que les partisans
du droit réel avouent que le preneur a aussi un droit personnel (1).
Ils se divisent seulement quant aux conséquences qu'ils tirent de
la coexistence de ces deux droits. Les uns admettent que le preneur, en vertu de son droit réel, peut exiger des tiers acquéreurs
l'exécution des obligations contractées originairement par le bailleur, en sorte que le droit s'exerce contre les tiers acquéreurs
parce qu'il est réel, mais s'exerce en même temps contre eux
comme s'il était personnel (2); les autres décomposent le droit, et
contre le bailleur ils admettent les conséquences des articles 1719,
1720, etc., parce que le preneur agit en vertu de son droit personnel, tandis que contre les tiers acquéreurs, n'agissant qu'en
vertu d'un droit réel, il ne peut exiger que le respect passif de

(1) V. Troplong, t. II, n° 490. « Il suffirait de considérer le bail comme créant
au profit du preneur, outre les rapports personnels, un droit distinct de celui du
propriétaire et s'incorporant à la chose même. » M. Jozon, *Revue pratique*, t. XX,
p. 369.

(2) V. Troplong, t. II, n° 507.

son droit et n'a pas le droit de demander que l'adversaire le fasse
jouir (1).

198 *bis*. XXXVII. Ces deux opinions, la dernière surtout, paraissent tenir le milieu entre la doctrine qui soutient la personnalité et celle qui affirme la réalité du droit. Mais, à les bien considérer, elles se réfutent par les arguments que nous avons opposés
au système radical qui soutiendrait le caractère de réalité pure.
Ces deux opinions concèdent que le droit a un côté personnel,
nous ne contestons pas sur ce point ; elles lui attribuent un côté
réel, et tout ce que nous avons dit combat aussi bien la réalité
associée à la personnalité que la réalité exclusive. Même réduite
à ces termes, l'attribution du caractère réel au droit du preneur
serait une innovation, et elle n'est pas plus justifiée par les textes
et par l'histoire que la transformation intégrale du droit du
preneur.

198 *bis*. XXXVIII. En outre, quand on examine au fond ces
deux opinions mixtes, elles soulèvent toutes deux de graves objections. Celle qui considère le tiers acquéreur comme tenu des obligations du bailleur, en vertu de la charge réelle qui pèse sur son
bien, méconnaît les principes fondamentaux du droit sur la distinction entre les droits réels et personnels. On peut dire que tout
en soutenant la réalité du droit, elle admet, malgré elle, le fondement de notre doctrine, la création d'une obligation légale
imposée au tiers acquéreur.

L'autre doctrine est plus respectueuse des principes, elle ne
soumet pas l'acquéreur grevé d'un droit réel *ad faciendum*. Mais
par ce résultat auquel la logique l'amène, elle condamne elle-
même l'explication qu'elle donne de l'article 1743. Les rédacteurs
du Code, des hommes pratiques, conduits par les nécessités économiques à détruire la règle de la loi *Emptorem* et à donner des
sûretés aux locataires et aux fermiers, ne peuvent pas s'être con-
tentés de garantir à ceux-ci une possession matérielle sans leur
procurer les moyens de rendre utile cette possession. Le bail perd
la plus grande partie de son utilité, si le preneur ne peut pas exiger que la chose louée soit tenue en bon état. Le locataire ne sera
plus clos et couvert, les bâtiments de ferme, les granges laisseront

(1) V. M. Jozon, *Revue pratique*, t. XX, p. 370.

ses récoltes exposées aux intempéries, et il n'aura pas de recours contre le propriétaire actuel, son moyen de contrainte sera le refus de payer les loyers ou les fermages. Contrainte bien insuffisante, quand il s'agira d'obtenir des travaux considérables. On lui reconnaît cependant une action contre le bailleur qui a aliéné la propriété, mais peut-il souvent compter sur la puissance de ce moyen? Le bailleur a aliéné peut-être parce qu'il était ruiné; que saisir, où trouver un gage suffisant pour l'exécution de l'obligation? Si l'acquéreur n'est pas obligé, la créance du preneur est bien souvent un vain nom.

Il est peu probable que le Code ait voulu consacrer un pareil résultat, contraire au but qu'il se proposait. Rien ne l'indique au surplus, et il valait bien la peine d'être signalé. Quand on donnait au preneur des droits contre l'acquéreur, il était bien nécessaire de dire que ces droits n'étaient pas aussi entiers contre lui que contre le bailleur.

198 bis. XXXIX. Les arguments historiques sont contraires à cette distinction entre les droits du preneur contre le bailleur et ses droits contre les tiers acquéreurs. Quand Pothier examinait la situation que régissait la loi *Emptorem* et que règle l'article 1743, il s'exprimait constamment en disant que l'acquéreur n'était pas tenu d'entretenir le bail, et quand il parlait des cas exceptionnels où l'acquéreur devait respecter le droit du preneur, il parlait de la charge d'entretenir le bail, il considérait le donataire comme tenu tacitement à l'entretien du bail (1). Entretenir le bail, c'est bien certainement exécuter tous les faits que le bail mettait à la charge du bailleur. Peut-on voir dans l'article 1743 autre chose que l'affirmation diamétralement opposée à celle de Pothier sur l'entretien du bail?

198 bis. XL. Les partisans du droit réel accepteront plus volontiers une comparaison avec la loi de 1791 qu'avec le texte de Pothier. Or comment cette loi exprime-t-elle l'idée que le preneur sera maintenu dans ses droits (art. 2)? La résiliation du bail n'aura lieu que de gré à gré; autrement dit, si l'acquéreur et le preneur ne s'entendent pas pour résilier, le bail tiendra. Si le bail tient dans les rapports entre l'acquéreur et le preneur, ce n'est pas seu-

(1) V. Pothier, nos 288-296.

lement pour contraindre l'acquéreur *ad patiendum*, mais pour lui attribuer le rôle de bailleur, lui imposer les obligations de faire qui pesaient sur le précédent propriétaire.

198 *bis*. XLI. D'autres articles du Code civil contredisent l'hypothèse de la réalité. Ce sont les articles 1725, 1726, 1727. Le preneur est troublé par des tiers qui prétendent des droits sur la chose : il doit appeler le bailleur en cause, il peut se faire mettre hors de cause en nommant le bailleur pour lequel il possède. C'est la doctrine de Pothier (n° 91), qui raisonne dans le système de la personnalité du droit. Les articles du Code reproduisent cette doctrine et montrent par là qu'ils ne reconnaissent pas au preneur une action propre contre les tiers, une action confessoire réelle contre ceux qui le troubleraient dans sa jouissance. C'est du reste ce que déclare le rapport du tribun Mouricault, qui s'exprime ainsi : « Si le preneur est troublé, c'est au bailleur *seul* à faire cesser le trouble. »

198 *bis*. XLII. Nous trouvons enfin dans un document postérieur au Code civil et postérieur aussi à l'époque où la doctrine de la réalité du droit du preneur a été soutenue avec une grande autorité, la preuve que le législateur ne considère pas ce droit comme un droit réel. La loi du 23 mars 1855 sur la transcription a assujetti certains baux à la formalité de la transcription (art. 2, 4°). Cette prescription législative paraîtrait peut-être la consécration du système de la réalité, si les auteurs de la loi n'avaient pas par avance condamné la conséquence qu'on pourrait tirer de leur disposition. Le rapporteur de la loi au Corps législatif disait : « On a dû assujettir à la transcription tous les actes qui, sans constituer des droits réels, imposent cependant à la propriété des charges qui sont de nature à en altérer sensiblement la valeur ; tels sont les baux à long terme. » Et comme pour compléter par son texte même cette démonstration, la loi a soumis à la transcription des quittances de loyer qui certes ne pourraient pas être considérées comme des actes générateurs de droits réels (art. 2, 5°) (1).

_____

(1) Voir sur toute cette question les articles de M. Mourlon, *Revue pratique*, t. XXIX, p. 193 et 385, de M. Émile Feitu, même *Revue*, t. XXX, p. 385 ; en sens inverse, celui de M. Paul Jozon, même *Revue*, t. XXX, p. 358. V. aussi dans

SECTION II.

Des règles particulières aux baux à loyer.

199. Ces règles s'appliquent : 1° aux obligations du preneur (art. 1752-1756) ; 2° à l'expiration ou résolution du bail. (art. 1757-1762).

§ I.

Obligations du preneur à loyer.

200. Depuis les Romains jusqu'à nous, on a toujours senti la nécessité d'assurer au locateur le paiement du prix, en vue duquel il consent dès à présent à se dessaisir de sa chose pour en faire jouir le preneur. De là le privilége accordé chez nous au bailleur à loyer ou à ferme, sur les fruits du fonds, sur tout ce qui garnit la maison louée ou la ferme, et sur tout ce qui sert à l'exploitation de la ferme (art. 2102). Mais la sûreté du bailleur à loyer ne consistant, en général, que dans les meubles apportés par son locataire, celui-ci est spécialement obligé de garnir la maison de meubles suffisants : à défaut de quoi il peut être expulsé, à moins qu'il ne donne des sûretés équivalentes. V. art. 1752.

20*bis*. I Il fa udra examiner plus tard, sur l'article 2102, 1°, si le privilége du bailleur est assis sur les meubles dont l'existence dans les lieux loués ne se manifeste pas d'une façon apparente pour tous, par exemple sur les pierreries et l'argenterie qui sont ordinairement renfermées et qui peuvent être transportées hors des lieux loués sans que le propriétaire ou son représentant puisse s'en apercevoir. Il y a là une difficulté, mais par rapport à l'application de l'article 1752, nous ne pouvons pas hésiter ; introduire dans les lieux loués des objets qui ont peut-être une grande valeur, mais qui peuvent être déplacés à l'insu du pro-

notre sens, C. C., 21 février 1865 (Devill., 1865, I, 113); dans le sens opposé, (C. I., Paris, 24 juin 1858 (Devill., 1859, II,146), et 29 juin 1860 (Devill., 1860, II, 122).

priétaire, ce n'est pas donner à celui-ci des sûretés, ce n'est pas garnir la maison de meubles suffisants pour la garantie du bailleur.

200 *bis*. II. Quand le bail doit durer plusieurs années, il est difficile d'exiger que le mobilier représente en valeur le montant cumulé de toutes les années de loyer, car il est difficile de supposer que les parties aient entendu ainsi leur convention ; le preneur serait mis par une règle semblable dans une position qui ne lui permettrait pas ordinairement de profiter du bail qu'il a fait. Il faut encore s'attacher à l'expression de l'article 1752. Les meubles doivent être suffisants pour la garantie du propriétaire, et les tribunaux chargés d'appliquer cette disposition auront à apprécier quelle doit être cette valeur suffisante. Pothier renvoyait sur ce point aux usages et citait la coutume d'Orléans, art. 217, qui exigeait que la valeur des meubles représentât deux termes de loyer. Ce chiffre se justifie ainsi ; quand un terme n'est pas payé, le propriétaire doit poursuivre et demander la résiliation; il a donc besoin d'être garanti pour le terme qui n'a pas été payé et pour celui pendant lequel il demande la résiliation.

Nous ne pensons pas qu'il y ait lieu d'appliquer aujourd'hui la coutume d'Orléans ni de s'en référer aux usages. Dans le silence de la loi, la justice appréciera, et elle sera probablement plus exigeante que la coutume d'Orléans, car elle devra tenir compte du droit du bailleur à des dommages et intérêts et de la nécessité où il se trouvera, si la résiliation est prononcée dans le terme qui suit l'expiration du terme non payé, de perdre encore un autre terme pour trouver un locataire.

200 *bis*. III. La règle de l'article 1752 n'est pas spéciale aux baux à loyer, elle s'appliquera aux baux à ferme (art. 1766); on l'a répétée dans les deux sections particulières, parce que son application n'est pas exactement la même pour les baux de ferme que pour les baux de maisons.

201. Les meubles qui garnissent les lieux étant ordinairement l'unique sûreté du bailleur, on avait proposé, pour le cas de sous-location, d'affecter les effets du sous-locataire au paiement, sinon de la totalité du loyer principal, au moins d'une portion de ce loyer calculée sur la valeur relative de la

partie sous-louée. Mais le législateur n'a point adopté ce
système. Ce n'est point au paiement du loyer principal, mais
à celui du prix de la sous-location, que ces meubles sont
affectés. A la vérité, ce prix étant un fruit civil que le preneur
principal tire de la chose louée, il est naturel que son bailleur
puisse se l'attribuer par privilége en paiement de ce qui lui
est dû : aussi la loi veut-elle que le sous-locataire soit directement tenu envers le bailleur principal, et qu'à cet effet ses
meubles puissent être saisis (C. pr., art. 820); mais il est tenu
jusqu'à concurrence seulement de ce dont il se trouve débiteur au temps de la saisie ; conséquemment, il obtient main-
levée en justifiant qu'il a payé sans fraude.

Toutefois la loi ne lui permet pas d'opposer les paiements
faits par anticipation. Mais cette restriction même n'étant
fondée que sur le soupçon de fraude, on ne répute pas faits
par anticipation ceux qui auraient eu lieu, soit en vertu d'une
clause du sous-bail, soit en conséquence de l'usage des lieux.
V. art. 1753; v. aussi C. pr., art. 820, et remarquez : 1° que
ce dernier article applique aux sous-fermiers, comme aux sous-
locataires, le principe posé ici spécialement pour le bail à
loyer; 2° qu'il met sur la même ligne les fruits des terres sous-
louées, et les effets garnissant la maison ou la ferme. V. au surplus, Ulp., *fr.* 11, § 5, D. *De pign. act.*; Paul, *fr.* 24, § 1,
D. *Loc. cond.*

201 *bis.* I. La règle sur l'affectation des meubles apportés dans
les lieux loués à la garantie du propriétaire, entraîne le législateur à s'expliquer sur les relations du bailleur et du locataire de
son locataire, que nous appelons sous-locataire. En principe, le
bailleur ayant pour gage tous les objets qui garnissent les lieux
loués, à quelques personnes qu'ils appartiennent, devrait exercer
ses droits sur tous les meubles du sous-locataire pour le montant
intégral des loyers qui lui sont dus par le sous-bailleur, qu'on
appelle vulgairement locataire principal. *Exemple :* La maison
est louée entière pour 4,000 francs à un preneur qui sous-loue
pour 500 francs une petite partie de l'édifice; le bailleur créancier de 4,000 francs prétendrait avoir pour gage pour toute cette

somme les meubles du sous-locataire, qui cependant ne doit qu'un loyer de 500 francs. Si cette prétention avait été admise, elle eût rendu impossible la plupart des sous-locations, car jamais un sous-locataire prudent n'eût consenti à affecter son mobilier à toute la dette du sous-bailleur.

La loi, à propos de cette difficulté, a réglé la situation respective du bailleur primitif et du sous-locataire ; et elle a sous-entendu la solution relative à l'affectation des meubles du sous-locataire au gage du bailleur.

201 *bis*. II. Le premier point à régler sur les relations du sous-locataire et du bailleur primitif est celui-ci : Le sous-locataire est-il débiteur du bailleur de son bailleur ? En principe, on aurait dû répondre négativement, le bailleur primitif a été étranger au sous-bail, il ne peut se prévaloir de cette convention. Il n'aurait que l'exercice des droits du sous-bailleur, son débiteur, en vertu de l'article 1166, mais il serait alors en concours avec les autres créanciers de ce sous-bailleur.

Notre article admet certainement une idée contraire, il considère le bailleur primitif comme créancier du sous-locataire, puisqu'il détermine les limites de l'obligation dont le sous-locataire est tenu.

Le bailleur primitif a donc une action directe, d'où résulte pour lui une préférence sur les autres créanciers du sous-bailleur; agissant *proprio nomine* contre le sous-locataire, il ne fera pas participer la masse des créanciers du sous-bailleur aux résultats avantageux de ses poursuites.

M. Demante explique la concession de cette action directe en la rattachant à la théorie de la loi sur les priviléges. De même que le bailleur a privilége sur les fruits naturels de la chose, de même il a le droit d'être préféré sur le produit de la sous-location faite par le preneur, car le produit de la location constitue un fruit civil de la chose qu'il a donnée à bail. Ces fruits civils sont, comme le seraient des fruits naturels, une valeur qu'il a fait entrer dans le patrimoine du sous-bailleur, et sur laquelle il est juste qu'il soit payé avant tous les créanciers de celui-ci.

201 *bis*. III. Le bailleur primitif a donc contre le sous-locataire l'exercice privilégié des droits du sous-bailleur, d'où cette conséquence nécessaire qu'il ne peut pas avoir plus de droits que

n'en aurait celui-ci. C'est la décision que le Code met en saillie : le sous-locataire n'est tenu envers le propriétaire que jusqu'à concurrence du prix de sa sous-location dont il peut être débiteur au moment de la saisie.

201 *bis*. IV. L'obligation du sous-locataire envers le bailleur primitif étant ainsi limitée à ce dont il est débiteur envers le sous-preneur, des fraudes sont à craindre qui consisteraient à faire des paiements anticipés pour détruire le droit du bailleur primitif. La loi prévoit et prévient ces fraudes, et ne tient pas compte des paiements faits par anticipation.

Elle s'explique même sur la portée qu'il faut donner à l'expression paiements faits par anticipation. Elle admet que les paiement faits en vertu d'une clause du sous-bail n'ont pas ce caractère. Mais ici apparaît une difficulté sur laquelle la loi est muette. Le sous-bail qui autorise des paiements d'avance n'a pas date certaine, il peut donc avoir été fait non pas au commencement même de la sous-location, mais lorsqu'on a voulu légitimer des paiements anticipés. Faudra-t-il donc, pour l'application de l'article 1753, *in fine,* que le sous-bail ait date certaine? La loi ne l'a pas dit, et les principes ne l'exigent pas. En effet, il ne faut pas oublier que le bailleur primitif agit comme subrogé dans les droits du sous-bailleur, il le représente, et par conséquent il n'est pas un de ces tiers à l'égard desquels les actes sous seing privé ne font pas foi de leur date. Il ne lui resterait que la ressource de prouver la fraude.

La même solution doit être donnée par rapport aux quittances sous seing privé des termes échus; le bailleur primitif doit en accepter la date et ne peut prétendre qu'elles ont été données postérieurement à la saisie à moins de démontrer la fraude.

201 *bis*. V. L'article 1753 règle l'obligation personnelle du sous-locataire envers le bailleur primitif, mais il ne statue pas expressément sur l'étendue du droit de gage; c'est cependant de ce droit de gage qu'il est question dans l'article précédent.

Il était toutefois nécessaire de s'expliquer sur ce point, car le droit du bailleur frappant tous les meubles qui garnissent les lieux loués (art. 1752), même ceux qui appartiennent à des étrangers, on pourrait croire qu'à plus forte raison les meubles du sous-locataire seraient affectés à toute la créance du bailleur contre le sous-bailleur. Ce n'est pas le texte de l'article 1753 qui condamnerait absolument cette opinion; il serait possible qu'ici, comme dans beaucoup d'autres circonstances, le débiteur fût tenu réellement pour le tout, tandis qu'il ne serait tenu personnellement que pour une partie. Mais il résulte très-clairement de la discussion au conseil d'État (séance du 9 nivôse an XII) que la question qui se présentait à l'esprit des rédacteurs du Code était précisément celle qui est relative à l'affectation des meubles du sous-locataire au gage du bailleur. On discutait alors l'article 1752, et une discussion s'éleva sur le privilége du propriétaire, discussion terminée par un renvoi à la section, qui introduisit dans la loi l'article 1753. De cet historique il résulte que l'article ne parle pas seulement de l'obligation personnelle, que le mot *tenu* employé par le Code a un sens large et qu'il signifie obligé soit personnellement, soit réellement.

Cette doctrine est législativement confirmée par l'article 820, P. C., où se trouve très-nettement exprimée, par rapport à la garantie réelle, la restriction indiquée par l'article 1753 du Code civil.

202. Nous avons vu, en parlant des obligations du preneur en général, qu'il est tenu des réparations *de menu entretien,* dites *locatives,* lesquelles, dans le cas même où le bon état des lieux n'a pas été constaté au commencement du bail, sont réputées avoir pour cause des dégradations survenues pendant sa jouissance, et commises par lui ou les siens (art. 1720, 1731 et 1732 combinés).

Dans l'impossibilité de déterminer toutes les réparations qui doivent être réputées locatives, à défaut de clause contraire, la loi renvoie sur ce point à l'usage des lieux; elle se borne à en indiquer un assez grand nombre qui ont toutes cela de commun qu'elles sont le plus souvent occasionnées par la maladresse ou le défaut de soin des habitants. V. article 1754; et remarquez qu'à l'égard des réparations que la loi elle-même déclare locatives, il n'y a pas lieu de se référer à l'usage des lieux.

203. Du reste, toutes les réparations que l'usage ou la loi

réputent locatives, n'étant mises à la charge du locataire que par suite de la présomption que la nature de ces réparations fait peser sur lui, il n'en est aucune dont il ne puisse se décharger en prouvant la vétusté ou la force majeure. V. art. 1755.

204. D'après l'idée que nous avons prise des réparations locatives, il est évident qu'on ne pouvait ranger dans cette classe le curement des fosses d'aisances. Il y avait plus de doute pour le curement des puits; mais la loi le met sur la même ligne. Le bailleur en reste donc chargé, sauf convention contraire. V. art. 1756.

204 *bis*. Nous avons exposé au n° 178 *bis*. IV-VI, le caractère que nous attribuons aux réparations locatives et qui les distingue des autres réparations devenues nécessaires pendant la durée du bail.

§ II.

Expiration ou résiliation du bail à loyer.

205. Les principes généraux sur la durée des baux, écrits ou non écrits, s'appliquent sans difficulté au bail à loyer. La loi ne les rappelle pas ici. V. à ce sujet art. 1736 et 1737; et remarquez, sur l'article 1736, qu'en renvoyant aux usages locaux pour le délai des congés, le Code y renvoie par là même et nécessairement pour la durée ordinaire des baux.

205 *bis*. Les derniers mots du n° 205 semblent indiquer que M. DEMANTE considérait comme maintenus par le Code les usages de certaines localités où les baux sans écrit avaient une durée fixe déterminée par la coutume. Nous avons exposé une opinion contraire *supra*, n° 183 *bis*. VII.

206. A l'occasion des baux des maisons, la loi s'occupe de la durée des baux de meubles fournis pour garnir une maison, ou partie quelconque de maison. La destination de ces meubles fait supposer qu'ils sont loués pour la durée ordinaire des baux des lieux qu'ils doivent garnir : cette durée, qui varie,

en général, suivant la diverse nature des lieux loués, est déterminée par l'usage des lieux. V. art. 1757.

206 *bis*. I. Il s'agit dans l'article 1757 de la durée des baux de meubles. Mais 'la loi ne s'occupe pas d'une manière générale de toute location mobilière, elle a en vue seulement celles qui ont rapport à des locations d'immeubles. Elle parle de meubles fournis pour garnir une maison entière, un corps de logis entier, une boutique ou autres appartements, et elle sous-entend aussi en entier, car si elle ne régit pas la location de quelques meubles à introduire dans une maison, il serait étrange qu'elle tranchât de la location de quelques meubles isolés à introduire dans un appartement. L'intention de l'article est très-claire, il s'agit de la location d'un ensemble de meubles composant la garniture complète d'une habitation.

206 *bis*. II. Pour les baux de meubles dont s'inquiète la loi, elle ne donne pas une règle bien claire, elle déclare qu'ils sont censés faits pour la durée ordinaire des baux de maisons, corps de logis, boutiques ou autres appartements, suivant l'usage des lieux. Or, sur l'article 1736, il nous a paru que la loi avait abandonné le système admis autrefois dans beaucoup de localités et qui attribuait aux baux de maisons une durée fixe. Le Code n'a consacré les usages qu'en tant qu'ils règlent les congés. S'il en est ainsi, le bail de meubles ne peut pas non plus avoir un terme fixe, et quand l'article 1757 lui attribue la durée ordinaire des baux de maisons ou d'appartements, il entend que ce bail aura une durée indéfinie, avec faculté de congé, et que les époques et les délais de congé dépendront de l'usage des lieux. Les expressions de l'article ne répugnent pas à cette interprétation, car on peut bien dire que la durée d'un bail sans terme est déterminée par l'usage sur les époques et délais des congés. Les parties sont liées pour un temps plus ou moins long, suivant les époques et les délais des congés, et ce temps pendant lequel elles sont liées peut bien être présenté comme étant celui de la durée du bail.

Qu'on ne nous accuse pas de dénaturer le sens des mots employés par l'article 1757 et de substituer un bail à durée indéfinie au bail à durée fixe. Il n'est pas douteux que l'article doit comprendre dans sa formule des baux à durée indéfinie; s'il ne les comprend pas seuls, il les comprend au moins concurremment avec d'autres. On ne peut pas nier que dans certaines localités il n'y ait pas d'usage établissant pour les maisons un terme fixe. A Paris par exemple, déjà du temps de Pothier, l'usage était de mettre fin au bail par un congé. Il faut bien que dans ces localités l'article 1757 s'applique, et il ne peut s'appliquer qu'en admettant la traduction que nous avons donnée des mots : durée ordinaire des baux.

206 *bis*. III. Nous devons du reste faire observer qu'il s'agit d'une location de meubles, que par conséquent les règles restrictives de la preuve testimoniale établies à propos des baux de biens immeubles ne sont pas applicables, et que ce genre de preuve serait admis dans les conditions des articles 1341 et suivants, à l'effet de combattre la présomption de l'article 1757.

206 *bis*. IV. On a exagéré la portée de l'article 1757, quand on a soutenu que la location des meubles était tellement liée à celle de l'immeuble qu'il fallait donner à celle-là la durée de celle-ci, quand l'immeuble était loué pour un temps fixe et quand le bailleur des meubles avait eu connaissance de cette circonstance.

Nous n'admettons pas cette dépendance des deux locations; le propriétaire des meubles ne peut pas être ainsi présumé être sorti de la règle générale. C'est une présomption qui n'est pas dans la loi, et dont le fondement manquerait même en raison, car on peut très-bien avoir pris à bail une maison pour neuf ans et des meubles pour un temps indéfini, jusqu'à l'époque où on achèterait un mobilier. Si une pareille intention est possible, sur quoi fonder la présomption? Bien plus, si le locataire de meubles est propriétaire de la maison, comment fixer la durée de la location, puisque le locataire peut être présumé avoir l'intention de s'établir à toujours dans l'immeuble?

207. La loi règle aussi la durée du bail d'un appartement meublé. La nature de cette location ne permettant pas de lui attribuer une durée indéfinie, on suppose que l'expression dont les parties se sont servies pour déterminer le *quantum* du loyer, eu égard à un certain espace de temps, indique leur intention de faire le bail pour cet espace de temps.

A défaut de ce document, qui manquera souvent quand il

n'aura pas été fait d'écrit, la location sera censée faite suivant l'usage des lieux. V. art. 1758.

207 *bis*. I. Le bail d'un appartement meublé est soumis, quant à la preuve, à la règle de l'article 1715 ; par conséquent, l'existence et la durée de la location ne peuvent être établies par la preuve testimoniale.

L'article 1758 s'occupe de la question de durée. Elle ne fera certes pas de doute en présence d'une convention précise et régulièrement constatée. Mais à défaut de cette convention, la loi établit une présomption ; elle suppose le bail fait pour un an, un mois ou un jour, selon que le prix a été stipulé à tant par an, par mois ou par jour.

Encore faut-il que cette stipulation relative au prix soit prouvée régulièrement, c'est-à-dire que, d'après l'article 1715, la preuve testimoniale ne serait pas admise. Si cette stipulation est régulièrement prouvée, la loi présume que les parties ont fait un bail à durée fixe ; par conséquent elle n'exige pas qu'un congé soit donné par l'une à l'autre des parties. Chacune d'elles doit s'attendre à la cessation du bail lors de chaque nouvelle période ; mais ce bail peut continuer par une tacite réconduction.

A défaut d'une stipulation constatée, la présomption légale n'a plus de fondement, et le Code renvoie aux usages locaux.

207 *bis*. II. Il faut remarquer que ce recours aux usages n'est que subsidiaire, car la loi formule d'abord comme règle principale la présomption qui a pour base la convention sur le prix ; l'usage ne joue un rôle que si rien ne constate que le bail a été fait à tant par an, par mois ou par jour.

On a cependant soutenu que l'usage était la première règle à consulter, et que, même en présence d'une convention précise sur le prix, il était possible d'admettre, d'après un usage, que le bail n'aurait pas une durée correspondante aux périodes indiquées pour la détermination du prix.

Mais on voit que cette doctrine ne tient pas assez de compte de la prescription formulée de l'article 1758.

207 *bis*. III. Pourrait-on cependant combattre la présomption de l'article sans alléguer l'usage, mais en démontrant l'existence d'une convention entre les parties ? Ici on se heurterait à une règle fondamentale de la mesure des preuves. On voudrait, en présence

d'un écrit, prouver outre le contenu à l'acte. Ce qui est interdit par l'article 1341. Nous avons, en effet, supposé un écrit prouvant à quel prix est faite la location ; sans cet écrit on appliquerait la fin de l'article, et puisque les parties ont rédigé cet écrit, elles ont dû y constater toutes leurs conventions (art. 1341).

208. Le Code applique ici spécialement au bail à loyer le principe général de la tacite réconduction : l'article 1759 ne fait que consacrer le résultat de l'article 1738 combiné avec l'article 1736. V. ledit art. 1759.

209. Nous avons vu plusieurs cas où le bail peut être résilié par la faute du preneur (v. art. 1729, 1741 et 1752) : il est clair qu'alors il est dû indemnité au bailleur. L'indemnité, en cas de bail à loyer, consiste toujours dans le paiement du prix, pendant le temps *nécessaire* à la relocation, sans préjudice de plus amples dommages-intérêts, s'il y a lieu, pour le tort résultant de l'abus. V. art. 1760.

209 *bis.* L'article applique les principes relatifs à la résolution des contrats pour inexécution de la part de l'une des parties. Or, l'article 1184 consacre le droit du créancier à des dommages et intérêts. Notre article donne à cette idée un certain développement ; il distingue l'indemnité rendue nécessaire par les abus de jouissance et le paiement du loyer pendant le temps nécessaire à la relocation. Au fond, tout cela est compris dans les dommages et intérêts ; il faudrait même remarquer que l'estimation de l'indemnité devrait tenir compte de la perte résultant pour le bailleur d'une baisse générale sur le prix des locations.

Le temps auquel l'article fait allusion comme étant nécessaire à la relocation, c'est ordinairement le temps qui, d'après l'usage des lieux, doit s'écouler entre le congé et la fin du bail. Il ne faut pas cependant ériger cette formule en règle ; les tribunaux, qui prononcent une condamnation à des dommages et intérêts, pourraient prendre en considération des circonstances particulières qui rendraient plus difficile la relocation, et, de ce chef, prononcer une condamnation à payer les loyers pendant un temps plus long que le délai des congés. Souvent même, par une convention, les parties ont augmenté le délai ordinaire des congés, et les juges devraient accepter cette convention comme la fixation du temps reconnu nécessaire pour trouver un nouveau locataire.

210. Une règle particulière au bail à loyer, puisée dans la loi romaine (v. Anton., Const. *Æde* 3, Cod., *De loc. et cond.*), et que notre ancienne jurisprudence avait non-seulement adoptée, mais même étendue, réservait au propriétaire le droit de résoudre la location pour venir habiter lui-même. Ce droit, contraire à l'égalité qui doit naturellement exister entre les parties dans un contrat commutatif, est refusé par le Code, à moins d'une convention spéciale. V. art. 1761.

211. Au cas même de cette convention, la loi ne suppose pas que le locataire ait entendu se soumettre à une expulsion brusque; il devra donc être averti d'avance par un congé signifié aux époques déterminées par l'usage des lieux. V. art. 1762, et à ce sujet, art. 1736; v. aussi art. 1748. Remarquez au reste que la loi n'accorde pas ici d'indemnité au preneur (v., au contraire, art. 1744).

SECTION III.

Des règles particulières aux baux à ferme.

212. Ces règles sont relatives : 1° à la faculté de sous-louer (art. 1763, 1764); 2° à l'obligation de délivrer la chose louée (art. 1765); 3° aux obligations particulières du preneur, et aux cas où il peut obtenir remise du prix (art. 1766-1773); 4° enfin, à l'expiration du bail à ferme, et aux obligations imposées au fermier sortant (art. 1774-1778).

212 *bis*. Cette section, comme la précédente, contient l'énumération de quelques règles spéciales. Ces règles se suivent sans beaucoup d'ordre, parce que ce sont comme des annotations faites sur le chapitre général qui traite du bail des maisons et des biens ruraux.

§ I.

De la faculté de sous-louer les biens ruraux.

213. Le principe qui autorise la sous-location ou cession,

quoiqu'il s'applique en général au bail à ferme comme au bail
à loyer, reçoit cependant une modification pour le bail des
biens ruraux, lorsque le prix, au lieu d'être fixé en argent,
consiste dans une portion de fruits. L'industrie du cultivateur
et la probité du copartageant étant ici principalement à considérer, le droit du preneur doit naturellement être réputé
attaché à la personne, et par conséquent incessible. On peut
cependant convenir du contraire, mais il faut une convention
expresse. V. art. 1763.

213 *bis*. I. Le premier article de la section traite d'une obligation
qui pèse particulièrement sur une certaine classe de preneurs de
biens ruraux. Il s'agit des *colons partiaires* ou *métayers*. Ces
preneurs doivent cultiver par eux-mêmes, et, à moins de convention contraire, ils ne peuvent pas user de la faculté générale
qui appartient à tout preneur de sous-louer ou de céder son droit
(art. 1717).

On peut trouver dans l'article 1763 la définition du bail à
colonat partiaire ; c'est un bail dans lequel le preneur, au lieu de
s'obliger à payer une prestation fixe en argent ou en denrées,
promet de partager les fruits dans une certaine proportion avec le
bailleur.

Dans un tel contrat, la considération de la personne, de son
habileté professionnelle, de sa probité surtout, a une bien plus
grande importance encore que dans le bail ordinaire, et cela suffit
pour expliquer comment le preneur ne peut pas sous-bailler, c'est-
à-dire mettre la culture dans les mains d'une personne que le
bailleur n'aura ni choisie ni agréée.

213 *bis*. II. Il suffit de justifier ainsi l'article 1763, et il serait
dangereux de le rattacher aux principes sur la société (art. 1861).
On expliquerait ainsi l'article 1763, mais on serait entraîné, sur
d'autres points, vers des solutions qu'il serait difficile d'accepter.
Ainsi il faudrait, pour être logique, appliquer l'article 1865, 3°,
et dire que le bail finirait par la mort de l'une ou de l'autre
partie, ce qui est inadmissible pour la mort du bailleur et ce
qu'il faut également repousser quant à la mort du preneur,
l'article 1742 étant assez général pour s'appliquer à tout contrat
qualifié bail. On pourrait cependant s'armer contre cette décision

de ce que nous venons de dire sur l'importance que joue dans le *colonat partiaire* la considération de l'expérience et de la probité du preneur. Mais ce serait exagérer la portée de cette considération ; car le plus souvent le contrat de bail à *colonat partiaire* crée des relations entre le bailleur et la famille même du preneur; à la mort de celui-ci, ses enfants auront conservé ses traditions au point de vue de la culture, de l'honnêteté et de l'attachement à la personne du bailleur; la substitution des enfants au père ne présente pas les mêmes dangers que le sous-bail qui met un étranger en rapport avec le bailleur.

Sur d'autres points encore il nous paraît difficile d'admettre que le bail à *colonat partiaire* soit une variété de la société. Il faudrait alors ne pas lui appliquer les articles 1774 et 1775, sur la durée des baux de biens ruraux, l'article 1733, sur l'incendie, l'article 2102, sur le privilége, à raison des avances faites par le bailleur; à l'inverse il faudrait appliquer l'article 1853, sur la contribution aux pertes par les associés. Cette dernière décision serait contraire à l'article 1763, qui parle simplement d'un partage des fruits, et les précédentes, peu désirables au point de vue pratique, ne pourraient pas se concilier avec la généralité des articles dont il s'agirait de repousser l'application.

214. Non-seulement la cession ou sous-location qui serait faite sans droit par le colon partiaire ne recevrait pas son exécution, mais elle constituerait une contravention à la loi du contrat, et en autoriserait conséquemment la résolution avec dommages-intérêts. V. art. 1764.

§ II.

Obligations de délivrer la chose baillée à ferme.

215. Nous avons vu que la première obligation du bailleur est de délivrer la chose louée. Cette délivrance, lorsqu'il s'agit de bail à loyer, ne donne lieu, en général, à aucune contestation; mais, à l'égard du bail à ferme, elle peut faire naître sur la contenance les mêmes difficultés que la délivrance de la chose vendue. La loi renvoie en conséquence, pour la solution

de ces difficultés, au titre de la vente. V. art. 1765, et à ce sujet, art. 1617-1723.

§ III.

Obligations particulières du preneur à ferme.

216. C'est une règle du contrat de louage, que le preneur doit user en bon père de famille, et suivant la destination de la chose (art. 1728-1°).

C'est un point non moins constant, que les abus qu'il commettrait, et généralement l'inexécution de ses engagements, pourraient entraîner contre lui, comme contre tout obligé par contrat synallagmatique, la résolution avec dommages-intérêts (art. 1729, 1741 et 1184).

En appliquant ces principes au preneur à ferme, le Code entre dans quelques détails sur les obligations particulières qui découlent pour lui de celles d'user en bon père de famille, et suivant la destination. La résiliation du bail peut donc être prononcée contre lui dans cinq cas particuliers : 1° s'il ne garnit pas le fonds des bestiaux et ustensiles nécessaires, ce qui prive à la fois le bailleur d'une sûreté pour le paiement du prix (v. art. 2102), et d'une garantie pour la bonne culture; 2° s'il abandonne la culture; 3° s'il ne cultive pas en bon père de famille; 4° s'il emploie la chose à un autre usage que celui auquel elle est destinée; 5° en général, s'il n'exécute pas les clauses du bail.

Toutefois, dans tous ces cas, la loi, qui ne permet pas une rigueur sans objet, subordonne la résiliation au fait d'un dommage résultant pour le bailleur de la contravention, et ne l'autorise toujours que suivant les circonstances. V. art. 1766, al. 1.

Bien entendu, au reste, qu'en cas de résiliation pour l'une des causes ci-dessus, et généralement toutes les fois que la résiliation proviendra du fait du preneur, celui-ci sera tenu de dommages-intérêts. V. art. 1766, al. dernier; et à ce sujet, art. 1764; v. au surplus, art. 1184, al. 2.

217. Les fruits de la récolte, spécialement affectés au privilége du bailleur (art. 2102), doivent être tenus sous sa main. De là l'obligation d'engranger dans les lieux à ce destinés par le bail. V. art. 1767.

217 *bis.* Le privilége qui appartient au bailleur sur les fruits, courrait quelques risques si les fruits n'étaient pas engrangés dans les lieux à ce destinés par le bail. En effet, les récoltes antérieures à la dernière ne sont pas affectées au privilége comme récoltes, elles n'en sont grevées que comme meubles garnissant la ferme; les engranger hors de la ferme, c'est les soustraire au privilége du bailleur. Quant à la dernière récolte, celle que l'article 2102 appelle la récolte de l'année, elle est, il est vrai, grevée du privilége en quelque lieu qu'elle soit engrangée, mais il est clair que, placée hors de la ferme, elle peut plus facilement disparaître, et, de plus, il est à craindre qu'elle ne donne lieu à un conflit entre le privilége du bailleur de la ferme, et un autre privilége, celui du bailleur de la grange où elle est conservée. Ce conflit ne peut être que désavantageux au bailleur de la ferme.

218. Chargé de veiller à la conservation de la chose, le preneur est obligé par la bonne foi de dénoncer au bailleur les attentats commis contre sa propriété. C'est surtout à l'égard des biens ruraux que ces attentats sont fréquents, et que le propriétaire a plus d'intérêt à les connaître, et moins de moyens d'en être informé. Aussi la loi charge-t-elle spécialement le fermier, à peine de tous dépens, dommages et intérêts, d'avertir le propriétaire des usurpations commises. Cet avertissement, pour ménager au propriétaire toutes ses ressources, doit être donné dans un bref délai (celui des assignations), qui varie au surplus suivant la distance des lieux. V. art. 1768, et à ce sujet, C. pr., art. 72, 73 et 1033; v. aussi art. 1726 et 614.

219. D'après la nature bien connue du contrat de louage, le preneur ne doit le prix qu'autant que le bailleur lui procure effectivement l'usage ou la jouissance de la chose. Il semblerait d'après cela que le fermier, toutes les fois que des cas fortuits le privent en tout ou en partie de la récolte d'une année, aurait droit à une remise totale ou proportionnelle du fermage de cette année. Mais, d'une part, le fermier devant profiter seul des avantages d'une récolte abondante, il est juste qu'il subisse, dans une certaine mesure, la chance des cas fortuits qui peuvent réduire la récolte espérée. D'un autre côté, quelque considérable que soit la perte d'une année, il est naturel qu'elle se compense avec les profits que le même bail a procurés au preneur dans les années précédentes, ou qu'il lui procurera peut-être dans les années subséquentes.

Cela posé, la loi distingue, avec raison, si le bail est fait pour plusieurs années (art. 1769), ou s'il l'est pour une seule (art. 1770).

Au premier cas, non-seulement elle n'accorde droit à la remise qu'autant que la perte est de la moitié au moins d'une récolte; mais elle refuse toute remise si le fermier, au moment de l'accident, est déjà indemnisé par les récoltes précédentes, dont le profit se compense immédiatement avec la perte soufferte. Que s'il n'est pas encore indemnisé, comme on ne sait pas s'il ne le sera point par les années suivantes, l'estimation de la remise sera renvoyée à la fin du bail. Alors le résultat général étant connu, il sera fait compensation de toutes les années de jouissance.

Mais, en attendant, la perte éprouvée par le fermier pouvant le mettre hors d'état de payer actuellement, la loi lui réserve la ressource d'obtenir du juge, s'il y a lieu, une dispense provisoire pour une partie de son prix. V. art. 1769.

Au second cas, c'est-à-dire si le bail n'est que d'une année, aucune compensation n'étant possible, l'indemnité consiste purement et simplement dans une remise proportionnelle; mais la loi, fidèle à son principe, n'accorde toujours cette remise qu'autant que la perte est au moins de la moitié des fruits. V. art. 1770.

219 *bis*. I. L'idée fondamentale de l'article 1769 est que la perte par cas fortuit d'une récolte ou d'une portion notable d'une récolte donne au fermier droit à une indemnité proportionnelle.

Le bailleur a dû procurer au preneur une jouissance utile (art. 1709, 1719); l'obligation du preneur a pour cause cette obligation du bailleur; quand celle-ci n'est point exécutée, celle-là ne peut produire d'effet.

La loi n'a pas voulu toutefois admettre qu'une diminution quelconque dans la récolte dût entraîner une diminution proportionnelle du fermage. Le fermier doit s'attendre à des différences dans les produits annuels, et sa réclamation n'est fondée qu'autant qu'il a perdu au moins la moitié d'une récolte. Quelquefois même la perte de la moitié d'une récolte ne suffit pas pour que l'indemnité soit due, parce qu'il doit être fait une compensation, lorsque le bail est de plusieurs années, entre les bonnes et les mauvaises récoltes.

219 *bis*. II. Le système du Code est très-simple; il y a cependant quelques points qu'il laisse obscurs, l'un surtout qui domine toute la théorie : sur quelles bases établir qu'une récolte est bonne ou mauvaise? Faut-il se préoccuper de la quantité de fruits produits, ou de leur valeur vénale d'après les cours sur les marchés voisins du pays où est située la terre?

Certes les expressions de la loi éveillent plutôt l'idée d'un calcul fait d'après la quantité des fruits.

L'article 1769 parle de la totalité ou de la moitié d'une récolte enlevée par cas fortuit; l'article 1770 suppose la perte de la totalité ou au moins de la moitié des fruits, et ces expressions montrent bien qu'il s'agit d'envisager la production de la terre au point de vue de la quantité. Il n'est pas question de la valeur vénale des fruits, du cours des denrées. Le bailleur, en effet, peut bien être considéré comme ayant garanti que la terre produirait des fruits, une certaine quantité de fruits, mais on ne peut pas dire qu'il a garanti que ces fruits se vendraient un certain prix. C'est la jouissance matérielle qu'il a promise; cette jouissance résulte de ce que la terre a produit la quantité normale de fruits qu'elle peut produire; on ne peut pas supposer qu'il ait donné à son obligation plus d'étendue. Quand une terre aura donné une abondante récolte en fruits excellents, si ces fruits se vendent à très-bas prix parce que les récoltes ont été partout abondantes ou parce que le commerce d'importation a fait une concurrence désastreuse à la production locale, le préjudice éprouvé par le preneur ne provient pas d'une imperfection de sa jouissance, mais de circonstances extrinsèques, indépendantes de la jouissance même de la terre louée et dont le bailleur ne saurait être responsable.

219 *bis*. III. Voilà le point de départ du système : pour que le preneur puisse élever la prétention de se placer dans les conditions des articles 1769 et 1770, il faut que le déficit de la récolte soit un déficit effectif sur la quantité des fruits récoltés. Mais nous ajoutons immédiatement, cela ne suffit pas : il faut une seconde condition pour que le preneur obtienne la remise des fermages. Il est nécessaire que le préjudice résultant de l'insuffisance des fruits en quantité ne soit pas compensé par une plus-value résultant des cours élevés des denrées.

En effet, les récoltes très-abondantes ne sont pas toujours les plus lucratives. Une année médiocre en quantité est quelquefois avantageuse. Pour les vins, par exemple, il arrivera qu'un produit de quelques tonneaux ait une valeur exceptionnelle dans certaines années où la chaleur, desséchant les grains de la vigne, aura donné au vin, au détriment de la quantité, plus de force et de saveur. A propos d'autres natures de fruits, il arrivera que l'année étant mauvaise partout, ce qui entraîne une hausse considérable sur les denrées, le cultivateur qui aura fait une récolte insuffisante en quantité, trouvera de ses fruits un prix égal à celui des récoltes normales des années ordinaires.

Dans ces cas-là, le fermier ne souffre pas, peut-être même gagne-t-il, et nous ne pouvons pas lui reconnaître le droit à une remise de fermage, qui, d'après les termes mêmes de l'article 1769, n'est pas autre chose qu'une indemnité. Il est de l'essence d'une indemnité d'être la réparation et la représentation d'un préjudice ; il serait donc souverainement injuste de diminuer, à titre d'indemnité, le prix du bail en faveur d'un fermier qui aurait tiré un parti très-avantageux d'une récolte médiocre.

219 *bis*. IV. Nous prévoyons toutefois une objection ; il semble que nous commettions une inconséquence en refusant de tenir compte du bas prix des denrées pour y voir une raison d'accorder la remise, et en prenant en considération les prix élevés, pour dénier le droit à la remise qui s'appuierait sur l'insuffisance de la récolte en quantité. Mais ces décisions découlent nécessairement

des principes que nous avons posés et justifiés : dans le cas où la récolte est suffisante en quantité, on ne peut pas dire que le preneur n'a pas eu toute la jouissance promise; dans l'autre cas, insuffisance des quantités, nous voyons bien le germe d'un droit d'indemnité, mais sur le terrain des indemnités il y a place pour les appréciations, et il serait inique d'accorder une indemnité à celui qui n'a éprouvé aucun préjudice.

219 *bis*. V. Notre conclusion est donc celle-ci : pour que le fermier ait droit à une remise, il faut : 1° que la récolte d'une certaine année n'atteigne pas en quantité la moitié d'une récolte ordinaire; 2° que la valeur vénale de cette récolte inférieure aux récoltes ordinaires, n'atteigne pas la moitié de la valeur vénale d'une récolte ordinaire quant à la quantité et au prix des denrées.

219 *bis*. VI. Nous avons raisonné sur l'hypothèse d'un bail fait pour une seule année; quand il s'agit d'un bail de plusieurs années, la question se complique d'une règle de compensation entre les bonnes et les mauvaises années, et pour ce compte de compensation, nous n'hésitons pas à dire qu'il doit être établi d'après les valeurs des fruits des différentes années. Il s'agit, en effet, de savoir si le fermier est indemnisé (art. 1769), c'est-à-dire s'il éprouve un préjudice, et ce préjudice ne peut être apprécié que d'après la valeur des fruits, sinon la compensation serait nominale, elle compenserait des valeurs non fongibles entre elles quand elle voudrait établir l'équilibre entre un hectolitre de blé à 18 francs et un hectolitre à 40 francs. Au reste, nous sommes entraînés dans cette voie par Pothier, qui, dans le passage où il parle de cette compensation, expose une espèce où les récoltes des diverses années sont évaluées par lui en argent et non pas en quantités de fruits (1).

219 *bis*. VII. Il nous reste à régler un point relatif au compte de compensation entre les diverses années. Quand on établit la balance, il faut faire entrer en ligne de compte toutes les années, et particulièrement placer au compte du déficit tous les petits déficits des années médiocres qui ont produit plus de la moitié du revenu normal et qui, par conséquent, n'auraient pas pu seuls donner lieu à l'application de l'article 1769. Ces déficits accumulés diminuent l'indemnité que les bonnes années sont censées avoir apporté

(1) V. Pothier, n° 160.

au fermier. Supposons qu'on examine neuf années. La récolte moyenne devait produire 1,000 francs, c'est le chiffre adopté par Pothier au numéro que nous avons cité; une année n'a pas donné de récolte. Sur les huit autres années, six ont fourni chacune 1,100 mais la huitième a donné 900 francs et la neuvième 1,400. Si on additionne seulement les excédants des bonnes années, on trouve que ces excédants ont donné en sept ans les mille francs qui ont fait défaut en une seule année, et on refuse au fermier le droit à l'indemnité, bien qu'il ait perdu une année 100 francs, parce que, lui dirait-on, il ne doit pas être tenu compte des déficits inférieurs à la moitié d'une année. On exagère alors la portée de l'article 1769, 1er alinéa, et on ne tient pas compte du deuxième alinéa du même article. Le premier alinéa ne dit pas qu'en aucune circonstance on ne tiendra compte d'un déficit inférieur à la moitié; il subordonne le principe de l'indemnité à cette circonstance, qu'une seule année aura présenté ce déficit, mais quand ce fait s'est produit, le deuxième alinéa ordonne une compensation entre toutes les années de jouissance, un compte général, non pas seulement l'addition des excédants, mais cette addition rendue vraie et équitable par la soustraction des déficits. C'était bien le procédé de Pothier, qui présente en bloc le résultat du calcul et qui dit : Si les huit années qui ne devaient vraisemblablement produire que 8,000 francs en ont produit 9,000, le fermier est dédommagé. Dans l'hypothèse que nous avons faite, les huit années n'ont produit que 8,900 francs, donc le fermier n'est pas dédommagé.

220. La remise totale ou partielle du fermage, en cas de perte de la récolte, étant uniquement fondée sur le défaut de cause, qui empêche de naître l'obligation du preneur, on sent bien que cette remise ne peut être invoquée, lorsque la perte arrive après que les fruits sont coupés; car l'acquisition qu'il a faite de ces fruits, en les percevant, est une cause suffisante de son obligation. Mais les principes sont différents à l'égard du colon partiaire : les fruits coupés étant communs entre le propriétaire et lui jusqu'au partage, la perte serait supportée également entre eux, à moins que le colon ne fût en demeure de délivrer au maître sa portion; auquel cas on

appliquerait évidemment les articles 1138 *in fine* et 1302, al. 2. V. art. 1771, al. 1.

221. Lors même que la perte est arrivée avant la récolte, elle ne donne lieu à aucune indemnité, si la cause qui l'a produite existait à la connaissance des parties au moment du contrat. Alors en effet on doit supposer que les conditions du bail ont été réglées en conséquence. V. art. 1771, al. 2.

221 *bis*. L'article 1771, 2e alinéa, recevrait son application, par exemple, quand la perte de la totalité ou d'une partie notable de la récolte serait la conséquence de travaux déjà en cours d'exécution au moment du bail. Ou bien, quand elle proviendrait de faits de guerre, la guerre étant déjà déclarée et menaçant la province où est située la ferme lorsque les parties ont fait le contrat de bail. Dans ces circonstances et autres semblables, il est à présumer que le fermier a consenti à courir certaines mauvaises chances et qu'il a obtenu pour cela une diminution sur le prix des fermages.

222. Par la même raison, on peut par la convention charger le preneur des cas fortuits; mais cette convention, contraire à la nature du contrat de louage, doit être expresse. V. art. 1772.

Cette convention d'ailleurs doit naturellement s'interpréter d'après la commune intention des parties; elle ne s'entend donc, en général, que des cas fortuits ordinaires, les seuls qui aient dû entrer dans la pensée des contractants. Il en serait autrement si le fermier avait pris à sa charge les cas fortuits *prévus et imprévus*.

La loi, du reste, donne des exemples de cas fortuits ordinaires et de cas fortuits extraordinaires; elle range dans la première classe les accidents qui tiennent à l'intempérie des saisons, ce qui comprend grêle, feu du ciel, gelée ou coulure; elle place indistinctement dans la seconde les ravages de la guerre; quant aux inondations, elle distingue avec raison si le pays y était ou non sujet. V. art. 1773.

223. Une remarque importante pour compléter cette théo-

rie, c'est que le fermier, lors même qu'il ne s'est pas chargé des cas fortuits par une clause spéciale, les supporte toujours, en ce sens qu'ils ne donnent lieu, comme on l'a vu, à aucune remise, s'ils n'enlèvent au moins la moitié d'une récolte. Remarquons en outre, que la récolte étant chaque année exposée à quelqu'un des cas fortuits ordinaires, cette moitié doit se calculer non pas sur ce que le fonds aurait produit sans ces accidents, mais sur ce qu'il produit année commune, la part faite conséquemment à ces accidents.

223 bis. La loi n'a fait la distinction entre les cas fortuits ordinaires et extraordinaires qu'au point de vue de l'interprétation des clauses par lesquelles le fermier se charge des cas fortuits. Mais cette distinction n'apparaît pas dans l'article 1769, qui contient la règle générale relative aux conséquences de la perte totale ou partielle des récoltes; il faut donc, même quand il s'agit de cas fortuits imprévus, refuser au fermier la remise des fermages s'il n'a pas perdu au moins la moitié d'une récolte. On comprendrait difficilement que l'article 1769 ne régît pas les cas fortuits imprévus, car c'étaient ces événements qui seuls donnaient lieu à l'application de la règle d'après Pothier (1), et le Code, en étendant cette règle aux cas fortuits prévus, n'a pas dû soustraire à son empire ceux des cas fortuits auxquels elle s'appliquait autrefois.

224. La durée du bail à ferme, lorsqu'elle n'est pas réglée par écrit, n'a pas dû, comme celle du bail à loyer, être abandonnée à l'usage des lieux. Il y a ici un principe qui devait prévaloir sur tous les usages, parce que sa justice est tout à fait indépendante des localités. On suppose naturellement que les parties ont voulu donner au bail la durée nécessaire pour que le preneur recueille tous les fruits. Il faut conséquemment distinguer si tous les fruits se recueillent dans le cours d'une année, ou si les terres se divisent par soles. V. art. 1774.

224 bis. I. Le bail d'un bien rural, quand sa durée n'est pas fixée par une convention régulièrement constatée, n'a pas une

(1) V. Pothier, n° 163.

durée indéfinie, comme le bail de maisons; il n'a pas non plus une durée fixe que déterminerait l'usage des lieux. Le législateur lui assigne un terme préfix fondé sur une convention tacite des parties. Le bailleur et le preneur ont probablement entendu que la jouissance durerait un temps suffisant pour que le preneur pût faire produire à la terre toutes les natures de fruits qu'elle produit, d'après le mode de culture auquel elle se trouve soumise au moment du contrat.

Voilà la raison des distinctions faites par l'article 1774. Quand la terre est une prairie, une vigne, elle produit tous les ans les mêmes fruits; par conséquent, on peut croire que les parties ont entendu assurer au preneur seulement une jouissance d'une année, puisqu'une jouissance plus longue n'aurait pas d'autre résultat que de lui procurer la répétition d'une jouissance identique à celle qu'il a eue dans la première année.

224 bis. II. Si la culture est aménagée de telle sorte qu'il faille plusieurs années pour recueillir sur chacune des portions de la terre les diverses espèces de fruits que chacune d'elles doit produire, les parties ont dû assigner au bail une durée égale à ce nombre d'années. Cette hypothèse est prévue par la loi quand elle parle d'une division de la terre en soles ou saisons.

On entend par *sole* une partie déterminée du fonds de terre.

La division du fonds en soles correspond à une certaine réglementation des cultures, à une variété des produits que chaque fraction du fonds doit donner; si la division par fractions distinctes s'appliquait à une terre produisant partout les mêmes fruits, cette division serait nominale et sans intérêt juridique.

De même, si chaque partie distincte reçoit chaque année la même culture, la division est indifférente au point de vue de l'article 1774. Car, en une année, le preneur aura récolté toutes les natures de fruits que peut produire le fonds.

La division par soles suppose non-seulement une diversité dans les productions de chaque partie du fonds de terre, mais une sorte de roulement dans les cultures; d'où il résulte que chaque sole produit à son tour les diverses espèces de fruits. Les soles sont affectées à diverses cultures tour à tour pendant une certaine période de temps.

On peut supposer, par exemple, une terre divisée en trois parties; chacune à son tour est cultivée en blé, en avoine, ou se repose; quand la première est en blé, la deuxième est en avoine, la troisième en jachère se repose; l'année d'après, la deuxième est en jachère, la troisième en blé, la première en avoine; une troisième année, la troisième sole est en avoine, la première en jachère et la deuxième en blé. Une révolution de trois ans fait passer les différentes parties du fonds par chacun des différents états auxquels elles sont destinées par l'aménagement.

Il faut donc trois ans pour que, sans déranger l'ordre des cultures, le fermier puisse retirer de chaque partie du fonds les divers fruits qu'elle doit produire; le bail durera trois ans.

224 *bis*. III. Il peut arriver que le domaine affermé contienne des parties assolées, et d'autres où la culture serait annuelle; il faudrait néanmoins que, même pour ces parties, le bail durât autant qu'il doit durer pour les parties assolées, parce que le domaine loué est un, et qu'il n'est pas possible de faire cesser le bail plus tôt pour l'une de ses parties que pour l'autre.

Nous raisonnons, toutefois, en vue du cas où les parties assolées auraient une certaine importance relativement aux autres; sinon, si elles étaient en quelque sorte perdues dans le bail d'un vaste domaine, la règle à suivre serait celle qui déterminerait la durée du bail du domaine non assolé. Il ne faut pas oublier que nous examinons les conséquences d'une convention tacite, et par conséquent qu'il faut surtout se préoccuper de ce que les parties ont voulu et entendu.

224 *bis*. IV. Les bois taillis ne sont pas ordinairement affermés parce que le propriétaire peut facilement les exploiter par lui-même, en les faisant surveiller par un garde et en vendant ses coupes sur pied à l'époque où elles doivent être faites. On peut cependant supposer le bail d'un bois. Il faut alors, si la durée n'est pas fixée par une convention régulièrement prouvée, appliquer l'article 1774, premier alinéa, et reconnaître au fermier le droit de faire toutes les coupes les unes après les autres; le bail durera autant de temps qu'il sera nécessaire pour que les coupes aient été faites par le fermier, sur toutes les parties du fonds, conformément à l'aménagement. Cette hypothèse était prévue par Pothier, qui citait aussi le bail d'un étang se péchant tous les trois ans et

qui appliquait à ces deux cas la règle que l'article 1774 a reproduite (1).

225. La durée du bail non écrit se trouvant ainsi limitée
par la convention tacite, aussi certainement qu'elle pourrait
l'être par un écrit, il cesse également de plein droit à l'expiration du temps, sans qu'il soit besoin de congé, V. art. 1775,
et à ce sujet, art. 1737, nonobstant art. 1736.

226. Le principe de la tacite réconduction s'applique au
bail à ferme comme au bail à loyer (art. 1738). Seulement,
ici, c'est par les principes particuliers du bail à ferme qu'il
faut régler la durée du nouveau bail. V. art. 1776, qui se
réfère à l'art. 1774, et par suite à l'art. 1775. Remarquons,
au surplus, que notre article ne s'explique sur la tacite réconduction, que pour le cas de bail écrit.

226 *bis*. L'article n'a songé à la tacite réconduction que pour le
cas de bail écrit, c'est-à-dire de bail dont la durée est déterminée
par une convention légalement prouvée. Il faut cependant statuer
sur la situation des parties pour le cas où la durée du bail dépend
de l'application de l'article 1774. Ce bail avait une durée fixe
comme un bail écrit, la jouissance a continué après l'époque fixée,
les parties paraissent être exactement dans la même situation respective qu'après l'expiration d'un bail écrit. La tacite réconduction n'est autre chose, d'après Pothier (2), qu'un nouveau bail
qu'on présume être tacitement intervenu entre les parties. Or, il
il est difficile de comprendre pourquoi ce nouveau bail ne serait
pas supposé aussi bien après un bail sans écrit qu'après un bail
écrit. Pothier, du reste, quand il parle de la tacite réconduction,
suppose toujours une jouissance continuée après l'expiration du bail
sans indiquer comment il entend que la durée de ce bail était constatée (3).

La formule de l'article 1776 n'embrasse pas ce cas, parce qu'elle
est empruntée à celle de l'article 1738.

Or, le législateur songeait exclusivement aux baux de maisons,

(1) V. Pothier, n° 28.
(2) *Ibid.*, n°ˢ 342, 360.
(3) *Ibid.*, n°ˢ 349, 352.

et pour ceux-là il avait raison de distinguer entre les baux écrits et les baux non écrits. Ces derniers ont une durée indéfinie qui ne permet pas de poser la question de tacite réconduction.

227. Quoique la jouissance du preneur doive en général être entière et exclusive, jusqu'à l'expiration du bail, et ne doive point se prolonger au delà, ce principe cependant reçoit une modification à l'égard du bail à ferme : il faut bien que le fermier entrant puisse faire à temps les travaux de l'année suivante, comme aussi il faut que le fermier sortant ne soit privé d'aucune portion de la récolte de la dernière année ; ils doivent donc se procurer respectivement pour cela les logements et facilités convenables. L'étendue de ces obligations est au surplus réglée suivant l'usage des lieux. V. art. 1777.

228. Par suite du principe qui oblige le preneur à rendre la chose dans l'état où il l'a reçue, le fermier sortant doit laisser les pailles et engrais de l'année, s'il les a reçus en entrant. Bien plus, dans l'intérêt de l'agriculture, la loi donne au propriétaire le droit de retenir sur estimation les pailles et engrais de la dernière année, lors même que le fermier ne les aurait pas reçus à son entrée. V. art. 1778.

CHAPITRE III.

DU LOUAGE D'OUVRAGE ET D'INDUSTRIE.

229. L'espèce de louage qui fait l'objet de ce chapitre est désignée, par l'article 1710, sous le nom général de louage d'*ouvrage*. Là, sous le nom d'*ouvrage*, la loi comprend, non-seulement le travail manuel, mais aussi les soins, les services, et toute espèce d'industrie. Le louage d'ouvrage, ainsi entendu, se subdivise en trois espèces principales :

1° Celui des domestiques et ouvriers, confondus ici sous la

dénomination de *gens de travail*, qui s'engagent à travailler pour quelqu'un ou à le servir, pendant un certain temps, moyennant un prix calculé snr la durée du travail ou du service;

2° Celui des voituriers, qui, moyennant un certain prix, se chargent du transport des personnes ou des marchandises;

3° Celui des entrepreneurs, qui, moyennant un prix fixé d'avance, ou moyennant un prix qui se réglera suivant la valeur des travaux, se chargent de confectionner un ouvrage quelconque. C'est ce qu'on appelle *devis* ou *marché*. V. art. 1779.

229 *bis*. Le Code n'a pas donné une division véritable des diverses espèces de louage d'ouvrage et d'industrie; il indique les trois principales espèces, c'est-à-dire celles qu'il a l'intention de réglementer. C'est ainsi qu'il parle, 1° des gens de travail, et à moins de comprendre dans cette expression toutes les personnes qui promettent leur activité physique ou intellectuelle moyennant un certain prix, c'est-à-dire tous les locateurs d'ouvrage, même ceux dont parle le 2° et le 3° de l'article, il faut interpréter ces mots de l'article comme synonymes des mots domestiques et ouvriers qu'emploiera l'article suivant.

Les locations d'ouvrage qui ne rentreront pas dans les trois espèces réglementées seront régies par les principes généraux de la matière des contrats.

SECTION I.

Du louage des domestiques et ouvriers.

230. La liberté naturelle à l'homme ne saurait se concilier avec l'engagement de consacrer sa vie entière au service d'autrui. Le législateur, en abordant cette matière, a eu l'esprit frappé de cette grande pensée, qu'il s'est empressé de proclamer, en ne permettant l'engagement des services que pour un certain temps, ou pour une entreprise déterminée. V. art. 1780.

230 *bis*. I. La section première contient deux dispositions dont

l'une seulement a un caractère spécial, c'est celle de l'article 1781, aujourd'hui abrogé; elle concernait seulement les domestiques et ouvriers, ainsi que le prouve le mot employé pour désigner celui qui paie le travail, le maître. Pour l'application de cette disposition, il eût été utile, avant la loi abrogative de l'article 1781, de rechercher quel sens précis on pouvait donner au mot ouvrier et au mot domestique; mais cette recherche est maintenant devenue inutile, au moins pour l'application des articles du titre du louage.

230 *bis*. II. La disposition de l'article 1780, bien que placée sous la rubrique du louage des domestiques et ouvriers, est incontestablement bien plus générale. D'abord ses termes sont larges, il s'agit des personnes qui engagent leurs services, on ne dit pas à quel titre, et ensuite le fond même de la disposition ne permet pas de la restreindre à telle ou telle classe de personnes travaillant pour autrui. L'article applique un des grands principes qui sont la base de la société, le principe de la liberté naturelle et de son inaliénabilité. Ce principe et ses applications ne sauraient être réduits aux proportions de règles particulières au louage des domestiques et ouvriers.

230 *bis*. III. La loi interdit l'engagement pour la vie entière de celui qui promet ses services, et par là elle prohibe toute convention qui, sous une autre apparence, produirait le résultat de lier le promettant jusqu'à sa mort.

Ainsi on ne pourrait pas éluder les dispositions de la loi en s'engageant pour un temps fixe assez long pour dépasser presque certainement les limites de sa vie, ou pour une entreprise déterminée destinée à durer au delà de la vie d'un homme.

230 *bis*. IV. Nous assimilons à l'engagement pour une entreprise déterminée le contrat qui lierait le serviteur pour toute la vie du maître; nous ne songeons ni à l'annuler ni à le valider *à priori*. Il y a lieu à une appréciation de la durée probable de la vie du maître, comme il faut apprécier la durée probable de l'entreprise déterminée. Si d'après les circonstances le serviteur a moins de chances de vitalité que le maître, l'engagement cache une violation de l'article 1780; si le maître paraît devoir prédécéder, l'engagement est licite, non pas qu'on soit sûr de la survie du domestique, car la mort a ses surprises, mais parce qu'on est

dans la même situation que si le contrat était fait pour une courte période de temps, pendant laquelle, certes, la mort peut frapper le serviteur sans que pour cela on puisse dire qu'il s'engage pour sa vie.

230 *bis*. V. L'engagement interdit par l'article 1780 doit être considéré comme contraire à l'ordre public puisqu'il porte atteinte à la liberté humaine; dès lors cet engagement est frappé d'une nullité absolue. Non-seulement celui qui a promis ses services peut les refuser sans s'exposer à payer des dommages et intérêts, mais le stipulant peut lui-même demander l'inexécution de la convention; la promesse qu'il a faite de conserver l'autre partie à son service n'a pas de cause, car elle était déterminée par la promesse de services qui n'est pas valable. Il est juste, du reste, que la condition des parties soit égale, et que le contrat ne lie pas une des parties sans lier l'autre.

Il n'en serait autrement qu'autant qu'on verrait dans la nullité de l'engagement une rescision pour incapacité, mais ce serait dénaturer la règle de la loi. Nous supposons la partie capable, elle peut se lier par un contrat de louage de services; ce qu'elle ne peut pas faire, c'est promettre tel service, le service à vie; il s'agit donc bien là d'une impossibilité légale fondée sur la nature de la chose promise et non sur la faiblesse ou l'inexpérience du promettant. Les parties sont dans la même situation que si l'une d'elles a promis de commettre un fait condamné par la morale.

230 *bis*. VI. On a dit, il est vrai, que le maître ne pouvait pas être admis à invoquer le principe d'inaliénabilité qui est tout dans l'intérêt du serviteur. On a supposé que le maître demandeur en nullité avait « des paroles pleines de tendresse pour la dignité de l'homme », et on a mis dans la bouche du serviteur cette réponse : « Vous dites que je ne suis pas libre? la preuve que je le suis, c'est que je n'ai qu'un mot à dire pour vous échapper [1]. »

On oublie que le maître n'a pas besoin de raisonner ainsi; qu'il invoque seulement les principes constants sur les contrats synallagmatiques. Le maître et le serviteur ont prétendu faire un contrat de cette nature; donc, l'engagement de l'une des parties est la cause de l'obligation de l'autre, et quand le serviteur n'est pas lié parce que sa promesse est contraire à l'ordre public, le maître n'est pas lié parce qu'il a promis sans cause.

(1) V. Troplong, *Louage*, t. III, n° 856.

230 *bis*. VII. Nous avons envisagé l'engagement du maître pour
le cas où il est corrélatif à celui du serviteur, puisque nous avons
invoqué les principes sur les contrats synallagmatiques. On pourrait supposer la convention se présentant sous une autre forme.
Le maître s'engage à conserver le serviteur à son service pendant
toute la vie de celui-ci, sans que l'ouvrier s'engage lui-même à
rester au service toute sa vie.

Nous pensons que les solutions devraient varier selon les hypothèses. Si l'engagement est pris par le maître, alors que le serviteur ne peut plus lui rendre aucun service, mais en souvenir des
services rendus, la convention est alors une libéralité, une donation rémunératoire ; elle serait valable pourvu qu'elle fût faite dans
la forme des donations et serait soumise aux règles sur la capacité de
donner et de recevoir, aussi bien qu'à celles sur la quotité disponible.

230 *bis*. VIII. Si, au contraire, nous supposons une convention
faite en vue des services réels que le serviteur peut rendre, nous
voyons dans la convention un contrat obligeant une des parties
sous une condition potestative de la part de l'autre, et il n'y a là
rien de contraire aux principes. Ce n'est pas l'hypothèse que nous
avons d'abord examinée ; nous songions au cas où le serviteur
promettait ses services pour sa vie et le maître s'engageait à conserver le serviteur pendant la vie de celui-ci. Les deux engagements étaient corrélatifs, même en ce qui concernait leur durée,
c'est pourquoi nous disions : l'un étant nul, l'autre manque de cause.

Mais quand la convention explique clairement que le serviteur
n'est pas lié pour tout le temps de sa vie, si le maître consent à
s'obliger pour toute cette période, on ne peut plus dire que son
obligation manque de cause, il l'a contractée pour déterminer
l'autre partie à contracter la sienne ; bien que celle-ci n'ait pas
une durée aussi longue que celle-là, le maître peut avoir trouvé
son intérêt à faire entrer le serviteur chez lui, à lui faire quitter
une position avantageuse, et pour le déterminer il a consenti à se
lier pour plus longtemps que le serviteur. Il est comme un propriétaire qui aurait donné sa maison à bail pour neuf ans avec facilité
pour le locataire de donner congé quand il voudrait ; on ne songe-
rait pas à annuler l'obligation du propriétaire faute de cause.

230 *bis*. IX. Il faut, du reste, comprendre les conséquences
d'une pareille convention ; le maître est lié en tant que le ser-

viteur lui rend des services. Si celui-ci devenait absolument impropre au service, le maître pourrait mettre fin au louage; c'est la règle, même pour le cas de contrat fait pour un temps limité. Certes, il est sous-entendu que le serviteur âgé ne pourra pas donner autant de force et d'activité que dans sa jeunesse, mais il faut au moins qu'il puisse faire un certain service, car nous supposons que le maître a promis de le garder à son service et non pas de le nourrir gratuitement. Il est intervenu entre eux un contrat de louage soumis pendant toute sa durée aux règles ordinaires, et qui n'a qu'un côté exceptionnel, c'est qu'une des parties peut y mettre fin quand il lui plaît, tandis que l'autre est liée jusqu'à la mort de son cocontractant.

230 *bis*. X. Le maître, au reste, dans ce cas comme dans tous les autres, ne peut être contraint à exécuter le contrat *in forma specifica*, à conserver chez lui un serviteur qui lui déplait, dont il n'a pas besoin, qu'il ne peut utiliser. Il faut traiter le maître comme ayant contracté une de ces obligations de faire, qui se résolvent en dommages et intérêts, car la justice ne pourrait ordonner l'exécution en nature de l'obligation, sans exercer réellement une contrainte sur la liberté individuelle du maître. Le contraindre à vivre malgré lui en cette sorte de communauté ou de commensalité qui existe forcément entre le maître et le serviteur, c'est entreprendre sur sa liberté personnelle, c'est outre-passer les pouvoirs du juge. Il ne s'agira jamais entre le maître et le serviteur que de dommages et intérêts.

230 *bis*. XI. On peut comprendre une clause par laquelle le maître s'obligerait à garder le serviteur alors même que celui-ci ne pourrait plus rendre de services. Mais ce ne serait plus la convention de louage proprement dite, ce serait une clause accessoire assurant une sorte de retraite au serviteur; elle serait valable, comme faisant partie d'un contrat à titre onéreux sans même qu'on eût pris les formes de la donation; mais nous continuerons à penser qu'elle n'entraînerait, au cas d'inexécution, qu'une condamnation en dommages et intérêts.

231. On a jugé inutile d'entrer dans aucun détail sur la manière de former ou de résoudre le louage de travail ou de service, sur les obligations qui en résultent, enfin sur la

preuve du contrat lui-même, ou de sa résolution. Il est évident qu'il faut appliquer ici les règles communes à toutes les conventions, en les combinant avec les principes généraux du contrat de louage, et ayant surtout égard aux usages locaux (art. 1135, 1159 et 1160), ainsi qu'à la nature des travaux ou services.

231 *bis*. I. La loi n'a rien dit sur les événements qui mettent fin au contrat de louage de services, elle s'en est référée aux principes généraux de la matière des obligations. Il est facile, en effet, de reconnaître que le louage doit finir au terme résultant de la convention. Cette convention peut être expresse, elle peut aussi être tacite. La clause tacite résultera de l'usage constant du pays, et sa validité s'appuiera sur l'article 1160.

Dans certains pays, la convention tacite n'a pas pour résultat d'assigner au louage une durée fixe, il dure au contraire indéfiniment, mais l'une ou l'autre des parties peut y mettre fin en prévenant un certain temps d'avance. Cette règle d'usage devra aussi être la loi des parties, en vertu de l'article 1160.

231 *bis*. II. Dans les hypothèses où le contrat a une durée fixée par une convention expresse ou tacite, l'une des parties ne pourrait y mettre fin par sa volonté, alors même qu'elle serait déterminée par un motif sérieux et digne d'intérêt, si par exemple elle voulait se marier ou contracter un engagement volontaire. Il ne peut pas en effet dépendre d'une partie de se soustraire à ses engagements, mais il pourrait survenir des cas de force majeure qui entraîneraient l'extinction des obligations respectives. Ainsi l'appel du serviteur sous les drapeaux, sa mort, ou même un état de maladie qui l'empêcherait de rendre les services en vue desquels l a été engagé.

231 *bis*. III. Des événements semblables survenus en la personne du maître peuvent donner lieu à des difficultés sur la continuation du contrat de louage de services. Le maître peut mourir, le maître peut être appelé au service militaire. Il s'agit de savoir si les héritiers du maître sont tenus d'exécuter le contrat de louage jusqu'à l'expiration du terme exprès ou tacite, si le maître est encore lié envers le serviteur alors qu'il a été appelé sous les drapeaux.

231 *bis*. IV. Nous considérons d'abord, pour trancher cette question, s'il s'agit d'un contrat dont la durée est fixée par une convention expresse ou par une convention tacite résultant de l'usage.

Dans ce dernier cas, nous donnons au serviteur le droit d'exiger l'exécution du contrat, d'abord parce qu'il ne s'agira pas d'un temps bien long, les usages locaux qui fixent la durée du louage de services n'admettant pas d'ordinaire une durée supérieure à un an. Nous ajoutons que ces usages, en même temps qu'ils assignent au contrat une durée, déterminent une époque uniforme pour le commencement et la fin de tous les contrats analogues. Le serviteur ne peut pas trouver à se placer avant ces époques régulières, et voilà pourquoi nous pensons qu'il ne doit pas être mis hors de place, par le seul fait de la mort du maître ou d'un autre événement qui rendrait désormais inutile à ce maître le travail du serviteur.

231 *bis*. V. Si nous supposons maintenant que le contrat est soumis à un terme convenu expressément, nous pensons qu'il faut faire des distinctions selon la nature des services. Il est certain, en effet, que, suivant la nature des services, la convention peut avoir ou n'avoir pas été subordonnée dans ses effets à l'existence du maître ou aux changements qui pourraient survenir dans sa vie.

Il y a des services tout personnels, comme ceux d'un valet de chambre; la convention relative à ces services est une de celles dont parle l'article 1122, qui, par leur nature, ne sont pas censées faites au profit des héritiers du stipulant, ni par conséquent les lier. Ces mêmes services devenant impossibles par l'appel du maître sous les drapeaux, on peut également dire qu'il s'est produit un des cas prévus qui mettent fin au contrat. Et ici nous considérerons comme appelés sous les drapeaux ceux qui contractent ce qu'on nomme l'engagement volontaire d'un an, car cet engagement n'est pas un fait spontané et libre, c'est l'application de la règle sur le service obligatoire, et celui qui le contracte a été contraint de s'engager volontairement pour n'être pas lié plus longtemps au service militaire.

231 *bis*. VI. Quand nous décidons que certains événements survenus en la personne du maître mettent fin au contrat de louage

avant le terme fixé par la convention expresse, nous réservons
cependant ce que nous avons dit dans les hypothèses précédemment examinées, sur la nécessité de ne pas mettre le serviteur
hors de place dans un moment où, à raison des usages locaux, il
lui serait presque impossible de se replacer. Dans les pays où les
locations de services commencent et finissent à époques fixes, il
faudrait, malgré la mort du maître, malgré l'événement qui l'appelle sous les drapeaux, continuer l'exécution du contrat jusqu'à
la plus prochaine époque du renouvellement des louages de serviteurs.

231 *bis*. VII. Certains services n'ont pas un caractère aussi
personnel au maître ; ils sont rendus à la maison, comme les services d'un jardinier, d'un concierge, d'un cocher, peut-être d'un
cuisinier. On pourra suivant les circonstances décider que la convention qui assigne une durée au contrat n'a pas tenu compte
de la personne même du maître, mais de la famille, de la maison
qui devait toujours être tenue sur le même pied ; par conséquent
les héritiers seraient liés envers le serviteur, le maître lui-même serait lié, bien que, appelé au service militaire, il ne pût pas, pendant
un certain temps, profiter personnellement des services rendus.

231 *bis*. VIII. On comprend, au reste, que les tribunaux devraient apprécier les faits ; dans ces faits seulement pourrait être
trouvée la preuve que la convention produirait ses effets à tout
événement. Il faut que l'importance de la maison, le nombre de
personnes composant la famille, la stabilité de l'installation aient
pu faire croire au serviteur qu'il ne contractait pas seulement en
vue de la personne du maître, mais en vue de la maison et de la
famille.

231 *bis*. IX. Quelle que soit la durée assignée au louage par la
convention ou par l'usage, la violation des engagements réciproques pourrait y mettre fin, en vertu de l'article 1184 ; le maître
pourrait faire résilier le contrat, pour cause de mauvais services
ou de mauvaise conduite, et le serviteur, à raison des mauvais
traitements que son maître lui ferait subir.

232. Pour prévenir des procès nombreux, qui s'élèveraient
sur la quotité des gages ou salaires, et sur le fait de leur
paiement, dans l'habitude constante où l'on est de ne rien

écrire à ce sujet, le Code avait établi une règle particulière. Il voulait qu'on s'en rapportât sur ces deux points à l'affirmation du maître, dont l'ouvrier ou domestique est censé avoir suivi la foi. Cette règle, au surplus, n'était appliquée au fait du paiement que pour l'année échue, qui peut être due ou avoir été payée en entier, et pour l'année courante sur laquelle il peut avoir été ou non fourni des *à-compte*. V. art. 1781 ; et remarquez que, pour les années antérieures à la dernière échue, il n'y avait pas lieu d'établir la règle à l'égard des domestiques qui se louent à l'année ; car il y a prescription (v art. 2272, al. pénult.). Remarquez même qu'à l'égard de tous autres gens de travail, la prescription est acquise par six mois (art. 2271, al. 3) ; d'où il suit qu'envers eux l'affirmation du maître ne pouvait être directement exigée que pour les six derniers mois et le mois ou jour courant. Le tout, bien entendu, sauf l'application de l'article 2275.

232 *bis.* I. Le Code civil dérogeait par l'article 1781 aux règles ordinaires sur les preuves, puisque sur certains points il s'en rapportait à l'affirmation de l'une des parties. Son but n'était pas seulement d'éviter les procès et les procédures d'enquête, il avait voulu faciliter l'engagement des serviteurs et ouvriers qu'une absence complète d'instruction aurait empêchés d'écrire ou même de signer un acte ou une quittance. Les maîtres ont généralement à choisir entre les serviteurs ou ouvriers qui cherchent du travail ; en présence d'une législation qui aurait exigé une preuve régulière sur le taux du salaire, ou sur les paiements effectués, bien des maîtres auraient hésité à engager un serviteur illettré, car il aurait fallu pour leur sécurité qu'ils fissent constater par acte notarié la convention avec le serviteur ou l'ouvrier et chacun des paiements qu'il lui ferait. Ceux qui ne savent ni lire ni écrire auraient eu peine à se placer, par conséquent à trouver les moyens de vivre en travaillant.

La disposition de l'article 1781, présentée dans ces dernières années comme le résultat d'une pensée anti-égalitaire, la constitution d'un privilége de caste, était donc inspirée par l'intérêt d'un grand nombre des personnes qui ont besoin d'engager leur travail à autrui pour trouver les moyens de subsister.

232 *bis*. II. Il faut remarquer, au surplus, que l'article 1781 n'était pas réellement contraire aux principes généraux dans une de ses dispositions, celle qui concernait la quotité des gages. Quand le serviteur ou l'ouvrier demande son salaire, il se prétend créancier, et par conséquent il doit prouver l'existence de l'obligation (art. 1315). S'il ne démontre pas par des preuves légales le montant de la somme promise, et si l'adversaire, reconnaissant la dette, annonce un certain chiffre, comme la liberté est toujours présumée, le défendeur ne peut être traité comme débiteur pour une somme excédant celle qu'il a reconnue. (V. art. 1162.) Cette observation présentera un grand intérêt, quand nous réglerons les droits des parties d'après la législation actuellement en vigueur.

232 *bis*. III. La législation a été modifiée par une loi du 2 août 1868, dont l'article unique porte simplement ces mots : L'article 1781 du Code Napoléon est abrogé.

L'exposé des motifs du projet qui est devenu la loi de 1868, montre que le gouvernement se préoccupait particulièrement du côté politique de la question. Il y est parlé des critiques soulevées contre le Code civil à raison de ce qu'il consacrait au préjudice d'une partie des citoyens une manifeste inégalité devant la loi commune. On annonce l'intention de donner satisfaction à des demandes soumises par les délégations ouvrières de l'Exposition universelle. L'exposé se termine en montrant le sentiment d'égalité devant la loi se répandant chez tous les peuples, et dit : C'est à ce sentiment que le projet de loi a pour but de donner satisfaction.

232 *bis*. IV. Ce qui démontre mieux encore que l'exposé des motifs combien le gouvernement était dominé, en présentant ce projet, par son côté théorique abstrait et politique, c'est que, dans une matière touchant à des intérêts si pratiques, il s'est contenté d'abroger la règle attaquée sans s'occuper de réglementer la situation; il a détruit sans édifier.

Le Corps législatif a certainement apprécié de la même façon la mesure proposée, car il l'a votée sans discussion; aucune voix ne s'est élevée, soit pour contester le principe, soit pour demander que la loi ne se bornât pas à une pure et simple abrogation de l'article 1781. Il semble que, sous le régime du suffrage universel, les élus aient redouté jusqu'à l'apparence d'une opposition à une loi qui prétendait restituer à un grand nombre d'électeurs leur dignité personnelle.

232 *bis.* V. L'article 1781 abrogé, les rapports du maître et du domestique ou de l'ouvrier se trouvent soumis au droit commun, c'est l'intention formellement manifestée par les auteurs de la loi. Il semble que rien ne soit plus simple, et cependant, en examinant de près les faits, il est facile de voir que le droit commun ne suffit pas à régler équitablement la situation, et que l'abrogation pure et simple de l'article a produit dans la législation une lacune regrettable.

Deux points étaient soumis à la règle de l'article 1781, la détermination de la quotité des gages, la preuve des paiements imputables sur l'année échue et l'année courante.

232 *bis.* VI. Quant au premier point, la loi de 1868 n'a pas introduit une règle nouvelle en abrogeant l'article 1781, car, nous l'avons démontré, cet article était l'application des principes généraux sur la nécessité où se trouve le créancier de prouver qu'il lui est dû et ce qui lui est dû. Après comme avant la loi de 1868, lorsqu'il s'agira de plus de 150 francs, le serviteur ou l'ouvrier sera dans l'impossibilité de prouver par témoins; le juge par conséquent, ne pourra décider par des présomptions abandonnées à sa sagesse; il n'aura pas non plus le droit d'ordonner une expertise, car il s'agira d'une contestation sur un point réglé par une convention, et il n'y a pas là matière à expertise. Le créancier en sera donc réduit à déférer le serment décisoire à l'adversaire. C'est le retour à l'article 1781, tel qu'il était interprété. Sous ce point de vue, la réforme de 1868 n'a pas donné la satisfaction demandée aux intérêts qu'elle prétendait favoriser. C'est la faute du législateur, qui n'a pas voulu examiner les problèmes qu'il touchait, et qui s'est contenté d'une formule brutale et insuffisante, la formule d'abrogation.

232 *bis.* VII. Sur le second point, si on a réellement innové (1), on n'a pas atteint le but proposé; au lieu d'établir l'égalité entre les contractants, on a renversé les situations et constitué un privilége en faveur des domestiques et ouvriers.

_____

(1) V. *infrà,* même n°, X.

On suppose en effet une difficulté judiciaire entre le maître et le serviteur ou l'ouvrier, sur le paiement des gages de l'année précédente ou de l'année courante. On soumet la contestation au droit commun dans un intérêt d'égalité. Mais si on réfléchit, on voit que la prétendue égalité de situation est une illusion. L'une des parties est armée, l'autre ne l'est pas. Le serviteur, l'ouvrier, prouvera facilement par témoins qu'il a travaillé pour le maître ; c'est un fait matériel apparent, indéniable ; la preuve de sa créance résultera ou de l'audition des témoins ou de l'aveu du maître. Mais si le maître prétend avoir payé les gages, il allègue un fait dont la preuve ne peut pas être donnée par témoins au-dessus de 150 francs, il n'a pas de moyen de défense, ses livres ne prouveraient rien (art. 1331), sa bonne réputation pas davantage, car le juge ne pourrait en tenir compte hors des cas où la preuve testimoniale est admise (art. 1353), et par conséquent la sagesse des magistrats, sur laquelle compte le travail du rapporteur au Corps législatif, ne saurait avoir aucune influence sur la solution. Le juge est contraint de donner gain de cause au demandeur qui établit qu'il a travaillé, alors même que ce juge a confiance dans la parole et l'honnêteté du maître qui affirme avoir payé ; il ne peut pas même déférer le serment judiciaire, parce qu'il faudrait qu'il existât en faveur du maître un commencement de preuve. Le serment décisoire peut seul être déféré par le maître au demandeur, mais combien peu de chance offre ce dernier moyen !

232 *bis*. VIII. On dit que ces résultats fâcheux sont les conséquences du droit commun, et qu'il faut savoir les subir dans l'intérêt de l'égalité. Nous répondrons que le Code civil a su déroger à des règles de droit commun, dans l'intérêt de l'égalité vraie, quand il a destitué de toute force probante l'écrit sous seing privé fait simple et qui constate une convention synallagmatique. Les principes n'entraînaient-ils pas à donner toute force à l'écrit contre celui qui l'a signé ? Néanmoins on n'a pas voulu que l'une des parties fût armée et l'autre désarmée (art. 1325). L'article 1781 s'inspirait d'un motif semblable ; on pouvait en améliorer les dispositions, mais en l'abrogeant purement et simplement, on fait au maître une situation désavantageuse et inégale.

232 *bis*. IX. Ces objections avaient inspiré un amendement

présenté à la commission du Corps législatif par M. de Grouchy, qui autorisait la preuve tirée des livres du maître et la délation de serment judiciaire à l'une et à l'autre des parties, au choix du juge en dehors des conditions posées par les articles 1367 et 1369, et on doit vivement regretter que le pouvoir législatif n'ait pas tenu compte de cette proposition.

232 *bis.* X. On pourrait, au reste, en se tenant sur le terrain du droit commun, montrer que le législateur de 1868 est bien loin d'avoir atteint son but, et a, sur le deuxième point traité par l'article 1781, laissé, comme sur le premier, les choses au même état que sous l'empire du Code civil.

Nous venons, en effet, de supposer que le serviteur ou l'ouvrier prouvait sa créance en établissant par témoins le fait des services rendus. C'est la supposition sur laquelle s'appuyait l'amendement Grouchy. Mais nous serions tenté de contester cette première solution, et de dire : puisque nous sommes sur le terrain du droit commun, c'est avant tout à l'ouvrier ou au domestique à prouver sa créance. Cette créance ne résulte pas du fait même des services qui pourraient avoir été rendus gratuitement, ou pour quelques avantages correspondants au service, comme la nourriture, le logement : la créance résulte du contrat de louage, ce contrat doit avant tout être prouvé, et la preuve n'en peut être faite par témoins si la chose est supérieure à 150 francs (art. 1341). L'ouvrier, le domestique se trouverait ainsi arrêté, dès le commencement de la contestation, par la nécessité de prouver par écrit, et il se trouverait de nouveau dépendre de la bonne foi du maître ; seulement il ne pourrait plus protester contre un privilége, il subirait les conséquences du droit commun.

Les auteurs de la loi de 1868 se sont exposés, il nous semble, à voir leur réforme ainsi annulée par l'interprétation, pour n'avoir pas voulu en étudier et en régler les conséquences, et nous serions heureux qu'une jurisprudence s'établît qui montrât le vide de cette loi, non pas que nous considérions l'article 1781 comme la perfection législative, mais parce que, la question ayant été soulevée, nous voudrions qu'elle fût maintenant réglée après un examen sérieux de ses côtés pratiques.

SECTION II.

Des voituriers par terre et par eau.

233. La loi n'établit également sur le louage des voituriers qu'un petit nombre de règles spéciales.

Ces règles sont principalement relatives à la responsabilité rigoureuse que devait entraîner, sur ceux qui s'en chargent, l'espèce de dépôt nécessaire qui constitue ce genre de louage.

Sous ce rapport, les voituriers sont assimilés aux aubergistes. Ils répondraient conséquemment des objets volés ou endommagés, quand même le vol ou dommage ne procéderait ni de leur fait ni du fait de leurs domestiques ou préposés; à moins toutefois qu'il n'y ait eu force majeure; ajoutons, cas fortuit ou vice de la chose. V. art. 1782; et à ce sujet, art. 1952, 1953, 1954; v. aussi C. comm., art. 98, 99, 103.

233 *bis*. I. La loi comprend dans le mot *voiturier,* qu'elle entend dans un sens large, toutes les personnes qui se chargent, moyennant un certain prix, de transporter en un lieu déterminé les personnes ou les choses; ce terme embrasse, par conséquent, les Compagnies de chemins de fer, les entrepreneurs de transport par bateaux à vapeur ou à voiles, sur les mers et sur les fleuves, et nous pouvons ajouter aujourd'hui ceux qui font des transports par ballons. On ne trouvera pas souvent l'occasion de leur appliquer les dispositions du Code civil, mais il ne faut pas oublier que pendant près de cinq mois, en 1870 et 1871, nous n'avons, de Paris, communiqué avec le reste du monde qu'au moyen des aérostats, et qu'il est des personnes qui ont traité avec des entrepreneurs pour se faire transporter au loin, par-dessus les lignes de l'armée assiégeante, ou pour envoyer l'argent nécessaire à leurs femmes ou à leurs enfants qui attendaient en province la fin du siége de Paris, ou enfin pour mettre des objets précieux hors des atteintes de l'ennemi.

C'est au Code de commerce que se trouvent les règles principales sur le contrat de transport, parce que les voituriers, entrepreneurs ou commissionnaires, sont ordinairement commerçants.

La loi se borne ici à poser quelques principes sur la responsabilité, et à s'occuper incidemment de la question de preuves.

233 *bis*. II. En assimilant le voiturier à l'aubergiste au point de vue de la responsabilité, le Code veut appliquer au voiturier les articles 1952, 1953 et 1954. Ce renvoi est, du reste, inutile en bien des points, car l'article 1784 contient la même règle que l'article 1954. Quant à l'article 1953, il est un peu plus explicatif que l'article 1783, en ce qu'il impose d'une façon précise l'obligation de répondre non-seulement des faits des employés de l'hôtellerie, mais aussi de ceux qu'auraient commis des étrangers. Il est bon qu'un doute ne soit pas possible sur ce point, mais les principes auraient facilement conduit à ce résultat, dès qu'il était clair que le voiturier était tenu à la garde et à la conservation des choses à lui confiées.

Ce qui pouvait donner quelque importance à l'application des règles sur le dépôt d'hôtellerie, c'est que l'aubergiste était considéré comme dépositaire nécessaire (art. 1952), et le dépôt nécessaire entraînant la contrainte par corps (art. 2060), on pouvait essayer de soumettre le voiturier à cette voie rigoureuse de coercition. Sur ce point cependant il existait une controverse, et elle a perdu tout intérêt depuis que la contrainte par corps en matière civile a été abolie d'une manière générale par la loi du 22 juillet 1867.

234. Cette responsabilité commence du moment que les objets leur sont confiés; mais il n'est pas nécessaire pour cela qu'ils soient déjà placés dans leur bâtiment ou voiture. Il suffit qu'ils leur soient remis à cet effet, sur le port ou dans l'entrepôt, car dès lors ils sont sous leur garde. V. art. 1783.

235. Il n'est pas même besoin, pour invoquer la responsabilité des voituriers, de prouver que la perte ou le dommage provient du fait de l'homme, fait qui devrait naturellement leur être imputé. C'est à eux, au contraire, à prouver le cas fortuit ou la force majeure (ajoutez ou le vice propre de la chose), cause de la perte ou avarie. V. art. 1784.

235 *bis*. La responsabilité du voiturier, comme celle de tout débiteur de corps certain, est complète; elle porte sur la valeur intégrale de la chose perdue. Pour qu'il en fût autrement, pour que

le voiturier pût restreindre son obligation à une somme déterminée d'avance, il faudrait une convention légalement prouvée, et l'on a bien souvent jugé avec raison que la preuve de cette convention ne résultait pas d'une mention mise par l'entrepreneur de transports, par exemple par la Compagnie du chemin de fer, sur le bulletin imprimé remis au voyageur et qui est un reçu des objets transportés. Les circonstances dans lesquelles ce reçu est donné et accepté ne permettent pas de croire qu'il constate une convention librement débattue entre les deux parties, par conséquent le droit commun reste applicable.

Mais il ne faut rien exagérer; quand le voyageur n'a pas fait de déclaration précise sur la valeur exceptionnelle des objets transportés, le voiturier a le droit de soutenir qu'il ne s'est chargé par la convention tacite que d'une chose ayant la valeur ordinaire des objets que les voyageurs lui confient. Du moment que nous n'admettons pas qu'il ait été fait entre les parties une convention expresse, nous sommes forcés d'interpréter le contrat d'après la volonté probable des deux contractants et d'après les suppositions que le débiteur a pu faire quand il acceptait la responsabilité.

Bien plus, puisque le voyageur est demandeur, il doit prouver non-seulement la cause de sa créance, c'est-à-dire la perte d'une caisse confiée au voiturier, mais le montant même de cette créance, c'est-à-dire l'importance du contenu en cette caisse. Quant à cette preuve, la justice ne sera pas très-exigeante, car il n'y a pas de preuve écrite possible; ce qui rend admissibles la preuve testimoniale et les présomptions abandonnées à la sagesse du juge.

236. Les règles ci-dessus paraissent applicables à toutes personnes qui, habituellement ou non, se chargent de transporter ou faire transporter des voyageurs, des marchandises ou des effets quelconques. On en trouve le complément nécessaire dans les dispositions du Code de commerce sur les commissionnaires pour les transports et sur les voituriers proprement dits. (C. comm., art. 96-108.)

237. En outre, il est des règles particulières aux entrepreneurs de voitures ou roulage publics.

Ainsi, dans la prévoyance des contestations qui pourraient naître sur la remise des effets à leur garde, et pour offrir aux voyageurs et expéditeurs un moyen facile de prouver cette remise, la loi oblige les entrepreneurs à tenir registre de l'argent, des effets et des paquets dont ils se chargent. V. art. 1785.

237 *bis*. I. L'expéditeur peut exiger l'inscription sur le registre, parce que dans ce registre il trouvera la preuve du dépôt qu'il a fait.

Faute de cette preuve, il se trouve placé sous l'empire des règles générales (art. 1341), et peut prouver par témoins dans les cas où ce genre de preuve est admis.

Le plus souvent même, le voiturier étant commerçant et faisant un acte de commerce quand il traite avec l'expéditeur, celui-ci pourrait prouver par témoins en dehors des conditions de l'article 1341, parce que la preuve testimoniale est de droit commun en matière de commerce.

237 *bis*. II. Cette observation diminue considérablement l'intérêt de la question de savoir si la preuve testimoniale ne serait pas toujours admise contre le voiturier, considéré comme dépositaire nécessaire. (V. art. 1950, 1952, 1982.) La plupart du temps il suffira de s'appuyer sur l'article 109 du Code de commerce pour faire accepter la preuve testimoniale; mais il peut arriver que le voiturier ne soit pas commerçant, et même quand il est commerçant, l'admission de la preuve par témoins n'étant pas imposée par l'article 109 aux tribunaux, la partie pourrait avoir intérêt à se prévaloir de l'article 1950. Nous pensons toutefois que cet article ne peut être invoqué, car l'article 1782 n'assimile pas absolument le contrat de transport au dépôt nécessaire, il soumet le voiturier aux mêmes obligations que les aubergistes, qui sont, il est vrai, des dépositaires nécessaires. Rappeler la règle sur les obligations, ce n'est pas rappeler celle qui régit les preuves, et, par conséquent, on ne doit pas appliquer cette dernière règle, qui a un caractère exceptionnel. Cette exception, d'ailleurs, est motivée par l'impossibilité où se trouve le déposant de se procurer une preuve écrite dans le cas de dépôt nécessaire et de dépôt d'hôtellerie, et cette impossibilité n'existe pas pour le dépôt fait au voiturier, puisque la loi organise un système de preuves en exigeant que le voiturier tienne un registre sur lequel l'expéditeur peut exiger l'inscription de son dépôt.

238. Enfin il est encore d'autres dispositions concernant spécialement les entrepreneurs et directeurs de voitures et roulages publics, et les maîtres de barques et navires; mais celles-là, bien qu'elles fassent loi entre eux et les autres citoyens, ne sont pas du ressort du droit civil proprement dit. Le Code renvoie à ce sujet à des règlements particuliers. V. art. 1786, et à ce sujet, Ord. 27 septembre 1827 et 15 juillet 1845 sur les chemins de fer.

238 *bis*. Les prescriptions des règlements ne régissent pas le contrat de louage et sont dictées par des considérations d'intérêt public, particulièrement par des raisons de sûreté. Cependant les particuliers pourraient trouver dans ces règlements le germe d'un droit à une indemnité quand l'inobservation du règlement aura été cause d'un dommage.

SECTION III.

Des devis et des marchés.

239. Sous cette rubrique, le législateur a annoncé l'intention de traiter *du louage des entrepreneurs d'ouvrages par suite de devis ou marchés* (art. 1779, 3°).

Ce qui distingue essentiellement le louage des entrepreneurs de celui des gens de travail, c'est que ceux-ci, soit qu'ils s'engagent pour un certain temps ou pour une entreprise déterminée, louent simplement leur travail, qui doit leur être payé en raison de sa durée; tandis que l'entrepreneur s'oblige à confectionner l'ouvrage, pour en être payé en raison de la valeur de cet ouvrage.

240. La loi suppose que l'entreprise a lieu *par suite de devis ou marchés,* deux expressions, du reste, qui ne sont pas entièrement synonymes, mais qui, l'une et l'autre, indiquent ici le règlement fait à l'avance, des travaux à exécuter, et du prix à payer. C'est ce que l'on exprime encore par le mot *forfait.* Toutefois on sent bien que ce règlement peut être plus ou

moins précis, plus ou moins détaillé. Bien plus, il arrive fréquemment que, sans spécifier autrement les travaux, on
charge un homme de l'art ou du métier, de faire tous ceux
qui se trouveront nécessaires ou tous ceux qui seront indiqués,
et qu'on s'en réfère tacitement, pour le prix, à l'usage ou à
une estimation ultérieure. Il n'y en a pas moins entreprise, à
laquelle devront nécessairement s'appliquer la plupart des
règles ici posées.

Quoi qu'il en soit, il ne faut point perdre de vue que l'entreprise de l'ouvrage ne constitue pas toujours un louage. A
cet égard, il faut distinguer si, d'après la convention, l'entrepreneur doit fournir seulement son travail et son industrie,
ou s'il doit fournir aussi la matière. V. art. 1787, 1711, al. 6.

240 *bis*. I. La nuance qui distingue les *devis* des *marchés* et des
prix faits dont parle l'article 1711, est assez difficile à bien déterminer. Dans la propriété des expressions, le mot *devis* désigne un
état détaillé des travaux qu'il faut faire pour exécuter un certain
ouvrage et de ce qu'il doit en coûter. Le mot *marché* désigne la
convention qui règle les conditions du louage d'ouvrage, et le mot
forfait implique l'idée d'un marché déterminant d'une manière
invariable le prix de l'ouvrage (1).

Il faut seulement remarquer que le mot *devis* est quelquefois
employé pour désigner le contrat ou marché fait sur *devis*, c'est-
à-dire d'après l'état de travaux dont nous avons d'abord parlé.

240 *bis*. II. Les règles concernant les devis et marchés sont
d'abord relatives à la responsabilité de celui qui fournit son travail, puis à la résiliation du contrat, et enfin aux droits des ouvriers qui ont travaillé en sous-ordre, dans leurs rapports avec celui
pour lequel l'ouvrage a été fait.

241. Lorsque l'entrepreneur fournit la matière, il y a proprement vente de la chose qu'il s'oblige à faire, par conséquent vente d'une chose future, vente nécessairement conditionnelle. Il est clair dès lors que l'ouvrage, tant qu'il n'est
pas fini, est aux risques de l'entrepreneur. Bien plus, la con-

---

(1) V. Dictionnaire de NAP. LANDAIS, v^is *Devis, Marché, Forfait.*

dition de la vente n'étant point accompli tant que l'objet commandé n'a pas été agréé, la perte antérieure à la délivrance est pour l'ouvrier, *à moins que le maître ne fût en demeure de recevoir*. V. art. 1788.

241 *bis*. I. Quand il s'agit de statuer sur la responsabilité, la loi distingue si celui qui s'était chargé de faire l'ouvrage devait fournir la matière ou ne la pas fournir.

Lorsque l'ouvrier devait fournir la matière, le contrat n'est pas en réalité un louage d'ouvrage, c'est une vente d'objet confectionné; il a promis de faire un habit en fournissant le drap, il a promis un habit tout fait, c'est un vendeur, et non un locateur d'ouvrage. Les Romains avaient hésité sur ce point, mais ils avaient fini par reconnaître au contrat le caractère d'une vente (1), et l'article 1711 contient la preuve que telle est bien la doctrine des rédacteurs du Code civil.

241 *bis*. II. Si le contrat est une vente, c'est en tout cas une vente de quantité, l'objet vendu n'est pas un corps certain; l'ouvrier a promis de faire un certain objet avec une matière première qu'il fournira, rien ne spécialise l'objet vendu, et si après avoir travaillé dans l'intention de celui avec qui il a fait le contrat, il vend à un autre l'objet confectionné, il ne dispose certes pas de la chose d'autrui. Voilà, ce nous semble, pourquoi la perte est à sa charge, c'est parce qu'il n'est pas débiteur d'un corps certain, et nous n'avons pas besoin, au moins dans cette hypothèse, qui est la plus ordinaire, de nous appuyer sur les principes relatifs à la vente conditionnelle.

241 *bis*. III. Le contrat serait au contraire une vente conditionnelle de corps certain, si, ce qui est plus rare, l'ouvrier a promis de travailler une matière première déterminée, par exemple, s'il s'agit d'un bloc de marbre choisi particulièrement par l'acheteur chez le vendeur, et que celui-ci s'est obligé à transformer en une coupe, une pendule ou un vase.

Alors on peut comprendre que la chose due vienne à périr et qu'on ait à poser la question des risques; elle se résout par les principes sur les promesses conditionnelles. L'acheteur n'est lié qu'autant que l'objet est confectionné, c'est l'achèvement de l'ou-

(1) V. *Instiutes de Justinien*, l. III, tit. XXV, § 4.

vrage qui est l'événement futur et incertain duquel dépend son obligation; il est donc acheteur sous condition suspensive, et par conséquent les risques ne sont pas à sa charge jusqu'à l'arrivée de la condition. (Art. 1182.)

Nous parlons de l'achèvement de l'ouvrage, et le Code semble considérer la livraison comme étant la condition d'où dépend, pour l'acheteur, la charge des risques. Il n'y a là qu'une différence d'expression, l'achèvement de l'ouvrage n'est régulièrement constaté que par sa vérification; or, la vérification contradictoire de l'ouvrage équivaut à la tradition, et, constituant l'ouvrier possesseur pour l'acheteur, elle a pu être confondue avec la tradition. Elle opère une de ces traditions fictives dont la loi elle-même a parlé au titre de la vente. (Art. 1606.)

Il y a de plus une raison particulière pour que le législateur ait parlé de la tradition plutôt que de l'achèvement de l'ouvrage. Quand on se trouvera dans l'hypothèse la plus ordinaire, celle où nous traitons la vente comme vente de quantité, c'est la tradition proprement dite qui mettra les risques à la charge de l'acheteur, parce que jusqu'à ce fait accompli il n'est pas créancier de corps certain.

241 *bis*. IV. Toutefois, dans l'une comme dans l'autre hypothèse, si l'acheteur est en demeure de recevoir la chose, le vendeur est déchargé des risques. C'est, dans le cas de vente conditionnelle, la conséquence de l'article 1178, l'acheteur, débiteur du prix sous condition, a par sa faute empêché l'accomplissement de la condition. Dans l'hypothèse où la vente est une vente pure et simple ayant pour objet une quantité, la décision finale de l'article 1788 est une application toute naturelle de la règle qui oblige l'acheteur à prendre livraison, et qui le soumet à des dommages et intérêts si, faute de remplir cette obligation, il a causé un préjudice au vendeur.

242. Au contraire, lorsque l'ouvrier ne fournit que son travail ou son industrie, la chose, qui, avant comme après la mise en œuvre, appartient toujours au maître, périt évidemment pour lui, s'il n'y a faute de l'ouvrier. V. art. 1789.

243. Au reste, si la chose dans ce cas est aux risques du maître, c'est en ce sens seulement qu'il ne doit pas être indemnisé de sa perte. Sous un autre rapport, cette perte nuit

aussi à l'entrepreneur, qui, n'étant point, comme l'ouvrier proprement dit, payé en raison du temps qu'il emploie, mais en raison des travaux qu'il exécute, n'a point de salaire à réclamer lorsque la perte de la chose, quoique arrivée sans aucune faute de sa part, l'empêche d'achever l'ouvrage. Observons même que, l'ouvrage ne devant être payé qu'autant qu'il est bien fait, il n'est pas vraiment réputé achevé, tant qu'il n'a pas été reçu par le maître, à moins que celui-ci ne soit en demeure de le vérifier. Toutefois l'entrepreneur ne perd point son salaire, quand c'est par le vice de la matière que la chose a péri. V. art. 1790; et remarquez que notre Code borne au cas de perte par le vice de la matière, la règle qu'on appliquait autrefois à tous les cas de perte par force majeure (voy. Florent., fr. 36; Javol., fr. 37 et fr. 59, D., *Locat. cond.*).

243 *bis.* I. Quand l'ouvrier ne fournit pas la matière, le contrat est un louage, alors même que l'ouvrier fournirait quelques accessoires, comme du fil, des boutons, des doublures. Dans ce cas, au point de vue des risques, trois hypothèses peuvent se présenter : 1° faute de l'ouvrier ; 2° cas fortuit ; 3° vice de la matière.

Il est clair que si l'ouvrier est en faute, il doit indemniser le propriétaire de la matière; c'est l'application de l'article 1302.

Si la chose a péri par cas fortuit, le même article 1302 implique la libération de l'ouvrier considéré comme débiteur de la matière. Il a reçu une certaine quantité de matière première pour la travailler, cette matière est devenue, par le contrat, un **corps certain**, car l'ouvrier est obligé d'employer celle-là et non une autre; donc la perte de ce corps certain doit libérer le débiteur.

Il faut seulement observer qu'en rattachant l'article 1789 à l'article 1302, nous imposons à l'ouvrier l'obligation de prouver le cas fortuit qu'il allègue, et nous ne mettons pas le maître dans la nécessité de prouver la faute de l'ouvrier. Quand on a dit que l'ouvrier n'est tenu que de sa faute, on a seulement voulu exprimer cette idée qu'il n'est pas garant des cas fortuits. Mais il n'y a aucune raison pour déroger à la règle de l'article 1302, car il serait bien difficile au propriétaire de la matière de découvrir les causes de l'accident arrivé chez l'ouvrier, tandis que celui-ci aura plus de moyens pour démontrer que la responsabilité ne doit pas peser sur lui.

243 *bis*. II. Nous n'avons encore envisagé l'effet du cas fortuit que par rapport à la matière qui a péri. A un autre point de vue, le sinistre produit une perte, la perte de la valeur donnée à cette matière par le travail de l'ouvrier, la perte de ce travail à l'occasion duquel celui-ci comptait sur un salaire.

L'article 1790 dépouille l'ouvrier du droit à son salaire.

C'est une décision contraire à celle que donnaient les lois romaines, et cette divergence avec le droit romain donne lieu à des controverses sur le mérite législatif de la disposition du Code. On a argumenté en faveur de la solution romaine de ce que le travail étant fait sur la chose du maître, le salaire était gagné par le seul fait de l'achèvement de ce travail. On a ajouté : l'ouvrier est débiteur de l'objet qu'il a travaillé et qui appartient au maître, il ne doit pas plus souffrir de la perte qu'un vendeur qui n'a pas encore livré la chose vendue, lorsque cette chose vient à périr.

La décision du Code nous paraît plus conforme aux principes du louage : le prix est promis en échange de la jouissance d'un certain travail, comme le prix d'un bail de maison est promis en échange de la jouissance de la maison. Dans un cas comme dans l'autre le locateur doit procurer cette jouissance, faire jouir l'autre partie. De même que le bailleur est privé de tout droit aux loyers quand un cas fortuit détruit la chose, de même l'ouvrier perd le droit au salaire quand la perte de la chose ne lui permet pas de procurer à l'autre partie l'ouvrage, la jouissance effective qu'il lui a promise.

Le législateur a, du reste, incliné facilement à adopter une solution qui répartit entre les deux intéressés la perte de la chose et qui présente cet avantage pratique de supprimer des procès fort difficiles sur le point de savoir si l'ouvrage était fait et bien fait.

243 *bis*. III. Dans l'hypothèse prévue, si la chose périt avant que l'ouvrage ait été reçu, l'ouvrier conserve son droit au salaire, quand la non-réception de l'ouvrage a pour cause la négligence du maître. Celui-ci a été mis en demeure de recevoir l'ouvrage, de le vérifier, et il n'a pas procédé à cette opération; il ne faut pas que sa négligence nuise à l'ouvrier en prolongeant la

durée des risques imposés à celui-ci au point de vue de son droit au salaire.

243 *bis*. IV. La chose périt par le vice de matière : c'est une pierre qu'il s'agissait de travailler et qui se brise dans les mains de l'ouvrier parce qu'elle a ce qu'on appelle une veine. Le propriétaire de la matière ne peut pas se plaindre de la perte de sa chose ni demander une indemnité; l'ouvrier, au contraire, peut réclamer son salaire, car le maître devait connaître les imperfections de la chose qu'il donnait à travailler et ne pas exposer l'ouvrier à perdre son temps sur cette chose.

Cette décision de l'article ne doit pas cependant être acceptée aveuglément. Si, par exemple, l'ouvrier avait garanti que la chose était en état de supporter le travail qu'il s'agissait d'entreprendre, il ne pourrait pas se plaindre; loin de là, il serait exposé à une action en dommages et intérêts de la part du maître. Voilà un cas de convention expresse, nous pouvons supposer une convention tacite; si l'ouvrier a commis une faute contre les règles de son art en n'apercevant pas le vice de la chose, il doit encore une indemnité, car la convention sous-entendue entre celui qui commande un travail et celui qui s'en charge, c'est que ce dernier l'entreprend et l'exécute selon les règles de l'art. Il se présente au public comme exerçant une certaine profession, il est responsable de son impéritie. La loi applique cette idée dans les rapports entre un propriétaire et un architecte quand elle rend celui-ci responsable du vice du sol.

Cette observation restreindra beaucoup le nombre des cas d'application de l'article 1790, *in fine*.

244. L'entreprise d'un ouvrage à plusieurs pièces ou à la mesure renferme réellement autant d'entreprises qu'il y a de pièces ou de mesures. La vérification peut donc s'en faire par parties. Du reste, comme on ne paie ordinairement qu'après avoir vérifié, le paiement d'une partie de l'ouvrage en fait présumer la vérification. Remarquons seulement qu'il n'y a paiement applicable à une partie déterminée qu'autant que le paiement a eu lieu en proportion de l'ouvrage fait. V. art. 1791.

244 *bis*. Les articles 1788-1791 ont fait une distinction entre

23.

les ouvrages pour lesquels l'ouvrier fournit la matière et ceux pour lesquels la matière appartient à celui qui a commandé le travail. Il y a une hypothèse entre les deux : l'ouvrage peut être fait avec une partie de matière appartenant au maître et une partie appartenant à l'ouvrier. La loi n'en dit rien, mais il nous semble qu'elle l'a considérée comme devant être très-facilement régie par les principes précédemment posés.

En effet, il ne peut y avoir difficulté quand l'objet a péri par la faute de l'ouvrier, celui-ci perdra la matière qu'il a fournie et le prix de son travail, il sera même exposé à une demande en dommages et intérêts de la part du propriétaire de l'autre partie de la matière détruite par sa faute.

Si la perte résulte d'un cas fortuit, chacun des intéressés en subira les conséquences en proportion de son intérêt dans l'opération : l'ouvrier perdra la matière qu'il a fournie et le prix de son travail, le maître perdra sa matière. Nous cumulons ainsi l'application des articles 1788 et 1790 comme s'il s'agissait de deux objets distincts : pour l'un, l'ouvrier fournissant la matière perdrait la matière et le travail (art. 1788); pour l'autre, le maître fournissant la matière perdrait cette matière, et l'ouvrier perdrait son travail (art. 1790).

Nous appliquerions, bien entendu, les réserves faites par nos articles pour le cas où le maître serait en demeure de vérifier l'ouvrage.

Enfin dans l'hypothèse de perte par le vice de la chose, si l'ouvrier n'était pas responsable *propter imperitiam,* il faudrait que le propriétaire de la matière dont le vice a causé la perte totale indemnisât son cocontractant.

245. La vérification a bien en général pour effet de mettre entièrement aux risques du maître l'ouvrage dont elle constate la confection suivant les règles de l'art; mais la solidité d'un édifice ne pouvant se vérifier que par l'épreuve du temps, a loi, par une disposition spéciale, rend les architectes et entrepreneurs responsables de la perte postérieure de l'édifice construit *à prix fait,* lorsqu'elle arrive dans les dix ans. Cette responsabilité s'applique non-seulement au vice de construction, mais au vice du sol, car les gens de l'art ont dû le connaître. V. art. 1792, et à ce sujet, art. 2270.

245 *bis*. I. La vérification de l'ouvrage met ordinairement fin à la responsabilité de l'ouvrier; exceptionnellement l'article 1792 admet une autre règle quand l'ouvrage est la construction d'un édifice. La raison de cette exception a été donnée au conseil d'État : un édifice peut avoir les apparences de la solidité et être affecté de vices cachés qui le fassent tomber après un laps de temps.

La disposition capitale de l'article impose la responsabilité à l'architecte ou à l'entrepreneur à raison de la perte survenue, soit pour vice de construction, soit pour vice du sol. C'est, en effet, commettre une faute contre les règles de l'art des constructions que d'édifier sur un mauvais sol; c'est l'architecte ou l'entrepreneur qui doit apprécier les qualités et les défauts du sol; le propriétaire s'en rapporte à lui sur ce point comme sur les détails de la construction proprement dite.

245 *bis*. II. Cette responsabilité, si on s'en tenait au texte de l'article, devrait être restreinte au cas de construction d'édifice. Mais il serait difficile de comprendre pourquoi elle ne pèserait pas sur l'architecte ou l'entrepreneur à propos d'autres travaux, comme ceux d'un mur de terrasse, d'un puits, d'un pont, etc. Le contrat est le même dans ces hypothèses que dans le cas de construction d'édifice, celui qui fait les travaux promet ses services dans un cas comme dans l'autre, il doit, en vertu des principes, répondre de son impéritie, alors même que l'article 1790 ne s'occuperait pas de cette convention. Le point spécial traité par l'article 1790 est relatif à la durée de la garantie. Peut-être, dans le silence de la loi, aurait-on peine à appliquer une règle exceptionnelle aux travaux autres que ceux de construction, mais un autre article du Code nous montre que la pensée du législateur a plus d'étendue qu'elle ne paraît d'abord en avoir; l'article 2270, qui traite de la garantie due par les architectes ou entrepreneurs, parle, non pas de la garantie des constructions, mais de celle des gros ouvrages.

245 *bis*. III. Les mêmes réflexions nous conduiront à compléter sur un autre point l'article 1792. Il ne s'agit pas simplement des travaux à prix faits, mais de tous les travaux rentrant dans la catégorie des gros ouvrages et qui auront été faits ou dirigés par un architecte ou un entrepreneur. Si l'article 1792 semble spécial, c'est qu'il est placé au chapitre des devis et marchés, mais ailleurs

la loi a généralisé. Quand l'article 2270 parle de travaux dirigés par une personne, il ne peut pas songer à des travaux accomplis à prix faits, mais, au contraire, à des travaux qu'un architecte a commandés et surveillés sans avoir pris personnellement l'engagement de les accomplir. Cette surveillance, cette direction, est précisément la mission ordinaire de l'architecte, quand il ne se fait pas entrepreneur, et il est très-juste que cet homme de l'art, qui reçoit un prix pour ses soins, soit responsable quand la construction est vicieuse, puisque le propriétaire s'est adressé à lui pour que la construction fût bien faite.

245 *bis*. IV. Cette responsabilité de l'architecte ou de l'entrepreneur ne peut pas durer toujours; l'article la limite à dix ans, sans préciser le point de départ de ce délai, qui doit être, d'après les articles posés dans les articles précédents, la vérification des travaux ou la mise en demeure du propriétaire qui aurait négligé de faire procéder à cette vérification.

La difficulté de l'article porte sur un autre point, elle est relative à l'effet de l'expiration du laps de dix ans.

Il y a cependant un point certain, c'est que si l'accident arrive plus de dix ans après la vérification des travaux, l'architecte est libéré. L'article 1792 ne suffirait peut-être pas pour établir ce point, car il pourrait signifier que l'architecte peut être poursuivi pendant dix ans à partir du sinistre, à quelque époque que ce sinistre soit arrivé. Mais l'article 2270 déclare l'architecte déchargé après dix ans de la garantie des gros ouvrages qu'il a faits ou dirigés; rien n'indique dans le texte une relation entre le délai et l'époque du sinistre, mais bien plutôt un rapport entre le délai et la terminaison des travaux.

Aussi bien, il faut que l'un ou l'autre de ces articles et peut-être tous les deux aient traité du délai pendant lequel l'accident survenant serait imputé à l'architecte, car si la loi était muette sur ce point, il faudrait admettre qu'à une époque quelconque l'architecte serait responsable de l'accident survenu, pourvu qu'on démontrât sa faute, et cette obligation imprescriptible rendrait bien périlleuse la profession des constructeurs ou des directeurs de constructions.

Il y a donc un temps d'épreuve; ce temps passé sans sinistre, l'édifice est considéré comme ayant été construit dans de bonnes conditions, et, s'il arrive un accident, le propriétaire n'a plus le droit de poursuivre l'architecte. Voilà en quel sens l'article 2270 déclare l'architecte déchargé de la garantie, et voilà peut-être aussi ce que signifie l'article 1792, qui devrait être traduit ainsi : l'architecte est responsable si, dans les dix ans, l'édifice périt.

245 *bis*. V. La véritable difficulté de la matière apparaît quand l'édifice a péri, dans les dix ans de la vérification des travaux et qu'il s'agit de fixer la durée de l'action qui pourra être intentée à l'occasion de cet accident.

Pour nous fixer sur ce point, nous commencerons par raisonner en appliquant les principes, et, en considérant, par hypothèse les articles 1792 et 2270 comme s'ils avaient seulement dit : l'architecte est responsable de la perte survenue par vice de construction ou par vice du sol. Nous arriverions facilement à cette idée que le propriétaire est créancier d'une indemnité, que la créance s'éteint par la prescription ordinaire de trente ans, et que la prescription commence à courir du jour où le droit à l'indemnité est né, c'est-à-dire du jour de la perte. Si on alléguait que le droit à l'indemnité préexistait à la perte, nous répondrions alors que l'exercice de ce droit était subordonné à un événement incertain, l'accident qui détruit l'édifice ou l'apparition des vices menaçant sa solidité, et qu'un droit dépendant d'un événement incertain ne peut pas être soumis à une prescription qui commencerait avant l'arrivée de cet événement (art. 2257).

245 *bis*. VI. Voilà où les principes conduiraient; il reste à voir si les articles 1792 et 2270 les ont modifiés. Il est certain qu'il est question dans ces deux articles d'un délai de dix ans commençant à l'achèvement des travaux. Mais ce qui ne ressort pas le moins du monde de ces textes, c'est que ce délai soit celui dans lequel l'action peut être intentée et que, par conséquent, ces textes aient voulu déroger à la règle de l'article 2262 sur la durée des actions et en même temps à celle de l'article 2257 sur le commencement des prescriptions ayant pour objet des créances conditionnelles.

245 *bis*. VII. Il y avait deux points très-distincts à régler : 1° la garantie de l'architecte sera-t-elle indéfinie, en ce sens que le propriétaire aura droit à une indemnité à quelque époque qu'arrive le sinistre? Autrement dit celui-ci sera-t-il traité comme l'ache-

teur ou le copartageant créancier d'une autre espèce de garantie, et qui a droit à une indemnité à quelque époque que se produise l'éviction, c'est-à-dire l'accident spécial qui, dans ce cas, donne droit à l'indemnité ; 2° le droit à la garantie étant né, parce que l'accident se produit dans le délai déterminé par la loi, dans quel délai faudra-t-il intenter l'action ?

245 *bis.* VIII. Le premier point a été traité par les articles que nous étudions. Nous l'avons déjà dit, c'est une raison pour croire que le second point n'y est pas réglé, car la loi aurait associé ainsi deux idées tout à fait différentes, et ses termes ne font pas apparaître cette double pensée. Elle parle en effet dans l'article 1792 de responsabilité, dans l'article 2270 de garantie, c'est la responsabilité et la garantie qui sont limitées à dix ans, et dans le sens naturel des mots ne doit-on pas entendre qu'il s'agit de déterminer l'étendue de l'obligation du constructeur, et non pas de statuer sur la durée de l'action à intenter quand un sinistre est arrivé ?

Rien n'est plus simple que la décision de la loi ainsi entendue: l'architecte est protégé contre le danger de procès relatifs à des événements qui surviendraient trop longtemps après la fin des travaux, mais quant aux événements survenus dans un temps relativement court après cet achèvement des travaux, la loi n'a pas statué, et dès lors elle n'a pas introduit d'exception au droit commun.

245 *bis.* IX. Cette interprétation des articles 1792 et 2270 a l'avantage d'assurer au propriétaire un délai pour intenter son action, tandis que le système qui confond en un seul et même terme le temps pendant lequel doit se produire le sinistre, et celui dans lequel l'action doit être intentée, ne laisse quelquefois au propriétaire ruiné par la chute de l'édifice qu'un temps beaucoup trop court pour qu'il lui soit possible d'user de son droit. Supposez que l'accident survienne dans le douzième mois de la dixième année, le propriétaire, qui est peut-être au loin, n'aura pas le temps d'être prévenu de ce sinistre. S'il est prévenu, il faut que sans réfléchir, sans examiner, il commence immédiatement un procès grave et coûteux. La loi l'aurait bien mal traité si elle avait ainsi resserré les limites de son droit d'action.

245 *bis.* X. On dit, il est vrai, que l'hypothèse est improbable,

que le propriétaire aura dû découvrir, avant le sinistre, les malfaçons qui ont produit ce sinistre. Ce raisonnement est contraire
à l'esprit de l'article, qui admet le propriétaire à demander une
garantie malgré la vérification des travaux, parce qu'il est impossible, quand un bâtiment est debout, de découvrir certains vices
qui en affectent la solidité.

On ajoute que la profession des constructeurs est très-menacée
par notre solution. Ils seront, dit-on, dans une situation difficile
s'ils sont exposés à des procès vingt-neuf ans après un sinistre
survenu neuf ans après la fin des travaux. La situation n'est pas
cependant si périlleuse, car il faut faire attention que le propriétaire est demandeur en indemnité, que d'après l'article il doit
prouver l'existence d'un vice; c'est bien plutôt ce demandeur qui
aura peine à faire ses preuves, et qui, par conséquent, aura intérêt à agir dans un temps voisin du sinistre.

245 *bis*. XI. Nous faisons remarquer d'ailleurs que la loi est
très-favorable aux constructeurs en restreignant à dix ans le
temps pendant lequel les accidents et les malfaçons doivent se
manifester pour donner naissance à l'action en garantie. Le laps
de dix ans est bien court, si on veut y voir la durée moyenne légale des édifices. Il est certain que le propriétaire a dû compter
sur une durée beaucoup plus longue et que la loi ne lui est pas
favorable quand elle décharge l'architecte de la responsabilité des
accidents survenus après ces dix ans. Ceci nous paraît être une
sérieuse raison de croire que le législateur n'a pas voulu aggraver
encore la mauvaise situation des propriétaires en mettant leur
action en dommages et intérêts en dehors des règles communes
sur la prescription.

245 *bis*. XII. Nous voulons encore répondre à un argument
assez souvent présenté contre notre opinion et qui consiste à dire :
L'architecte est, au chiffre près, semblable à un horloger qui garantit pour deux ans la montre qu'il a vendue; on ne pourrait pas
actionner cet horloger après les deux ans, donc l'architecte ne
peut être actionné après les dix ans. Nous répondons qu'on tranche ainsi la question par la question. Il n'est pas prouvé que
l'acheteur de la montre ne serait pas en droit de faire régulièrement constater dans les deux ans le vice de la montre et d'intenter
son action après le délai. Il est en voyage, il ne peut pas intenter

le procès, perdra-t-il pour cela son droit? Si les faits étaient régulièrement constatés, on se retrouverait en présence de la difficulté même que présente notre hypothèse, et par conséquent, il est difficile de tirer de cette comparaison un argument pour trancher la question qui naît sur les articles 1792 et 2270.

245 *bis*. XIII. Entre les deux opinions que nous avons mises en présence, il en est une troisième qui distingue comme nous le délai dans lequel l'accident doit se produire et le délai de la prescription de l'action; mais au lieu d'assujettir cette prescription à l'article 2262, il la limite à dix ans en s'appuyant sur l'article 2270 (1). Ce système qui a pour nous l'avantage de laisser à tout événement au propriétaire le temps d'intenter l'action, ne nous paraît pas s'accorder avec les termes de la loi, car l'article 2270 dans lequel on trouve la prescription décennale de l'action, parle au contraire très-spécialement de l'obligation même de garantie, et paraît prendre pour point de départ la fin des travaux faits et dirigés plutôt que l'accident survenu à la construction. D'un autre côté le législateur aurait créé pour ce cas spécial une prescription libératoire de dix ans, ce qui n'est guère probable, car nous ne rencontrons pas d'autres cas où la prescription libératoire s'accomplisse par ce laps de temps.

246. Une autre disposition, particulière au marché à forfait pour la construction d'un bâtiment, a pour objet de protéger les propriétaires contre une manœuvre à laquelle ils seraient exposés. Il est bien clair, d'abord, que le prix une fois fixé sur un plan arrêté, l'exécution fidèle de ce plan, quelque onéreuse qu'elle puisse devenir pour l'entrepreneur par le renchérissement de la main-d'œuvre ou des matériaux, ne doit donner lieu à aucune augmentation de prix. Mais il arriverait fréquemment que des changements ou augmentations faits sur le plan, sans que le propriétaire en prévît les conséquences, rendraient nulle la précaution qu'il avait prise de faire à l'avance fixer le prix et l'entraîneraient dans des dépenses ruineuses. C'est pour prévenir cet abus que la loi, tout en reconnaissant le principe qui autorise à augmenter le

(1) V. M. Duvergier, *Louage*, t. II, n° 360.

prix quand il y a augmentation de travaux, refuse cependant
cette augmentation s'il n'y a dérogation écrite au plan primitif, et nouvelle convention sur le prix. V. art. 1793.

246 *bis.* I. L'entrepreneur à forfait a assumé toutes les chances
de l'opération, il a dû se rendre compte des difficultés de l'entreprise; par conséquent, si l'accroissement de la dépense provient
de ce qu'il a fallu, sans changer le plan, faire des travaux nécessaires, cet accroissement resterait à la charge de l'entrepreneur;
il devait prévoir que ces travaux deviendraient nécessaires, il
devait, avant de faire le marché, examiner avec soin toutes les
difficultés possibles de l'entreprise ; s'il s'est trompé ou s'il a
traité légèrement, la perte doit retomber sur lui. On comprend à
quels travaux nous faisons allusion. Il s'agira par exemple, de
fondations plus profondes et plus solides nécessitées par la nature
du terrain où se rencontrerait une couche de glaise, ou au contraire des excavations qui menaceraient la solidité de l'édifice.
Si l'entrepreneur avait été prudent, il n'aurait pas pris un engagement à forfait avant d'avoir pratiqué des sondes dans le terrain
sur lequel il devait construire.

246 *bis.* II. Quand un accord se fait entre le propriétaire et
l'entrepreneur en vue d'un changement du plan, cet accord doit
être constaté par écrit. C'est la disposition de l'article 1793, mais
cette disposition laisse subsister une certaine obscurité; il faut que
les changements soient autorisés par écrit et le prix convenu avec
le propriétaire ; la convention sur le prix doit-elle être aussi constatée par écrit? Nous le pensons malgré la tournure un peu em-
barrassée de la phrase. Nous croyons en effet que le but de l'article est manqué, si ce point capital, la somme à dépenser, n'est
pas nettement déterminé par un écrit. M. DEMANTE indique ainsi
le but de l'article : les changements faits sur le plan sans que le
propriétaire en prévît les conséquences rendraient nulle la précaution qu'il a prise de faire à l'avance fixer le prix et l'entraîneraient dans des dépenses ruineuses. Pour atteindre ce but, il est
nécessaire surtout d'éviter toute ambiguïté sur la fixation du prix
des travaux. Pourquoi prendre des précautions pour s'assurer
que le changement est le résultat d'une convention sérieuse, si
on ne s'assure pas aussi que le propriétaire a bien su à quoi il
s'engageait? L'entrepreneur peut avoir obtenu l'autorisation écrite

en donnant au propriétaire des illusions sur la dépense à faire, et la nécessité de l'écrit prouvant l'autorisation ne protége pas assez le propriétaire.

Il faut au surplus le remarquer, la règle n'a pas principalement le caractère d'une règle de preuve. Le législateur a voulu que le propriétaire ne s'engageât qu'à bon escient, qu'aucun malentendu n'existât entre les parties, et que des conversations ou des pourparlers ne fissent pas croire à l'une que le travail était commandé, tandis que l'autre le croirait encore à l'état de projet. Or ces malentendus sont plus à craindre encore sur la question du prix que sur le fait même de l'autorisation.

Nous ajoutons d'ailleurs un raisonnement tiré des principes sur la matière des preuves. Une convention est prouvée par écrit, c'est une convention supplémentaire à un forfait; on doit donc présumer que les parties ont voulu faire un nouveau forfait. L'entrepreneur demandeur reconnaît le caractère de ce nouveau contrat puisqu'il allègue qu'un prix a été convenu et veut prouver par témoins le montant de ce prix. Cette prétention est condamnée par l'article 1341, il s'agirait de prouver outre le contenu à l'acte. Et voilà probablement pourquoi l'article 1793, après avoir exigé que la convention de changement fût prouvée par écrit, n'a pas cru nécessaire de régler la question de preuve par rapport à la convention sur le prix.

246 *bis*. III. Nous raisonnons en vue d'une convention à forfait, sur un changement au plan; nous avons même admis que la convention première étant un forfait, la seconde serait présumée avoir le même caractère. Mais il ne faut pas abuser de l'article et dire qu'un propriétaire qui a d'abord traité à forfait est forcé de faire un marché de même nature, quand il modifie le plan. Les conventions sont libres; seulement, pour ne pas réduire à rien la précaution de l'article 1793, il faut admettre que l'autorisation de faire le changement doit en tout cas être écrite, et que la convention par laquelle ce nouveau marché perdra le caractère de forfait devra également être constatée par écrit; c'est le complément de l'autorisation de modifier le plan primitif. Cette nécessité ressort du texte interprété comme nous l'avons fait, car la convention dont nous parlons est une convention sur le prix.

246 *bis*. IV. Si la règle de l'article 1793 nous semblait inspirée

surtout par la crainte de la preuve testimoniale, nous admettrions
que la convention pût être prouvée par l'aveu ou le serment, que
par conséquent le propriétaire pourrait être interrogé sur faits et
articles. Mais nous voyons dans l'article, par-dessus tout, une
protection contre les entraînements irréfléchis du propriétaire,
contre des engagements résultant de paroles dites légèrement
dans des conversations. Dès lors, nous n'admettons pas d'autres
preuves que la preuve écrite ; c'est ce qui résulte de l'article qui
refuse à l'architecte toute augmentation de prix si les changements n'ont été autorisés par écrit.

247. Quel que soit l'objet du marché à forfait, il se distingue des autres contrats synallagmatiques, et notamment du
louage proprement dit, par la faculté accordée au maître de
le résilier quand il lui plaît. L'équité, en effet, ne permet pas
que celui-ci puisse être contraint à laisser commencer ou laisser continuer des travaux qui ne lui conviennent plus, ni
qu'il puisse être forcé à les payer quand il dispense de les faire.
Toutefois, avec ce tempérament d'équité, notre loi réserve à
l'entrepreneur le droit qu'il avait acquis par le marché. Elle
ne se borne donc pas à lui accorder indemnité pour toutes ses
dépenses et tous ses travaux ; elle veut qu'on lui tienne
compte de tout ce qu'il aurait pu gagner dans l'entreprise. V.
art. 1794.

247 bis. I. La disposition de l'article 1794 n'est pas seulement
fondée sur des considérations d'équité, elle dérive de cette règle
générale qui soumet la partie qui refuse de tenir ses engagements
à des dommages et intérêts, c'est-à-dire à une indemnité représentant la perte éprouvée par l'autre partie et le gain que cette
partie aurait dû faire. Lors donc que le maître déclare qu'il s'oppose à l'exécution de l'ouvrage, il est conforme aux principes que
l'entrepreneur soit indemnisé, mais on ne comprendrait pas que
celui-ci eût le droit d'acheter des matériaux qui ne sont pas encore
achetés ou de faire des déboursés pour des mains-d'œuvre qui
ne sont pas encore commencées.

Tout cela doit, du reste, s'apprécier suivant les circonstances,
par application de la théorie sur les dommages et intérêts. Si l'entrepreneur a acheté des matériaux spéciaux, il aura droit de ce

chef à des dommages et intérêts ; s'il a acheté des matériaux qui sont dans son industrie d'un usage courant, il ne peut pas se faire indemniser de l'achat qu'il a fait ; quant aux salaires d'ouvriers, peut-être pourrait-il prétendre qu'il fait une perte de ce côté, alors même que les travaux n'ont pas été faits. *Exemple :* Un industriel se livre à des travaux d'une nature spéciale, il est obligé de garder ses ouvriers toute l'année, alors même qu'il ne leur fournit pas d'ouvrage ; il avait compté pour occuper ses ouvriers pendant un mois sur l'ouvrage commandé et avait refusé d'autres commandes, le maître signifie qu'il renonce au marché, l'entrepreneur est en droit de considérer comme dommage éprouvé l'inaction de ses ouvriers pendant un mois.

247 *bis.* II. Ce n'est pas sans intention que nous montrons dans l'article 1794 une application des principes généraux ; nous voulons avoir le droit de généraliser l'article, de l'étendre hors de l'hypothèse du marché à forfait, comme nous avons étendu l'article 1793 ; car il est difficile de trouver une raison pour distinguer, au point de vue qui nous intéresse, entre ce marché et les différentes autres espèces de marchés d'ouvrages. Les principes sur l'effet des obligations régissent ces conventions et l'équité ne permet pas, quelle que soit la nature du marché, d'imposer au maître la charge des déboursés que doit faire l'ouvrier pour achever l'ouvrage quand le maître arrête à temps les travaux, et donne, à titre d'indemnité, tout ce que l'ouvrier aurait pu gagner dans l'entreprise.

248. Le contrat de *louage d'ouvrage* a encore cela de particulier, qu'il est aujourd'hui toujours censé fait en considération de la personne dont on loue l'industrie, en sorte qu'il est dissous par la mort de l'ouvrier, architecte ou entrepreneur. V. art. 1795 ; et remarquez que le sens du mot *louage d'ouvrage* se trouve fixé, tant par sa combinaison avec les autres termes de notre article, que par la place même qu'occupe l'article ; évidemment donc ce mot ne comprend ici que le louage des entrepreneurs.

248 *bis.* I. Nous nous sommes expliqués plus haut (n° 231 bis II) sur l'effet de la mort de celui qui a promis ses services par un

contrat qui ne rentre pas dans ceux que régit la section des devis et marchés.

248 *bis*. II. Au n° 231 *bis*. III-IX, nous avons fait des distinctions quand il s'est agi de régler l'effet de la mort de celui qui a stipulé les services d'un domestique ou d'un ouvrier. Nous n'avons pas besoin maintenant des mêmes distinctions. Les travaux dont parle la section des devis et marchés n'ont pas un caractère personnel du côté de celui qui les a stipulés; par conséquent ses engagements passent à ses héritiers, conformément aux règles générales, et les héritiers n'auraient pas d'autre ressource que l'application de l'article 1794.

249. La dissolution du contrat par la mort de l'entrepreneur fait bien cesser pour l'avenir les obligations respectives, mais elle ne saurait dégager absolument le maître des siennes pour ce qui a été déjà fait en exécution de la convention. Il devrait certainement à la succession le prix entier, si l'ouvrage était achevé; il ne pourra donc, sans en payer une portion, profiter des travaux faits et des matériaux préparés. Toutefois, comme il ne s'était soumis à payer que l'ouvrage exécuté, il ne doit rien si, comme il peut arriver, l'exécution partielle ne lui offre aucune utilité. V. art. 1796.

249 *bis*. I. L'utilité dont parle l'article et qui est la condition de l'existence d'un droit contre celui qui a commandé les travaux est une utilité relative, qui doit être examinée en tenant compte de la nature des travaux commandés. S'il s'agissait de dépenses de luxe faites en partie par l'ouvrier qui vient de mourir, le maître ne pourrait pas profiter de la mort de cet ouvrier pour refuser les travaux accomplis sous prétexte qu'ils ne lui sont pas utiles. Le propriétaire s'était engagé pour des travaux inutiles, il ne peut pas alléguer l'inutilité du travail partiellement achevé. Ce qu'il faut voir quand l'ouvrier meurt au cours des travaux, c'est uniquement si ce qu'il a fait peut procurer au propriétaire une partie de l'utilité, telle quelle, que devait lui procurer la réalisation complète de l'entreprise.

249 *bis*. II. Quand une partie du travail est terminée, on peut facilement appliquer l'article, et établir le prix de cette partie, par une sorte de ventilation en prenant pour base de l'estimation pro-

portionnelle le prix que le forfait avait fixé pour l'entreprise totale. C'est à cette hypothèse que songe l'article quand il parle d'un paiement proportionnel au prix fixé par la convention.

Mais nous ne croyons pas qu'il soit possible d'appliquer ce procédé de détermination du prix quand il faut estimer la valeur de matériaux achetés ou de travaux commencés, mais qui ne constituent pas une partie achevée complétement et ayant une sorte d'individualité par rapport à l'ensemble du travail. Dans ces cas, la question dominante et douteuse est celle de l'utilité des matériaux ou du travail accompli; par conséquent on en est réduit à évaluer l'indemnité due par le maître d'après l'utilité qu'il retire des matériaux ou du travail accompli, ce qui est du reste la conséquence logique de l'article, puisqu'il ne serait dû aucune indemnité si le maître ne retirait de l'exécution partielle aucune utilité.

250. L'entrepreneur, obligé à la confection des ouvrages, est souvent dans la nécessité d'employer le ministère d'autres personnes; c'est à lui qu'appartient naturellement le choix de ces personnes; il répond conséquemment de leur fait. V. art. 1797.

251. Les ouvriers ainsi employés par l'entrepreneur ne doivent naturellement avoir que lui pour débiteur. Cependant, pour éviter le circuit d'actions, il leur est permis d'agir contre le maître, mais seulement jusqu'à concurrence de ce qu'il doit à leur débiteur. V. art. 1798.

251 *bis*. L'action directe que l'article accorde aux ouvriers contre celui pour lequel les ouvrages ont été faits, n'est pas seulement la mise en œuvre de l'article 1166. Les ouvriers, créanciers de l'entrepreneur, auraient pu certes exercer ses droits, et l'article 1798 était inutile s'il ne dit pas autre chose. Mais l'article 1166 accorde un droit égal à tous les créanciers d'un créancier; par conséquent les ouvriers auraient dû partager au marc le franc avec les autres créanciers de l'entrepreneur, les sommes dues par le propriétaire. En leur donnant une action directe, un droit propre, la loi les a mis en une meilleure situation que tous les autres créanciers de l'entrepreneur; les sommes dues par le maître leur sont particulièrement affectées, et les autres créanciers ne viendraient qu'après

eux. Cette disposition est inspirée par les motifs qui ont plus tard déterminé le législateur à accorder un privilége à certains créanciers ; les ouvriers ont par leur travail contribué à acquérir à l'entrepreneur sa créance contre le propriétaire, il est juste qu'ils soient payés avant tous autres sur la valeur qu'ils ont créée.

252. Quant aux ouvriers qui, à défaut d'entrepreneurs en chef, se chargent à prix fait, dans une construction, d'exécuter les travaux de leur état, ce sont de véritables entrepreneurs dans la partie qu'ils traitent, ils sont soumis comme tels aux règles prescrites dans cette section. V. art. 1799.

CHAPITRE IV.

DU BAIL A CHEPTEL.

SECTION I.

Dispositions générales.

253. Déjà l'on a vu qu'on appelle *bail à cheptel celui aes animaux dont le profit se partage entre le propriétaire et celui auquel il le confie* (art. 1711, al. 5).

Le mot *cheptel,* soit qu'on le dérive de *chatal,* vieux mot celtique qui signifie *un troupeau de bêtes,* soit qu'on le fasse venir de *capital,* exprime en général, non des animaux isolés, mais un fonds de bétail, c'est-à-dire une universalité qui se perpétue par le renouvellement des individus, et dont le profit consiste surtout dans le croît et l'amélioration.

Le contrat appelé par la loi bail à cheptel est une convention qui tient, comme on l'a déjà dit, du louage et de la société, et qui se rapproche plus ou moins de l'un ou de l'autre de ces contrats, suivant ses diverses espèces. Ce qui est de son essence, c'est d'avoir pour objet un fonds de bétail, que l'un des contractants, désigné sous le nom de *bailleur,* confie à l'autre, appelé *preneur,* pour le garder, le nourrir et le soigner. Cette convention a nécessairement pour but l'intérêt commun, mais cet intérêt ne repose pas toujours sur un partage de profits (v. art. 1823) : c'est pour cela sans doute que la loi se borne ici à dire que l'une des parties donne le fonds à l'autre *sous les conditions convenues entre elles*. V. art. 1800. Et remarquez qu'il n'est pas même parfaitement exact de dire que l'une des parties *donne* le fonds à l'autre; car le fonds peut être fourni en commun par le bailleur et par le preneur (art. 1818).

253 *bis*. I. La définition de l'article 1800 doit être préférée à celle qui se trouve dans l'article 1711, surtout parce qu'elle met en saillie ce trait caractéristique du cheptel d'avoir pour objet un fonds de bétail, c'est-à-dire une collection d'animaux considérée comme une universalité, et non pas des animaux isolés, des corps certains. C'est à raison de ce caractère de contrat de cheptel que l'article 1831 donne la qualification de contrat improprement appelé cheptel, à la convention qui a pour objet une ou plusieurs vaches dont le bailleur conserve la propriété.

L'article 1800 l'emporte encore sur l'article 1711, parce qu'il ne précise pas quels seront les avantages retirés par le bailleur; il se contente de dire : sous les conditions convenues entre les parties. L'article 1711 parlait d'un partage du profit. Or, dans le cheptel appelé cheptel de fer, il n'y a pas lieu au partage des profits (art. 1823).

Les deux définitions, au reste, distinguent le propriétaire des animaux de celui à qui ces animaux sont donnés ou confiés, et nous devons remarquer que dans le cheptel à moitié, chacun des contractants fournit la moitié des bestiaux.

253 *bis*. II. Le contrat de cheptel est non moins difficile à classer qu'à définir, car il a de grandes affinités avec le contrat de société, avec le louage de choses, même avec le louage d'ouvrage; et son caractère dominant varie suivant les différentes espèces de cheptel.

254. Cela posé, la loi reconnaît trois principales espèces de cheptel proprement dit, qui font l'objet de trois sections distinctes (sections 2, 3 et 4). Elle indique à cette occasion une autre convention, que dans l'usage on appelle aussi cheptel, mais improprement, puisqu'elle a pour objet, non

un fonds de bétail, mais des animaux isolés (section 5). V. art. 1801.)

255. On pensait autrefois qu'il n'était pas permis de donner à cheptel certains animaux dont la nourriture est dispendieuse. Le Code accorde indistinctement cette faculté à l'égard de tous ceux qui sont susceptibles de croît ou de profit pour l'agriculture et le commerce. V. art. 1802.

255 *bis.* La disposition de l'article peut paraître inutile dans une législation qui admet la liberté des conventions; elle a pour but de réprouver une doctrine que Pothier reproduisait sans la combattre, et qui, opposant les porcs aux bêtes à laine, prohibait le cheptel simple des porcs, parce que leur nourriture est coûteuse et que le profit se borne au croît, que par conséquent ce profit est insuffisant pour indemniser le preneur de ses dépenses et des risques qu'il court (1).

Il est probable qu'aujourd'hui l'élève des animaux de l'espèce porcine est plus avantageuse qu'autrefois, et que les observations reproduites par Pothier perdraient beaucoup de leur importance au point de vue économique; mais en prenant les choses juridiquement, la convention est valable parce qu'elle a été faite librement, et que le preneur fait ses conditions en conséquence de la nature des animaux qu'il reçoit. Il doit se faire attribuer une part plus considérable sur le croît quand il ne retire pas d'autre profit du cheptel et que la nourriture des animaux est dispendieuse.

256. Les conventions particulières sont, comme de raison, la première règle à suivre dans ces contrats. A défaut de conventions, la loi établit les principes. V. art. 1803; v. cependant art. 1811 et 1819.

SECTION II.

Du cheptel simple.

257. Il y a cheptel simple ou ordinaire, lorsque le bailleur fournit en entier le fonds de bétail au preneur qui n'est ni son

(1) Pothier, *Traité des cheptels,* n° 21.

fermier ni son colon partiaire; sous la condition que celui-ci profitera de la moitié du croît, et supportera la moitié de la perte. V. art. 1804.

257 *bis*. Il faut ajouter à la définition du cheptel simple telle qu'elle est faite par l'article 1804, que le preneur profite non-seulement de la moitié du croît mais de la moitié de la laine, et qu'il bénéficie exclusivement des laitages, du fumier et du travail (art. 1811, *in fine*).

Nous devons également faire observer que l'article est trop absolu quand il impose au preneur la charge d'une moitié de la perte; il n'en est ainsi qu'au cas de perte partielle, la perte totale n'est pas à sa charge et ne peut même pas y être mise par convention (art. 1810, 1811).

258. Ce contrat est une sorte de louage de service, où le loyer dû au preneur pour la garde, la nourriture et les soins qu'il donne à la chose d'autrui, consiste dans les menus profits du bétail (v. art. 1811, al. dernier), à la charge de supporter une part dans la perte.

En s'arrêtant à ce point de vue, il est clair que le bailleur demeure propriétaire du fonds de bétail, qui devra lui être restitué à la fin du bail. L'estimation qui en est faite ne vaut point vente. L'objet qu'on se propose, en fixant la valeur actuelle, est de reconnaître, au moyen de la nouvelle estimation qui sera faite à l'expiration du bail (art. 1817), la perte ou le profit qui pourra se trouver. V. art. 1805.

259. Le preneur devient donc débiteur de corps certain. Il est tenu, comme tel, de restituer la chose, à la conservation de laquelle il doit les soins d'un bon père de famille. V. art. 1806, et à ce sujet, art. 1136 et 1137.

260. Il ne répond pas du cas fortuit; mais il répond de la perte arrivée même par cas fortuit, quand elle a pour cause quelque faute de sa part, qui précède l'accident. V. art. 1807.

261. L'obligation de conserver, qui lui est imposée, rejette sur le preneur la preuve du cas fortuit; mais cette preuve faite, c'est au bailleur à prouver la faute précédente. V. article 1808.

261 *bis*. Le preneur est libéré par la perte de la chose, lorsque cette perte ne peut lui être imputée. C'est la règle de l'article 1302; elle est appliquée par l'article 1807. L'article 1808 applique la théorie de l'article 1315. Le débiteur doit prouver sa libération; il la prouve non pas en établissant que les animaux ont péri, mais en démontrant d'une manière précise qu'ils ont péri par un fait ayant les apparences d'un cas fortuit; *exemples :* une maladie, une inondation; alors la présomption est en sa faveur. Mais il est possible que ce fait, en apparence fortuit, ait eu pour cause première une faute du preneur; *exemples :* la maladie vient d'un défaut de soins, l'inondation n'a été fatale que parce que le preneur n'a pas pris à temps les précautions pour mettre le troupeau à l'abri. Ces fautes du preneur ne peuvent cependant pas être présumées. La preuve en est mise à la charge du bailleur (1).

262. La libération du débiteur par la perte de la chose due ne le dispense pas de remettre au créancier ce qui reste de la chose. De là l'obligation imposée au preneur déchargé par le cas fortuit, sinon de restituer les peaux des bêtes mortes, au moins d'en rendre compte. V. art. 1809.

262 *bis*. Le preneur ne doit pas précisément la restitution des peaux des bêtes mortes, il doit en rendre compte, c'est-à-dire que, dans bien des circonstances, il pourra se contenter de justifier des circonstances qui n'auront pas permis de conserver les peaux des animaux morts. Il prouvera, par exemple, que l'incendie a calciné les peaux, ou que les bêtes étant mortes d'une maladie contagieuse, l'administration a ordonné l'enfouissement des peaux elles-mêmes.

263. Le cas fortuit, qui libère, en tout ou en partie, le preneur de l'obligation de restituer le fonds de bétail, a bien pour effet de ne pas laisser exclusivement à sa charge la perte qui en provient: mais il ne l'affranchit pas par là même de l'obligation de contribuer aux pertes, comme il participerait au profit s'il en existait (art. 1804). Toutefois, le législateur s'éloigne de cette règle au cas où le cheptel périt en entier; apparemment parce que cette perte fait cesser toute chance

(1) V. t. V, n° 64 *bis*. I et 258 *bis*.

de profit; mais la règle au contraire s'applique dans toute sa rigueur au cas où il ne périt qu'une partie du cheptel. La loi en effet ne se borne pas dans ce cas à établir que la perte se supporte en commun, ce qui pourrait s'interpréter en sens divers; mais en calculant cette perte sur les prix comparés de l'estimation originaire et de l'estimation à l'expiration du cheptel, elle donne assez à entendre que la moitié de la différence doit être payée au bailleur par le preneur. V. art. 1810, et à ce sujet, art. 1804, 1805 et 1817.

263 *bis*. I. En supposant le cas fortuit bien prouvé, l'article 1816 régit les rapports du bailleur et du preneur. Il distingue la perte totale et la perte partielle.

Dans le cas de perte totale, le contrat est résilié, et le preneur ne doit aucune indemnité au bailleur. Dans le cas de perte partielle, non-seulement le preneur perd une partie de sa jouissance, mais il doit indemniser le bailleur de la moitié de la perte.

En ce sens donc, le preneur est tenu du cas fortuit contrairement au sens apparent de l'article 1807, qui probablement est rédigé en vue de l'hypothèse de la perte totale.

La règle de l'article 1810 est claire, elle n'est peut-être pas aussi facilement acceptable, car on a peine à comprendre la différence établie par la loi entre la perte totale et la perte partielle. Si on voit, en effet, dans la convention de cheptel une société de risques, si on admet que les parties ont mis les risques en commun, la perte totale devrait être à la charge des deux parties comme la perte partielle; si le contrat est considéré comme un louage, la perte partielle ne doit pas plus que la perte totale être à la charge du preneur. Si on fait valoir cette raison donnée par M. DEMANTE que la perte totale détruit tout espoir de gains à venir, tandis que la perte partielle laisse subsister cet espoir, la décision de la loi n'est pas conséquente jusqu'au bout, car il résultera de l'article 1717 que le preneur contribue à la perte partielle, lors du compte qui se fait à la fin du cheptel, à une époque qui ne laisse plus subsister aucune chance d'avenir (1).

La règle de la loi a de plus l'inconvénient de donner au preneur, dans certaines circonstances, un intérêt à la perte totale, quand il

---

1) V. le rapport du tribun Mouricault sur le titre du *louage*.

se trouvera menacé d'une perte partielle un peu importante.

263 *bis*. II. Il faut entendre raisonnablement les mots perte totale, perte partielle; la perte est totale lorsqu'il reste encore quelques têtes, mais en trop petit nombre pour constituer cette collection qu'on appelle un troupeau. Il y a là une question qui ne peut pas être résolue d'une manière abstraite, et qui doit être tranchée par les tribunaux d'après les circonstances et les usages locaux.

263 *bis*. III. La perte totale est pour le bailleur, telle est la formule de la règle; nous devons en conclure que le preneur ne serait pas astreint, quand un événement de cette nature s'est produit, à rendre la part qu'il a prise dans les profits antérieurement partagés. Cette restitution serait une charge imposée à la suite d'une perte qui n'est pas pour lui; or, subir une charge à l'occasion d'une perte, ce n'est plus être étranger à cette perte. Le législateur a dû prendre en considération, quand il a donné cette règle, la position pécuniairement difficile des preneurs à cheptel; ils consomment comme des fruits les produits partagés, et il leur serait impossible de les restituer à la suite d'événements postérieurs à cette consommation.

264. L'obligation du preneur, de supporter une part de perte, a pour cause unique le droit de partager le profit. Il y aurait donc iniquité dans la convention, si la chance de profit et celle de perte n'étaient pas équivalentes. Du reste, il semblerait qu'on dût ici, comme en général dans tout contrat aléatoire, s'en rapporter pour le calcul des chances à la prévoyance des parties, dont chacune peut veiller à ses intérêts; mais la facilité qu'aurait le bailleur à surprendre la simplicité du preneur, et la crainte qu'il n'abuse de sa position, ont fait déroger au principe de la liberté des conventions. Sont en conséquence formellement proscrites comme suspectes d'inégalité au préjudice du preneur :

1° La clause qui lui ferait supporter la perte totale arrivée sans sa faute;

2° Celle qui lui ferait supporter dans la perte une part plus grande que dans le profit;

3° Celle qui, autorisant le bailleur à prélever avant partage

quelque chose de plus que le cheptel fourni, diminuerait par
là même la part qui doit revenir au preneur dans les profits.
V. art. 1811, al. 1, 2, 3, 4 et 5.

264 *bis.* Les prohibitions de l'article 1811 sont édictées dans
l'intérêt du preneur, et la nullité des clauses sera ordinairement
demandée par lui. Cependant le bailleur pourrait, dans certaines
circonstances, avoir intérêt à se prévaloir de la nullité de la clause,
et nous pensons qu'il aurait ce droit. Plaçons-nous, en effet, à la
fin du cheptel, lors de la liquidation. Le preneur laisse faire un
partage qui attribue une sorte de préciput au bailleur, ou se laisse
charger d'une part dans les pertes plus considérable que la part
qu'il avait droit d'avoir dans les bénéfices. Le bailleur veut assurer
sa sécurité contre des réclamations ultérieures qui se produiraient
dans le premier cas, sous forme de *condictio sine causa,* et, dans le
second sous forme de *condictio indebiti ;* il a bien le droit de refuser
une liquidation qui, en exagérant ses droits, l'expose à des procès
dans l'avenir. On dit qu'il invoquerait alors sa propre fraude ; il
faut répondre que ce n'est pas en tout cas pour en faire le fondement d'un droit, il faut faire remarquer en outre qu'on est bien dur
pour lui en alléguant qu'il a commis une fraude ; il a seulement
fait un contrat avantageux pour lui, il ignorait peut-être les prohibitions légales. Que la loi annule certaines clauses de ce contrat,
c'est déjà quelque chose d'extraordinairement protecteur pour
l'autre partie, mais ce n'est pas une raison pour traiter comme un
malhonnête homme celui qui a cru user du droit commun consacrant la liberté des conventions.

265. Par le même article, la loi détermine l'attribution des
divers profits qui se divisent naturellement en deux classes.

Les menus profits (comprenant les laitages, le fumier et le
travail des animaux) appartiennent au preneur seul, comme
indemnité de ses fournitures et de ses services. La laine et le
croît constituent le profit proprement dit qui doit se partager.
V. art. 1811, al. 6 et 7.

265 *bis.* Les droits du preneur sont indiqués par l'article 1811,
in fine. Certains profits appartiennent à lui seul, ce sont : les laitages, les fumiers et le travail des animaux ; les autres, la laine
et le crin, se partagent.

Ce sont là, du reste, les conventions tacites du contrat de cheptel simple, les parties pourraient y déroger; l'ordre même des différents paragraphes de l'article le prouve. La première partie, celle qui met quelques entraves à la liberté des conventions, se termine par ces mots : Toute convention semblable est nulle. La seconde partie ne manifeste par aucune expression une intention restrictive. Cette intention n'apparait même pas quand on se reporte à l'article 1828. Cet article, il est vrai, traitant d'un cheptel particulier, le cheptel donné au colon partiaire permet quelques-unes des conventions que nous croyons autorisées dans le cheptel simple, et un article voisin, l'article 1830, ajoute : Ce cheptel est d'ailleurs soumis à toutes les règles du cheptel simple. On a essayé de conclure du rapprochement de ces deux articles que les dispositions de l'article 1828 sont spéciales, et que rien de ce que permet cet article n'est licite en cas de cheptel simple.

Nous trouvons dans le paragraphe consacré au cheptel donné au colon partiaire la réfutation de l'objection qu'on tire de l'article 1828 contre notre doctrine sur l'interprétation non restrictive de l'article 1816. En effet, il faut remarquer d'abord que l'article 1830 est séparé de l'article 1828 par l'article 1829, qui contient une règle particulière au cheptel donné au colon partiaire; c'est donc surtout par rapport à cette règle que l'article 1830 est écrit. Nous faisons observer en outre que l'article 1828 applique au cheptel donné au colon partiaire une des règles capitales du cheptel simple, celle qui concerne la perte totale; d'où nous pouvons conclure qu'il n'est pas exact d'interpréter l'article 1830, en ce sens que toutes les règles du paragraphe sont inapplicables au cheptel simple. Au contraire, on peut soupçonner le législateur d'avoir commis quelques répétitions; elles sont flagrantes dans l'article 1828 *in fine;* pourquoi ne se rencontreraient-elles pas aussi dans les autres parties de l'article 1828? Elles s'expliquent du reste très-bien; quoique le législateur termine son paragraphe par un renvoi aux règles du cheptel simple, ce n'est pas avec ce cheptel qu'il compare le cheptel donné au colon partiaire, c'est avec le cheptel donné au fermier, qu'il a traité dans les six articles précédents, et les dispositions des articles 1827 et 1828 ont surtout un intérêt en ce qu'elles établissent des règles contraires à celles qui régissent le cheptel donné au fermier. Voilà pourquoi le législateur est revenu sur certains points dont il aurait pu ne pas parler, puisqu'il songeait à assimiler le cheptel donné au colon partiaire avec le cheptel simple.

266. Le preneur n'étant point propriétaire du fonds, et n'ayant sur le croît qu'un droit indivis de copropriété non liquide, ne peut évidemment disposer d'aucune tête sans le consentement du bailleur. La même raison empêche celui-ci de disposer du croît. Quant au fonds, il s'en est interdit la disposition, en s'obligeant à en faire jouir le preneur. Ainsi, règle générale, l'un ne peut disposer sans le consentement de l'autre. V. art. 1812. Toutefois, n'en concluez pas que l'une des parties ne puisse forcer l'autre à la vente des bêtes qu'il est utile de remplacer.

266 *bis*. I. Si on suppose que le preneur, qui n'a pas le droit de disposer des bêtes du cheptel sans le consentement du bailleur, a cependant fait des actes d'aliénation suivis de tradition, les tiers seront protégés par les dispositions de l'article 2279, c'est-à-dire qu'ils ne pourront être inquiétés, pourvu qu'ils soient de bonne foi. Certaines coutumes admettaient même que le bailleur avait un droit de suite contre les acheteurs de bonne foi (1). Aussi un édit de 1713 avait-il assujetti les contrats de cheptel à de véritables conditions de publicité, notamment à une publication aux prônes des paroisses (2). Le silence du Code sur le droit de suite et sur les conditions de sa conservation, montre l'intention de soumettre la propriété du cheptel de bétail aux règles générales qui régissent la propriété mobilière. (Art. 2279.)

266 *bis*. II. Le bailleur ne peut pas non plus disposer du cheptel sans le consentement du preneur, et les actes qu'il aurait faits l'exposeraient à des dommages et intérêts envers le preneur. Mais nous ne pouvons pas déterminer les conséquences de ces actes par rapport aux tiers, aussi simplement que nous avons déterminé les conséquences des actes du preneur.

Le bailleur, en effet, est propriétaire exclusif du capital ou du fonds du cheptel, c'est-à-dire des bêtes composant le troupeau; il

---

(1) V. Pothier, n° 40, et les développements qu'il donne sur l'art. 8 de la coutume du Berry.

(2) V. Pothier, n° 6.

est copropriétaire du croît ; de cette différence dans ses droits doit résulter une différence dans les conséquences de ses actes.

266 *bis*. III. Raisonnons d'abord en vue du cas où le bailleur a aliéné le fonds du cheptel ou quelques bêtes appartenant à ce fonds.

S'il les a livrées à un acheteur de bonne foi, la situation est simple : l'acquéreur qui serait protégé par l'article 2279 contre un véritable propriétaire sera, *à fortiori*, armé contre les prétentions d'un preneur à cheptel.

Mais si les choses ont été livrées par le bailleur à un acheteur qui connaît l'existence du cheptel, il ne suffira pas de raisonner *à contrario* de l'article 2279 pour accorder une sorte de revendication au preneur à cheptel. Celui-ci, en effet, n'est pas propriétaire, l'aliénateur avait le droit exclusif de propriété, donc il a valablement aliéné ; il a même aliéné la propriété libre, complète, car le preneur n'a pas sur la chose un droit réel, diminuant la propriété du bailleur. Son droit est un droit personnel contre le bailleur, et les droits personnels ne sont pas opposables aux tiers acquéreurs.

La rigueur de cette doctrine peut cependant être mitigée par une application de l'article 1743. Bien qu'il s'agisse uniquement dans cet article des baux d'immeubles, il est raisonnable de l'appliquer par analogie aux baux à cheptel, à propos desquels la loi n'a pas traité la question. On peut supposer dans le cas qui nous occupe, comme dans l'hypothèse de l'article 1743, qu'il est intervenu entre le vendeur et l'acheteur une convention tacite obligeant l'acheteur à l'entretien du bail.

Telle n'était pas la doctrine de Pothier, qui se tenait strictement aux principes sur les conséquences de la personnalité du droit du preneur. Mais Pothier ne pouvait pas trouver l'argument que nous empruntons à l'article 1743, et il traitait le preneur à cheptel comme était traité tout preneur au cas d'aliénation de la chose louée.

266 *bis*. IV. Quand le bailleur, ce qui arrive plus souvent, a vendu mais n'a pas livré les bêtes du cheptel, il n'y a plus à s'inquiéter de l'article 2279, et la question se réduit à celle que nous venons d'examiner sur le point de savoir si le bail à cheptel est opposable à un acquéreur. Nous la résoudrons comme la précédente, dans le sens de l'article 1743.

266 *bis*. V. L'aliénation du croît par le bailleur aura des con-séquences plus faciles à déterminer parce que le preneur est co-propriétaire du croît; le preneur qui en dispose aliène la chose commune, c'est-à-dire que, pour une des parts de la propriété, il tente l'aliénation de la chose d'autrui. Si donc il a mis l'acheteur en possession, il s'agira tout simplement d'appliquer l'article 2279 : l'acheteur conserve les bêtes livrées, s'il est de bonne foi; sinon, il sera exposé à une revendication pour la part du preneur. Si, au contraire, la vente n'a pas été suivie de livraison, le preneur co-propriétaire pourra s'opposer à la livraison, pour conserver sa part de copropriété et demander un partage ou une licitation où l'ache-teur tiendra la place et exercera les droits du bailleur à cheptel.

266 *bis*. VI. Ce que nous venons de dire sur les actes de dispo-sitions accomplis, soit par le bailleur à cheptel, soit sur le pre-neur, implique des décisions analogues quant aux droits des créanciers de l'une et de l'autre de ces deux parties.

Parlons d'abord des créanciers du bailleur : ils peuvent saisir le fonds du cheptel, puisque c'est la propriété de leur débiteur; mais ils ne peuvent le faire vendre qu'à la charge de respecter le bail. C'était un point contesté autrefois : Pothier soutenait que les créanciers pouvaient saisir et vendre sans respecter le droit du preneur. Sous l'empire du Code, l'innovation introduite par l'ar-ticle 1743 donne encore plus de poids à l'opinion qui voulait le maintien du bail, qui s'appuie en outre sur un argument d'analo-gie emprunté à l'article 684 du Code de procédure (ancien 691), où nous voyons que les baux d'immeubles sont opposables, quand ils ont date certaine, aux créanciers saisissants.

Nous avons en vue la saisie du capital du cheptel; quant à la saisie du croît, elle devrait moins encore porter atteinte au droit du preneur, puisque celui-ci est copropriétaire de ce croît (v. n° 267 *bis* I.).

267. Des principes ci-dessus, il suit que les créanciers du preneur ne peuvent en général saisir et faire vendre le fonds du cheptel. Cependant, si le cheptel est donné au fermier d'autrui, le privilége du propriétaire sur tout ce qui garnit la ferme recevra son application, à moins que le propriétaire n'ait été dûment prévenu que les animaux n'appartenaient pas à son fermier. V. art. 1813.

267 *bis*. I. Les créanciers du preneur ne peuvent pas saisir le fonds du cheptel, c'est-à-dire des choses appartenant au bailleur; celui-ci s'opposerait à la vente dans les termes de l'article 608 P. C. Quant au croît, comme le preneur en est copropriétaire, les créanciers pourraient saisir, pour arriver au moins à la vente de la part qui lui appartient. Il n'y aurait pas lieu de s'arrêter ici à la disposition de l'article 2205, qui concerne les immeubles. Le créancier saisirait la totalité des meubles indivis, et le copropriétaire qui n'est pas débiteur de ce créancier, formerait une demande en distraction, conformément à l'article 608 P. C. Il en résulterait la nécessité de partager avant la vente qui n'aurait pour objet que les bêtes tombées au lot du preneur saisi (1).

267 *bis*. II. L'article 1813 a son principe dans l'article 2102 : 1° Il applique cette idée que le bailleur à ferme a privilége sur tous les objets qui garnissent la ferme, à quelque personne qu'appartiennent ces objets. Nous croyons, toutefois, que l'application de l'article 2102 n'est pas complète dans tous les détails. L'article 1813 est en un point plus rigoureux pour le bailleur à cheptel que ne le serait l'article 2102. Dans la théorie de ce dernier article, le propriétaire des meubles apportés par le preneur dans les lieux loués peut s'opposer à l'exercice du droit du bailleur en prouvant d'une manière quelconque que celui-ci a su que les meubles n'appartenaient pas au preneur. C'est la règle de l'article 2279 sur la bonne foi appliquée au bailleur d'immeubles, considéré comme gagiste et invoquant par conséquent sa possession contre le propriétaire des meubles. L'article 1813 ne se place pas sur le terrain de la bonne foi; il exige que le propriétaire du cheptel ait fait une notification au propriétaire de la ferme, et nous ne pensons pas que cette notification soit inutile lorsque le propriétaire de la ferme a eu connaissance par une autre voie du contrat de cheptel.

Voilà, ce nous semble, la raison de cette exigence de la loi. Quand le bailleur à cheptel n'a pas notifié qu'il n'entendait pas affecter ses animaux au gage du propriétaire, celui-ci, alors même qu'il a connu l'existence du cheptel, a pu croire que le bailleur consentait à cette affectation, car les animaux qui sont sa propriété trouvent leur nourriture dans la ferme, ils s'y engraissent

(1) V. Carré et Chauveau, *Procédure civile*, t. IV, n° 1994, édit. 1842.

et la valeur qu'ils acquièrent provient en grande partie des pâturages de la ferme. Le propriétaire de la ferme, qui connaît le cheptel, a donc juste sujet de considérer le bailleur à cheptel comme associé à la location de sa ferme en tant que cette location est utile aux animaux. Pour que cette croyance ne puisse être invoquée, il est nécessaire qu'une notification émanée du bailleur à cheptel ait averti le bailleur à ferme de chercher ses garanties sur d'autres objets garnissant la ferme.

On comprend que l'article 2102-1° ait envisagé autrement les rapports du bailleur à ferme et des propriétaires de meubles garnissant les lieux loués. C'est qu'il a songé à des meubles inanimés qui ne s'augmentent pas de la substance même de l'immeuble donné à bail, et dont le propriétaire ne peut pas être envisagé comme une sorte de colocataire ou de cofermier.

268. La laine devant se partager, le preneur ne peut tondre sans prévenir le bailleur. V. art. 1814.

269. La durée du cheptel n'est limitée naturellement que par la convention des parties. Si elles ne s'en sont pas expliquées, la loi suppose, d'après l'usage, que le bail est fait pour trois ans. V. art. 1815.

269 *bis.* Le bail à cheptel simple a toujours une durée fixe, conventionnelle ou légale; par conséquent, il n'est pas nécessaire de donner congé.

A l'expiration du bail, il peut s'opérer, d'après les principes généraux, une tacite réconduction. Le Code n'a pas fixé la durée de ce nouveau bail tacite; des coutumes la déterminaient, plus courte que celle du bail primitif. Dans le silence de la loi, nous devons appliquer le principe toujours posé à propos des tacites réconductions; elles doivent durer ce que dure un bail sans écrit, c'est-à-dire un bail qui ne fixe pas sa durée par une convention régulièrement prouvée. Le bail à cheptel étant supposé, faute de convention expresse, stipulé pour trois ans, la tacite réconduction doit durer trois ans (v. art. 1738-1776).

270. Ici, du reste, comme dans tout contrat synallagmatique, il y a toujours lieu à la condition résolutoire tacite. La loi s'en est expliquée formellement en faveur du bailleur. V.

art. 1816. Il faut évidemment appliquer la même règle en faveur du preneur (art. 1184).

271. Le bail expiré ou résolu, le bailleur doit reprendre le fonds de bétail qu'il a fourni, ou ce qui en reste. Ce fonds de bétail est représenté par des animaux en nature, égaux, non pas en nombre, mais en valeur, à ceux qui ont été primitivement fournis, et pris parmi les bêtes de chaque espèce. L'excédant, s'il y en a, se partage ; le *déficit* se supporte en commun. A cet effet, il est procédé à une nouvelle estimation. Si elle est supérieure à la première, le bailleur fait son prélèvement, et l'on partage le surplus ; si elle est inférieure, le bailleur prend tout, et se fait tenir compte par le preneur d'une portion de la perte. V. art. 1817.

271 *bis.* I. L'article semblerait accorder au bailleur la faculté de prendre ou de ne pas prendre en nature des bêtes au prix d'estimation, mais telle n'est pas, certainement, la pensée du législateur. Le bailleur est forcé d'exercer ses droits sous cette forme, il a droit à une reprise en nature et pas à autre chose. C'est la conséquence de ce qu'il est considéré comme propriétaire et non pas comme créancier du capital du cheptel. Le deuxième paragraphe de l'article prouve clairement que le bailleur ne peut pas refuser d'exercer sa reprise en nature ; il décide que s'il n'existe pas assez de bêtes pour remplir la première estimation, le bailleur prend ce qui reste. On ne lui laisse pas l'alternative qu'il faudrait lui réserver si dans ses premiers mots l'article avait voulu mettre à sa discrétion le droit de reprendre son capital en nature ou en argent.

Il n'est pas, d'ailleurs, dans l'esprit général de la législation ancienne et moderne sur le cheptel de permettre au bailleur d'imposer au preneur la nécessité de se porter acheteur malgré lui du capital du bétail ; le preneur n'a pas ordinairement des fonds disponibles, et on lui ferait une position bien difficile.

271 *bis.* II. On peut s'étonner de voir le bailleur, qui, d'après l'article 1805, est resté propriétaire du cheptel, faire une reprise, qui, tout en s'exerçant en nature, tient compte de la valeur des animaux plus que de leur individualité. C'est que le bailleur avait conservé non pas la propriété de telles ou telles bêtes, mais celle

d'une collection d'animaux, d'une sorte d'universalité (*universitas facti*). Le troupeau se renouvelle incessamment par la substitution de jeunes têtes aux vieilles, il est donc impossible de s'attacher à l'individualité des animaux; d'un autre côté, il faut cependant bien distinguer du capital primitif les accroissements de ce capital, et si cette distinction ne peut pas se faire par têtes d'animaux, il faut qu'elle se fasse par une comparaison des valeurs.

271 *bis*. III. Nous avons besoin de faire remarquer et nous avons déjà supposé qu'il ne fallait pas absolument attendre la fin du bail pour faire le partage des bénéfices. La règle de l'article 1817 s'applique à la liquidation définitive, l'article le dit, à la fin du bail ou lors de sa résolution; mais pendant le bail on devra chaque année partager le croît lorsqu'on aura avec de jeunes têtes remplacé les bêtes mortes et celles qui auraient trop vieilli pour être conservées. Le troupeau étant ainsi maintenu au complet, l'excédant devra être partagé, si l'une des parties l'exige. Ce partage annuel est un partage de revenu qui peut être très-nécessaire à chacun des contractants, surtout au preneur, présumé toujours par la loi plus pauvre que le bailleur.

271 *bis*. IV. Lors de ces partages annuels, il faudrait, au reste, tenir compte de la règle posée par l'article 1817, et envisager le complet du troupeau, non pas seulement d'après le nombre de têtes, mais d'après la valeur estimée. Ces partages anticipés ne doivent pas amoindrir le capital de bétail appartenant au bailleur; ils l'amoindriraient, si le troupeau se composait, après le partage, d'animaux égaux en nombre, mais inégaux en valeur à ceux du troupeau primitif. Il en serait de même, si l'une des parties prétendait représenter le capital par quelques animaux peu nombreux, mais d'un prix exceptionnel, ce qui concentrerait les chances de perte sur un trop petit nombre de têtes et diminuerait en même temps les chances de reproduction. Tout cela doit être apprécié suivant les règles d'une sage administration, en se préoccupant à la fois du nombre et des valeurs.

SECTION III.

Du cheptel à moitié.

272. Il y a cheptel à moitié, lorsque le fonds de bétail est fourni pour moitié par le bailleur et par le preneur. Ce con-

trat est une véritable société dans laquelle la communauté du
fonds emporte naturellement celle des profits et des pertes.
V. art. 1818, et à ce sujet art. 1832.

272 *bis.* Ce contrat peut diviser la propriété du cheptel par parts
inégales, si les apports sont inégaux. Malgré l'expression qui désigne ce cheptel, il n'est pas de son essence que chacun apporte la
moitié du fonds. Il s'agit d'une société, les apports dépendent de
la convention des parties; ce qui résulte seulement des dispositions de la loi, c'est que le partage des bénéfices et des pertes doit
nécessairement se faire proportionnellement aux mises.

273. Du reste, le preneur fournissant seul, comme dans le
cheptel simple, la nourriture, le logement et les soins, les
menus profits lui appartiennent exclusivement. Le droit du
bailleur se borne au partage par moitié des laines et du croît.
Accorder à celui-ci quelque chose de plus serait une convention inique, que la loi frapperait de nullité. Toutefois, cette
rigueur cesse si le preneur est fermier ou colon partiaire du
bailleur : car, dans un cas, celui-ci fournit une partie de la
nourriture; dans les deux cas il fournit le logement : d'ailleurs, on peut supposer que le preneur se trouve indemnisé
par les conditions du bail à ferme. V. art. 1819.

273 *bis.* La comparaison que fait la loi entre le cheptel simple
et le cheptel à moitié par rapport au droit du preneur sur le lai-
tage, le fumier et les travaux, ne doit pas être poussée à l'extrême; les deux contrats sont régis de la même façon, quand il
n'est pas intervenu entre les contractants de convention particulière. Mais il ressort des deux articles une différence profonde,
c'est que dans le cheptel à moitié toute convention contraire à
l'attribution exclusive au preneur des laitages du fumier et du
travail, est nulle, tandis que l'article 1811 n'annule pas une
semblable convention dans le cheptel simple.

La différence des deux règles se justifie très-bien. Dans le cheptel simple, le bailleur fournit les animaux, le preneur fournit ses
soins et la nourriture, les deux apports peuvent être équivalents;
mais dans le cheptel à moitié, surtout dans celui que la loi a pris
pour type, celui où chaque partie a réellement apporté la moitié
du capital de bétail, le preneur fait un apport beaucoup plus con-

sidérable que'le bailleur, puisqu'il fournît, outre cette moitié du fonds social, les soins, la nourriture, le logement pour le troupeau tout entier. Son droit exclusif sur les laitages, fumier et travaux, est la compensation de cet apport supplémentaire, et la loi, qui veut le partage proportionnel aux mises, défend de priver le preneur du droit exclusif sur les bénéfices qui lui sont alloués en compensation de cet apport.

274. La loi, au surplus, renvoie à toutes les autres règles du cheptel simple. V. art. 1820; et remarquez que les articles 1810 et 1817 n'ont pas ici d'application, puisque le fonds est commun.

SECTION IV.

Du cheptel donné par le propriétaire à son fermier ou colon partiaire.

275. Déjà nous avons vu, dans le cheptel à moitié, les règles ordinaires se modifier, lorsque le preneur est le fermier ou le colon partiaire du bailleur. Cette circonstance n'exerce pas moins d'influence au cas où le cheptel est fourni en entier par le bailleur. Si c'est à son fermier, le contrat change entièrement de nature. Si c'est à un colon partiaire, la nature du contrat reste en général la même; mais il admet quelques règles particulières.

§ I.

Du cheptel donné au fermier.

276. Le but du propriétaire qui donne un cheptel à son fermier n'est pas de spéculer sur les profits d'un troupeau, mais uniquement d'assurer la bonne culture de ses terres, en fournissant les animaux nécessaires pour leur exploitation et leur engrais. Ce cheptel est donc attaché au domaine affermé (d'où la dénomination de *cheptel de fer*). Le bail à cheptel fait alors partie de celui de la métairie, laquelle est affermée sous la condition que le preneur, qui reçoit les bestiaux sur esti-

mation, en rendra d'une valeur égale, à l'expiration du bail.
V. art. 1821.

276 *bis*. I. Le contrat de cheptel, dont s'occupe le § 1ᵉʳ de la
section IV, est une convention accessoire d'un contrat de bail à
ferme; le bailleur, en même temps qu'il loue la ferme, donne à bail
un fonds de bétail que le preneur restituera à la fin du bail. Le bailleur ne doit pas profiter des produits du troupeau; l'avantage
qu'il retire du contrat consiste en ce que la terre est mieux cultivée, puisque l'attirail de ferme est plus complet; elle est mieux
fumée, car le fermier, tout en ayant le droit exclusif d'utiliser les
fumiers, doit les affecter entièrement aux terres données à bail.
Enfin, le bailleur a dû nécessairement augmenter le chiffre des
fermages à raison de ce qu'il procure au preneur, outre la jouissance de la ferme, celle des bêtes du cheptel.

276 *bis*. II. Les animaux ainsi confiés au fermier deviennent par
là même des immeubles, car le propriétaire les a attachés au fonds
pour le service et l'exploitation de ce fonds (art. 524).

277. Le cheptel devant rester attaché à la métairie, il est
clair que l'estimation qui en est faite n'en transfère pas la propriété au fermier. Elle n'a lieu que pour déterminer la valeur
des bestiaux qu'il devra laisser en sortant. Mais, en fixant
ainsi à tout événement le montant de son obligation, elle met
le cheptel à ses risques. V. art. 1822.

277 *bis*. I. D'après la définition contenue à l'article 1821, le fermier ne doit pas rendre à la fin du bail les têtes de bétail qu'il a
reçues, mais des bestiaux d'une valeur égale au prix de l'estimation
de ceux qu'il a reçus. Sous ce rapport, il semblerait que le fermier
devient débiteur d'une quantité et par conséquent propriétaire des
différents animaux qu'il a reçus. Cependant l'article 1822 déclare
que l'estimation ne transfère pas au fermier la propriété du cheptel. La divergence apparente entre les deux articles provient de la
différence des points de vue qu'ils envisagent. Dans l'article 1822,
le cheptel c'est le troupeau, la collection d'animaux considérée
comme un être collectif et abstrait; de cet être, de cette collection,
le preneur n'est pas propriétaire, le troupeau a une individualité,
une personnalité, si on peut s'exprimer ainsi, et il doit être restitué en nature. Le preneur ne pourrait pas notamment aliéner

l'ensemble du troupeau, et tout acquéreur qui ne serait pas protégé par sa bonne foi serait exposé à une revendication (art. 2279).

Au contraire, quand l'article 1821 règle le mode de restitution de l'être abstrait que nous appelons le troupeau, il reconnaît que ce troupeau, qui a une individualité, se compose d'animaux qui n'en ont pas, et au lieu d'exiger la restitution d'un troupeau composé de telles ou telles bêtes qui le composaient au commencement, on veut la restitution d'un troupeau, qui est censé toujours le même, mais qui se compose de têtes nouvelles peut-être, ayant la valeur qu'avaient les anciennes.

Aussi, si nous considérons isolément les animaux du troupeau, nous ne pensons pas refuser au preneur le droit de les aliéner, et les acquéreurs n'auraient pas à craindre les évictions, alors même qu'ils auraient su que les bêtes aliénées faisaient partie du cheptel. Nous réservons, bien entendu, le cas de fraude (art. 1167), et nous permettons au bailleur d'intervenir pour faire opposition à des aliénations imprudentes qui dénatureraient le troupeau; il agirait alors en vertu des droits appartenant à tout bailleur à ferme, et pourrait arriver à la résiliation du bail (art. 1766).

277 *bis*. II. Cette situation mixte du preneur explique la décision qui met la chose à ses risques. Comme débiteur d'un corps certain, le troupeau, il devrait ne pas supporter les risques; mais ce corps certain n'existe que d'une façon abstraite; il se compose d'êtres qui sont considérés comme des quantités, puisqu'ils doivent être rendus en valeur et non *in specie;* par là le preneur se rapproche du débiteur de quantités qui a les choses à ses risques. La loi a pu supposer dès lors une convention par laquelle le preneur acceptait la charge des risques, c'est une convention licite; en la considérant comme sous-entendue, on montre que la décision finale de l'article 1822 ne constitue pas une violation des principes sur la perte de la chose due.

277 *bis*. III. Le propriétaire est donc certain de trouver à la fin du bail un cheptel de bétail égal en valeur à celui qu'il a fourni, et c'est peut-être ce qu'exprime le nom singulier que porte, dans notre droit comme dans l'ancien droit, ce genre de cheptel, *cheptel de fer*. Pothier voyait dans cette expression l'indication de cette idée que le cheptel est attaché à la métairie, mais il faut remarquer alors que l'idée serait mal exprimée, car ce n'est pas le trou-

peau, mais le lien le rattachant à la ferme qui serait fort et indes-
tructible. Au contraire, on peut croire que l'idée de solidité et
d'indestructibilité se porte sur le cheptel lui-même; il ne périra
pas pour le propriétaire, celui-ci retrouvera toujours un troupeau;
ce troupeau impérissable a été qualifié cheptel de fer, comme on
qualifie *corps de fer* un corps robuste, infatigable, qui résiste à
toutes les épreuves et paraît devoir toujours durer (1). Beauma-
noir dit : « *Bestes de fer, parce qu'elles ne peuvent mourir à leur
seigneur* (2).

277 *bis*. IV. Nous avons dit que le cheptel de fer était un immeuble par destination, et cette observation nous sera très-utile
pour régler les droits respectifs du preneur et des créanciers ou
ayant cause du preneur. Nous n'aurons aucune difficulté à appliquer l'article 1743 et l'article 684 du Code de procédure.

278. Le cheptel de fer, d'après l'idée générale qu'on en a
donnée, ne repose nullement, comme les autres cheptels, sur
un partage de profits et de pertes; la loi détermine, de la manière la plus conforme à la nature de ce contrat et au but que
les parties s'y proposent, l'attribution de ces profits et de ces
pertes. Mais les motifs qui, dans les autres cheptels, font
déroger à la liberté des conventions, ne s'appliquant pas ici, il
est permis de déranger par des stipulations particulières l'attribution légale (art. 1823, 1824 et 1825).

Ainsi, tous les profits du cheptel, comme les fruits du fonds
dont il fait partie, appartiennent naturellement au preneur,
mais sauf convention contraire. V. art. 1823.

Seulement le fumier, qui, à titre de menu profit, appartient
en général à tout cheptelier, appartient bien aussi au fermier,
en tant qu'il peut l'employer pour l'exploitation dont il est
chargé; mais, conformément à la destination spéciale du
cheptel, il est obligé de l'employer à cet usage. En ce sens,
ce n'est pas au fermier, c'est à la métairie qu'appartient le
fumier. V. art. 1824.

(1) V. Dictionnaire de Nap. Landais, vᵒ FER, CORPS DE FER.
(2) V. Troplong, nᵒ 1216.

Quant à la perte, même totale et par cas fortuit, la loi, toujours sauf convention contraire, la met à la charge du fermier, qui profite seul du croît. V. art. 1825.

279. L'intérêt du propriétaire consistant surtout à avoir sa ferme garnie de bestiaux, il est clair que le fermier ne peut, à la fin du bail, retenir le cheptel en le payant. Il en doit laisser un d'une valeur égale à l'estimation primitive. Celui qui garnit actuellement la ferme appartient donc au bailleur jusqu'à concurrence de la première estimation. S'il est inférieur en valeur, le fermier paie le *déficit*. S'il est supérieur, l'excédant lui appartient. V. art. 1826.

§ II.

Du cheptel donné au colon partiaire.

280. Ce cheptel fait partie du bail à métairie, comme le cheptel de fer fait partie du bail à ferme. Mais cette circonstance, qui permet d'y insérer certaines clauses prohibées dans le cheptel ordinaire, ne change pas la nature de ce contrat. Il a toujours pour objet le partage du profit du troupeau, comme le bail à métairie a pour objet le partage des fruits du fonds. La différence qui existe entre un fermier, qui traite par spéculation, et un colon partiaire, qui n'engage ses soins que pour sa subsistance, explique, au surplus, la diversité des conditions imposées à l'un et à l'autre, et les restrictions admises encore ici au principe de la liberté des conventions.

280 *bis*. Le cheptel donné au colon partiaire est un cheptel simple rattaché à un contrat principal de bail à colonat partiaire. Cette circonstance que le bailleur est propriétaire de la ferme, donne aux bestiaux le caractère immobilier (art. 524), et permet d'appliquer les articles 1743 du Code civil et 684 du Code de procédure.

281. Comme dans le cheptel simple, le preneur, quoiqu'il soit en général tenu de la moitié de la perte, ne supporte aucunement la perte totale arrivée sans sa faute. V. art. 1827; joignez art. 1810.

282. Mais, à la différence du cheptel simple, le bailleur, fournissant les logements et une partie de la nourriture, peut se faire attribuer une plus forte part de profit. Là se rattachent évidemment la faculté de se faire délaisser la part du colon dans la toison à un prix inférieur, et le droit de prendre une pa ie des laitages. Le preneur peut donc, comme on voit, être ici chargé de supporter dans la perte une part plus grande que celle qu'il prend dans le profit, mais jamais être chargé de toute la perte. V. art. 1828, et à ce sujet art. 1811.

283. Le cheptel, faisant partie du bail à métairie, finit avec lui. V. art. 1829.

284. A part ces modifications, le cheptel donné au colon partiaire est un cheptel ordinaire, soumis à toutes les règles ci-dessus expliquées. V. art. 1830.

SECTION V.

Du contrat improprement appelé cheptel.

285. Il n'y a pas proprement cheptel, quand il n'y a pas de troupeau susceptible d'accroissement et de décroissement. Quelques auteurs, cependant, considéraient comme une espèce de cheptel un bail de bestiaux par lequel une ou plusieurs vaches sont données à un paysan pour les loger et les nourrir, par conséquent aussi pour les soigner, en lui abandonnant les menus profits. Le Code n'entre dans aucun détail sur cette convention. Il suffit de dire que le bailleur reste propriétaire, et qu'il a seulement le profit des veaux. V. art. 1831.

TABLE DES MATIÈRES

CONTENUES DANS CE VOLUME.

FIN DE LA TABLE DES MATIÈRES.

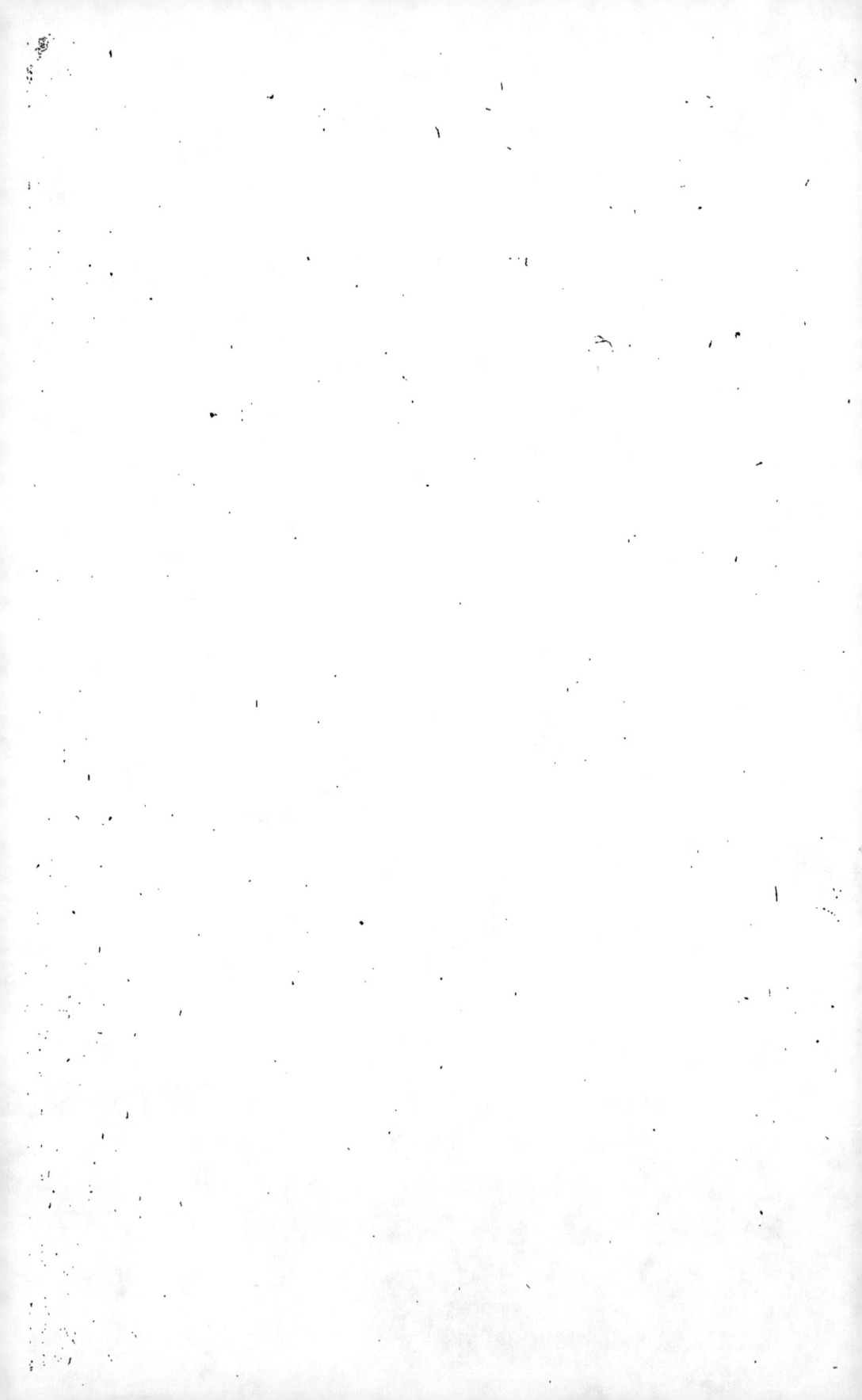

www.ingramcontent.com/pod-product-compliance
Lightning Source LLC
Chambersburg PA
CBHW060946220326
41599CB00023B/3605